Ergonomia no esporte
e na atividade física

INSTITUTO PHORTE EDUCAÇÃO
PHORTE EDITORA

Diretor-Presidente
Fabio Mazzonetto

Diretora Financeira
Vânia M. V. Mazzonetto

Editor-Executivo
Fabio Mazzonetto

Diretora Administrativa
Elizabeth Toscanelli

CONSELHO EDITORIAL

Educação Física
Francisco Navarro
José Irineu Gorla
Paulo Roberto de Oliveira
Reury Frank Bacurau
Roberto Simão
Sandra Matsudo

Educação
Marcos Neira
Neli Garcia

Fisioterapia
Paulo Valle

Nutrição
Vanessa Coutinho

Ergonomia no esporte e na atividade física

Otimização do desempenho e da segurança

THOMAS REILLY

Ex-diretor, Research Institute for Sport and Exercise Sciences
Liverpool John Moores University

Tradução de Maria da Graça Figueiró da Silva Toledo
Revisão científica de Maria Claudia Vanícola e Katia Brandina

São Paulo, 2015

Título original em inglês
Ergonomics in Sport and Physical Activity: Enhancing performance and improving safety
Copyright © 2010 by Thomas Reilly
Ergonomia no esporte e na atividade física: otimização do desempenho e da segurança
Copyright © 2015 by Phorte Editora

Rua Treze de Maio, 596
Bela Vista – São Paulo – SP
CEP: 01327-000
Tel./fax: (11) 3141-1033
Site: www.phorte.com.br
E-mail: phorte@phorte.com.br

Nenhuma parte deste livro pode ser reproduzida ou transmitida de qualquer forma, sem autorização prévia por escrito da Phorte Editora Ltda.

CIP-BRASIL. CATALOGAÇÃO NA PUBLICAÇÃO
SINDICATO NACIONAL DOS EDITORES DE LIVROS, RJ

R286e

Reilly, Thomas
   Ergonomia no esporte e na atividade física : otimização do desempenho e da segurança / Thomas Reilly ; tradução Maria da Graça Figueiró da Silva Toledo. - 1. ed. - São Paulo : Phorte, 2015.
   312 p. : il. ; 24 cm.

   Tradução de: Ergonomics in sport and physical activity: enhancing performance and improving safety
   Inclui bibliografia e índice
   ISBN 978-85-7655-520-9

   1 Esportes - Aspectos fisiológicos. 2. Engenharia humana. 3.Esportes - fisiologia. 4. Esforço Físico. I. Título.

14-15911   CDD: 613.7
                    CDU: 613.73

ph0689.1

Este livro foi avaliado e aprovado pelo Conselho Editorial da Phorte Editora.
(www.phorte.com.br/conselho_editorial.php)

Impresso no Brasil
Printed in Brazil

sumário

prefácio vii
introdução ix

PARTE I   Fatores de risco

1 Propriedades físicas de estruturas humanas   3
Monitoramento das demandas da atividade 4 • Avaliação das características individuais 9 • Avaliação das capacidades fisiológicas 13 • Avaliando a carga mental 20 • Visão geral e resumo 24

2 Saúde e segurança   25
Lesões 26 • Predisposição à lesão 28 • *Overtraining* e *overreaching* 31 • Imunossupressão 34 • Avaliação do risco 36 • Correr o risco e diversão 39 • Segurança do espectador 40 • Ética humana e risco 41 • Visão geral e resumo 43

3 Estresse ambiental   45
Termorregulação 46 • Altitude 59 • Qualidade do ar 64 • Ruído 66 • Visão geral e resumo 73

4 Ritmos circadianos   75
Treinamento e hora do dia 78 • Ciclo de sono-vigília 79 • Fadiga de viagem e síndrome da mudança de fuso horário (*jet lag*) 80 • Privação ou interrupção do sono 84 • Trabalho noturno 94 • Visão geral e resumo 95

PARTE II   Ergonomia do esporte

5 Modelos ergonômicos e modos de treinamento no esporte e no lazer   99
Adequando a tarefa à pessoa 100 • Modelos genéricos 108 • O componente do treinamento 114 • Tecnologia auxiliando o treinamento 119 • Visão geral e resumo 126

6 Estresse de treinamento e de competição no esporte   127
Carga fisiológica 128 • Sobrecarga na coluna vertebral 134 • Carga física 142 • Carga psicológica 144 • Visão geral e resumo 146

7 Equipamentos esportivos e superfícies de jogo   147
Implementos esportivos 150 • Superfícies esportivas 153 • Uniforme esportivo 155 • Calçados esportivos 157 • Funções de proteção do equipamento esportivo 159 • Equipamento de proteção pessoal 161 • Visão geral e resumo 162

PARTE III   Ergonomia nas atividades físicas

8 Condicionamento para o trabalho   165
Militares 167 • Agentes penitenciários 170 • Policiais 171 • Bombeiros 171 • Motoristas de ônibus e carteiros 174 • Condutores 175 • Profissionais de ambulância 176 • Silvicultores 177 • Salva-vidas 177 • Mergulhadores profissionais 177 • Programas de condicionamento no local de trabalho 180 • Visão geral e resumo 180

9 Populações especiais   181
Jovens 182 • Mulheres 187 • Idosos 194 • Atletas com deficiência 196 • Árbitros 198 • Visão geral e resumo 199

10 Aspectos clínicos   201
Predisposições à lesão 202 • Carga musculoesquelética 204 • *Overreaching* 206 • Aquecimento e resfriamento 206 • Processos de recuperação 207 • Medidas profiláticas 212 • Suplementos no contexto clínico 215 • Redes neurais artificiais 216 • Visão geral e resumo 217

11 Uma perspectiva ergonômica holística e nutricional   219
Ergonomia de participação 220 • Tecnologias de aperfeiçoamento humano 222 • Desempenho e melhoria cognitiva 223 • Perspectiva histórica sobre o uso de drogas 225 • Da clínica para o ginásio 227 • Suplementos nutricionais e drogas vendidas sem prescrição médica 228 • Ergonomia global 235 • Visão geral e resumo 236

posfácio   237
referências   241
índice   273
sobre o autor   279

prefácio

A ideia para a confecção deste livro se deu após um longo período de reflexão. Em minha carreira de pesquisador nas áreas da Ergonomia Ocupacional e da Ciência do Esporte, um texto que somasse os conceitos dessas áreas de conhecimento me pareceu necessário. A confecção do livro foi estimulada pela proposta de Loarn Robertson no escritório da editora. O meu desafio foi torná-la real.

A ausência, até o presente momento, de um livro sobre ergonomia no esporte é surpreendente, dada a similaridade entre as Ciências Esportivas e a Ergonomia. Isso possivelmente se deve à incompreensão sobre a abordagem acadêmica e a aplicação da prática ocupacional comuns em ambas as áreas. Na verdade, os especialistas de outras áreas fazem com frequência conexões com as Ciências Humanas, incluindo saúde pública e treinamento físico. A motivação para a confecção desta obra se deve à oportunidade de unir abordagens comuns à Ergonomia e à Ciência do Esporte, que são tratadas separadamente e trazem benefícios evidentes aos trabalhadores e aos esportistas.

O propósito deste livro é esboçar o alcance da ergonomia no campo do esporte e da atividade física, e descrever como a ergonomia é aplicada nesses domínios para resolver problemas de fatores humanos. O texto preenche uma lacuna na literatura atual e não tem nenhum competidor direto ou protótipo a seguir.

O conteúdo do livro é baseado nos princípios e nos conceitos que se estendem desde a ergonomia clássica até problemas contemporâneos nas populações especiais. Ele inclui aspectos relacionados ao delineamento, avaliação e treinamento no esporte de alto rendimento e nas atividades físicas e de lazer.

A intenção é fornecer ao leitor uma informação baseada na pesquisa sobre como a abordagem da ergonomia pode ser usada para melhorar o desempenho físico e aumentar a segurança. As propriedades físicas do corpo e os fatores que limitam o desempenho são considerados. Os conceitos, os termos e os princípios essenciais da ergonomia são apresentados e relacionados com a atividade física. Os fatores de risco para lesões são identificados com relação à mecânica do corpo em diferentes atividades físicas e são analisadas as interações entre o indivíduo, a tarefa e o ambiente. Há uma ênfase sobre prevenção de lesão e proteção individual ao abordar as condições do equipamento e do ambiente esportivo. Conforto, eficiência e segurança são os fatores explorados nesta discussão. O tema global é a melhora do desempenho, a otimização da eficiência e do conforto e a redução de lesões no esporte e na atividade física.

A base de conhecimento e a metodologia científica empregadas de forma separada na Ergonomia e na Ciência do Esporte são integradas e aplicadas na prática. A ergonomia não é meramente um esforço altruístico para tornar as coisas melhores para pessoas no trabalho, no esporte ou na atividade física; ela é uma tecnologia com abordagens práticas para a resolução de problemas que surgem nesses ambientes. Existem várias abordagens para solucionar problemas e muitos modelos teóricos e sistemas de registro para analisá-las. A aplicação das abordagens teóricas no ambiente de trabalho, na atividade física e no esporte é enfatizada em toda obra.

A Ergonomia estuda a postura dos indivíduos em vários postos de trabalho para entender sua relação com a execução de tarefas manuais, com equipamento ou aparelhos, e o ambiente no qual essa interface ocorre. Novas ideias são fornecidas pela integração das Ciências Humanas dentro de uma abordagem da Ergonomia. Esta obra explica o que é ergonomia, como ela resolve problemas práticos no local de trabalho e como os princípios da ergonomia são aplicados no contexto do esporte e de outras atividades físicas. Os conceitos clássicos de ergonomia, ou fatores humanos, estão relacionados no texto com o esporte, o lazer e outras atividades físicas.

O texto explica como as ferramentas práticas da ergonomia são aplicadas em seus vários níveis, desde a análise abrangente do sistema de trabalho até aquela determinada por tarefas específicas e características individuais. São dados exemplos das atividades e dos eventos potencialmente perigosos para a saúde e o bem-estar humano. O leitor é informado sobre os métodos para avaliar o risco das situações e dos procedimentos, para lidar com o estresse, eliminar perigos e avaliar os desafios impostos pelos ambientes de trabalho em particular.

O conteúdo fornece uma ideia sobre o ponto de vista do atleta profissional, preparado para agir sob condições extremas, treinar no limite das capacidades humanas e estabelecer novos níveis de desempenho. O papel da ergonomia nas tecnologias de aperfeiçoamento humano é explicado, bem como as maneiras pelas quais os participantes podem se beneficiar. A busca contínua pelo resultado facilita a sobrecarga corporal, prejudicando o desempenho ou causando uma lesão. As predisposições à lesão e a aceleração do processo de recuperação são colocadas em um contexto clínico. As estratégias para compensar a fadiga são apresentadas, quer seja passageira ou relacionada ao esgotamento das fontes de energia.

A obra mostra como os princípios da ergonomia podem ser aplicados à resolução de problemas práticos relacionados às características e às capacidades humanas. Existe uma riqueza de informação no que diz respeito às ferramentas que podem ser usadas para aumentar a segurança e promover a eficiência no desempenho em uma variedade de atividades. Com a conscientização de como as capacidades humanas podem melhorar por meio das atividades físicas, o leitor preocupado com os fatores humanos se torna um profissional mais capacitado.

A obra é dividida em três partes principais, precedidas por um resumo da história e por uma descrição do mundo profissional da ergonomia. Os conceitos e os princípios da ergonomia são explicados. Na Parte I, enfatiza-se o risco e a segurança, os métodos de avaliação e a adoção de medidas preventivas. A Parte II aborda a ergonomia do esporte, detalhando a adequação do equipamento ao usuário e a existência das várias fontes de estresse ambiental. A ergonomia nas atividades físicas e as necessidades das populações especiais, dentro do contexto clínico, são tratadas na Parte III. O ápice do texto é um posfácio integrando todo o conteúdo e condensando as recomendações sobre as estratégias a serem usadas nos ambientes práticos.

Em vez de dirigir-se a um simples grupo disciplinar ou uma equipe específica de profissionais, a obra tem uma abrangência maior. Ela é relevante para estudantes e pós-graduados em programas educacionais de ergonomia e fatores humanos, bem como para a prática profissional em ergonomia. Ela é especialmente usada por profissionais das Ciências do Esporte e do Exercício e por estudantes em programas híbridos, como Tecnologia do Esporte e Engenharia do Esporte. Preparadores físicos, fisioterapeutas, *personal trainers*, técnicos esportivos, profissionais que atuam em cursos de Ciência Esportiva e Desenvolvimento Esportivo se beneficiarão com a leitura desta obra. O conteúdo multidisciplinar será atraente para biomecânicos, fisiologistas e cientistas do comportamento em cursos de especialização. Embora a obra seja de alcance amplo, cada um dos tópicos é tratado com profundidade para fornecer aos leitores uma análise racional para as soluções ergonômicas quanto às questões levantadas.

Introdução à ergonomia

DEFINIÇÕES

dor muscular de início tardio – Desconforto sentido de 24 a 72 horas após o exercício, causado por microtrauma do músculo ao resistir a um alongamento forçado.

ergômetro – Dispositivo para medir o trabalho mecânico executado.

ergonomia – A aplicação das Ciências Humanas a indivíduos ou a grupos no ambiente de trabalho.

estresse – Uma síndrome de resposta individual denotando carga interna excessiva; simulação indesejada que requer atenção para ser removida, reduzida ou confrontada.

fadiga – Incapacidade de manter o nível requerido ou desejado de força ou de trabalho.

lesão por esforço repetitivo – Alterações estruturais e funcionais nos tecidos moles dos membros, causadas por gestos motores repetidos.

manuseio de pesos – Erguer, abaixar, pressionar, puxar ou transportar cargas físicas sem o uso de dispositivos de auxílio.

potência aeróbia – O mais alto índice de trabalho muscular que pode ser produzido pela combustão de oxigênio dentro do corpo.

proteômica – O estudo de proteínas.

simulação – Apresentação de um modelo do mundo real, tarefa ou equipamento; representação em alguma forma da situação ou do artefato que está sendo avaliado. Equipamentos ou ambientes que representam tais modelos são conhecidos como simuladores.

tendinite – Inflamação do tecido conjuntivo conhecido como tendão.

A ERGONOMIA se refere à aplicação das Ciências Humanas a indivíduos ou grupos no ambiente de trabalho (Reilly e Lees, 2009). Esse ambiente envolve desde os domínios ocupacionais aos domésticos, contextos esportivos e de lazer. As Ciências Humanas adotam uma série de disciplinas que incluem Anatomia Aplicada, Biomecânica, Fisiologia, Psicologia e Ciências Sociais. O campo da ergonomia é abrangente, formado por tecnologias e subdisciplinas que vão da Engenharia e Projeto Industrial à Ciência da Informação e Neurociência. Independentemente da disciplina focada, o objeto de estudo central da ergonomia é o indivíduo e a atividade envolvida (Reilly, 1991a).

Tradicionalmente, o esporte e o lazer são isolados do trabalho ocupacional no cotidiano das pessoas. Em razão do interesse crescente da população nas últimas décadas pela prática esportiva, pelo exercício e pelas atividades recreativas, necessita-se reavaliar os fatores humanos presentes nessas áreas. No mesmo período, houve um crescimento na adesão ao esporte profissional, agora considerado uma forma de entretenimento da população. Paralelamente a esses fatos, verifica-se uma abordagem cada vez mais sistemática na preparação de atletas para atividades de competição e na análise da sobrecarga mecânica que o esporte impõe aos competidores. Além disso, o desenvolvimento tecnológico leva a mudanças no *design* do equipamento esportivo, com o objetivo de melhorar o desempenho.

A International Ergonomics Association em sua reunião de Conselho, em agosto de 2000, concordou com a seguinte definição:

> Ergonomia (ou fatores humanos) é a disciplina científica preocupada com a compreensão das interações entre seres humanos e outros elementos de um sistema, e a profissão que aplica princípios teóricos, dados e métodos de projeto, de modo a aperfeiçoar o bem-estar humano e o desempenho do sistema global.

Essa ampla definição aplica-se ao esporte, bem como à indústria. Uma interpretação restrita ao trabalho ocupacional deveria aplicar-se apenas ao esporte de rendimento, no qual indivíduos talentosos ganham suas vidas em virtude de suas habilidades competitivas especializadas. Todavia, o esporte em geral apresenta muitos fatores tratados nos primórdios da ergonomia: altos níveis de gasto energético, estresse termorregulador, estresse emocional pré-competitivo, cargas posturais intensas, demandas severas no processo de informação (tarefas complexas), fadiga por excesso de esforço físico e uma miríade de outros problemas familiares aos ergonomistas. Foi sugerido que, com exceção das atividades evidenciadas nos contextos militares, os limites humanos raramente são tão sistematicamente explorados e tão cruamente expostos como no esporte de alto nível (Reilly, 1984). Na verdade, a margem entre sucesso e fracasso é, com frequência, menor no esporte que na guerra.

O operador humano (atleta) é o centro de um modelo de ergonomia esportiva, e tem conexão imediata com a tarefa e com o equipamento ou dispositivo a ser utilizado. As condições ambientais são consideradas de acordo com o espaço de trabalho, a temperatura, a poluição e a pressão atmosférica (Figura I.1). Parâmetros mais globais envolvem viagens, aspectos sociais e fatores organizacionais. As relações com técnico e comissão técnica também se inserem nesses parâmetros, caracterizando as dinâmicas de equipe. Essas relações, em particular, podem ter um papel crucial no bem-estar do atleta e na sua motivação para a otimização do desempenho.

Não é surpresa, portanto, que os ergonomistas encontrem muitos desafios na prática profissional. Nos programas acadêmicos da área de Ergonomia, há uma riqueza de conceitos a serem discutidos, relacionados e aplicados.

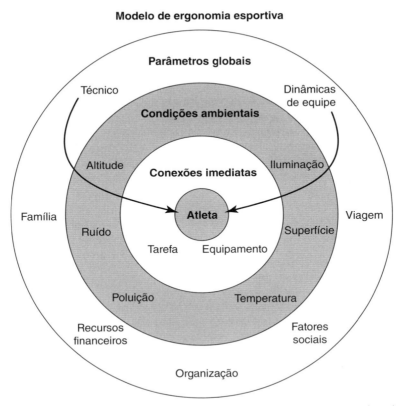

Figura I.1 A interface entre o indivíduo e o ambiente esportivo no esquema de trabalho da ergonomia.

Uma vez que os programas originais eram chamados de *ergonomia* ou *fatores humanos*, há agora uma oportunidade de especializar-se em Ergonomia do Transporte; Ergonomia do Cuidado da Saúde; Ergonomia, Saúde e Segurança, entre outros. Em muitos casos, os módulos de ergonomia constituem uma unidade curricular de programas acadêmicos em Engenharia de Segurança, Saúde Ocupacional e áreas relacionadas. A pesquisa e a prática da ergonomia são incorporados aos cursos acadêmicos, à iniciação científica e aos projetos aplicados às Ciências do Esporte e do Exercício. Os primórdios do desenvolvimento da ergonomia e os papéis dos profissionais que atuam na área são indicadores de sua natureza e seu objeto de estudo.

Desenvolvimento histórico

A ergonomia surgiu como uma tecnologia proveniente da percepção durante a Segunda Guerra Mundial de que os desempenhos dos trabalhadores nas fábricas de munição eram variáveis, afetados pelas condições ambientais, pelo *design* do local de trabalho, pelas horas de trabalho e pelo estado subjetivo do indivíduo. Trabalhar mais horas tornou-se improdutivo em vez de útil, à medida que a produtividade diminuía e os acidentes aumentavam. Nenhuma disciplina científica isolada foi capaz de explicar os aumentos nos erros, nos acidentes e nas flutuações ocorridas no rendimento dos trabalhadores. Problemas similares relacionados ao esforço de guerra foram notados longe das fábricas. Marinheiros em seus postos de trabalho não notavam alterações nos sinais de radares após longos períodos de vigilância, mesmo focados nos monitores. A fadiga mental foi observada, bem como a fadiga física após períodos difíceis e longos de trabalho. Ficou evidente que esses problemas requeriam uma abordagem interdisciplinar, porque nenhuma ciência, por si mesma, fornecia uma resposta satisfatória.

A Ergonomics Research Society foi formada em 1949, pautada nas experiências adquiridas no período de guerra na Europa e em suas nações aliadas. À medida que o foco da área ficou estabelecido, seu nome mudou para Ergonomics Society. Em 2009, tornou-se Institute of Ergonomics and Human Factors, após os membros aprovarem mais uma mudança de nome. A organização paralela na América do Norte é a Human Factors Society. Essas duas organizações, com diversas sociedades profissionais nacionais e regionais, são afiliadas à International Ergonomics Association.

A Ergonomics Society e a Human Factors Society promovem uma conferência anual, bem como eventos regulares e *workshops* a cada ano. Suas agendas incluem a interação pública para informar sobre a natureza da ergonomia e as contribuições que ela pode proporcionar ao bem-estar dos trabalhadores. A International Ergonomics Association promove um congresso trienal, e o 17º evento foi realizado em Pequim, na China, em 2009. Desde 1987, a Ergonomics Society tem apoiado a Conferência Internacional sobre Esporte, Lazer e Ergonomia. O seu sexto evento aconteceu em 2007, no Burton Manor College, em Cheshire, no Reino Unido, copatrocinado pela International Society for Advancement of Kinanthropometry e pela World Commission for Science and Sports.

Publicações

Vários periódicos esportivos relacionados à ergonomia são publicados. O periódico *Ergonomics* é a publicação oficial do Institute of Ergonomics and Human Factors, sendo endossado pela International Ergonomics Association. O texto da capa de sua recente edição indica que ele é um "periódico internacional de pesquisa e prática nos fatores humanos e na ergonomia". Ele atingiu o seu 50º ano de publicação em 2007 e é a principal fonte literária de artigos originais da área.

A *Applied Ergonomics* é expressamente voltada para os ergonomistas e todos aqueles interessados em aplicar a ergonomia ou os fatores humanos no projeto, no planejamento e no manejo dos sistemas técnicos e sociais no trabalho ou no lazer. Entre os profissionais para os quais o periódico é direcionado pelos editores estão ergonomistas, *designers*, engenheiros industriais, especialistas em saúde e segurança, engenheiros de sistema, engenheiros de projeto, psicólogos organizacionais, especialistas em saúde ocupacional e especialistas na interação do ser humano com o computador. As áreas de aplicação incluem escritório, indústria, produtos de consumo, tecnologia de informação e projeto militar. Esse periódico – adotado como o periódico das relações das pessoas com o equipamento, o ambiente e os sistemas de trabalho – surgiu pela primeira vez em 1969 e é publicado pela Elsevier Ltda., em parceria com o Institute of Ergonomics and Human Factors.

A publicação correspondente a esses periódicos nos Estados Unidos é a *Human Factors*, a publicação oficial da *Human Factors Society*. Esse periódico foi publicado pela primeira vez em 1958, sendo leitura obrigatória para pesquisadores nas áreas de Ergonomia e Fatores Humanos na América do Norte. Periódicos complementares iniciaram sua publicação posteriormente (Quadro I.1), como *Journal of Industrial Ergonomics, Human Computer Interaction Journal, Journal of Human Stress* e *Theoretical*

Quadro I.1 Principais periódicos sobre ergonomia e datas da primeira publicação

Periódico	Ano
Ergonomics	1957
International Journal of Man-Machine Studies	1957
Human Factors	1958
Safety Science	1967
Applied Ergonomics	1970
Journal of Human Ergology	1971
Journal of Human Stress	1975
Scandinavian Journal of Work, Environment & Health	1975
Human Movement Science	1982
Journal of Sports Sciences	1983
Journal of Applied Biomechanics	1985
International Journal of Human-Computer Interaction	1986
Work and Stress	1987
Human Performance	1988
Ergonomics in Design	1993
International Journal of Cognitive Ergonomics	1997
Transportation Human Factors	1999
Cognition, Technology, and Work	1999

Issues in Ergonomics Science (primeiro exemplar em 2000). O *Journal of Human Ergology* é publicado no Japão, tendo aparecido pela primeira vez em 1971, e o *International Journal of Man-Machine Studies* é ainda mais antigo, sendo publicado pela primeira vez em 1957. O seu conteúdo é testemunho da grande variedade de projetos nos quais os ergonomistas estão engajados em muitos países.

Muitos anais de congressos científicos compõem a literatura da ergonomia. Esses aparecem na forma de edição especial dos principais periódicos da área ou na forma de livros. O *Proceedings of the Annual Conference of the Ergonomics Society* é publicado na forma de livro desde 1983 (Coombes, 1983), e uma disposição similar aplica-se à Human Factors Society e à International Ergonomics Association. Na ocasião do XV Congresso Trienal da International Ergonomics Association (incorporando a 7ª Joint Conference of the Ergonomics Society of Korea e a Japan Ergonomics Society), os anais do congresso foram publicados em quatro volumes, cada um com aproximadamente 700 páginas.

O campo da ergonomia apresenta uma rica literatura, que inclui uma variedade de textos clássicos (por exemplo, Grandjean, 1969; McCormick, 1976; Pheasant, 1991) e manuais acadêmicos (por exemplo, Pheasant, 1986). Apesar da grande quantidade de textos científicos sobre ergonomia, essa literatura se mostra insuficiente para aplicação em certas áreas. Os tópicos que requerem estudos mais aplicados incluem ergonomia do transporte, engenharia de sistemas, **manuseio de pesos** e ergonomia em ambiente hospitalar. A literatura recente sobre ergonomia no esporte inclui três periódicos especiais da *Applied Ergonomics*; cinco periódicos especiais da *Ergonomics* atrelados à realização quadrienal da Conferência Internacional sobre Esporte, Lazer e Ergonomia; e três livros que compõem os anais de duas edições dessas conferências (Atkinson e Reilly, 1995; Reilly e Atkinson, 2009; Reilly e Greeves, 2002). O objetivo deste livro é resumir o papel e o alcance da ergonomia no esporte, no lazer e na atividade física e descrever como a ergonomia é aplicada nessas áreas para resolver problemas nos fatores humanos.

Escopo da ergonomia

O escopo da ergonomia é evidente com a publicação de periódicos especiais sobre ergonomia do esporte, a primeira no periódico *Human Factors* em 1976 e a última no *Applied Ergonomics* (Reilly, 1984; Reilly, 1991b). Os tópicos incluíam, por exemplo, as novas técnicas para o registro do movimento (Atha, 1984), o uso cada vez mais frequente de computadores no esporte (Lees, 1985), as aplicações de hidrodinâmica e eletromiografia para os esportes no meio líquido (Clarys, 1985) e o controle da incerteza do sistema no esporte e no trabalho (Davids et al., 1991). Uma análise do material publicado nos anais das primeiras cinco International Conferences on Sport, Leisure and Ergonomics mostra as principais áreas de aplicação da ergonomia do esporte (Tabela I.1). O material revisto foi publicado em textos (Atkinson e Reilly, 1995; Reilly e Greeves, 2002) ou em artigos especiais do periódico *Ergonomics*. As áreas de aplicação vão desde o exercício relacionado à saúde às combinações de condições ambientais que desafiam os atletas de elite.

O objetivo da Ciência do Esporte e sua relação com o campo da ergonomia são escritos há alguns anos (Reilly, 1984). Destacam-se o uso de métodos de registro similares, como as técnicas fisiológicas e psicológicas para monitoramento do estresse no trabalho, a análise do movimento, a modelagem por computador e as simulações, bem como o interesse mútuo no aperfeiçoamento do *design* de equipamentos, calçados e uniformes e do desempenho de sistemas. Em ambas as áreas, priorizam-se as ideias e a plasticidade de uma abordagem interdisciplinar para a solução de problemas.

Conceitos básicos

A abordagem clássica na ergonomia é combinar as demandas da tarefa e a capacidade do indivíduo. O foco principal é no ser humano (isto é, no indivíduo), e o princípio é que a tarefa e o equipamento, ou maquinário, associado devem ser projetados conforme as capacidades humanas. Um tema recorrente é o da capacidade humana limitada, determinando um teto para obter a capacidade funcional real. Esse teto estabelece um limite superior para os aspectos quantitativo e qualitativo do desempenho. A expectativa é que o indivíduo não terá sucesso ou até mesmo se machucará se as demandas da tarefa forem maiores que a capacidade da pessoa de satisfazer ou de tolerar essas demandas. A avaliação de tais demandas pode estabelecer uma perspectiva interdisciplinar: um modelo preditivo na área da Ergonomia que integra as variáveis fisiológicas, biomecânicas e psicofísicas com a demografia populacional e que tem aceitação nos Estados Unidos é a equação de levantamento do National Institute for Occupational Safety and Health (NIOSH) (NIOSH, 1977). As principais contribuições do trabalho original nessa área provêm dos esforços de Chaffin (1975) e do grupo de Snook (Snook et al., 1970; Snook e Ciriello, 1974).

Tabela I.1 Áreas de interesse dos cinco anais publicados pela International Conference on Sport, Leisure and Ergonomics

Área de interesse	Registros de publicação
Envelhecimento	3
Composição corporal e anatomia funcional	10
Fatores circadianos	6
Uso de computadores no esporte	3
Saúde e condicionamento físico	17
Incapacidade	13
Estresse ambiental	10
Uso de ergogênicos e drogas	6
Avaliação do condicionamento	5
Lesão	2
Métodos de avaliação	14
Carga musculoesquelética	12
Ergonomia pediátrica	4
Estresse psicológico	2
Treinamento esportivo	4
Análise da técnica	19
Respostas ao treinamento	7
Design do equipamento	
Uniformes	2
Máquinas	5
Aparelhos de proteção	4
Calçados e órteses	5

Capacidade fisiológica

Os valores normativos máximos de alguns aspectos funcionais, como potência aeróbia e capacidade do trabalho físico, potência anaeróbia e força muscular, memorização do trabalho, processamento de informação e tolerância ao estresse, estão disponíveis na literatura. Atenta-se, nos dias de hoje, para a determinação das capacidades de atletas do sexo feminino e de praticantes iniciantes e experientes de modalidades esportivas. Esses dados fornecem uma base científica para definir o perfil do atleta segundo sua capacidade de desempenho, direcionando de forma real as possibilidades de sucesso na modalidade esportiva de interesse.

A conquista de resultados positivos no esporte de alto rendimento depende das demandas física, fisiológica e mental da atividade, e a possibilidade de sucesso está restrita a um seleto grupo de atletas. Vários paradigmas que abordam as variáveis fisiológicas e têm comprovação científica estão à disposição de treinadores na seleção de indivíduos e equipes que alcançam o sucesso no esporte internacional. Tal informação não é limitada aos esportes individuais, como corrida, ciclismo e natação, nos quais o desempenho competitivo é facilmente definido. A avaliação das demandas do remo em provas olímpicas, por exemplo, permite que pesquisadores da Ciência Esportiva definam os valores necessários do limiar aeróbio e da potência anaeróbia para os membros da equipe atingirem seu melhor desempenho. Esse tipo de cálculo é relativamente simples para cientistas esportivos competentes e forma a base pela qual tornou-se conhecido como suporte da Ciência Esportiva. O uso de **ergômetros** de remo, piscina de fluxo e **simuladores** para canoagem e esqui nórdico facilita consideravelmente o teste funcional e permite predizer o desempenho do atleta no ambiente da prova por meio do registro de valores laboratoriais mais precisos e confiáveis. As investigações iniciais de Costill (1972) serviram como modelo para identificar as demandas fisiológicas de maratonistas de alto rendimento. Desde aquele tempo, as avaliações laboratoriais se tornaram mais refinadas e específicas do esporte. Usando uma dinâmica simples, Keller (1976) mostrou que os atributos fisiológicos dos corredores podem estar correlacionados com recordes da pista e estratégias de corrida mais favoráveis. Mais recentemente, Atkinson et al. (2003) desenvolveram um modelo detalhado que reúne os fatores determinantes para melhorar o desempenho no ciclismo. O modelo preditivo incluiu não apenas variáveis antropométricas e fisiológicas, mas, também, postura, características da bicicleta, estratégia de corrida, biomecânica, distância, terreno e aspectos ambientais. O modelo final definido para registro de tempo do ciclismo é mostrado na Figura I.2 (Davison et al., 2008).

Fatores psicológicos

A contribuição dos fatores psicológicos ao desempenho foi evidenciada pelas descobertas de Morgan e Pollock (1977) de que os atletas de elite competem com altas demandas metabólicas que estão associadas com desconforto físico acompanhado por dores localizadas. A dissociação, entretanto, carrega o risco iminente de trauma no tecido, nos órgãos e no sistema. Outros pesquisadores afirmam ter identificado traços de personalidade essenciais para o sucesso competitivo, embora a atitude e o comprometimento com o treino possam ser mais influentes. A integração dos métodos comportamental, fisiológico e subjetivo tem ajudado a quantificar a carga emocional imposta nos atletas antes da prova e a desenvolver métodos de recuperação após a prova. Embora uma abordagem científica possa ajudar indivíduos mal preparados a lidar com o estresse da competição, os atletas tendem a ser atraídos em direção à prova e ao padrão competitivo ao qual estão psicologicamente preparados e para os quais têm os atributos físicos apropriados. Traços individuais únicos podem, contudo, ser usados com vantagem em esportes coletivos pela aplicação inteligente dos papéis táticos, moldando, desse modo, a tarefa para se adequar ao indivíduo.

A noção de uma capacidade limitada não é tão facilmente aceita em esportes como é no ambiente ocupacional. A mentalidade dos atletas de elite é estender as fronteiras do desempenho, desafiar os registros existentes e treinar em extremos. Ao adotar programas de treinamento favoráveis, os atletas superam suas limitações e melhoram suas capacidades de desempenho. Atletas de elite mostram persistência e força mental que os ajudam a superar barreiras rumo ao sucesso e a aprender lições quando derrotados para torná-los vencedores. Ainda assim, há um limite no qual as características fisiológicas podem ser melhoradas pelo treinamento e os efeitos do treinamento são coagidos por fatores genéticos.

Aqueles com potencial para se tornarem atletas de elite compõem uma pequena parte da população. Por exemplo, a capacidade de produzir um resultado de alta potência da fonte de energia aeróbia é importante para o exercício de resistência e a melhor medida fisiológica de **potência aeróbia** é geralmente obtida como a capacidade máxima de oxigênio ($\dot{V}O_2$máx). Essa função indica o índice máximo no qual o oxigênio pode ser consumido no exercício extenuante. Ela é determinada ao se monitorarem as respostas fisiológicas em um protocolo de exercício progressivo contínuo até a exaustão voluntária (Figura I.3). A variação na característica fisiológica entre os indivíduos é consideravelmente maior que aquela associada com o efeito de diferentes regimes de treinamento, um fato que destaca a importância da hereditariedade. Por essa razão, fazer uma ampla procura por indivíduos com potencial e alta capacidade aeróbia poderia ser mais produtivo que tentar treinar indivíduos de baixa capacidade aeróbia, por mais motivação que

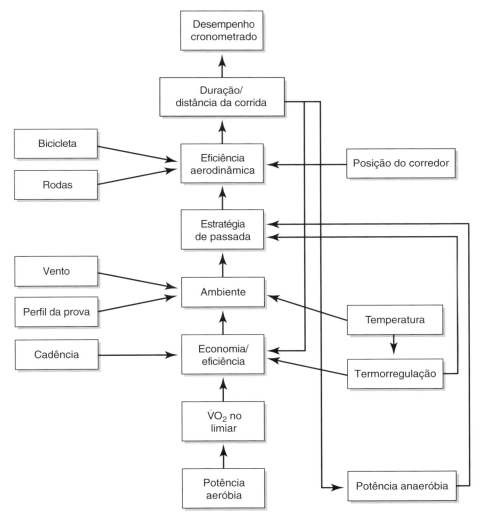

Figura I.2 Modelo dos fatores de desempenho que influenciam o registro de tempo do ciclismo.

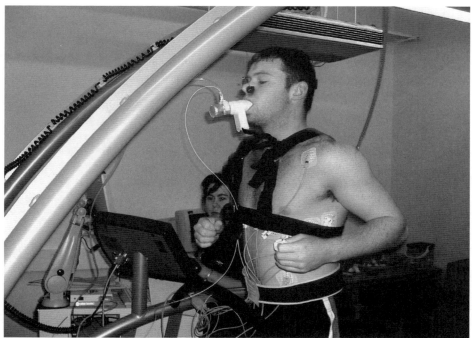

Figura I.3 Determinação da capacidade máxima de oxigênio de um jogador de futebol internacional.
Reimpressa, com permissão, de T. Reilly, 2007, *The Science of Training: Soccer* (London: Routledge), p. 155. *Copyright* Tom Reilly.

possam ter. Essa observação levanta questões fundamentais sobre a essência do esporte e o valor de sua satisfação intrínseca, independentemente do recorde individual do participante. Essas questões indicam que uma filosofia nacional do esporte deve ser desenvolvida antes de qualquer sistematização de serviços de ciência do esporte. A criação de centros nacionais, como o Australian Institute of Sport, em Camberra, o Japan Institute of Sports Science, em Tóquio, o centro United States Olympic Committee, em Colorado Springs, e o centro sueco em Boson, próximo a Estocolmo, foi o resultado de decisões políticas para apoiar atletas de elite como parte de uma política nacional.

Capacidade limitada

A predominância dos fatores genéticos em relação aos ambientais na determinação do $\dot{V}O_2$máx foi demonstrada pela primeira vez por Klissouras (1971), que analisou as diferenças intrassujeitos em gêmeos idênticos e não idênticos: a hereditariedade foi responsável por 93% da variação da potência aeróbia máxima. Embora essa afirmação tenha como base estudos moleculares, estima-se que o $\dot{V}O_2$máx é influenciado pela genética em cerca de 50%. A compreensão dessa afirmação parece ser confusa ao considerar atletas de ponta, porque a natureza e a criação estão intrinsecamente interligadas, de modo que um atributo orgânico não pode se desenvolver sem uma base genética e um ambiente apropriado. Com muitos atributos biofísicos, a hereditariedade estabelece limites sobre a magnitude da mudança na expressão do potencial genético mesmo com estímulos de treinamento favoráveis (Klissouras, 1976). Atualmente, biólogos moleculares exploram o genoma humano para a identificação de um "gene de desempenho"; entretanto, é ilusório acreditar nessa representação por um único gene.

O desenvolvimento da capacidade individual por meio do treinamento físico incorpora uma filosofia de preparar o homem ou a mulher para uma tarefa manual. O grau de melhora na capacidade varia de acordo com o indivíduo, considerando sua condição física inicial e o sistema biológico que está sendo treinado. Todavia, as mudanças na capacidade máxima podem ser preditas com base nas contribuições genéticas. Além de elevar a capacidade funcional máxima do sistema, o treinamento pode fracionar esse valor em faixas percentuais, otimizando seu uso e permitindo que o atleta aumente o valor percentual máximo de acordo com o contexto esportivo. Maratonistas de ponta, por exemplo, não são necessariamente aqueles com $\dot{V}O_2$máx mais alto, mas, sim, aqueles que podem trabalhar com o limiar desse valor próximo do máximo em todo percurso da prova. Eles também podem tolerar temperaturas corporais internas altas e seus músculos usam o oxigênio liberado para as células musculares com mais eficiência, removendo metabólitos associados com a energia produzida de fontes anaeróbias.

Uma melhora de 20% a 25% no $\dot{V}O_2$máx é considerada pelos fisiologistas um bom efeito de treinamento. Contudo, melhoras que se aproximam de 40% foram encontradas quando programas de treinamento intensivo foram conduzidos por períodos de tempo maiores que os costumeiros. O $\dot{V}O_2$máx apresenta um quadro geral da integração funcional de pulmões, coração, sangue e músculos ativos no trabalho aeróbio. A avaliação cardíaca não invasiva, a técnica de biópsia muscular, a **proteômica** e as análises bioquímicas e técnicas de imagem funcional mais sofisticadas têm ampliado a nossa compreensão em relação aos papéis dos fatores central e periférico nas respostas crônicas ao treinamento, que são evidenciadas pelas mudanças no $\dot{V}O_2$máx. Nós sabemos, também, da existência de importantes adaptações que aumentam a intensidade relativa do exercício, que pode ser sustentada por um período de tempo prolongado.

Dessa forma, o $\dot{V}O_2$máx e a proporção de $\dot{V}O_2$máx podem ser usados no exercício contínuo como bons indicadores da capacidade de resistência esportiva; muitas atividades colocam a prioridade sobre a força muscular em vez da resistência. Melhorias na força são, primeiramente, atribuídas a fatores neuromusculares e, subsequentemente, à hipertrofia muscular. A adaptação ao exercício de alta intensidade requer mudanças funcionais nos músculos esqueléticos e em outros tecidos que estiveram envolvidos no exercício. No nível molecular, o estímulo ao exercício inicia os processos de transdução de sinal, que ativam as respostas dentro das fibras musculares. Os genes que transportam a informação genética codificada no DNA para compor proteínas e níveis de RNA mensageiro (mRNA) para vários genes metabólicos são agudamente elevados após uma simples série de exercícios (Hawley et al., 2006). As alterações na ultraestrutura muscular ocorrem enquanto os músculos estão se recuperando da sessão de exercício que induziu a sobrecarga musculoesquelética. A testosterona e o fator de crescimento semelhante à insulina 1 desempenham importantes papéis na recuperação dessas sessões e na promoção da síntese de proteína. Esses processos anabólicos gradualmente fazem com que a área transversal do músculo aumente, o que explica a melhora na capacidade de gerar força.

A procura por programas de treinamento favoráveis com base em princípios científicos sólidos tem atraído vários pesquisadores científicos ao longo dos anos. O tema principal tem sido a tentativa de identificar limiares de estímulos de treinamento e relacioná-los com a intensidade, a frequência e a duração do treinamento, bem como com o estado de condicionamento. Indivíduos habitualmente sedentários submetidos a um programa de condicionamento físico básico podem ficar satisfeitos após obterem um bom limiar de condicionamento, ao passo que atletas de elite altamente preparados procuram otimizar seu estímulo de treinamento. A avaliação dos programas de treinamento físico é baseada na superação dos limiares de estímulo de treinamento preestabelecidos ou nos indicadores de condicionamento que são melhorados com o tempo. O monitoramento do condicionamento durante toda a pré-temporada e a temporada de competição é importante, porque as medidas de condicionamento específicas tendem a flutuar sazonalmente. A avaliação regular ajuda os treinadores a estimarem a preparação do atleta para a competição e pode ajudar na seleção da equipe, bem como apontar as fraquezas individuais específicas que requerem treinamento.

Na outra extremidade do espectro do desempenho está o sujeito atraído pelo treinamento físico para melhorar a saúde. O exercício é defendido como prevenção para uma série de doenças e como terapia para o estresse. Entre essas doenças estão a síndrome metabólica, problemas cardiovasculares e algumas formas de câncer. Enquanto o atleta de competição procura a resposta de dose favorável associada com o treinamento extenuante, o sujeito que pratica atividade física regular está primariamente interessado no exercício como um veículo para a manutenção da saúde e a melhora do bem-estar.

Programas de treinamento elaborados empiricamente tendem a preceder aqueles que foram cientificamente validados. Os princípios científicos subjacentes ao treinamento de força, de velocidade, de resistência e de flexibilidade foram lentamente incorporados para sustentar a grande capacidade de perspicácia de treinamento gerada pelas ricas experiências. O trabalho experimental tem, por exemplo, ajudado a explicar por que, no nível celular, muitas repetições em baixa intensidade promovem a resistência, ao passo que esforços de curta duração e de alta intensidade promovem força e, em determinadas condições, hipertrofia muscular. Diferentes elementos podem interagir de maneiras complexas em um programa de treinamento combinado, como quando regimes de trabalho de velocidade e de resistência ou intermitentes e contínuos são usados. Cada tipo de treinamento tem seus próprios perigos específicos, bem como seus efeitos, de forma que o atalho para o condicionamento fornecido por regimes de trabalho intermitentes é contrabalançado pelo aumento no risco de lesão no tecido mole. Sabe-se, também, que o treinamento aeróbio altera as enzimas glicolíticas musculares e que alguns tipos de fibras intermediárias entre as variedades de contração lenta e as de contração rápida são afetadas pela qualidade do treinamento. Todas as possíveis interações sugeridas pela discussão precedente podem ser muito complexas para os pesquisadores representarem adequadamente em qualquer modelo experimental simples. O desempenho competitivo na vida real fornece *feedback* continuamente para modificar o treinamento em vigência; reconhecer e reagir a esses ajustes sutis é tanto arte quanto ciência. O cientista, o técnico e o atleta devem trabalhar como uma equipe, com o cientista fornecendo orientação e monitoramento fisiológico dos atletas, para garantir que passos em falso no avanço do regime de treinamento sejam evitados e as implicações dos achados de pesquisa experimental sejam compreendidas pelo treinador e pelo atleta. Um futuro próximo provavelmente produzirá mais sistemas de modelagem dos efeitos do treinamento e do desempenho físico, assim como aplicado por Impellizzeri et al. (2006), e transferências futuras de conhecimento da teoria para a prática.

Critérios ergonômicos

Alguns princípios orientam o ergonomista na condução do trabalho prático. Esses princípios podem ser priorizados ou combinados para estabelecer um esquema de trabalho para a tomada de decisões sobre os problemas que surgem no ambiente prático. O ergonomista pode, por exemplo, estar preparado para aceitar um desconforto subjetivo transitório ou ineficiência periódica, contanto que a segurança não seja comprometida. A orientação pode ser na forma de consequências para um critério-chave ou variável dependente.

A ênfase na ergonomia é colocada sobre o operador humano, independentemente se o indivíduo age dentro de um sistema complexo ou simples. O foco é na interface imediata com a tarefa, mas pode se deslocar gradualmente para a interface com quaisquer equipamentos, ferramentas ou maquinários usados na tarefa. A apresentação de toda a estação de trabalho, os aspectos ambientais e os aspectos mais amplos são relevantes. Esses fatores incluem sociodinâmica, interações de grupo e, em um contexto esportivo, relações entre membros da equipe e entre os participantes e pessoal de treinamento, como ilustrado na Figura I.1.

Segurança

Um dogma da ergonomia é que o ambiente de trabalho não prejudicará o indivíduo. Em virtude disso, a segurança é um critério suprimido. Esse objetivo pode ter sido baseado inicialmente nos valores humanitários, mas está agora sujeito a penalidades legislativas. As regulagens para a saúde e a segurança no trabalho são levadas a sério pela equipe. Em algumas instituições, uma cultura de segurança foi promovida pelas ergonomias participantes, implicando que os trabalhadores tenham mais envolvimento nas práticas de trabalho que previnem acidentes. O trabalhador machucado ou ausente é incapaz de contribuir para a produtividade da organização. De uma maneira similar, o atleta lesionado não pode contribuir para o desempenho da equipe e perde condicionamento quando não tem condições de treinar. A prevenção da lesão em ambos os casos será mais efetiva que a confiança no tratamento e na reabilitação.

O esporte de elite envolve uma busca constante para obter um platô competitivo sobre os oponentes para garantir a vitória nas principais competições. Em níveis mais baixos de participação, os objetivos podem ser a participação para prazer pessoal, razões sociais ou benefícios relacionados à saúde. Independentemente das aspirações dos participantes, a segurança é um critério fundamental. O risco de lesão varia entre os esportes, assim como nos contextos ocupacionais, mas, em ambos os domínios, o uso de estratégias preventivas é uma característica da ergonomia.

Para contextos ocupacionais, a equação de levantamento do NIOSH (1977) tem sido uma força ergonômica muito importante nos Estados Unidos e em outras localidades. Esse modelo integra medidas fisiológicas, biomecânicas e psicofísicas com a demografia populacional. O objetivo é prever em qual estágio as forças musculoesqueléticas estão nessa magnitude para colocar em risco o operador, seja ele homem (Snook et al., 1970) ou mulher (Snook e Ciriello, 1974).

Fadiga

A **fadiga** é um conceito evasivo, embora o termo tenha sido usado durante algum tempo na nomenclatura científica. O conceito provavelmente se originou em ambientes ocupacionais e militares em vez de esportivos, mas foi prontamente transferido para este ambiente. Nas fábricas de munição, por exemplo, tornou-se evidente, durante a Segunda Guerra Mundial, que o desempenho dos trabalhadores não era constante, mas deteriorado com o tempo na tarefa, diretamente atribuído às tentativas de continuar ou manter o desempenho. O trabalho de *Sir* Frederick Bartlett no Laboratório Psicológico, em Cambridge, ajudou a desbravar a pesquisa de fatores humanos nos problemas de fadiga (Bartlett, 1943). O declínio do desempenho, apesar de recompensas e de forte motivação, tornou-se um dos primeiros marcadores da fadiga, e seu estudo motivou a criação da Ergonomics Research Society, em 1949. O primeiro grande simpósio sobre fadiga ocorreu em seguida, sendo registrado nas clássicas atas de Floyd e Welford (1953).

Nos Estados Unidos, o fenômeno da fadiga foi formalmente reconhecido muito mais cedo com a criação do Laboratório da Fadiga de Harvard, na Harvard Business School, em 1927. Muitos dos eminentes fisiologistas do exercício do século estavam associados a atividades nesse laboratório. Seus programas de pesquisa pelas três décadas seguintes, ou mais, forneceram a pedra fundamental para avanços na fisiologia do exercício contemporânea e para estabelecer sua respeitabilidade como disciplina científica. Os feitos desse laboratório foram descritos em detalhes por Horvath e Horvath (1973) e Buskirk e Tipton (1997).

Foi só recentemente que a fadiga, definida como uma diminuição na produção de força, obteve um significado específico na pesquisa relacionada com o desempenho humano. As concomitâncias fisiológicas e as causas potenciais da fadiga estão em grande número no esporte de competição, em grande parte devido à heterogeneidade nas demandas fisiológicas das provas esportivas. A fadiga pode ser manifestada como um marcador inicial em uma série contínua de fenômenos que, por fim, levam à exaustão. A fadiga pode ocorrer de forma transitória ou repetida durante o exercício intermitente de alta intensidade. É sabido que a fadiga envolve fatores centrais nos quais a falha impede a função antes que os fatores periféricos comecem a diminuir. Essa riqueza de contexto estimula a pesquisa sobre as causas e os mecanismos da fadiga e as maneiras de aliviá-la ou de contorná-la.

Estresse

O **estresse** tem vários significados diferentes, mas, em geral, está associado com a indução de reações adversas nos indivíduos que o sentem. As causas do estresse são variadas e vão de fatores ambientais específicos a fenômenos sociais mais abstratos, como molestamento por parte de empresários ou de mentores. Em termos de engenharia, o estresse é um agente indutor de respostas fisiológicas ou psicológicas indesejadas nos indivíduos. Essas reações são expressas como pressão e podem abranger aspectos comportamentais e fisiológicos. As medidas que podem ser usadas para indicar a pressão psicológica ou emocional na presença de altas cargas fisiológicas são listadas a seguir.

Medidas de estresse emocional na pesquisa de fatores humanos

Comportamental
- Escalas subjetivas
- Observação de comportamento
- Tremor na mão
- Erros
- Comunicação não verbal

Fisiológicos
- Tônus muscular
- Condutância da pele
- Propriedade do sangue
- Propriedade da urina
- Pressão arterial
- Frequência cardíaca
- Eletroencefalografia

É cada vez mais reconhecido que o ambiente físico no qual uma pessoa trabalha, compete ou relaxa é uma possível fonte de estressores, como calor, frio, pressão, ruído, vibração e poluição. Embora uma considerável informação tenha sido reunida sobre os efeitos dos estressores ambientais discretos, há muito a ser aprendido sobre suas interações ou seus efeitos sinergísticos. Igualmente, há um entendimento incompleto de como ou por que as tensões surgem entre membros de uma equipe colocados sob estresse em condições extremas.

Eficiência

O conceito de eficiência implica uma relação entre o resultado atingido e a energia gasta para fazê-lo. Em termos de engenharia, a eficiência mecânica é representada pela produção de trabalho expressa como uma porcentagem da energia gasta. Esse modelo aplica-se igualmente às operações de veículos motorizados e de operadores humanos. No último caso, o ser humano é relativamente ineficiente, porque aproximadamente 80% da energia gasta na atividade física é perdida como calor.

Tanto no exercício quanto no trabalho ocupacional, pode não ser fácil determinar a eficiência mecânica. É uma tarefa direta medir a energia gasta e a produção de força em uma bicicleta ergométrica. As medidas requeridas incluem $\dot{V}O_2$máx, dióxido de carbono ($\dot{V}CO_2$), frequência de ventilação (VE), frequência da pedalada e da carga ou da resistência. O cálculo do trabalho mecânico é mais difícil na corrida e na natação, embora o $\dot{V}O_2$ possa ser medido para essas atividades. Nesses casos, o custo de oxigênio de se exercitar em uma carga de trabalho fixa pode ser usado como um índice da economia do movimento: quanto mais baixo o custo de oxigênio, mais econômica é a ação. Nessa base, o conceito de economia na corrida tende a ser o preferido no que diz respeito à eficiência mecânica quando os corredores são avaliados.

Uma redução na energia gasta para uma determinada potência produzida (ou frequência de trabalho) deve constituir um esforço fisiológico diminuído. Um projeto similar se aplica ao esforço mental, portanto, a remodelagem de tarefas para reduzir a carga cognitiva deve diminuir o estresse mental. Embora esse princípio se aplique prontamente a contextos ocupacionais, ele não se aplica necessariamente ao esporte de competição. Para alcançar a vitória, o atleta diminui a eficiência e aumenta o custo de energia proveniente da produção de energia ou da potência total gerada pelo corpo.

Conforto

O conforto é um estado subjetivo no qual o indivíduo aceita a intensidade da carga imposta e o ambiente em que esta é aplicada. O conceito pode ser aplicado à postura, à temperatura, à condição de trabalho e a tarefas específicas e aos aspectos gerais do ambiente de trabalho. O conforto é uma condição na qual a pessoa se sente neutra em relação ao ambiente externo.

A zona de conforto situa-se dentro de uma variação relativamente estreita de respostas a estímulos externos que o indivíduo pode acomodar fisiologicamente. O desconforto surge com excursões fora desse alcance e sugere que o desempenho pode ser prejudicado. O desconforto prolongado pode refletir uma postura insatisfatória ou um estresse ambiental indevido, e potencializa a ocorrência de reações adversas se for sustentado. Por essas razões, o conforto é um critério importante nos ambientes ocupacionais.

O elemento desconforto está presente no treinamento e na prática esportiva. Os atletas devem operar fora das zonas de conforto para permitir uma sobrecarga de treinamento que melhore o condicionamento físico e promova adaptações fisiológicas. A natureza competitiva do esporte promove desconforto no oponente para a garantia da vitória.

O conceito de conforto também se aplica ao ajuste entre o atleta e algum equipamento, aparato ou aparelho usado. Esses incluem calçados e uniformes esportivos; raquetes, esquis ou outros implementos; e aparelhos, como bicicletas, canoas para canoagem, botes e trenós. A noção de "ajuste" se aplica também à interação entre indivíduo, calçado e superfície, de forma que *superfície* se refere a pisos sintéticos ou aos usados nas competições de inverno ao ar livre.

Aplicações da ergonomia

A ergonomia enfatiza a verificação da sobrecarga imposta ao trabalhador, a fim de elaborar estratégias para reduzi-la. Tarefas e equipamentos foram reprojetados de acordo com critérios de segurança, eficiência, conforto e ajuste. A aplicação de tal ergonomia regenerativa ajudou a melhorar o bem-estar do operador e o projeto criativo ajudou os engenheiros a melhorar o local de trabalho com relação à sua qualidade e segurança.

Aplicações no ambiente de trabalho

No outro extremo do espectro do gasto de energia, os ergonomistas atentaram para atividades de nível motivacional baixo, que requerem ciclos de trabalho repetitivos ou tarefas que envolvam vigilância. Nessas atividades, os erros eram atribuídos ao baixo nível de atenção, necessitando de um ambiente mais estimulador e, muitas vezes, com reestruturação das tarefas. Os métodos de análise para determinar a produção desses trabalhadores foram elaborados e utilizados, resultando na necessidade de desenvolver técnicas mais avançadas de registro por lidar com organizações complexas. Uma abordagem de sistemas foi desenvolvida para distribuir tarefas aos seres humanos e ao maquinário nos processos de trabalho, tornando-os mais automatizados com a modernização.

A evolução da tecnologia computadorizada possibilitou muitas novas maneiras de interação entre os seres humanos e as máquinas para garantir o controle dos processos do trabalho e do ambiente de trabalho. Houve um deslocamento gradual na ênfase do estudo da interface entre ser humano e computador, uma área valorizada em razão do crescimento da ergonomia cognitiva. Essa tendência refletiu a mudança de atividades manuais pesadas, que eram fisicamente muito estressantes – agricultura, montagem e construção, atividade florestal, mineração, pesca – para atividades com base no escritório, relativamente sedentárias. Recentes métodos de fatores humanos foram criados para tratar a tomada de decisão, a identificação do erro, a percepção da situação e a avaliação de trabalho de equipe nesses contextos; algumas das abordagens podem ser usadas no esporte e na prática de atividade física.

No trabalho em escritório, problemas recentes surgiram com atividades repetitivas que eram sustentadas com o uso de grupos de músculos pequenos em níveis baixos de gasto de energia. A **lesão por esforço repetitivo (LER)** tornou-se uma entidade clínica reconhecida relacionada com o trabalho, apesar da ausência de cargas de alta intensidade. O projeto de cadeiras, mostradores e controles para atividades computadorizadas continuou a ocupar os ergonomistas, que trabalham para estabelecer ângulos de visão favoráveis, evitar luz ofuscante, usar assentos compatíveis e apropriados e projetar produtos favoráveis ao usuário.

Apesar do deslocamento geral na ergonomia em direção ao trabalho com base no computador, a legislação de segurança tem realçado a incidência e as causas de distúrbios

Introdução à ergonomia

musculoesqueléticos contraídos pelos trabalhadores. A atenção foi inicialmente direcionada para materiais manuais periódicos de manuseio, levantamento e transporte de cargas. As ocupações que abrangem levantamento de cargas pesadas incluem trabalhos de entrega, profissionais da área de saúde e remoção de móveis, para citar apenas alguns. A ênfase mudou para adotar as técnicas corretas para levantamento e carregamento, usando elevadores ou aparelhos de assistência similares, reduzindo a carga de acordo com as orientações nacionais e permitindo a recuperação adequada entre os ciclos de atividade.

Aplicações no esporte e na atividade física

O desenvolvimento da ergonomia ocupacional é espelhado nos contextos da atividade física e do esporte. A intensidade do exercício pode ser monitorada, de modo que o atleta não seja indevidamente sobrecarregado. O estímulo deve ser variado regularmente para evitar o hábito e o tédio. A segurança é uma prioridade se o treinamento for efetivo, e lesões são, muitas vezes, causadas pelo uso de técnicas indevidas. Por exemplo, uma grande parte das lesões no treinamento de peso ocorre quando os atletas manuseiam cargas que são muito pesadas ou adotam técnicas de levantamento incorretas.

Nem sempre é prático estudar as intervenções da ergonomia em uma situação da vida real, e a simulação da atividade pode ser necessária. Tais simulações variam em sofisticação: desde projetos de protótipos simples ou modelos antropométricos até testes de equipamento ou uniforme para estações dinâmicas complexas, como cenários de realidade virtual (Figura I.4). O primeiro é usado quando os princípios do projeto relacionam-se aos percentuais de tamanho ou perímetro. No último, ao existir um risco iminente para

Figura I.4 Um cenário de realidade virtual usando uma plataforma controlada por computador e um mostrador visual. O participante realiza a travessia pela pista usando movimentos do corpo.

o voluntário, em virtude da reprodução do experimento em condições reais, simula-se visualmente o ambiente para estudar o *feedback* de aspectos posturais e do equilíbrio (Lees et al., 2007). Nesses casos, é possível também aplicar testes a robôs com características mecânicas inatas próximas àquelas dos seres humanos. As **simulações** reduzem o custo e o suposto risco associados com intervenções ergonômicas; no entanto, os achados podem não representar rigorosamente as condições da situação real, incorrendo em erros de análise.

Estresse postural

A identificação do estresse postural é uma tarefa contínua para os ergonomistas. A postura se refere à orientação dos vários segmentos ou elos anatômicos associados com uma atividade. Partes do corpo podem ficar estáticas durante a atividade, adequando a posição para movimentos dinâmicos em outros segmentos. A postura adotada pode induzir a um esforço nos tecidos moles do corpo ou órgãos sensoriais e, se não corrigida, causa prejuízo. Vários métodos para quantificar e localizar o estresse postural estão disponíveis, e recomendações sobre o posicionamento ideal são indicadas.

Método OWAS

O método OWAS (Oslo Working Postural Analyzing System), de Karhu et al. (1981), foi um dos primeiros métodos de análise das posturas no trabalho. A sua base teórica situa-se em análise de observações e avaliação do risco, em vez de princípios fisiológicos. A pressuposição é que, por observação das posturas em determinados intervalos, originalmente de 30 s, o cientista pode formar uma descrição confiável do estresse postural do trabalho.

O método OWAS pode ser usado para determinar as posturas mais comuns para as costas, os braços e as pernas e estimar a carga determinada para cada um. Cada parte principal do corpo é avaliada para seu deslocamento e um número é designado de acordo com o aumento na distância daquele segmento do corpo com base em uma postura neutra definida. Os valores para as várias partes do corpo são comparados às tabelas numéricas de referência do modelo. O resultado é um valor indicativo da gravidade da postura e o grau de urgência para se efetuar uma mudança.

O método OWAS obteve ampla aceitação na ergonomia ocupacional em razão de sua simplicidade e baixo custo. É uma técnica de supervisão que pode ser executada com facilidade; pode ser implementada com análise de vídeo, o que pode causar um atraso na definição de soluções, mas aumenta a confiabilidade. Como o OWAS permite que o usuário identifique as posturas reparadoras, ele tem valor entre os fisioterapeutas quando tratam de lesões do esporte associadas com o estresse postural.

A codificação e os procedimentos de análise do OWAS foram originalmente conduzidos usando métodos de registro manual. O sistema computadorizado projetado para sua aplicação inclui um elemento para codificação postural no campo, um segundo elemento para a transferência de dados para o PC e um terceiro elemento para análise e apresentação de dados. Uma categoria de ação está associada com o valor alcançado (Quadro I.2).

Método de avaliação RULA (Rapid Upper-Limb Assessment)

Muitos problemas musculoesqueléticos relacionados ao trabalho envolvem os membros superiores e são definidos como alterações da unidade musculotendínea, nervos

Quadro I.2 Categorias para o método OWAS de avaliação das posturas no trabalho

Categoria de ação	Ação necessária
I: Nenhum efeito nocivo sobre o sistema musculoesquelético	Nenhuma ação é necessária para mudar as posturas de trabalho.
II: Algum efeito nocivo sobre o sistema musculoesquelético	Nenhuma ação imediata é necessária: mudanças devem ser feitas durante um planejamento futuro.
III: Efeito distintamente nocivo sobre o sistema musculoesquelético	Os métodos de trabalho devem ser mudados tão logo seja possível.
IV: Efeito altamente nocivo sobre o sistema musculoesquelético	Mudanças imediatas devem ser feitas nas posturas de trabalho.

periféricos e sistema vascular. Esses distúrbios podem ser desencadeados ou exacerbados por movimentos repetitivos, esforço físico ou desconforto postural e podem afetar as articulações do pescoço, ombro, cotovelo, pulso e dedos. Exemplos incluem (1) síndrome da tensão no pescoço, imaginada como sendo causada pelas posturas estáticas e cargas isométricas; (2) **tendinite** do ombro, ligada ao trabalho ou ao exercício com um ritmo altamente repetitivo (por exemplo, natação); (3) epicondilite lateral, causada pela exposição a uma combinação de força e postura (como nos jogos de tênis e *squash*); (4) síndrome do túnel do carpo, na qual as posturas estranhas estão envolvidas na compressão do nervo mediano I; e (5) tendinite da mão-pulso, por exemplo, a tendinite de De Quervain, causada pela compressão dos tendões do extensor curto do polegar e abdutor longo do polegar.

McAtamney e Corlett (1993) elaboraram um sistema para avaliação rápida do membro superior (RULA), que ganhou amplo reconhecimento na ergonomia ocupacional. Esse sistema permite categorizar e calcular facilmente as cargas musculoesqueléticas em tarefas com um risco inerente de sobrecarga nas regiões do pescoço e dos membros superiores. O procedimento inclui a determinação de um valor numérico simples como uma representação da tarefa envolvida, definido pela classificação da postura, da força e do movimento adotados. O risco é calculado de acordo com uma escala de 1 a 7, na qual 1 representa risco baixo e 7 risco alto. Os escores são dispostos em quatro níveis de ação, incluindo o tempo, no qual o início do controle do risco é esperado. Essa abordagem tem potencial para uso em contextos de atividades recreativas.

Originalmente, o procedimento RULA estava disponível em papel; atualmente, há um *software* com informações detalhadas sobre o método. A validade e a confiabilidade foram estabelecidas em locações industriais e de escritório com pouca aplicação (até agora) aos contextos esportivos. Pode ser necessário avaliar uma variedade de posturas de trabalho durante um ciclo de trabalho para fornecer um quadro completo da carga musculoesquelética global. Em alguns casos, a análise por vídeo é útil. Quando tarefas envolvendo manuseio de pesos abrangem movimentos de todo o corpo ou impõem um elevado risco musculoesquelético às costas, aos membros superiores e inferiores e ao pescoço, métodos alternativos devem ser empregados.

Desconforto postural

Um diagrama de desconforto foi descrito por Corlett e Bishop (1976), no qual os indivíduos podiam avaliar a gravidade do desconforto sentido em diferentes partes do corpo. Os diagramas podem ser usados para determinar o início do desconforto postural em um período de tempo e para definir as tarefas com maiores índices de cargas manuais aplicadas ao corpo.

Embora projetado para ambientes ocupacionais, esse método pode ser aplicado a muitos contextos esportivos. O diagrama do desconforto pode ser usado em avaliações do *design* em esportes em que o humano interage com a máquina, após atividades de treinamento de longa duração e em atividades do corpo inteiro que provavelmente induzirão à **dor muscular de início tardio**.

Organizações profissionais e sistemas de aprovação

A ergonomia é um assunto interdisciplinar e, portanto, não é surpresa que especialistas oriundos de diferentes áreas possam atuar como ergonomistas. Engenheiros, fisiologistas, psicólogos, fisioterapeutas e cientistas esportivos podem trabalhar nesse campo após obter uma qualificação em ergonomia. Esse reconhecimento encontra-se com mais frequência no nível de mestrado em Ciências ou MSc. O conteúdo acadêmico do treinamento varia entre as instituições, dependendo da qualidade do local e da experiência dos profissionais de ensino. Programas de graduação fornecem também um caminho para a profissão, sendo o mais estabelecido o bacharelado em Ciências ou BSc (ergonomia) na University of Loughborough, no Reino Unido.

Os programas devem ser aprovados pelo Institute of Ergonomics and Human Factors para os graduados se tornarem membros dessa classe. Uma lista de programas atualmente aprovados nos níveis de BSc e MSc está disponível no escritório do instituto. Alguns programas oferecem especialização na área de aplicação, por exemplo, o de Ergonomia do Transporte ou Ergonomia Hospitalar. Entretanto, programas com material substancial de ergonomia no roteiro concentram-se na segurança, permitindo que os graduados obtenham emprego na indústria como especialistas em Segurança. Essa rota é enfatizada no programa de doutorado na Irlanda, notavelmente na University of Limerick e na National University of Ireland, em Galway. No último caso, há um sólido elo entre o estudo da Segurança, Ergonomia e Saúde Ocupacional. Os programas dos Estados Unidos e Canadá satisfizeram os requisitos do Institute of Etgonomics and Human Factors, formados a partir de uma base de engenharia (por exemplo, Cincinnati University). O roteiro que satisfaz a sanção da ergonomia da comunidade europeia é mais específico, permitindo um alcance limitado para nichos locais.

Uma qualificação acadêmica formal ou experiência prática apropriada permite que os indivíduos tenham acesso a uma sociedade na comunidade profissional de ergonomistas. Existe uma opção posterior de obtenção de reconhecimento como profissional da ergonomia, na qual a associação é concedida após alguns anos de experiência e registro de campo, permitindo que o ergonomista use as letras FErgS.

Embora os cientistas do esporte e ergonomistas sigam diferentes caminhos acadêmicos e profissionais, eles adquirem técnicas e áreas de conhecimento que são comuns. Os ergonomistas podem formar módulos ou partes de módulos em programas de pós-graduação dentro dos princípios da ergonomia, indiretamente por meio de tópicos sobre anatomia humana aplicada, fisiologia ambiental ou psicologia cognitiva, por exemplo.

Recentemente, a Ergonomics Society instituiu cursos de desenvolvimento profissional contínuos como um elemento central em sua aplicação para o estado de diplomado. Esses cursos curtos estão disponíveis em diferentes níveis e contêm opções em cinco áreas de conhecimento:

- Anatomia, Antropometria e Fisiologia nas atividades humanas;
- Estressores ambientais (fatores de formatação do desempenho) e Psicofisiologia;
- Sistemas sociotécnicos;
- Psicologia geral e organizacional;
- Métodos de supervisão e de pesquisa.

Quadro I.3 Locais para o congresso anual da European College of Sport Science

Ano	Local	País
1996	Nice	França
1997	Copenhague	Dinamarca
1998	Manchester	Reino Unido
1999	Roma	Itália
2000	Jyvaskyla	Finlândia
2001	Colônia	Alemanha
2002	Atenas	Grécia
2003	Salzburgo	Áustria
2004	Clermont-Ferrand	França
2005	Belgrado	Sérvia
2006	Lausanne	Suíça
2007	Jyvaskyla	Finlândia
2008	Lisboa	Portugal
2009	Oslo	Noruega
2010	Antália	Turquia
2011	Liverpool	Reino Unido

Existem associações nacional e regionalmente organizadas que representam a Ciência Esportiva e as comunidades de Medicina Esportiva. Tipicamente, essas são organizações associativas, que adaptam seus serviços profissionais a membros autorizados. As mais fortes organizações estão na América do Norte e na Europa. O American College of Sports Medicine (ACSM) oferece uma variedade de serviços, incluindo certificação para teste de exercício clínico; seus cursos têm credibilidade profissional no mundo todo. O comparecimento na conferência anual do ACSM pode ser traduzido em créditos educacionais designados aos programas científicos de médicos, paramédicos e da ciência do exercício.

Na Europa, sociedades separadas representam a Ciência do Esporte e a Medicina Esportiva. O European College of Sport Science foi estabelecido em 1995 e promoveu o seu congresso anual no ano seguinte (Quadro I.3). Um aspecto importante do seu congresso anual é o Prêmio Jovem Pesquisador. A competição é aberta a pesquisadores pós-graduados e pós-doutores com menos de 32 anos, e existem 10 prêmios nas categorias de apresentação oral e por meio de pôster. Os quatro principais candidatos apresentam sua pesquisa uma segunda vez em uma sessão plenária e um prêmio representa uma conquista significativa no avanço da carreira de jovens cientistas esportivos. A universidade tem o seu escritório em Colônia, na Alemanha, e sua própria publicação, o European Journal of Sport Science. Suas pesquisas são feitas para orientar profissionais e cientistas, sendo publicadas nesse periódico. As diretrizes publicadas envolvem, por exemplo, discussões sobre alongamento (Magnusson e Renstrom, 2006), síndrome do *overtraining* (Meeusen et al,. 2006) e alterações em virtude do fuso horário (Reilly et al., 2007).

A British Association of Sport and Exercise Sciences, bem como o Institute of Ergonomics and Human Factors, tem seus próprios códigos de prática, apesar da falta de diploma. A associação permite aos membros que se candidatem à certificação em um núcleo de pesquisa ou de apoio. O sistema foi montado no Reino Unido no final da década de 1980, para garantir que os indivíduos que trabalharam em programas de apoio à Ciência Esportiva tivessem a qualidade profissional de fornecer os serviços científicos necessários para tal tarefa (Reilly, 1992). Muitos desses serviços abrangem habilidades e competências que se sobrepõem àquelas da ergonomia. O programa de apoio à ciência do esporte nacional, criado pela primeira vez no final dos anos 1980, atingiu vários objetivos:

- Prestar suporte à Ciência Esportiva de acordo com as necessidades do atleta percebidas pelos treinadores.
- Oferecer controle de qualidade aos projetos vinculados aos cientistas esportivos e laboratórios credenciados.
- Desenvolver uma confiança mútua entre cientistas do esporte, treinadores, atletas e administradores leigos e profissionais.
- Estabelecer uma estrutura coordenada de comunicação entre os corpos governamentais esportivos nacionais e os pesquisadores da ciência do esporte.

Fisioterapeutas e treinadores atléticos têm seus próprios corpos profissionais e esquemas de qualificação vocacional. O treinamento de fisioterapeutas está nas mãos de um corpo qualificado no Reino Unido e um outro grupo de profissionais qualifica treinadores físicos na América do Norte. Nos países europeus, notavelmente na Bélgica e na Holanda, há um forte elo entre Terapia Manual, Cinesioterapia (Terapia do Movimento ou Fisioterapia, em Flamengo), Educação Física e Ciência do Esporte. Um elo similar mostra-se evidente em programas acadêmicos nos países do Leste Europeu: na National Sports Academy, em Sofia, na Bulgária, os três principais programas de educação são Educação Física, Treinamento Esportivo e Cinesioterapia. Especialistas desse campo tendem a ter um sólido conhecimento dos estresses posturais, dos procedimentos de prevenção e da reabilitação. Há, portanto, um pequeno passo da fisioterapia até a ergonomia nesses países.

A disciplina do Treinamento e Terapia Atlética reúne as perspectivas teóricas e práticas de vários corpos inter-relacionados de conhecimento (Ortega e Ferrara, 2008). O treinamento de profissionais é direcionado para o desenvolvimento e para as competências nas áreas específicas, como manejo do risco e lesão, patologia da lesão e das doenças, modalidades terapêuticas e administração do cuidado com a saúde. As suas ferramentas de pesquisa incluem ciências básicas, estudos clínicos, métodos de pesquisa educacional, epidemiologia esportiva e estudos observacionais. Uma base comum entre diferentes países é representada pela World Federation of Athletic Training and Therapy, à qual uma série de organizações profissionais nacionais é afiliada. Estas incluem a National Athletic Trainers' Association (Estados Unidos), a Japan Athletic Trainers' Organization, a Biokinetics Association of South Africa e a Association of Chartered Physiotherapists in Sports Medicine (Reino Unido). Várias das associações mantêm seus próprios bancos de dados que contêm a ocorrência das lesões e os cuidados a serem adotados para manutenção da saúde dos atletas.

Embora medidas antropométricas sejam comumente usadas por ergonomistas e fisioterapeutas profissionais, não é sempre que há um profissional treinado para adquirir as medidas antropométricas. O controle de qualidade na coleta dos dados é obrigatório somente no âmbito da pesquisa científica a ser publicada; nessa condição, há um profissional treinado para aquisição dos dados antropométricos de interesse. A Sociedade Internacional para o Avanço da Cineantropometria (ISAK) é a organização de associados que fornece a certificação para a antropometria de superfície. Os profissionais podem adquirir alguns níveis de certificação: nível 1 (curso de 3 dias), nível 2 (curso de

5 dias) e os níveis 3 e 4 (para se tornar um antropometrista criterioso). Os certificados são conferidos após exames rigorosos, nos quais os candidatos devem atingir índices de acurácia e precisão previamente estabelecidos (Figura I.5).

É evidente que existem muitos pontos de entrada para a profissão de ergonomista. Existe, também, riqueza na diversidade de aplicações de técnicas e princípios de ergonomia. A disciplina requer mais que um estojo de ferramentas de métodos, como lista de verificação, de vistorias, de protocolos de avaliação e de esquemas analíticos, e, assim, a profissão não é impedida por uma gama limitada de ferramentas analíticas para a solução do problema. A profissão é mais dependente da criatividade na aplicação da solução certa para os desafios da vida real.

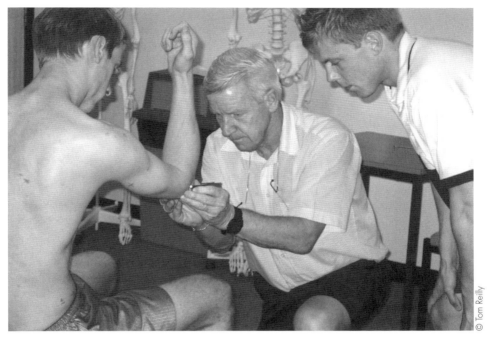

Figura I.5 Candidatos aprimorando as técnicas antropométricas no curso de nível 1 oferecido pela Sociedade Internacional para o Avanço da Cineantropometria.

Visão geral e resumo

A ergonomia surgiu de uma necessidade de entender como favorecer o desempenho humano e como evitar os prejuízos dos recursos físicos, fisiológicos e psicológicos. A ergonomia se tornou um influente campo profissional em todo o mundo, refletida por princípios comuns no projeto de produtos e artefatos para o uso humano em uma ampla variedade de domínios. Essas áreas não incluem somente contextos de trabalho e indústria, mas também domésticos, de lazer e esportivos. Embora a segurança e o bem-estar dos trabalhadores tenham prioridade nas circunstâncias ocupacionais, ditados por requisitos legais e políticas de emprego, o desempenho é, muitas vezes, priorizado no esporte de elite. Todavia, deve haver um equilíbrio entre risco e segurança, realização profissional e saúde; esse equilíbrio pode ser realizado pelas intervenções ergonômicas, ajudado ou implementado por profissionais aliados.

Fatores de risco

EM ergonomia, o foco primário é sobre o indivíduo, seja ele um atleta de elite, um participante de atividade física, um trabalhador industrial ou um profissional liberal com uma pequena empresa. O contexto no qual esse indivíduo opera, a tarefa executada e o equipamento usado devem ser considerados para estabelecer uma relação harmoniosa. Provavelmente, também há interações com outros na equipe ou na mão de obra que precisam ser levadas em conta em uma perspectiva ergonômica global.

O indivíduo não executa atividades em isolamento, mas em ambiente cujas características podem mudar de uma maneira não sistemática. Inúmeros fatores ambientais influenciam respostas individuais, estados de humor e capacidades físicas. Seus efeitos podem ser complementares ou opostos, aditivos ou não lineares, previsíveis ou desconhecidos. A Parte I leva em consideração o ambiente em termos amplos e também se concentra em variáveis ambientais específicas. A visão mais geral acomoda a ética no trabalho, o estilo de vida e as atitudes em relação à mudança. Por exemplo, redesenhar tarefas, estações de trabalho, treinamento e práticas de trabalho requer um equilíbrio apropriado entre modos tradicionais e inovação.

Os quatro capítulos da Parte I fornecem uma descrição abrangente dos fatores de risco que ameaçam o equilíbrio. As relações entre o indivíduo, a atividade, as tecnologias e o equipamento são exploradas com base em uma variedade de pontos de vista. A ergonomia fornece uma estrutura para identificar problemas na elaboração dessa relação e orientar o processo de tomada de decisão que leva à solução. Tal abordagem não é meramente uma aplicação de listas-padrão de verificação, mas requer conhecimento amplo sobre características humanas e comportamento humano.

O Capítulo 1 concentra-se nas propriedades físicas das estruturas humanas. Essas são descritas quanto às Ciências Humanas, enfatizando a natureza interdisciplinar da área em assunto. O capítulo discute como as características humanas podem ser quantificadas e até que ponto os humanos podem se adaptar às cargas externas colocadas sobre eles. Os conceitos e os princípios que sustentam a ergonomia são explicados, e os limites para o desempenho humano são pontuados. Considerando que o modelo de ajustar a tarefa à pessoa é a base da ergonomia ocupacional, o atleta competitivo aceita mais prontamente o desconforto e o elemento de risco, que estão associados com o treinamento. Na verdade, a base do treinamento é planejá-lo para ajustar a pessoa à tarefa, muitas vezes, uma tarefa relativamente inflexível.

A saúde e a segurança dos indivíduos são critérios importantes para o ergonomista. Os requisitos regulatórios formais para segurança no trabalho aplicam-se ao esporte, bem como ao local de trabalho tradicional. Todavia, o risco é inerente na maioria dos esportes; sua importância está relacionada à ocorrência de eventos não planejados. O próprio processo de treinamento pode causar dano, principalmente se a recuperação entre sessões de exercícios vigorosos for inadequada para o corpo humano, retornando aos níveis homeostáticos. Essas considerações formam o conteúdo do segundo capítulo.

O Capítulo 2 apresenta causas de acidentes e lesões, identifica fatores externos e internos em diferentes atividades e salienta o papel do erro humano. Predisposições negativas para lesões são explicadas no contexto de propensão de acidentes, e o uso de procedimentos de triagem é também explicado nesse contexto. A técnica de incidência crítica para a investigação de acidentes é considerada com as abordagens epidemiológicas. Técnicas de análise postural e sua relevância para atividades físicas são descritas no contexto de prevenção de problemas musculoesqueléticos. A predição de lesão é revisada, e os índices para uso no esporte, como proporção de controle dinâmico e discrepância no comprimento das pernas, são avaliados. Aspectos ergonômicos de distúrbios musculoesqueléticos são relacionados às características das tarefas, às posturas de trabalho e à biomecânica incorreta. Procedimentos de ética humana e avaliação de risco formal são explicados no contexto de proteção do indivíduo. Discute-se sobre esportes de alto risco e atividades de aventura, como corrida de velocidade e esportes em condições extremas. O conceito de *overtraining* é apresentado e explicado.

O Capítulo 3 diz respeito aos estressores ambientais, incluindo calor, frio, altitude, condições hiperbáricas, poluição do ar e barulho. As reações humanas para cada estressor são consideradas. O texto discute os níveis de tolerância, processos de aclimatização, simulações de exposição e possibilidades de aclimatação para cada condição ambiental. Medidas protetoras, incluindo vestuário, são consideradas, visto que são meios de monitoração ambiental. A influência de variações sazonais sobre a atividade e a *performance* humana é incluída no final do capítulo.

Estilos de vida são parcialmente impostos pela harmonia natural de atividade e ciclos de sono, que são regulados com as alternações entre luz do dia e escuridão. Conforme mostrado no Capítulo 4, embora o ciclo circadiano seja, em grande parte, determinado por ritmos endógenos, aspectos ambientais, como temperatura e atividades sociais, regulam esse ciclo durante um período de 24 h. Os ritmos circadianos são interrompidos quando o sono é cortado ou interrompido, como acontece com trabalhadores de turno. Padrões diurnos e noturnos também são alterados a cada ano por muçulmanos praticantes, no mês sagrado do Ramadã. A síndrome da mudança de fusos horários (*jet lag*) está associada com a dessincronização dos ritmos circadianos e ao novo ambiente local, após atravessar múltiplos fusos horários. Ao viajar a trabalho, férias, esporte ou recreação, voos transmeridianos e a sensação da síndrome de fuso horário compõem o estilo de vida contemporâneo.

Propriedades físicas de estruturas humanas

DEFINIÇÕES

atenção – Escolha seletiva de informação do meio ambiente.

dinamômetro – Um aparelho para medir a força gerada para movimentar a articulação.

dinamômetro isocinético (aparelho) – Aparelho ou máquina usada para medir a produção de força dinâmica ou o torque máximo em velocidades angulares pré-ajustadas.

eletromiografia – O registro de atividade elétrica que resulta da contração do músculo esquelético.

especificidade – O princípio de medida relacionado ao esporte ou à ação esportiva.

flexibilidade – Amplitude de movimento ao redor de uma articulação anatômica.

força isométrica – Tensão muscular em um ângulo de contração específico sem movimento do membro.

hidrodensitometria – Medida da densidade corporal usando pesagem debaixo d'água.

lactato sanguíneo – Metabólito de trabalho anaeróbio produzido dentro dos músculos ativos e que se acumula na circulação.

plataforma de força – Instrumento, geralmente posicionado no solo, que registra a força de reação do solo (impacto).

somatotipia – Uma avaliação sistemática para quantificar a forma física ou corporal.

UM princípio de ergonomia é que a meta a ser atingida e o equipamento a ser usado são designados com o operador em mente. No esporte e no exercício, isso significa que os desafios inerentes à atividade estão dentro das capacidades do indivíduo e qualquer equipamento usado é adequado para o atleta envolvido. O esporte competitivo é resoluto nos seus requisitos; portanto, o atleta deve ter ou adquirir o condicionamento requerido para o esporte.

O termo *condicionamento* é, muitas vezes, usado em um sentido genérico, porque cada esporte (e atividade) tem seus próprios requisitos específicos. Um sistema de transporte de oxigênio altamente desenvolvido é importante em todos os esportes de resistência, mas ele deve ser complementado por adaptações musculares e neuromotoras específicas para treinamento do esporte em questão. A estrutura física é, no mínimo, tão importante quanto a função fisiológica e os fatores psicológicos. Por exemplo, a potência aeróbia absoluta ($\dot{V}O_2$máx) é crucial para o desempenho no remo e a força absoluta é importante na disputa de bola no rúgbi. O oposto aplica-se em esportes como a corrida, nos quais a massa corporal deve ser acelerada repetidamente para impulsionar o corpo para frente, e a potência aeróbia relativa é crucial.

Monitoramento das demandas da atividade

A atividade a ser executada constitui uma carga externa para o atleta. O corpo reage a ela de forma específica e responde com a geração de cargas internas. Monitorar a atividade envolvida e as respostas fornecidas permite compreender as implicações ergonômicas do trabalho e as consequências para o indivíduo. Vários métodos que têm por objetivo monitorar a atividade estão disponíveis para o ergonomista.

Esforço fisiológico

Um ponto inicial em uma análise ergonômica é a quantificação de carga sobre o indivíduo. A pressuposição é que a tarefa impõe demandas sobre o indivíduo, cujas respostas podem ser usadas como indicadores do esforço fisiológico. Os critérios fisiológicos que correspondem à intensidade do exercício incluem gasto de energia, captação de oxigênio, temperatura corporal, frequência cardíaca e concentrações de metabólitos no sangue. Essas variáveis estão associadas à percepção subjetiva de esforço, à dificuldade de tarefa e ao conforto térmico, bem como às medidas biomecânicas que refletem o nível de potência resultante. Quando as capacidades fisiológicas máximas também são conhecidas, o esforço fisiológico é expresso como carga relativa. Na ocorrência de sobrecarga crônica durante períodos constantes de treinamento vigoroso ou programas de competição intensiva, as respostas endócrinas e os marcadores de imunossupressão são usados para tentar explicar o subdesempenho (Gleeson et al., 1997; Gleeson, 2006).

A captação de oxigênio e a frequência cardíaca são usadas tradicionalmente para medir o esforço fisiológico no trabalho ocupacional pesado. A disponibilidade de aparelhos telemétricos de pequeno alcance tem tornado possível o registro contínuo dessas respostas em vários ambientes de trabalho. A monitoração da frequência cardíaca tem sido usada convencionalmente para determinar o esforço fisiológico em contextos ocupacionais e para estimar o custo de energia de atividades específicas. Embora se afirme que esses procedimentos são válidos apenas em exercícios de frequência constante, o erro em usar a frequência cardíaca para estimar o gasto de energia durante o exercício intermitente de alta intensidade (como futebol ou hóquei no campo) está dentro dos limites aceitáveis (Bangsbo, 1994). O registro de captação de oxigênio durante exercícios de treinamento no futebol tem produzido informação valiosa sobre carga metabólica relacionada a condições competitivas (Kawakami et al., 1992). O registro contínuo da frequência cardíaca durante diferentes atividades de treinamento tem gerado dados sobre sua adequação para o trabalho de condicionamento ou para o treinamento de recuperação. Sassi et al. (2005) registraram o **lactato sanguíneo** e as respostas de frequência cardíaca em sequências de exercícios de futebol para identificar sessões que pudessem ser mais propícias para desenvolver o condicionamento e outras para aspectos táticos. A informação fisiológica pode ser usada não simplesmente como *feedback* descritivo sobre *inputs* de treinamento, mas, também, como um meio de regular a intensidade do treinamento.

Tradicionalmente, a pesquisa na área da ergonomia preocupava-se com ocupações que requerem trabalho pesado. Esses trabalhos incluíam o florestal, o trabalho em fazenda e o trabalho na mineração, em que as condições são, na maior parte, quentes e desconfortáveis. O sistema de classificação projetado por Christensen (1953) para avaliar a gravidade do trabalho ocupacional incluía temperatura corporal, bem como gasto de energia e frequência cardíaca. Esse sistema foi desenvolvido para aplicação em todos os expedientes de trabalho. Com notáveis exceções, como corrida de ciclismo na rua e corridas de ultramaratona, as durações das competições esportivas são muito mais curtas que um expediente de trabalho típico de 8 h, mas os níveis de gasto de energia são muito mais altos (Tabela 1.1).

Uma vez que os sistemas fisiológicos são colocados sob esforço, deve-se permitir que o corpo se recupere até o estado inicial. Essa necessidade formula questões sobre a razão trabalho-repouso favorável. Se os períodos de repouso forem muito longos, o trabalhador é improdutivo; em contraste, o trabalhador terá um subdesempenho se estiver fatigado por atividade física prévia. Esses eventos têm paralelos no esporte, especialmente naqueles que envolvem exercício intermitente, nos quais a capacidade de se recuperar rapidamente do esforço máximo é um requisito.

Forças

A medida de força fornece informação sobre a interação de um indivíduo com o ambiente. Várias forças agem simultaneamente sobre uma pessoa para determinar o desempenho. Embora algumas das forças sejam conhecidas (por exemplo, a gravidade) e algumas possam ser computadas (por exemplo, a resistência do ar), a força que tem maior influência sobre o desempenho é a força de contato entre o indivíduo e o ambiente.

Tabela 1.1 Níveis de gasto de energia

	Energia gasta, kcal (kJ)/min	Frequência cardíaca, bpm	Temperatura corporal °C
Extremamente pesado	12,5 (52,3)	175	39,0
Muito pesado	10,0 (41,9)	150	38,5
Pesado	7,5 (31,4)	125	38,0
Médio	5,0 (20,9)	100	37,5
Leve	2,5 (10,5)	75	37,0
Muito leve			

Reimpressa de T. Reilly, Introduction to musculoskeletal diseases: The Biomed IV Project. In Musculoskeletal disorders in health-related occupations, edited by T. Reilly (Amsterdam: IOS Press), p. 1-6, 2002, com permissão de IOS Press.

Essa força de contato, geralmente chamada de força de reação, muitas vezes age sobre os pés ou as mãos, mas pode, em princípio, agir em qualquer ponto no qual o corpo faça contato com superfícies ou objetos externos. Um equipamento de medição especializado, chamado de **dinamômetro**, foi desenvolvido para monitorar a força de reação em situações específicas.

A forma mais simples de registrar a força de tração é por meio da tensiometria por cabo, na qual um cabo é acoplado ao indivíduo. A técnica é originária da indústria de aeronaves, na qual era usada para medir a força da aeronave nos cabos. Quando esse método foi aplicado ao desempenho humano, ele foi originalmente usado para medir a força isométrica de uma articulação simples. Por exemplo, para medir a força de extensão na articulação do joelho, a pessoa ficava sentada em uma cadeira com o tornozelo da perna a ser testada conectada a um manguito; este estava ligado por um cabo a um dispositivo de célula de força ou um extensômetro. À medida que o indivíduo tentasse estender a articulação do joelho, a tensão criada no cabo era medida e registrada como uma força. Mais tarde, o tensiômetro por cabo foi substituído por conjuntos de células de força (*strain gauge*), extensômetro mais utilizado hoje para medir forças.

A mensuração da **força isométrica** de uma articulação pode fornecer dados úteis sobre as capacidades de força dos indivíduos e sobre como a força é influenciada por fadiga muscular e outros fatores, como dieta e estresse ao calor. Os dados de força podem ser ainda processados para obter variáveis, como a taxa de desenvolvimento de força e a taxa de declínio de força. Essas, com a força isométrica máxima, formam um conjunto de variáveis que podem ser usadas para monitorar algumas características individuais, como o desempenho de determinado complexo muscular e sua relação com os demais grupos musculares. O National Institute for Occupational Safety and Health (NIOSH) e outros grupos importantes têm tradicionalmente recomendado uma célula de carga eletrônica para teste de força isométrica (Chaffin, 1975; NIOSH, 1977), embora as inferências possam ser limitadas ao ângulo no qual as medidas são feitas.

Dinamômetros de função muscular mais sofisticados foram desenvolvidos comercialmente (por exemplo, Kin-Com, Lido, Cybex, Biodex), por meio dos quais a velocidade angular do movimento pode ser pré-ajustada. Esses **aparelhos isocinéticos** são geralmente peças substanciais de equipamento que foram inicialmente planejados para fornecer um ambiente controlado para reabilitação. Sua capacidade de medição fez que eles fossem adotados como uma ferramenta para medir a capacidade de geração de força de diferentes grupos musculares. O princípio de mensuração é similar ao do extensômetro mencionado previamente, mas os aparelhos isocinéticos são capazes de medir a força muscular (geralmente expressa como torque articular) durante modos isométricos, concêntricos e excêntricos; podem ser configurados para medir muitas articulações do corpo em flexão e em extensão. Esses aparelhos carregam alguns aspectos de medidas de que os usuários precisam ter ciência (Baltzopoulos e Gleeson, 2003), mas o *software* contemporâneo permite que esses dispositivos sejam amplamente usados na avaliação do desempenho dos esportistas. Por exemplo, tem havido grande interesse na avaliação de jogadores de futebol de diferentes níveis em termos de força unilateral, força bilateral e assimetrias de força (Rahnama et al., 2003), bem como em jogadores de futebol de determinada faixa etária (Iga et al., 2005) e nas influências do jogo de futebol na indução da fadiga (Rahnama et al., 2006). Os picos de torque variam com o ângulo articular, assim como com a velocidade angular. Esses fatores devem ser levados em consideração quando os efeitos de um treinamento com força voluntária máxima são avaliados.

A força multiarticular não pode ser medida pelos dinamômetros já descritos, é necessário o uso de uma placa de força ou plataforma. Uma **plataforma de força** é um dispositivo que geralmente situa-se no solo e pode registrar as forças quando o contato é feito nela, muitas vezes com os pés, mas também com as mãos ou outra parte do corpo.

A plataforma de força é um instrumento sofisticado que pode medir diretamente até seis variáveis de força (uma componente de força vertical, duas horizontais, o coeficiente de atrito e dois centros de pressão). Essas variáveis de força podem ser usadas diretamente ou em combinação para indicar diferentes aspectos do desempenho. A variável de força mais informativa é a componente da força vertical, porque esse valor é, em geral, o maior. Essa variável de força foi usada para determinar as forças atribuíveis à caminhada (1,1 vezes o peso corporal) e à corrida (acima de 2,5 vezes o peso corporal), bem como da maioria das demandas de esportes, como o salto triplo (acima de 10 vezes o peso corporal; Hay, 1992). As duas forças horizontais podem ser usadas para calcular o coeficiente de atrito à medida que um atleta muda de direção durante os movimentos de drible ou de deslocamentos laterais, ou para determinar a influência da aderência da sola ou firmeza do solado sobre o desempenho do calçado esportivo (Lake, 2000). O coeficiente de atrito não é amplamente usado, mas tem relevância, por exemplo, na causa da lesão em ciclistas (Wheeler et al., 1992) em que altos torques rotacionais estão associados à lesão no joelho. As localizações do centro de pressão na locomoção foram usadas para identificar as diferenças entre técnicas de corrida (Cavanagh e Lafortune, 1980).

As variáveis de força podem ser usadas para monitorar o comportamento em contextos similares, como mencionado, mas a compreensão do fenômeno é otimizada quando elas são combinadas com um sistema de análise do movimento para fornecer informação sobre as forças articulares internas. Os sistemas de análise do movimento automáticos são usados para registrar dados tridimensionais com base nos marcadores reflectivos posicionados nas articulações do indivíduo. Esses dados podem ser suplementados por registros de forças concomitantes. Tal processo é representado por análise da marcha, embora a abordagem tenha maior aplicabilidade para atividades esportivas. Dados sobre momentos e forças articulares estão disponíveis para uma variedade de ações, incluindo correr (Buzeck e Cavanagh, 1990), esquivar-se, saltar (Lees et al., 2004), chutar uma bola de futebol e muitas outras. Além disso, as características de distribuição de massa de um atleta podem ser calculadas incorporando-se medidas antropométricas, e um modelo de todo o corpo pode ser usado para calcular o comportamento do torque articular no movimento. Essas técnicas podem ser usadas para analisar as habilidades esportivas, fornecendo *feedback* visual na tela para atletas e treinadores.

Um sensor de pressão fornece informação sobre a aplicação localizada das forças. Esse instrumento é, em geral, composto de uma série de pequenas células de medição de força (cerca de 5 mm^2), que dão informação sobre a força que age sobre uma pequena área. Quando várias dessas células são colocadas juntas como um tapete, o dispositivo é usado para medir as áreas de pressão alta; por exemplo, uma palmilha sensorizada colocada sob o pé mede a pressão desde o contato inicial do calcanhar com o solo até a retirada dos dedos, onde a pressão age sobre as cabeças dos metatarsos. As regiões de alta pressão possibilitam a ocorrência de lesões tegumentares, como bolhas e escaras, que podem ser prevenidas ou aliviadas com o uso de órteses feitas sob medida, projetadas com base nos dados de pressão (Geil, 2002). Um tapete de pressão pode ser colocado em outras interfaces entre o corpo e o ambiente, por exemplo, no coto de um membro amputado para monitorar o encaixe da prótese ou em um assento de uma cadeira de rodas.

Eletromiografia

A aplicação de força muscular requer a contração das fibras musculares. O pequeno campo elétrico produzido quando as fibras musculares são ativadas pode ser monitorado pela **eletromiografia (EMG)**. O campo elétrico é detectado por eletrodos de superfície colocados sobre a pele acima do músculo subjacente ou por eletrodos internos inseridos no músculo por uma agulha. Ambos os métodos indicam a atividade muscular, mas o último método de medida é o menos popular, porque ele é invasivo e carrega um risco de que o fio fino que compõe o eletrodo fique separado durante o uso. Esse risco é aumentado durante as contrações musculares vigorosas, nas quais ocorrem grandes mudanças no comprimento da fibra muscular. Todavia, em alguns casos, os eletrodos de agulha são a única maneira de monitorar os músculos pequenos ou profundos (Morris et al., 1998). A EMG de superfície é a abordagem mais popular e muitos sistemas bons de processamento de sinais de EMG estão disponíveis no mercado.

Os sinais de EMG de superfície podem ser usados de várias maneiras, mas deve-se tomar cuidado em sua interpretação, porque o sinal é suscetível à interferência do sinal de outros músculos ativos além daqueles sobre os quais os eletrodos são colocados. É também necessário saber se a contração muscular é concêntrica, isométrica ou excêntrica, porque o sinal de EMG tem uma aparência diferente sob essas condições de contração diferentes. Um dos usos mais básicos da EMG de superfície é identificar os músculos que são ativos no desempenho de uma tarefa e seu padrão de sincronia em relação a outro (para uma revisão, ver Clarys e Cabri, 1993). O sinal de EMG de superfície pode ser posteriormente processado para obter uma compreensão da função muscular. Um método é retificar o sinal elétrico de modo que ele tenha apenas componentes positivos. Horita et al. (2002) usaram esse método para detectar a influência do alongamento muscular sobre o ciclo de encurtamento-alongamento em uma atividade de saltos, ao passo que o mesmo grupo de pesquisa estudou alterações nos músculos do membro inferior com o aumento na velocidade da corrida (Kyrolainen et al., 2005). Os dados da EMG são comumente filtrados para fornecer um envoltório linear ou a integração do sinal eletromiográfico que refletirá amplamente a ação muscular. Para relacionar a atividade muscular com o movimento que está sendo investigado, deve-se levar em consideração o atraso eletromecânico, isto é, o tempo da ativação das fibras musculares com o tempo em que elas desenvolvem a força máxima, que varia de 30 a 120 ms e é dependente do nível de tensão no músculo antes do início do movimento. Quando o interesse é a atividade relativa entre os grupos musculares, deve-se utilizar um método de normalização. Uma contração voluntária máxima (CVM) é com frequência escolhida e, embora ela tenha muitas limitações, permite uma comparação entre os músculos, entre diferentes condições e indivíduos. Após a determinação do melhor método de treinamento, a EMG de superfície pode ser usada em uma variedade de aplicações.

A eletromiografia pode ser usada para avaliar o equipamento esportivo. Por exemplo, Robinson et al. (2005) investigaram a eficácia de vários aparelhos abdominais comerciais em comparação com os exercícios tradicionais. Esses autores monitoraram os músculos reto do abdome, porções superior e inferior, e oblíquo externo em cinco diferentes tipos de exercícios abdominais, incluindo um exercício que usa um aparelho de abdominal disponível no comércio. Os autores registraram diferenças significativas entre os exercícios: três exercícios (um usando uma bola suíça; outro com as pernas elevadas; e outro com um peso sustentado atrás da cabeça) apresentaram maior atividade muscular; entretanto, o exercício com aparelho de abdominal apresentou menor atividade muscular comparado com o exercício abdominal padrão. Considerando esses achados, Robinson et al. (2005) recomendaram o aparelho de abdominal para atletas novatos, por permitir o aumento do número de repetições em relação à condição de ausência de aparelho, o que melhoraria a motivação para executar o exercício. Os exercícios que diferem do abdominal-padrão são os que envolvem maior ação muscular. Verificaram também que o abdominal com uso da bola suíça é um exercício avançado, adequado apenas para aqueles com um alto nível de experiência de treinamento ou para aqueles que precisam de um alto nível de treinamento muscular.

O início da fadiga nos músculos ativos é uma indicação de que eles estão trabalhando em seu limite ou próximo dele e a EMG de superfície é usada para monitorar os efeitos da fadiga. Robinson et al. (2005) investigaram a influência de um circuito de treinamento típico de 30 min sobre a atividade muscular. Quando os músculos estavam fadigados, o valor médio do sinal EMG normalizado para as porções superior e inferior do músculo reto do abdome aumentou, mas a ação do músculo oblíquo externo permaneceu igual. Esse resultado ilustrou que os oblíquos externos não foram usados na condição de fadiga do experimento. O aumento no valor do sinal de EMG integrado reflete o maior esforço central feito ou as mudanças no padrão de recrutamento muscular necessárias quando os músculos entraram em fadiga. Nem toda fadiga leva a um sinal de EMG maior. Em um estudo do efeito da fadiga muscular, em uma simulação de uma partida de futebol intensa, Rahnama et al. (2006) registraram um aumento na EMG atribuível às diferentes velocidades de corrida (a 6, 9, 12 e 15 km/h), mas uma redução no sinal do início da atividade até o final dos 90 min do protocolo de exercício intermitente em alguns dos músculos monitorados. Sugere-se que essa redução reflete o declínio na força muscular encontrado nos jogadores como resultado do esforço em um jogo (Rahnama et al., 2003).

Avaliação das características individuais

Bancos de dados acessíveis a ergonomistas fornecem a informação numérica sobre as características humanas e as atividades e como elas variam entre os indivíduos. Esses números são expressos como médio ou mediano e como variação ou quartil. Uma dificuldade é que ter um valor médio para uma característica não garante ter a média nos outros. Por essa razão, é necessário considerar as variações individuais. Essas variações são tratadas pela antropometria, pelas capacidades fisiológicas e pelas medidas de desempenho.

Antropometria

A antropometria se refere às medidas físicas obtidas do corpo humano usando uma abordagem sistemática. As medidas físicas incluem variáveis lineares que se relacionam com o corpo todo; por exemplo, estatura ou comprimento de um membro. A altura é uma importante dimensão para esportes como o basquete e a formação ofensiva no rúgbi, em que os jogadores mais altos têm vantagem. Uma segunda fila de medidas antropométricas está relacionada com as proporções do corpo, como o comprimento do tronco em relação ao peso. Visto que a estatura global é apropriada, corredores com maior comprimento dos membros inferiores têm vantagem na corrida com barreiras, ao passo que menores alturas do centro de gravidade favoreçam os halterofilistas. Há uma considerável evidência de que atletas de nível olímpico gravitam na direção do evento competitivo para o qual eles são antropometricamente mais adaptados.

As combinações de medidas antropométricas têm implicações relacionadas à saúde. O índice de massa corporal ou IMC (massa do corpo, em quilogramas, dividida pela altura ao quadrado, em metros) é usado em estudos epidemiológicos para identificar indivíduos que estão acima do peso, ou, pior ainda, obesos. Esse índice foi criticado como muito impreciso, porque ele não leva em consideração se a massa extra para a altura é atribuível ao músculo, ao osso ou à gordura. O índice de massa corporal é inadequado para atletas que têm uma grande massa muscular como resultado do treinamento de força, porque eles seriam erroneamente considerados com sobrepeso.

A relação cintura-quadril é um índice alternativo para o uso em populações de estudo. A relação difere entre os sexos, visto que os homens tendem a acumular relativamente mais gordura na área abdominal, ao passo que as mulheres, particularmente após a menopausa, ganham peso ao redor dos quadris. Nos anos após a menopausa, a predominância relativa de adiposidade nos quadris é reduzida à medida que a gordura abdominal aumenta nas mulheres. Um valor de 0,9 é considerado aceitável para os homens, e o valor correspondente para as mulheres é 0,8.

O formato do corpo é independente de seu tamanho e é normalmente referido como biótipo ou **somatótipo**. O sistema para registrar a forma do corpo é conhecido como somatotipia. Ele é baseado em três dimensões – endomorfia (ou adiposidade), mesomorfia (muscularidade) e ectomorfia (magreza). Cada um é classificado em uma escala de 1 a 7, mas as pessoas com valores > 7 podem ficar de fora do somatográfico-padrão, como mostrado na Figura 1.1. O somatótipo é determinado com base em medidas do tamanho do corpo, das circunferências dos membros, do diâmetro ósseo e das espessuras de dobras cutâneas (Duquet e Carter, 2001). Novamente, há uma evidência considerável de que os atletas de elite em determinados esportes tendem a se reunir em volta da mesma área do somatográfico. Em vez de constituir uma ferramenta analítica em si próprio, o somatótipo tem um papel como uma técnica acessória ao trabalho ergonômico. Os pontos demonstram a variação nas formas do corpo, bem como as tendências centrais nos dados.

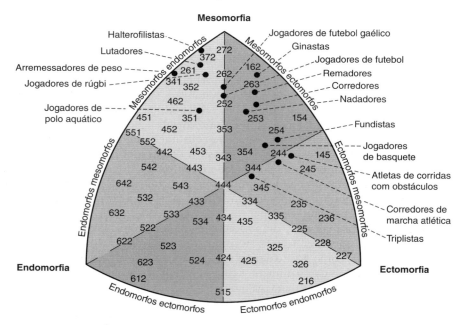

Figura 1.1 O somatótipo de diferentes atletas de elite.
Reimpressa, com permissão, de T. Reilly, 1992, *Sports fitness and sports injuries* (London: Faber and Faber), p. 87.

Aplicações ao projeto

Projetistas podem montar seus produtos para o consumidor médio ou de acordo com parâmetros, como tamanhos de calçados, luvas ou camisetas. Os princípios do projeto podem também acomodar diferenças de sexo e de idade em crianças em fase de crescimento. O equipamento esportivo deve ser funcional se os jogadores quiserem desfrutar de seu esporte e desenvolver as habilidades necessárias para competir em alto nível. As diferenças na força e no tamanho físico entre grupos populacionais têm influenciado o projeto do equipamento, permitindo que o produto seja adequado ao seu propósito. Por exemplo, embora sempre tenha sido possível comprar calçados esportivos projetados especificamente para crianças, hoje em dia, é extremamente comum encontrar calçados esportivos que são exclusivamente fabricados para mulheres. As diferenças étnicas no formato do pé têm refletido na fabricação do calçado para diferentes grupos étnicos. O equipamento esportivo ajustado ao indivíduo é comum em esportes como golfe, tênis, ciclismo e futebol; e o equipamento genérico, como capacete e calçado, também pode ser individualmente confeccionado. Os fabricantes têm se baseado em bancos de dados antropométricos que incluem medidas como comprimentos do segmento, perímetros, mobilidade articular, alcance, força, destreza manual e níveis de esforço confortáveis para projetar seus produtos. Para o desempenho em alto nível, é comum customizar um equipamento ajustado para se adequar aos requisitos dos jogadores e, às vezes, do patrocinador.

A corrida de Fórmula 1 dá um bom exemplo de como o espaço de trabalho deve ser compatível com as características antropométricas do indivíduo. O *layout* da cabine do carro deve envolver o piloto e dar espaço para o macacão de proteção e os demais equipamentos. Este exemplo realça como os ergonomistas consideram a situação de trabalho dinâmica antes de chegar a conclusões sobre o projeto.

Composição corporal

A composição do corpo dos atletas afeta sua capacidade de adequação para seu esporte. Modelos conceituais de composição corporal abrangem fatores múltiplos, mas o modelo mais simples incorpora dois compartimentos: gordura corporal e massa livre de gordura corporal. Em esportes locomotores, como corrida e jogos de campo, depósitos de gordura extra são desvantajosos porque eles constituem um peso morto durante o trabalho antigravidade. Em contraste, os depósitos de gordura fornecem isolamento para proteção contra a hipotermia em nadadores de longa distância: as camadas de gordura subcutânea agem como uma barreira contra a perda de calor. A saúde é afetada quando os níveis de gordura corporal aumentam, e a gordura corporal constitui um fator de risco para doença cardiovascular.

As técnicas para análise de composição corporal foram descritas em detalhes em outras publicações (Eston e Reillt, 2001; Heymsfield et al., 2005). A composição corporal se refere à separação do corpo dentro de seus compartimentos constituintes, sendo o mais comum o modelo de dois compartimentos (massa adiposa e massa livre de gordura corporal) . Os métodos são necessariamente indiretos, porque eles se baseiam em análise de cadáveres para a validação. Até recentemente, a **hidrodensitometria** era usada como o método de referência para o desenvolvimento de técnicas duplamente indiretas, como impedância bioelétrica, interactância ao infravermelho e espessura de dobras cutâneas. A densidade corporal é medida pela pesagem de pessoas dentro d'água usando o princípio de Arquimedes e assumindo uma densidade constante para tecido adiposo e livre de gordura corporal. Essas pressuposições podem não funcionar em indivíduos atléticos em virtude do ganho de massa óssea com o treinamento ou da desmineralização dos ossos em atletas de resistência amenorreica. O deslocamento de ar é um método alternativo, mas não é tão confiável quanto a hidrodensitometria mais convencional. A absorciometria de raios X de dupla energia é considerada como a técnica mais próxima para um padrão ideal daquelas disponíveis (Quadro 1.1). Ela não se baseia nas pressuposições requeridas para a densitometria e pode produzir um modelo tridimensional (massa adiposa, massa óssea e massa livre de gordura corporal óssea) e detalhes adicionais.

Quadro 1.1 Níveis de validação para a análise da composição corporal

Método	Nível	Comentário
Dissecação	I	Direto
Contagem de potássio	II	Indireto
Água total do corpo	II	Indireto
Imagem médica (DXA*, tomografia computadorizada, imagem por ressonância magnética) (baseada nas pressuposições quantitativas)	II	Indireto
Impedância bioelétrica	III	Duplamente indireto
Condutividade elétrica	III	Duplamente indireto
Interactância infravermelha	III	Duplamente indireto
Antropometria (calibrada contra um método do nível II)	III	Duplamente indireto

* DXA (absorciometria de raios X de dupla energia) é uma técnica química.

A absorciometria de raios X de dupla energia (DXA) foi originalmente projetada com o propósito de identificar e avaliar a osteopenia e a osteoporose em níveis críticos (Figura 1.2). Seu principal uso nos atletas foi para examinar as perdas minerais ósseas em atletas do sexo feminino que apresentavam amenorreia secundária atribuível a uma combinação de treinamento extenuante e alimentação inadequada. A massa corporal pode ser dividida em massa óssea, massa adiposa e massa corporal magra (consistindo de massa livre de gordura corporal e massa livre de osso). O componente de gordura é de interesse particular para os participantes esportivos e a técnica é usada para demonstrar como o percentual de gordura corporal varia em jogadores de futebol profissionais durante toda a temporada (Egan et al., 2006).

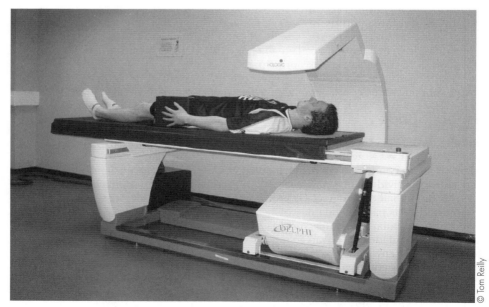

Figura 1.2 Absorciometria de raios X de dupla energia pode ser usada para avaliar a densidade óssea e a composição corporal.

O método mais acessível para estimar a gordura corporal é pela espessura da dobra cutânea. Esse método é baseado na pressuposição de que a espessura das camadas de tecido adiposo subcutâneo, determinada ao pinçar áreas específicas no corpo, está diretamente relacionada com depósitos de gordura internos, principalmente nas vísceras e ao redor dos órgãos internos. Essa pressuposição tem sido questionada com base nos resultados de estudos com cadáveres (Clarys et al., 1987). Todavia, as comparações mostraram uma boa concordância com os resultados derivados usando DXA (Egan et al., 2006). Para se posicionar em relação ao sistema de avaliação, o Steering Groups of the British Olympic Association recomendou os cinco locais de dobra cutânea a serem usados e o valor total derivado para obter um índice de adiposidade (Reilly et al., 1998). A parte anterior da coxa foi adicionada às quatro dobras cutâneas usadas na fórmula clássica de Durnin e Womersley (1974) – bíceps, tríceps, subescápula e suprailíaca. Uma crítica à avaliação foi que as dobras cutâneas estavam todas baseadas nos locais da parte superior do corpo.

A antropometria foi usada para estimar a massa muscular, uma área do corpo que é especialmente relevante para atletas. A abordagem antropométrica clássica de Matiegka (1921) foi revisada com base nos resultados da pesquisa de Análise de Cadáver de Bruxelas. Martin et al. (1990) mostraram que atletas de alto nível se diferenciaram dos atletas de nível inferior quando a quantidade de massa muscular foi normalizada em relação ao peso corporal. De maneira similar, jogadores têm mais músculo esquelético em relação ao seu tamanho que os grupos de referência (Reilly, 2003). Como a força do músculo esquelético está diretamente relacionada com sua área transversal, a massa muscular aumentada atribuível à hipertrofia induzida por treinamento está associada a ganhos na força. A área transversal do músculo pode ser medida usando técnicas de imagem que variam do ultrassom até a imagem por ressonância magnética, mas tais medidas são feitas principalmente para propósitos experimentais.

Avaliação das capacidades fisiológicas

Um marco na ergonomia esportiva é a correspondência entre o indivíduo e a tarefa ou esporte. Essa combinação se torna mais refinada à medida que os participantes ficam mais familiarizados em esportes específicos e adquirem adaptações fisiológicas aos seus programas de treinamento específico. Qualquer método para teste das capacidades individuais deve conter os aspectos principais do esporte em questão. Sendo possível, o aparato de teste deve estar vinculado ao esporte, para extrair observações que permitam inferir sobre níveis de condicionamento e prescrições do treinamento.

Especificidade

A avaliação das capacidades fisiológicas e físicas é agora uma rotina do trabalho da Ciência Esportiva. Para essas avaliações serem úteis aos profissionais, o teste de condicionamento deve ser conduzido em uma base regular, com frequência suficiente para fornecer um *feedback* individual, mas não com tanta assiduidade que interrompa o treinamento e se torne um trabalho cotidiano. Os protocolos genéricos que usam a ergometria padrão estão disponíveis para medida da potência aeróbia, das capacidades anaeróbias, do desempenho muscular e de outras medidas funcionais. Como essas medidas podem carecer de **especificidade** em relação ao esporte em questão, uma variedade de ergômetros e testes foram desenvolvidos para atender aos requisitos em particular. O exercício sobre esses ergômetros emprega os grupos musculares mais relevantes, imitando as ações no esporte em questão. Consequentemente, é possível aplicar protocolos-padrão para simuladores de esqui, de remo e de ergômetros de canoagem e de outros dispositivos específicos do esporte. Medidas sofisticadas de nadadores, de caiaquistas e de remadores são obtidos com gestos motores executados em canais d'água, em que a análise biomecânica pode complementar o registro das respostas fisiológicas (Figura 1.3).

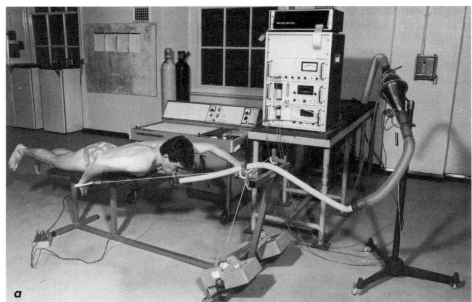
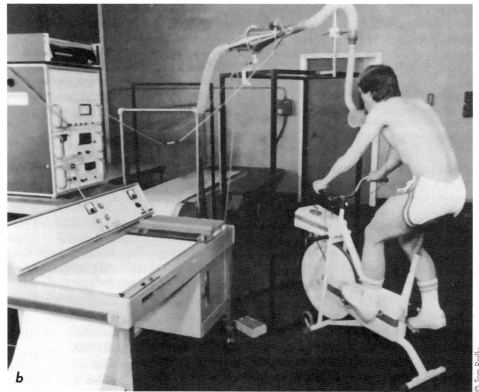

Figura 1.3   Exemplos da primeira geração de ergômetros para avaliação de nadadores (a) e ciclistas (b).

Testes de campo

Os testes de campo são usados para melhorar a validade ecológica da avaliação do condicionamento e as observações relacionadas com o desempenho competitivo. Protocolos foram projetados para incorporar não somente os padrões de locomoção do esporte, mas, também, as habilidades essenciais (Reilly, 2001). Nessas circunstâncias, a maior especificidade compromete a aquisição precisa de algumas informações fisiológicas. Existem limitações quanto à confiabilidade dos testes, porque as condições ambientais e de superfície podem variar quando as medidas são repetidas em avaliações subsequentes.

O teste da corrida de vai e vem de 20 m de Leger e Lambert (1982) é comumente usado para avaliar o condicionamento aeróbio. Foi usado para avaliar jogadores de futebol e para estudos populacionais, como na bateria de testes da Eurofit (Reilly, 2001). A capacidade de oxigênio máxima do atleta pode ser prevista com base no número de voltas completadas, e uma grande quantidade de atletas pode ser avaliada de uma só vez. A limitação desse teste é que o desempenho depende do esforço voluntário, e não há nenhum critério específico para indicar se as capacidades fisiológicas máximas foram realmente obtidas.

A capacidade de reproduzir corridas de alta intensidade é também importante em esportes nos quais a intensidade do exercício varia intermitentemente. Quando os períodos de recuperação são relativamente curtos (< 20 s), a recuperação depende do sistema de transporte de oxigênio do atleta e da capacidade de tolerar altos níveis de acidose metabólica. A capacidade de reproduzir esforços máximos melhor avaliada em equipes esportivas por meio de corridas repetidas (aproximadamente sete) em uma curta distância (30 m), com um intervalo de 25 s entre as corridas. Esse tipo de teste tem uma alta confiabilidade e validade e pode ser executado em certo intervalo de tempo (10 e 30 min) e em uma esteira não motorizada usando um protocolo-padrão (Hughes et al., 2006).

As avaliações podem abranger algumas disciplinas científicas e incluem métodos psicológicos, bem como físicos e fisiológicos. Na verdade, os requisitos de condicionamento para a maioria dos esportes tendem a ser multidisciplinares. A potência preditiva em qualquer bateria de testes de itens múltiplos é baixa quando as características requeridas para o sucesso são complexas. Reilly et al. (2000) mostraram que jovens jogadores de futebol preparados para o nível internacional não tinham grande probabilidade de atingir o alto nível, mas se diferenciavam dos atletas de subelite em algumas medidas. As funções de discriminação foram encontradas para potência aeróbia, velocidade, agilidade, habilidades de antecipação e tomadas de decisão que caracterizam a "leitura do jogo".

Medidas fisiológicas

As avaliações fisiológicas se baseiam nas funções específicas isoladas usando um protocolo de exercício estabelecido. Os testes estão disponíveis para medir as capacidades aeróbias e anaeróbias, as respostas submáximas e máximas; os testes podem ser de curta duração ou progressivos e incrementais. Os testes são conduzidos sob condições controladas, precedidos por um aquecimento e conduzidos de acordo com procedimentos validados (Winter et al., 2006).

Potência e capacidade aeróbia

A potência aeróbia máxima é indicada pelo mais alto nível de consumo de oxigênio que um indivíduo pode obter. Ela é referida como a capacidade máxima de oxigênio ($\dot{V}O_2$máx) e é determinada pelas respostas a um teste de exercício graduado até a exaustão durante o qual os gases expirados (O_2 e CO_2) são medidos e a ventilação de minuto é monitorada. A obtenção dos valores máximos está associada com a exaustão voluntária, usando critérios que incluem uma alavancagem no $\dot{V}O_2$, apesar de um aumento no índice de trabalho, uma razão de troca respiratória ($\dot{V}CO_2/\dot{V}O_2$) maior que 1,15 e um pico de lactato após o exercício maior que 8 mmol/L. Como uma melhora de cerca de 25% no $\dot{V}O_2$máx é considerada um bom efeito do treinamento e o $\dot{V}O_2$máx de um atleta de resistência de elite pode ser o dobro do valor de um indivíduo sedentário, a influência genética sobre essa função é considerada maior que a influência do treinamento ou do ambiente.

A capacidade de manter a intensidade do exercício em uma utilização fracional alta de $\dot{V}O_2$máx é importante para o desempenho de resistência. Esse conceito reflete a capacidade aeróbia e está altamente relacionado com o chamado limiar de lactato (ou anaeróbio). A concentração de lactato no sangue cresce à medida que a intensidade do exercício aumenta. O ponto de desvio na curva de resposta ao lactato é obtido para indicar seu limiar. A concentração de lactato no sangue representa o equilíbrio entre a produção de lactato no músculo esquelético ativo e sua liberação da circulação. Uma abordagem alternativa é estabelecer o índice de trabalho correspondente a uma concentração de lactato no sangue de referência, como a velocidade da corrida, que induz uma concentração de 4 mmol/L ou V – 4 mM. A curva de lactato desloca-se para a direita com o treinamento, como mostrado na Figura 1.4. O limiar de lactato foi considerado melhor preditor do desempenho na corrida de maratona que o $\dot{V}O_2$máx (Jacobs, 1986).

O efeito do treinamento também é evidenciado pela melhora na eficiência mecânica, calculada pela eficiência expressada entre o trabalho mecânico efetuado e a porcentagem do custo de energia. A eficiência pode ser facilmente mensurada quando o trabalho feito (contra a gravidade ou a uma resistência conhecida) é registrado, como no exercício em um ergômetro de bicicleta ou de remada. Para a bicicleta, a melhor eficiência mecânica foi registrada entre 22% e 23%, dependendo da intensidade do exercício, ao passo que para o treinamento com peso o número fica ao redor de 12% (Reilly, 1983). O cálculo da eficiência conjunta considera o consumo de oxigênio associado com o metabolismo em repouso. É difícil medir o trabalho mecânico executado durante a corrida, e, desse modo, a noção de economia na corrida é aplicada. Esse conceito se refere ao consumo de oxigênio para uma determinada velocidade de corrida e é mais baixo em atletas bem treinados com boa técnica de corrida do que nas pessoas normais.

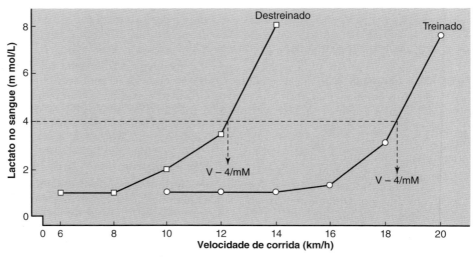

Figura 1.4 A resposta do lactato sanguíneo no exercício progressivo é não linear e altera com o treinamento.

Reimpressa, com permissão, de T. Reilly et al., 1990, *Physiology of sports* (London: E. & R. N. Spon), 138.

Potência e capacidade anaeróbia

O exercício em alta intensidade que excede a capacidade máxima de oxigênio pode ser acompanhado pelo uso de fontes anaeróbias de energia. Fosfagênios e glicogênio muscular (quebrado anaerobiamente leva à produção de lactato) fornecem o substrato para o metabolismo anaeróbio e têm grande potência, mas baixa capacidade. O teste anaeróbio de Wingate é o principal método laboratorial de medida de potência e capacidade anaeróbia. O teste é executado em uma bicicleta ergométrica, instrumentada para registrar as pedaladas e permitir que o resultado da potência seja calculado. O valor médio da potência em 30 s de teste é obtido para representar a capacidade anaeróbia, enquanto a potência nos primeiros 5 s é considerada como o pico da potência anaeróbia. O índice de fadiga é determinado entre os valores de potência nos primeiros e nos últimos 5 s (Bar-Or, 1987). O teste pode ser adaptado para o uso em outros ergômetros, como aqueles usados por remadores e remadores de caiaques.

O valor de potência é determinado na esteira quando sua correia é propulsionada pelo corredor, desde que a instrumentação adequada seja inserida. O corredor é preso a uma célula de carga por cabos que permitem que a resistência ao movimento seja calculada. Ao saber o comprimento da correia da esteira e a quantidade de giros, o treinador ou o técnico do laboratório calcula o valor de potência por meio da força registrada. Esse sistema é, comprovadamente, um método confiável de avaliação da potência e da capacidade anaeróbia em esforços simples e em corridas repetidas (Hughes et al., 2006).

A potência anaeróbia é também determinada ao se usar o teste de corrida em escada de Margaria et al. (1966). O indivíduo corre dois lances de escada, e o tempo é registrado por luzes de tempo ou fotocélulas. O tempo resultante, mais a massa corporal do indivíduo e a distância vertical entre os degraus, é usado para calcular a potência. Uma alternativa é estimar a produção de potência em um teste de salto vertical, usando um nomograma-padrão (McArdle et al., 1991). Como uma extensão desse teste, uma sequência de saltos é realizada (durante o tempo de 20 s) e o decréscimo de potência durante esse período de tempo é usado como índice de fadiga.

Força muscular

O método tradicional para medir a força muscular ocorria por tensiometria com cabo (Clarke, 1967) ou uso de uma célula de carga, extensômetro ou transdutor de força. A técnica era limitada, visto que as medidas eram restritas a ações isométricas: uma série de registros em diferentes posições era necessária se as curvas de ângulos articulares fossem desejadas (Figura 1.5). Havia, também, a questão da relevância das ações estáticas para atividades dinâmicas, como aquelas encontradas no esporte e em ambientes ocupacionais. O mesmo cuidado foi aplicado a dinamômetros portáteis, como aqueles usados para avaliar a força lombar e a força das pernas (Coldwells et al., 1994), apesar de seu valor em experimentos de campo (Reilly et al., 1998).

As dificuldades previamente descritas são superadas quando o dinamômetro isocinético é usado. **Dinamômetros isocinéticos** permitem que a velocidade angular do movimento seja pré-ajustada, e a força exercida é expressa como torque durante toda a amplitude de movimento. O pico do torque e o ângulo no qual ele ocorre são determinados. Contrações excêntricas e concêntricas de ação muscular são usadas. Assimetrias entre membros e entre flexores e extensores são determinadas para revelar desequilíbrios na força. Dinamômetros contemporâneos têm facilidade para configurar diferentes articulações para a execução de avaliações múltiplas.

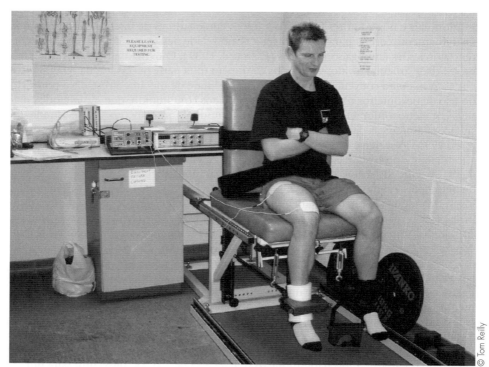

Figura 1.5 A força do complexo muscular quadríceps é medida com o dinamômetro em um ângulo articular específico.

Os dinamômetros isocinéticos são usados para a avaliação da fraqueza muscular e para o desequilíbrio entre membros ou entre grupos musculares. Uma vez que as deficiências na força muscular são identificadas, os treinadores podem definir metas de ação em programas de treino. Uma limitação no maquinário isocinético é que a velocidade angular máxima é em geral 400 °/s (6,97 rad/s), bem abaixo daquela registrada no esporte de competição em habilidades, como chutar uma bola de futebol, dar uma tacada no golfe ou sacar uma bola no tênis.

O uso mais expressivo do dinamômetro isocinético é para a monitoração da força obtida durante um programa de reabilitação após uma lesão. Parte do treinamento de reabilitação pode ser feita no próprio dinamômetro, porque o modo de contração muscular, a amplitude e a velocidade do movimento podem ser controlados. Usando avaliações de força regulares, o treinador pode determinar quando o atleta lesionado pode retornar com segurança à rotina de treinamento e à competição.

Mobilidade e agilidade

Mobilidade ou **flexibilidade** refere-se à amplitude de movimento de uma articulação. A amplitude de movimento em uma articulação intacta é limitada pela oposição ao tecido mole, incluindo restrições ligamentares ou estruturas ósseas adjacentes. A amplitude de movimento em uma articulação aumenta com os exercícios de flexibilidade. Uma boa mobilidade é desejável em esportes, como a ginástica e na maioria das provas de atletismo. A falta de flexibilidade está associada à rigidez muscular. A rigidez nos isquiotibiais e nos adutores foi ligada a lesões em jogadores de futebol e um programa de treinamento formal para desenvolver a flexibilidade nesses músculos reduziu a ocorrência de lesões em jogadores suecos (Ekstrand, 1982). O treinamento para restaurar a mobilidade articular a valores normais é também uma parte necessária da reabilitação.

A maneira convencional de medir a amplitude de movimento se dava por meio do uso de flexômetros ou goniômetros preenchidos com líquido, que são métodos manuais. A eletrogoniometria permite que a amplitude do movimento seja registrada em situações dinâmicas da vida real, incluindo contextos esportivos e industriais (Boocock et al., 1994). A aceleração do membro pode ser registrada e é especialmente relevante em habilidades esportivas, nas quais a velocidade do membro caracteriza os atletas de elite.

A agilidade se refere à capacidade de mudar rapidamente de direção para desviar de oponentes e evitar bloqueios em jogos. Ela é um importante indicador de talento em jovens jogadores de futebol (Reilly et al., 2000). Como a agilidade se baseia no equilíbrio e na coordenação neuromuscular, ela não tem nenhum teste fisiológico específico. Ao contrário, a agilidade é avaliada por testes de desempenho que abrangem giros rápidos e corridas em zigue-zague (Reilly, 2007; Reilly e Doran, 2003).

O tempo de reação é um componente importante da capacidade de responder aos estímulos nos esportes. O tempo de reação simples incorpora a recepção sensorial de um estímulo e a iniciação de uma resposta apropriada. O tempo de reação simples é medido determinando-se o tempo necessário para responder a um estímulo luminoso (ou sonoro), pressionando um botão com o dedo indicador ou um pedal com o pé. O tempo de reação complexo é medido pela seleção da resposta apropriada quando uma gama de estímulos potenciais é apresentada. O tempo de reação varia entre os indivíduos, mas é mais rápido para os braços que para as pernas e é mais curto para um estímulo auditivo que para um estímulo visual. Na corrida de velocista, um equipamento eletrônico de marcação de tempo é montado na plataforma de saída para registrar o tempo de reação do corredor após ouvir o tiro de saída da pistola; dependendo das funções de tempo determinadas pelo fabricante da plataforma, uma reação mais rápida que 100 m/s caracteriza a queimada da largada. O fator tempo auxilia o corredor na tomada de decisão, mas não existem dados definitivos para indicar a certeza do intervalo de tempo do sinal de partida ao início do movimento que evite a queimada da largada. A importância do tempo de reação é também evidenciada pelas circunstâncias de uma cobrança de pênalti no futebol. De uma distância de 10 m, o goleiro tem pouca chance de defender a bola que viaja a uma velocidade de 40 m/s, porque o tempo de movimento para atingir a bola também está envolvido. Portanto, o goleiro deve antecipar-se na direção da bola para ter uma chance real de defender o chute se estiver bem colocado.

O tempo de reação do corpo todo se refere à capacidade de movê-lo rapidamente, em vez de apenas um segmento. Embora o tempo de reação simples tenha mostrado pouca diferença entre jogadores titulares e reservas em times de futebol de ponta no Japão (Togari e Takahashi, 1977), os jogadores titulares têm tempos mais rápidos para a escolha das reações de todo o corpo. Ligada à capacidade de mover o corpo rapidamente na direção certa, está a capacidade de antecipar-se ao movimento certo. A capacidade de antecipar-se aos movimentos corretamente foi considerada uma característica de jogadores de futebol talentosos, de ponta, comparados com aqueles considerados normais (Williams e Reilly, 2000). Os jogadores talentosos eram capazes de assimilar a informação com base em uma amostra dinâmica, processando-a com mais eficiência que seus pares menos talentosos. O modelo dos estágios envolvidos em processos motores complexos relativos à percepção (Figura 1.6) é igualmente relevante para a execução de habilidades esportivas, bem como para a ergonomia ocupacional.

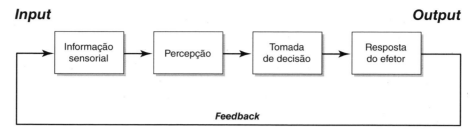

Figura 1.6 Um modelo de sistema para o processo de tomada de decisão na ergonomia e no esporte.

Avaliando a carga mental

Muitas tarefas na ergonomia têm carga baixa sobre os critérios físicos tradicionais, ainda que sejam uma fonte de estresse. Essas tarefas são analisadas de acordo com funções mentais desafiadas e com as capacidades individuais. A carga de trabalho mental se refere ao grau no qual as demandas da tarefa afetam as capacidades do indivíduo de processar a informação. O termo reflete a diferença relativa entre a capacidade disponível e a requerida do sistema de processamento de informação para executar uma tarefa a qualquer hora. A consequência é que a pessoa fica sobrecarregada quando a capacidade requerida é maior que a disponível. Em geral, uma tarefa mais complexa pede um esforço mental maior para executá-la de modo adequado e, em virtude disso, o esforço mental é usado como uma medida indireta da capacidade do indivíduo. À medida que o esforço mental é aumentado, há uma diminuição automática na capacidade de processamento restante.

Capacidades mentais

A carga mental associada à função cognitiva e à tomada de decisão é muito mais difícil de se quantificar que o componente físico do trabalho. Todavia, vários métodos foram usados em um esforço para quantificar a carga relativa sobre a capacidade de desempenho mental e para modelar o processo de tomada de decisão. Tais modelos separam a função sensorial e a percepção da tomada de decisão das respostas efetoras, como mostrado na Figura 1.6. A medida da carga mental é igualmente desafiada em ambientes esportivos e ocupacionais.

Embora não tenha havido nenhum método parcimonioso de quantificação da carga mental, várias abordagens foram adotadas. Uma primeira categoria inclui medidas fisiológicas, como variabilidade da frequência cardíaca, eletroencefalografia e eletro-oculografia (ou outras medidas relacionadas à atividade ocular). A segunda categoria de métodos inclui avaliações de carga de trabalho subjetivas. A terceira categoria contém técnicas distintas para carga de tarefa cognitivas. O índice NASA-TLX (Task Load), por exemplo, ganhou aceitação em razão de suas potenciais aplicações às avaliações de carga de trabalho individuais e coletivas.

Algumas tarefas requerem atenção sustentada e a capacidade de detectar estímulos que ocorrem em intervalos regulares. Quando esses sinais não são frequentes, o indivíduo pode não conseguir detectá-los em virtude do tempo da tarefa, da hora do dia ou da desatenção causada pelas distrações. A teoria da detecção de sinais foi aplicada às tarefas de vigilância clássicas, nas quais o desempenho foi separado em dois elementos – um em um limiar sensorial e o outro representando a fadiga.

Em outras instâncias, uma pessoa deve reagir a circunstâncias recentes ou mudanças inesperadas no ambiente imediato. A capacidade de reagir corretamente dependerá de ter consciência da situação, de assimilar rapidamente uma variedade de estímulos e de responder de modo apropriado. A resposta pode exigir uma combinação de competências, incluindo habilidades sociais e evitar distrações. Várias ferramentas foram derivadas para quantificar a consciência da situação, com base nas classificações ou avaliações subjetivas.

A **atenção** se refere à seletividade de processar informação e é um processo ativo em vez de passivo. A atenção não é um sistema unitário, mas consiste de:

- atenção focada, na qual o indivíduo tenta responder a um *input* particular fora dos ruídos de *inputs*;
- atenção dividida, que ocorre quando a pessoa tenta responder a dois ou mais *inputs* ao mesmo tempo. A tarefa é responder a ambos os estímulos e reagir de acordo (Eysenck e Keane, 2001).

Três tipos de armazenagem de memória foram sugeridos:

- Armazenagem sensorial – retém brevemente a informação e está limitada a uma modalidade sensorial.
- Armazenagem sensorial de curto prazo – tem capacidade muito limitada.
- Armazenagem de longo prazo – capacidade essencialmente ilimitada.

A memória de curto prazo é a capacidade de armazenar (e relembrar) a informação por períodos medidos em segundos. Ela é geralmente medida em tempos de seu alcance, que é a sequência mais longa de itens que podem ser reproduzidos corretamente após uma apresentação simples. Para itens ordenados randomicamente, o alcance é de cerca de 7, por isso a frase "o número mágico 7 mais ou menos 2". A memória de curto prazo é considerada uma área de processamento cognitivo e foi substituída pela noção de memória de trabalho. Esse conceito tem três componentes:

- Um executivo central livre de modalidade que se assemelha à atenção.
- Uma alça articulada que é baseada na velocidade.
- Um bloco de anotações visuoespacial, especializado para codificação espacial e visual.

Em avaliações de memória de trabalho, os participantes são solicitados a manipular informações. Por exemplo, eles podem ser solicitados a lembrar de uma sequência de números em ordem inversa.

Tarefas duplas

Em muitas instâncias, as capacidades humanas são desafiadas em combinação, de modo que os erros ocorrem devido à sobrecarga do elo mais fraco. Na visão dessa observação, as limitações humanas são avaliadas quando tarefas secundárias são introduzidas como variáveis dependentes. Exemplos incluem os requisitos adicionais do uso de telefones celulares ou sistemas de monitoramento de posicionamento global quando se está dirigindo. Um paralelo é encontrado no esporte, em especial nos jogos, quando as funções psicomotoras e as demandas cognitivas são concomitantes com a alta carga fisiológica.

Reilly e Smith (1986) mostraram que o desempenho em uma tarefa psicomotora foi colateralmente afetado quando acompanhado pelo exercício em excesso de cerca de 40% do $\dot{V}O_2$máx. Esse efeito de aquecimento do exercício foi benéfico para o desempenho psicomotor até aquela intensidade. Um efeito de aquecimento similar foi observado na função cognitiva, embora o desempenho não tenha deteriorado até que a intensidade do exercício excedesse 70% do $\dot{V}O_2$máx (Figura 1.7). Esses achados têm implicações para o esporte, para a indústria pesada e para os contextos militares, nos quais as tarefas psicomotoras e a tomada de decisão mental são, com frequência, conduzidas sob alta carga metabólica.

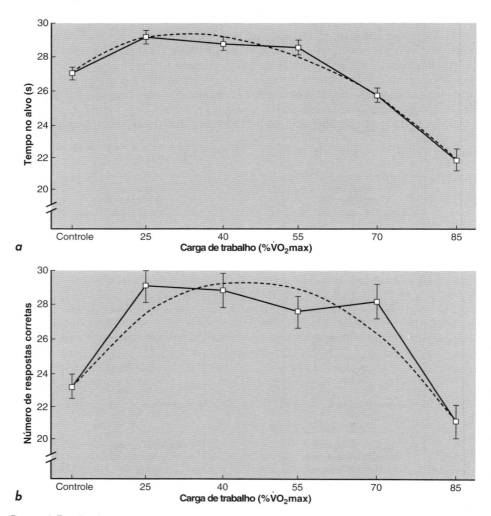

Figura 1.7 A relação entre carga metabólica relativa e desempenho em uma tarefa (a) de perseguição e (b) de aritmética mental. A curva ajustada aos dados é mostrada em cada caso.

Contexto ocupacional

Na ergonomia ocupacional, a tarefa é modificada para ajustar as características do operador humano. O esforço considerável também é feito para combinar o maquinário e as ferramentas usadas como sendo compatíveis com a função humana. A análise de tarefa é requerida para estabelecer os componentes cruciais da operação em que erros ou ineficiências podem surgir. Um comprometimento com o conforto e o bem-estar do indivíduo é evitado, visto que o resultado desejado é a melhora no desempenho do sistema global.

A análise de sistemas é usada em atividades complexas para otimizar o desempenho, separando funções entre os empregados humanos e as operações com máquinas. A automação aumentada anda lado a lado com a industrialização, levando a um declínio na atividade física associada com o trabalho industrial e de escritório. Essa tendência esteve ligada a um estilo de vida contemporâneo sedentário e tem levado à promoção de programas de atividade física para restaurar o condicionamento e manter a saúde.

De maneira similar, no esporte o participante deve atingir um nível de condicionamento físico para satisfazer as demandas da atividade. Qualquer hiato entre o nível do condicionamento e as demandas da atividade deve ser rompido pela melhora do condicionamento pelo treinamento apropriado. A alternativa é retroceder a um nível inferior de competição ou ao banco de reservas. Nos esportes coletivos, os requisitos de condicionamento podem variar com a posição no campo, e o treinador ou gerente tem a opção de mudar o papel tático de um membro com deficiências identificadas. As alternativas são melhorar o condicionamento por meio do treinamento ou retroceder a um nível inferior de jogo ou de competição (Figura 1.8).

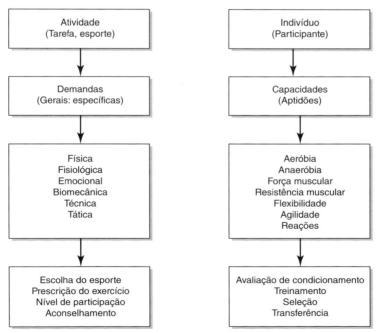

Figura 1.8 Como as demandas do esporte estão relacionadas com as capacidades de seus participantes.
Modificada de Reilly, 1991.

Visão geral e resumo

A carga fisiológica pode ser medida usando forças de reação, gasto de energia, frequência cardíaca e temperatura corporal. A efetividade de qualquer intervenção de treinamento pode ser avaliada por avaliações de condicionamento. Os protocolos para os testes de condicionamento foram padronizados para a ciência esportiva e para as populações específicas. Avaliações separadas são feitas para diferentes aptidões fisiológicas. A carga mental também é avaliada usando várias abordagens. O uso de vários métodos de avaliação garante o controle da qualidade na coleta de dados de condicionamento e completa a alça de *feedback* para o indivíduo.

Saúde e segurança

DEFINIÇÕES

avaliação do risco – Um método formal de avaliação da probabilidade e do grau de trauma que está associado a atividades específicas.

erro humano – A produção de resultados ou ações não pretendidas no início de qualquer ação.

especificidade – O grau para o qual a atividade ou a ação no contexto do treinamento ou do teste corresponde ao esporte em mente. É o princípio de medidas relacionadas ao esporte ou à ação em questão.

ética – Uma maneira de se comportar de acordo com códigos profissionais.

imunossupressão – Um estado fisiológico pelo qual os mecanismos de defesa do corpo são enfraquecidos; geralmente ocorre em um contexto de exercício e é de curta duração.

razão de controle dinâmico – A força excêntrica dos músculos isquiotibiais relativa à força concêntrica dos músculos do quadríceps.

risco de lesão – As probabilidades de incorrer trauma atribuível à adesão em atividades particulares.

segurança – Princípios e assuntos que dizem respeito à execução de atividades sem incorrer em dano ou perigo à pessoa.

sobrecarga – Um princípio no treinamento pelo qual o estímulo apresentado ao aluno é maior que aquele que ele está acostumado.

A MAIOR PARTE da atividade humana envolve algum risco de acidente que prejudica a pessoa que está realizando a atividade ou a outros que estão próximos. O dano resultante pode ser comum ou sério o suficiente para ameaçar a vida. O esporte, como a atividade de trabalho industrial ou doméstico, emprega algum risco de lesão; embora certos esportes envolvam atividade de alto risco, outros envolvem de baixo risco.

Lesões

Os ergonomistas se referem a uma cadeia de ações que precedem acidentes. Essas ações são eventos não planejados que são atribuídos ao erro ou a um resultado não pretendido do comportamento. Essa lógica apoia o uso de uma abordagem centrada no erro para examinar as causas da lesão. Nem todos os erros levam a acidentes, nem os acidentes levam inevitavelmente à lesão; e, assim, uma análise do incidente crítico é usada para identificar precursores de acidentes, concentrando-se nas instâncias nas quais os erros ocorreram, mas um incidente sério foi evitado (Figura 2.1). Os profissionais de segurança usam essa técnica para desenvolver estratégias preventivas para viagens de avião, trem e navio, bem como o piso de uma fábrica e de um centro esportivo. Alguns acidentes têm consequências catastróficas com trágicas perdas de vida, mais atribuíveis à falhas do sistema e, muitas vezes, desencadeadas por **erro humano**.

O risco de incorrer em fatalidade foi calculado para muitas atividades diárias, como atravessar a rua, andar de carro ou moto e viajar de avião. Esses cálculos são baseados em estatísticas de acidentes que incluem registros de mortes normalizados para os índices de exposição. O risco no esporte é estimado com base na informação sobre a frequência da ocorrência de lesão e do índice de exposição dos participantes. A prevalência de lesão se refere ao número conhecido de participantes afetados de uma só vez, e a incidência se refere ao número de casos novos que ocorrem em um determinado período de tempo. A exposição ao **risco de lesão** no futebol, por exemplo, é expressa em lesões por 1.000 h de jogo ou lesões por exposição do jogador. Nesse esporte, cada jogo pode ser estimado como a exposição de 22 jogadores à lesão em 90 minutos de atividade. Na Medicina Esportiva, contudo, não há definição para o que constitui uma lesão. Em virtude da falta de um relatório de uso comum para apresentação da estatística da lesão no futebol, Fuller et al. (2006) estabeleceram um protocolo padrão para registro, análise e relato dessas lesões.

As lesões nos ambientes industriais podem ser atribuíveis a falhas no projeto da estação de trabalho ou no equipamento, ou à condição das superfícies ou pisos. Os fatores que levam a escorregões, tropeços e quedas foram um foco de atenção na causa do acidente, bem como nos fatores de ciclo de trabalho. O erro humano é considerado como um principal fator causador em 45% dos incidentes críticos nas usinas de energia nuclear, 60% dos acidentes de voo, 80% dos aci-

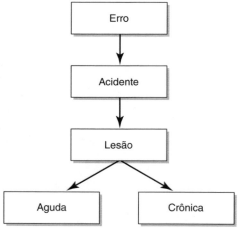

Figura 2.1 A cadeia causal da lesão gerada pelo erro.

dentes marinhos e 90% dos acidentes rodoviários (Pheasant, 1991). Há uma distinção entre erros genuínos e violação das práticas de segurança no trabalho ou das normas do comportamento de segurança. De acordo com a teoria da homeostase de risco, os indivíduos se comportam com um nível-alvo internalizado do risco que eles tentam manter, seja correndo risco ou evitando-o, de acordo com as demandas do ambiente. A homeostase do risco explica por que o uso do equipamento de proteção pode promover um comportamento mais displicente, seja dirigir em vias públicas ou participar de esporte de contato. Quando os indivíduos abandonam os procedimentos operacionais para **segurança**, eles podem ser considerados negligentes.

Existem muitos paralelos nos contextos ocupacionais e no esporte para o estudo de acidentes e lesões. Em ambos os domínios, há uma confiança sobre a integridade com a qual os sistemas humano-máquina, equipamento e espaços de trabalho são projetados para se adequar aos usuários. O componente competitivo do esporte é um aspecto intrínseco a ele, que coloca seus participantes em risco. Este capítulo se focaliza nas considerações sobre saúde, segurança e ocorrência de lesões no contexto esportivo, com inferências da ergonomia quando apropriadas.

Cada esporte apresenta sua própria distribuição de lesões e mecanismos de ocorrência. Aproximadamente 70% das lesões em corredores ocorrem como consequência do treinamento, ao passo que no futebol esse número é de 30% ou menos. A maioria das lesões no futebol ocorre nos membros inferiores, ao passo que no rúgbi as lesões nos membros superiores são muito mais comuns. A distribuição da localização da lesão nos corredores é ainda mais pronunciada, porque a maioria delas ocorre nos membros inferiores, embora os problemas lombares sejam comuns (Figura 2.2). A ampla variação nos níveis de risco associado com diferentes esportes foi considerada por Fuller (2007), que influenciou a percepção dos participantes quanto à aceitação do risco e da escolha da atividade esportiva.

Enfoque sobre a ergonomia nos Estados Unidos, nas décadas de 1970 e 1980, foi dado à prevenção de lesão associada com tarefas de manuseio de materiais. Uma abordagem de prevenção de lesão é documentada no protocolo de referência do NIOSH, por meio do qual se avaliam as exigências físicas do trabalho antes de empregar o trabalhador (NIOSH, 1977). Desde aquele tempo, os empregadores migraram do teste de pré-emprego para o redesenho do trabalho (NIOSH,

Figura 2.2 Padrões de lesões sofridas por corredores de fundo.

1981). A publicação clássica sobre o levantamento NIOSH é um exemplo de redesenho do trabalho: o peso de várias tarefas deve ser limitado para se adequar aos trabalhadores da indústria norte-americana. A equação revisada (NIOSH, 1994) forneceu orientações para um alcance mais amplo sobre as tarefas de levantamento em relação às versões anteriores, ao usar métodos para avaliar as tarefas de levantamento assimétrico e de erguer objetos com alças de apoio desfavoráveis entre o objeto e as mãos do levantador. O índice de levantamento fornece uma estimativa relativa do nível de estresse associado com uma tarefa de levantamento manual em particular. A estimativa é definida pela relação entre o peso da carga e o limite de peso recomendado; este último representa o peso da carga que quase todos os trabalhadores saudáveis podem erguer em um turno de 8 h, a fim de reduzir o risco de desenvolver dor lombar.

Esse interesse em selecionar empregados fisicamente capazes aos ambientes de trabalho reprojetados foi o foco inicial da pesquisa na área da ergonomia ocupacional e nos esportes de competição. O fator-chave que emergiu desse corpo da literatura é que a intensidade do exercício ou a severidade do trabalho é um grave fator de risco para a lesão; isto é, o risco de lesão aumenta quando os trabalhadores executam tarefas de trabalho que exigem sua capacidade máxima. Igualmente, corredores amadores eram mais propensos às lesões quando a frequência do treinamento aumentava acima de três vezes por semana (Garbutt et al., 1988; Reilly, 1981).

As causas da lesão no esporte estão subdivididas em mecanismos extrínsecos e intrínsecos. A primeira inclui calçado inadequado, terreno perigoso, condições climáticas, superfícies de desempenho e colisão com outros atletas ou com objetos físicos. Golpes aplicados ao corpo, colisões antiesportivas (carrinho no futebol) ou ser atingido pela bola são fontes de lesão em esportes de contato. O uniforme inadequado ou o equipamento ruim podem levar o escalador à lesão, e o mau funcionamento do equipamento de navegação pode alterar a rota do navegador. Em contraste, fatores intrínsecos são atribuíveis à flexibilidade articular inadequada, fadiga, biomecânica incorreta, fraqueza muscular, incapacidade das estruturas musculoesqueléticas de tolerar altas forças internas geradas pela atividade e uma incapacidade de tomar decisões mentais corretas em condições de estresse físico. Uma falta de condicionamento pode causar lesão; assim, a melhora do condicionamento físico de um indivíduo é uma medida de prevenção efetiva. O aquecimento adequado também protege contra a lesão. O risco de lesão é reduzido com a maior consciência e conhecimento das condições de segurança e do risco da atividade.

O papel da intensidade do exercício na lesão esteve ligado ao exercício aeróbio. O American College of Sports Medicine (ACSM) publicou textos conceituais sobre o papel do exercício no condicionamento, que, por muitos anos, serviram como orientações para a prescrição do exercício (ACSM, 1978, 1990, 1998). A base do conhecimento estabelecido é fruto da pesquisa epidemiológica conduzida por Pollock e seu grupo (Pollock e Wilmore, 1990; Pollock et al., 1991). Um grave problema é a identificação do aumento do risco de lesões com programas de exercício aeróbio de alta intensidade. Há também um aumento no risco quando a frequência por semana não permite uma recuperação adequada entre os dias de exercício. A duração do exercício se torna um fator causal à medida que a fadiga se estabelece durante as sessões prolongadas.

Predisposição à lesão

Os indivíduos diferem em sua propensão para incorrer em lesão. Uma vulnerabilidade aumentada pode ser atribuível ao comportamento no treinamento (ou na competição), a defeitos crônicos inerentes ou a deficiências passageiras. Os atletas que carregam tais fatores de risco inatos no esporte intenso, em especial aqueles que envolvem contato físico, são mais propensos a desenvolver lesão que seus pares. Essas deficiências podem estar relacionadas com aspectos físicos ou níveis de condicionamento. Fatores psicológicos são relevantes ao considerar o atleta propenso à lesão. Contudo, a causa da lesão pode ser atribuível à sobrecarga, quando os estímulos do treinamento são demasiados para o atleta. A sobrecarga pode ocorrer em uma sessão simples ou ser um efeito cumulativo do *overtraining* crônico.

Predisposições físicas

A lesão pode resultar de deficiências no condicionamento ou de defeitos inatos no atleta. Tais defeitos incluem fraqueza muscular, instabilidade articular, assimetria do membro ou recuperação incompleta de uma lesão prévia. Os atletas que sustentam fraqueza muscular na competição provavelmente viverão situações nas quais o músculo falha. Essas fraquezas podem ser identificadas se os atletas se submeterem a uma avaliação regular da capacidade de sua força muscular. A avaliação é disponível para indivíduos e equipes com um programa de apoio à Ciência do Esporte sistematizado. A avaliação da força muscular deve também revelar assimetrias entre membros esquerdo e direito, o mais fraco deles é o lado com mais propensão de ser afetado em esportes locomotores. A assimetria é observada pela relação de força entre os complexos musculares isquiotibiais e quadríceps. Alguns corredores têm um quadríceps desproporcionalmente mais forte em relação aos seus isquiotibiais, causando lesões nestes últimos quando eles são alongados em excesso ao correr em grande velocidade. Jogadores de futebol têm o quadríceps forte, mas devem equilibrar a força muscular dos isquiotibiais com treino compensatório. Os atletas devem prestar atenção nas contrações musculares excêntricas, bem como nas concêntricas no treinamento, em virtude do papel excêntrico dos isquiotibiais em ações como chutar uma bola. O auge do torque dos flexores do joelho nas ações excêntricas é comparado com aquele dos extensores do joelho no modo concêntrico, computando-se uma **razão de controle dinâmico**. A força excêntrica dos isquiotibiais deve ser igual à força concêntrica do quadríceps para prevenir a lesão (Figura 2.3).

Os perfis de ângulo de força são determinados usando dados de força isocinética a uma seleção de ângulos por toda a amplitude de movimento de uma articulação em particular (Perrin, 1993). Esse tipo de perfil tem especial importância por evitar uma nova lesão, porque a redução da força pode ser evidente apenas em uma amplitude de movimento restrita. Essa deficiência pode ser corrigida com o emprego de exercícios isométricos para a amplitude de movimento em que a força muscular foi reduzida.

Em um estudo com jogadores de futebol suecos, fatores pessoais, como estabilidade articular, rigidez muscular, reabilitação inadequada e falta de treinamento, foram considerados responsáveis por 42% de todas as lesões observadas (Ekstrand e Gillqvist, 1982). Em uma parte dessa pesquisa, Ekstrand (1982) relatou que 67% dos jogadores de futebol tinham músculos rígidos e eram vulneráveis à lesão. A rigidez era especialmente evidente nos isquiotibiais e nos adutores dos quadris. Um programa de treinamento de flexibilidade entre jogadores de futebol profissionais suecos durante uma temporada inteira reduziu a incidência de lesão, deixando pouca dúvida de que a flexibilidade protegeu esses jogadores contra a lesão.

Alongar o músculo antes do treinamento e do jogo afeta a flexibilidade em curto prazo. As rotinas de flexibilidade podem ser incorporadas ao aquecimento. Como a flexibilidade é particular em cada articulação, a rotina de alongamento deve ser desenvolvida para o esporte ou para a atividade envolvida (Reilly e Stirling, 1993). A incidência de lesões em uma temporada foi menor nos jogadores que deram atenção aos exercícios de *jogging*, aperfeiçoamento da técnica (para ensaiar as habilidades de jogo) e de flexibilidade da parte inferior do corpo do que naqueles jogadores que se aqueceram pela mesma duração de tempo, mas usaram um regime de aquecimento mais geral. O aquecimento é especialmente importante em temperaturas frias para elevar a temperatura do músculo e do corpo para as vigorosas manobras de treinamento que se seguem.

Entre 17% e 30% das lesões ocorrem no mesmo local de forma recorrente, em virtude do período de recuperação incompleto. Lesões secundárias desse tipo tendem a ser mais severas (Hawkins et al., 2001), mostrando a importância da reabilitação apropriada e completa. O período de reabilitação deve ser respeitado. A sensação de dor articular ou muscular prévia é um importante indicador de lesão (Dvorak et al., 2000). Restringir o movimento das áreas lesionadas pode prevenir o agravamento da lesão.

As imperfeições biomecânicas podem se tornar aparentes apenas quando um participante se engaja em altas cargas de treinamento. O *pé de Morton* se refere a um segundo dedo do pé desproporcionalmente longo e predispõe os corredores às lesões. Os indivíduos com padrão de corrida de pronador estão sujeitos a lesões do pé. Esses atletas podem reduzir o risco de lesão usando calçado com características de construção específicas, no qual o fabricante manipula o lado medial do calçado para compensar a pronação. As imperfeições anatômicas são também encontradas na articulação do joelho, joelho varo e joelho valgo, causando lesões quando as cargas de treinamento são altas.

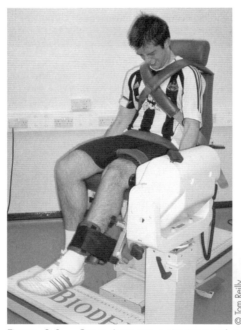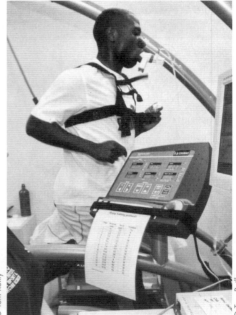

Figura 2.3 Procedimento experimental para avaliação da força do membro inferior (esquerda) e da capacidade máxima de oxigênio (direita).

Predisposições psicológicas

Sabe-se que alguns indivíduos são propensos à lesão, e tal suscetibilidade está ligada à sua composição psicológica. As características psicológicas combinadas com traços comportamentais podem levar esses indivíduos a ter lesões com mais frequência que seus pares. A personalidade pode estar relacionada com uma suscetibilidade à lesão e à doença, uma vez que indivíduos neuróticos tendem a ser cautelosos, indecisos e facilmente estressados. Há evidências de que a apreensão está ligada à lesão, em especial quando os jogadores envolvidos em esportes de contato não estão completamente comprometidos com ataques e movimentos ofensivos. Nessa revisão do conceito de propensão à lesão, Sanderson (2003) postulou que o estresse é, provavelmente, a variável interveniente entre personalidade e lesão, desde que a composição psicológica da pessoa possa levá-lo a sentir o estresse em uma ampla variedade de situações, incluindo o esporte.

Uma seleção de sintomas associados a jogadores psicologicamente vulneráveis em equipes é mostrada no Quadro 2.1. Ao estudar os perfis de jovens jogadores de futebol propensos a acidentes e ao excesso de treino, Lysens et al. (1989) mostraram que os fatores psicológicos precisam ser considerados com os traços físicos na determinação desses perfis. Algumas pessoas ficam viciadas em exercícios; essa condição está sendo relacionada com a liberação de endorfinas pelo cérebro, que produzem estados como o chamado *runner's high* (ou "barato da corrida"), ou seja, uma euforia durante a corrida. Essa condição viciante pode ser de difícil trato, muitas vezes requerendo um acontecimento na vida determinante, como o fim de um casamento, para a pessoa perceber que há um problema (Wichmann e Martin, 1992). Com o "vício" está a relutância em reconhecer quando o volume de treinamento é suficiente.

Quadro 2.1 Sintomas associados ao jogador psicologicamente vulnerável

Sintomas	Comentários
Discrepância entre capacidade e agressividade	Um jogador com pouca capacidade que é demasiadamente agressivo fica vulnerável.
Fobia de sucesso	O medo do fracasso é um fenômeno comum e bem compreendido, mas a incidência do medo do sucesso não deve ser subestimada.
Agressividade desinibida	O jogador representa um perigo para si e para os outros.
Sensações de vulnerabilidade	Tais sensações estão associadas com comportamento irresponsável.
Medo excessivo da lesão	A apreensão causa um desempenho demasiadamente cauteloso, tornando, paradoxalmente, a lesão mais propensa em, aproximadamente, 50 de 50 ataques.
Histórico extenso de lesões	A lesão repetida pode indicar vulnerabilidade física ou psicológica.
Dissimulação ou exacerbação das lesões	Isso indica prováveis problemas psicológicos subjacentes.
Propensão à ansiedade acentuada	O desempenho do atleta nervoso em demasia é nocivamente afetado e a lesão é mais provável.

Overtraining e overreaching

A sobrecarga é um importante princípio no treinamento e reflete o fato de que os sistemas biológicos devem ser apresentados com cargas de treinamento além do que normalmente a pessoa está acostumada, se ela quiser melhorar o desempenho. Após adaptar-se a um período de sobrecarga, o indivíduo é capaz de realizar a atividade em um nível mais alto, atingindo, desse modo, um objetivo de treinamento. A carga deve, então, ser aumentada para fornecer uma sobrecarga adicional, de modo que o caminho ao topo do condicionamento seja um ciclo recorrente de sobrecarga, de recuperação e de adaptação. A dificuldade surge quando há recuperação insuficiente entre as sessões de treinamento e a capacidade de desempenho começa a reverter em vez de melhorar. Esse fenômeno é conhecido como *overtraining* (treinamento excessivo) ou *overreaching*.

Sobrecarga

A sobrecarga, princípio-chave no treinamento, implica que os sistemas fisiológicos devem ser desafiados além da atividade normal para a adaptação ocorrer. A melhora no condicionamento acompanha esse processo de adaptação. Há uma necessidade contínua de reavaliar o estímulo do treinamento à medida que o atleta acostuma-se com o exercício desafiador, e o nível do treinamento tem de ser aumentado para verificar melhoras adicionais. Assim, ocorre uma espiral ascendente de sobrecarga, adaptação e habituação; planos de treinamento devem incluir tempo adequado para recuperação entre as sessões, para permitir que a adaptação fisiológica ocorra e os processos biológicos se regenerem, de modo que a próxima sessão de treinamento possa ser tolerada.

Nesse ciclo recorrente de treinamento e sobrecarga, o atleta pode atingir um ponto em que a recuperação é inadequada e o condicionamento regride, em vez de avançar. O indivíduo pode se sentir cansado, perder a motivação e ter falta de ímpeto. O desempenho é prejudicado e estabelecer metas de treinos mais vigorosos torna-se contraprodutivo. Essa síndrome de desempenho insatisfatório é, muitas vezes, acompanhada por níveis de testosterona reduzidos, concentrações de cortisol aumentadas, supressão das funções imunológicas e cansaço geral. O termo *overtraining* é mais adequado para lesões físicas associadas com a carga repetitiva dos tecidos do corpo, ao passo que *overreaching* (exaustão temporária induzida pelo excesso de treinamento) descreve melhor a ruptura geral da adaptação fisiológica contínua ao exercício.

O contrário de **sobrecarga** é "subcarga", que implica perder os efeitos do treinamento gradualmente se o estímulo não for mantido em um nível alto o suficiente ou se for abandonado. Essa situação surge entre uma temporada e outra nos atletas profissionais ou após uma lesão. Para evitar a perda dos efeitos do treinamento, muitos atletas fazem programas de manutenção de exercício de baixa intensidade antes do treinamento formal de pré-temporada, uma prática agora comum em uma série de esportes. Essa estratégia evita o aumento do risco de lesão quando o treinamento é introduzido de forma abrupta. Muitos especialistas da Medicina Esportiva recomendam que os atletas lesionados participem do exercício físico em algum aspecto, usando membros não lesionados ou praticando exercícios de não sustentação de peso, como ciclismo ou exercícios na água. Esse foco na manutenção é um importante aspecto da reabilitação.

Um princípio adicional na teoria do treinamento é aquele da **especificidade**. A inferência é que os efeitos do treinamento sejam restritos aos grupos musculares e sistemas fisiológicos que são usados em um esporte ou uma atividade específica. Uma consequência óbvia é que o *overtraining* também é específico para os tecidos moles e para as regiões anatômicas que são mais estressadas no treinamento ou na competição. Em virtude disso, algumas lesões são intrínsecas ao esporte praticado, tendo, em sua terminologia, o nome da atividade praticada. Por exemplo, cotovelo de tenista, joelho do saltador, joelho do corredor, ombro do nadador e tornozelo do futebolista.

Lesões por sobrecarga

As lesões por sobrecarga estão mais associadas com estresses repetitivos que com a carga aguda sobre tecidos moles ou articulações. A ocorrência das lesões por sobrecarga no esporte tem paralelos na saúde ocupacional. Os exemplos são lesão por esforço repetitivo, resultando em dor no punho e na mão, e sentir dor lombar, atribuível ao manuseio de materiais.

A tendinite do calcâneo afeta corredores e jogadores de futebol. Ela é caracterizada pela inflamação da bainha tendínea e pode forçar o atleta a reduzir ou abandonar temporariamente o treinamento. A lesão é resultado do excesso de milhagem de treinamento, treinamento em superfícies duras, uso de calçados com propriedades de amortecimento inadequadas ou imperfeições na técnica do movimento. O treinamento em uma superfície complacente como a grama pode reduzir os sintomas, mas a recuperação pode ser lenta, atribuível ao suprimento sanguíneo relativamente pobre para o tendão.

O joelho do saltador se refere a uma lesão similar ao tendão patelar. A lesão manifesta-se por dor na parte anterior do joelho, sensibilidade ao redor da patela e agrava-se quando os extensores do joelho são contraídos. O joelho do saltador é observado em jogadores de basquete, voleibol e saltadores em altura, que comumente aplicam forças altas na articulação do joelho. A condição inclui tendinite, degeneração e, às vezes, ruptura parcial do tendão da patela. A superfície usada para o treinamento e a competição pode facilitar a ocorrência da lesão; superfícies revestidas com molas são favoráveis. Atletas e treinadores devem observar a duração do treinamento quando as sessões incluem regimes de salto repetitivos e pliométricos que abrangem rotinas múltiplas de salto.

Canelite é um termo usado para descrever dor na parte anterior da perna. Ela se refere principalmente a uma inflamação do compartimento musculotendinoso na porção medial da tíbia. Trata-se de uma lesão por esforço repetitivo que, muitas vezes, afeta corredores que treinam em superfícies duras e jogadores de futebol que usam travas inadequadas para o tipo de campo em que jogam e treinam. Os atletas com canelite grave podem precisar de cirurgia para reduzir a pressão dentro do compartimento tibial anterior.

As fraturas por estresse são também consideradas por serem causadas pelo esforço repetitivo. Incluem fraturas por estresse no osso da tíbia, atribuíveis a uma alta milhagem nos corredores, em particular quando um grande volume de treinamento é conduzido na rua. Corredoras são especialmente vulneráveis quando a amenorreia secundária está associada à desmineralização do osso. A perda de mineral ósseo atribuível aos níveis de estrogênio baixos e prolongados leva o osso a enfraquecer e incorre em pequenas fraturas, tornando-o mais vulnerável à lesão.

A síndrome compartimental crônica do esforço é uma condição reversível que resulta das atividades repetitivas que requerem um alto nível de esforço. A causa é o aumento da pressão em um espaço anatômico limitado que compromete a circulação e a função dos tecidos moles afetados (Dunbar et al., 1998). Os compartimentos mais vulneráveis nos atletas, em especial nos corredores, são as partes inferiores das pernas, notavelmente os compartimentos anterior, fibular, posterior profundo e posterior superficial. A síndrome compartimental anterior é mais comum em corredores que em jogadores. As síndromes do compartimento são também encontradas em recrutas militares forçados a resistir a longas marchas e foram originalmente chamadas de *gangrena da marcha*. Queixas persistentes e dor debilitante no exercício acompanham essa morbidade.

As lesões por esforço repetitivo são causadas por ações contínuas (ou repetidas) ou exposição de uma estrutura a cargas altas. Essas lesões ocorrem como um resultado dos erros de treinamento, anormalidade biomecânica, calçado inadequado (ou inapropriado) ou terreno desfavorável. Os erros de treinamento incluem aquecimento inadequado; regimes de treinamentos excessivos; aumentos abruptos na duração, frequência ou intensidade do treinamento; e reabilitação inadequada da lesão. As anormalidades biomecânicas incluem discrepâncias no comprimento dos segmentos, inflexibilidade do tecido mole, alinhamento incorreto e rigidez articular. Problemas com o calçado incluem qualidade de absorção de choques insatisfatória, tração insatisfatória e ajuste precário. Terrenos como colinas ou superfícies de ruas desniveladas também podem ser responsáveis por lesões. Fraturas por estresse, que são microfraturas no osso cortical resultantes da carga de tensão excessiva, são classificadas como lesões por esforço repetitivo (Corrigan e Maitland, 1994). Tais lesões são comuns nos ossos dos metatarsos, da fíbula e da tíbia.

A exposição à vibração no corpo todo é um fator de risco conhecido para dores lombares e outros distúrbios. Trabalhadores que usam ferramentas de vibração como brocas pneumáticas e serras elétricas por períodos de tempo prolongados são particularmente vulneráveis. Seres humanos sentados são mais sensíveis à vibração vertical em 4 a 5 Hz e mais sensíveis a vibrações horizontais em frequências mais baixas. A resposta biomecânica do operador sentado foi convencionalmente avaliada usando abordagens cinéticas (impedância, massa aparente) e cinemáticas (Mansfield e Maeda, 2007). A vibração em todo o corpo é indicada com base nas medidas de aceleração do assento, frequência do peso e escala de vibração de acordo com o eixo envolvido. Mansfield e Maeda (2007) mostraram que a medida da vibração do eixo múltiplo, como geralmente ocorre em ambientes de trabalho, é mais representativa que medir uma vibração em uma direção simples.

A vibração é sentida em uma variedade de esportes, incluindo todos os eventos nos quais a máquina interage com o ser humano, como corrida de automóvel, motociclismo e ciclismo. Tais respostas são atenuadas pelos elementos de amortecimento na máquina. Um paradoxo é que o estímulo local das estruturas musculoesqueléticas causa adaptações que são benéficas ao desempenho, desde que a frequência e a amplitude da vibração sejam apropriadas. Consequentemente, as plataformas de vibração têm ganhado aceitabilidade, como auxílios de treinamento no esporte profissional e amador, e são consideradas em outros capítulos neste livro em um contexto de treinamento.

Imunossupressão

Uma crença existente entre os praticantes de esporte é que os atletas são vulneráveis à doença e à infecção (**imunossupressão**) quando eles participam de programas de treinamento extenuantes. Como consequência, esses atletas tendem a contrair gripes comuns e, em especial, infecções do trato respiratório superior com mais frequência que indivíduos sedentários. Apenas recentemente essa crença foi confirmada com evidência de que o exercício pode ter um efeito agudo sobre a função imune, mas a relação não é linear. A curva em formato de J nessa relação indica que o exercício moderado impulsiona, ao passo que o exercício extenuante prejudica o sistema imune. A diferença entre o exercício contínuo ou intermitente com mesmo trabalho global não é relevante (Sari-Sarraf et al., 2006).

O sistema imune é projetado para proteger o corpo contra patógenos invasores e micro-organismos nocivos. Ele tem mecanismos inatos e adquiridos. O sistema inato inclui leucócitos e as células do tecido do sistema de macrófagos, ao passo que a imunidade adquirida inclui anticorpos que consistem de moléculas de globulina (imunidade da célula-B) e linfócitos ativados (imunidade da célula-T). O sistema imune inato se desenvolve pela glândula do timo para formar linfócitos-T e pela medula óssea como linfócitos-B. As células-T são responsáveis por cerca de 75% dos leucócitos mononucleares no sangue periférico e, além de formar subconjuntos importantes na supervisão imunológica, secretam uma série de proteínas regulatórias, incluindo as citocinas. Os linfócitos-B podem ser desencadeados para se diferenciarem das células de plasma que produzem cinco subclasses de imunoglobulina. Uma dessas, a imunoglobulina salivar A (s-IgA), é comumente usada como marcador de imunidade da mucosa. As citocinas têm um papel na orquestração da atividade imune e compreendem quatro grupos principais: dez interleucinas (notavelmente IL-6), fator de necrose tumoral, três interferons e fatores estimuladores de colônias.

A supressão da função imune após o exercício de resistência extenuante tem vida curta, durando de 3 a 5 h (Nieman e Bishop, 2006). Esse período de vulnerabilidade à infecção bacteriana e viral é referido como *janela aberta* (Figura 2.4). Durante essas horas, existem mudanças no sistema imune e nos mecanismos imunes adquiridos. O efeito depressivo agudo tem consequências para várias funções da célula imune, incluindo produção de citocina reduzida dos linfócitos, atividade citolítica diminuída das células exterminadoras naturais, diminuição da s-IgA e várias outras mudanças (Gleeson, 2006). As respostas imunes potenciais são enfraquecidas, aumentando o risco de adquirir uma infecção. O efeito é acentuado pelo aumento dos hormônios circulantes durante o exercício de resistência – como cortisol, adrenalina, noradrenalina e prolactina, o aumento no cortisol é modulado em parte pelas citocinas, como a IL-6.

Há evidências de um efeito cumulativo do exercício sobre as respostas imunes, atribuível a uma recuperação inadequada do estado imunológico após o exercício. A imunossupressão foi encontrada em jovens praticantes de futebol que jogavam duas partidas em 48 h e jovens jogadores que exerciam atividades de treinamento em campo durante 10 dias (Reilly e Ekblom, 2005). A má função imune ocorre também quando os atletas se submetem a duas sessões de treinamento no mesmo dia. Com base em estudos com nadadores de alto nível, Dimitrou et al. (2002) concluíram que a hora favorável do dia para o treinamento com efeito imunossupressivo reduzido é à noite. Essa recomendação foi baseada em níveis de cortisol baixos em repouso e pós-exercício e na frequência do pico de fluxo de saliva.

Um elo foi sugerido entre o *overtraining* e a função do sistema imune cronicamente suprimido. Gleeson (2006) concluiu que, em períodos de treinamento intensificado, embora os atletas não estejam clinicamente com deficiência imune, é possível que a resistência às doenças menos graves e comuns seja comprometida por pequenas mudanças em inúmeras variáveis imunes. O desempenho deficiente, ligado ao treinamento excessivamente intenso, é atribuível a depósitos de energia diminuídos; o desempenho normal pode ser recuperado diminuindo-se a carga de treinamento, permitindo um tempo de repouso maior entre as sessões de treinamento e aumentando a ingestão de carboidrato. Mesmo na ausência de uma síndrome de desempenho deficiente, a suplementação com carboidrato reduz o efeito de imunossupressão do exercício.

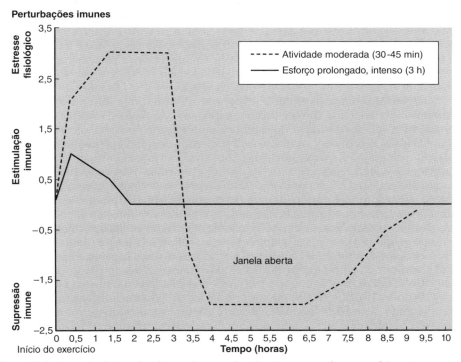

Figura 2.4 A teoria da janela aberta de perturbações imunes após o exercício extenuante.

Avaliação do risco

A segurança é um objetivo fundamental no campo da ergonomia. Indivíduos que são prejudicados por suas tarefas ocupacionais ou pela prática de seu esporte não são muito solicitados por suas organizações ou equipes. As atividades podem ser inspecionadas para se considerar as fontes de lesão ou prejuízo (**avaliação do risco**). Tal inspeção emprega uma variedade de formas que variam da avaliação formal à análise dos incidentes críticos. Algumas atividades de lazer apresentam risco inerente, mas são também divertidas e excitantes, equilibrando o nível de estresse que essas atividades induzem. Esses fatores são considerados nas seções da sequência.

Avaliação formal do risco

A segurança é um critério fundamental na ergonomia e é destacada no esquema de trabalho regulatório para a avaliação do risco. Os procedimentos de avaliação do risco são obrigatórios em muitos locais de trabalho, e seguem a regulamentação do CSNC (Controle de Substâncias Nocivas à Saúde) do Reino Unido, quando substâncias nocivas à saúde estão sendo manuseadas. As regulamentações são conhecidas dos cientistas do exercício como parte do protocolo de suas atividades laboratoriais, e eles as seguem com rigor. Tais procedimentos formais raramente são monitorados em um ambiente esportivo da vida real, embora os participantes de esporte de alto risco geralmente adotem uma abordagem intuitiva para avaliar o risco para si mesmo e para seus colegas.

A avaliação formal do risco emprega uma análise de tarefa ou atividade que diz respeito à quantificação do risco envolvido. A consequência de um acidente é descrita e classificada, e a probabilidade de sua ocorrência é estimada. A atividade é então classificada de acordo com a gravidade da possível lesão e da probabilidade de sua ocorrência de produzir um escore de risco. Esses escores são totalizados para dar um quadro geral para a operação em pauta. O escore alcançado representa o índice global do risco envolvido, e a informação detalhada ajuda a localizar as partes mais perigosas da atividade (Quadro 2.2).

O resultado desejado de uma avaliação do risco é uma redução no risco da lesão. A conclusão individual de um protocolo de avaliação do risco deve ter o conteúdo arquivado. A documentação deve mostrar que a avaliação do risco foi concluída, os riscos foram avaliados, as medidas preventivas ou de controle foram identificadas e implementadas. Esse registro é revisto e atualizado em uma base regular de dados, além de ser especialmente importante para o trabalho de apoio da Ciência do Esporte em condições laboratoriais ou de campo, bem como para investigações experimentais. O protocolo de pesquisa elaborado é submetido ao Comitê de Ética para a avaliação dos riscos a que os voluntários da pesquisa estão submetidos.

Os protocolos usados para avaliação do risco foram ilustrados por Leighton e Beynon (2002), que descreveram sua teoria após avaliarem os riscos para distúrbios musculoesqueléticos em profissionais da área da saúde. Os pesquisadores conduziram uma pesquisa epidemiológica de lesões ocupacionais em profissionais da saúde para identificar as lesões mais comuns, as regiões anatômicas mais acometidas e as causas das lesões. Essa pesquisa ajudou a identificar as especializações de saúde de maior risco e as manobras mais nocivas ao profissional. Posteriormente, selecionaram uma amostra de profissionais e analisaram a postura em movimentos executados durante um ciclo de trabalho. O resultado foi que o manuseio de alguma coisa, como movimentar um paciente, apresentou-se como uma atividade de risco elevado, e práticas de prevenção foram recomendadas.

Quadro 2.2 Observações importantes para a classificação e avaliação do risco global

Detalhes da classificação do risco		
Qual é a frequência que um acidente ou incidente pode acontecer? [A]	☐ Comum × 6	
	☐ Regular × 5	
	☐ Frequente × 4	
	☐ Ocasional × 3	
	☐ Possível × 2	
	☐ Improvável × 1	
Qual é a gravidade do acidente ou incidente? [B]	☐ Mortes múltiplas × 6	Conforme definido pelo Registro de Lesões, Doenças e Regulamentação de Ocorrências Perigosas, 1995 (Reino Unido)
	☐ Morte de uma pessoa × 5	
	☐ Lesão grave em várias pessoas × 4	
	☐ Lesão grave em uma pessoa × 3	
	☐ Lesão menos grave × 2	Requer tratamento
	☐ Lesão comum × 1	Não requer tratamento
Classificação do risco [A] ___ × [B] ___ = ___		

Classificação da avaliação do risco		
1-6 baixo	Risco trivial a tolerável	Trivial: nenhuma ação é requerida, a não ser o registro do incidente, se ele ocorreu.
		Tolerável: nenhum controle adicional é requerido. Pode haver a intervenção de baixo custo. O monitoramento para controle é necessário.
7-12 médio	Risco tolerável a moderado	Moderado: há necessidade de intervenção para reduzir o risco, mas os custos devem ser cuidadosamente avaliados e limitados. A condição de risco moderado pode causar prejuízos importantes; uma avaliação posterior é necessária para estabelecer o índice de probabilidade dos riscos.
13-36 alto	Risco substancial a intolerável	Substancial: o trabalho não deve ser iniciado até que o risco tenha sido reduzido. Intervenções consideráveis podem ser requeridas. O risco envolve o trabalho em progresso, uma ação urgente deve ser empregada.
		Intolerável: o trabalho não deve ser iniciado (ou prosseguido, se já iniciado) até a redução do risco. Se não for possível reduzir o risco mesmo com recursos limitados, deve-se impedir a execução da tarefa.

Pesquisas e listas de checagem

Os métodos de pesquisa podem ser usados nos estágios iniciais de um projeto de ergonomia para identificar qualquer perigo associado com o projeto da tarefa, uso do equipamento e plano da estação de trabalho. Uma equipe de ergonomia experiente pode ter uma lista de checagem validada que possa ser aplicada a um ambiente ocupacional ou esportivo e recreativo. Embora a lista de checagem seja uma ferramenta útil na identificação e eliminação de perigos potenciais, a equipe de pesquisa deve estar atenta para novos aspectos em qualquer situação.

O Questionário Musculoesquelético Nórdico (Thomas, 1992) é uma ferramenta para quantificar a prevalência dos problemas musculoesqueléticos em períodos longos (12 meses), curtos (7 dias) e sua intensidade (dores, desconforto, dormência ou formigamento) em diferentes áreas anatômicas. Essas áreas incluem pescoço; ombros; cotovelos; punhos e mãos; porção superior do tronco; coluna lombar; quadris, coxas e glúteos; joelhos; tornozelos; e pés. As respostas dos sujeitos às questões detalhadas sobre pescoço, ombro e região lombar indicam o risco em desenvolver problemas nessas áreas, o comprometimento funcional ocasionado e seu efeito em atividades de trabalho e de lazer.

Análise do incidente crítico

Uma abordagem centrada no erro é um aspecto clássico da pesquisa sobre ergonomia. A eliminação de erros deve melhorar o desempenho e aumentar a efetividade. Uma redução dos erros deve também reduzir acidentes e lesões. A compreensão sobre o índice de incidência ocasionado por um erro é uma maneira produtiva de reduzir lesões e aumentar a consciência sobre a segurança.

A análise do incidente crítico é uma técnica usada na ergonomia ocupacional e industrial para melhorar os programas preventivos. A discrepância de informações entre controladores e mostradores visuais foi observada em locais com alta possibilidade de acidentes. No esporte de competição, essa técnica foi usada para analisar erros e para corrigir defeitos no desempenho, quer esses erros tenham sido forçados pela pressão do oponente, quer tenham ocorrido sem tal pressão.

Rahnama et al. (2002) usaram a análise computadorizada para investigar incidentes críticos como precursores da lesão no futebol. Cerca de 18.000 ações foram estudadas com relação ao seu potencial de causar lesões maiores ou menores (Figura 2.5). As ações mais prováveis de causar lesão eram atacar ou bloquear um oponente ou sofrer um ataque. O risco foi maior nos primeiros e nos últimos 15 min de um jogo. O risco foi também elevado em zonas de ataque e de defesa específicas no campo no qual a posse da bola é mais vigorosamente disputada. Embora essas tendências sejam de grande interesse para os médicos e profissionais da saúde, treinadores e técnicos também devem ter consciência delas.

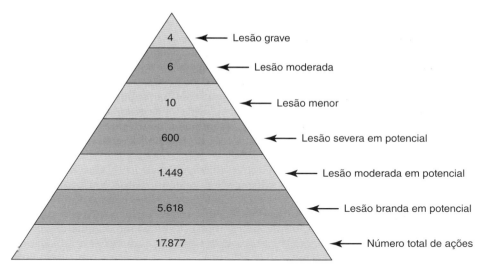

Figura 2.5 Total de ações estudadas, com o número de eventos nas categorias potencialmente lesivas e verdadeiramente lesivas.

Correr o risco e diversão

A ergonomia pode ser aplicada a contextos de lazer e domésticos, assim como em ambientes esportivos e industriais. As atividades de lazer variam de aventuras ativas ao ar livre aos parques de diversão abertos mais organizados. No primeiro caso, os participantes se baseiam, em grande parte, em experimentar um clima razoável e exploração do terreno. No último caso, eles se baseiam por sua segurança no funcionamento apropriado do maquinário e na atenção de seus projetistas. Em ambos os casos, os participantes percebem a consciência da natureza estressante do ambiente e estão conscientes também dos riscos envolvidos.

Em uma tentativa de separar as correlações biológicas do medo e da diversão, Reilly et al. (1985) estudaram as respostas psicológicas e fisiológicas de um grupo de mulheres em um brinquedo de alta aceleração em um parque de diversões. A mistura de excitação e ansiedade foi refletida em uma gritaria generalizada por aquelas que participaram da corrida. As respostas emocionais muitas vezes atingem a histeria nessas circunstâncias. As frequências cardíacas atingiram uma média de 170 batimentos por minuto (bpm), tendo o auge quando os carrinhos aceleraram sob o efeito da gravidade. As forças gravitacionais excederam 3,5 g durante a corrida, e as concentrações de cortisol, adrenalina e noradrenalina no sangue aumentaram em, aproximadamente, duas vezes. A noradrenalina e a adrenalina estavam mais altamente relacionadas com a sensação de medo, ao passo que a mudança nos níveis de ácidos graxos estava correlacionada com a diversão. A frequência cardíaca média foi reduzida a 15 bpm quando a corrida foi repetida depois de 20 min de intervalo. Embora os acidentes durante essas corridas de alta excitação sejam raros, eles ocorrem, em especial em instalações temporárias em áreas abertas.

Os participantes em atividades de queda livre, como paraquedismo e *bungee jumping*, comprovam seus efeitos empolgantes. As frequências cardíacas de cerca de 160 bpm foram observadas em paraquedistas esperando para saltar de seu avião. A taquicardia emocional é menos acentuada em veteranos que em novatos. O medo associado com a incerteza da experiência é reduzido em situações repetidas.

Um risco relativamente alto de lesão grave não necessariamente impede os indivíduos de participarem de certos esportes. Um encontro com o perigo representa um desafio para alguns participantes, e pessoas com certos tipos de personalidade são caracterizadas como aquelas que gostam de correr riscos. Em algumas atividades as consequências de um acidente podem ser fatais; por exemplo, na corrida de alta velocidade em terra ou mar e em expedições para o alto de montanhas ou para regiões do Ártico e da Antártida. Todavia, os escaladores tentarão atingir o topo das montanhas e os velejadores desbravar os mares agitados simplesmente "porque eles estão lá".

Planejar em detalhes, conduzir trilhas para corridas e usar listas de checagem são ações que reduzem o risco de acidentes e conferem confiança ao participante. A adoção de procedimentos-padrão e a adesão aos códigos de prática realçados pelo corpo governante esportivo são importantes salvaguardas que podem tornar esportes como mergulho, exploração de cavernas, paraquedismo e esqui aquático atividades divertidas e relativamente seguras. A atenção ao funcionamento apropriado do equipamento é essencial, e o maquinário deve receber uma cuidadosa manutenção. Os participantes devem ser ensinados sobre o uso apropriado do equipamento protetor pessoal e na condução dos procedimentos de emergência.

O projeto de engenharia para a segurança tem contribuído para a redução de acidentes trágicos nos esportes motorizados. As melhoras progressivas foram refletidas no projeto de carros e de motocicletas de corrida, em equipamentos de proteção contra fogo, no projeto da pista e nos procedimentos da corrida. Os critérios de proteção devem ser estendidos também para se considerar a segurança dos espectadores, quer seja em circuitos de Fórmula 1 ou nas inclinações de descida de corridas de esqui.

Muitas das atividades recreativas encontram sua atração em tentativas para sobrepor a natureza, incluindo a força da gravidade. Esses são elementos de risco em atividades como saltar de paraquedas, praticar *bungee jumping*, *skydiving*, exploração de cavernas e mergulhos em apneia, e quando os acidentes ocorrem, eles tendem a ser fatais. A segurança do participante é responsabilidade do instrutor e da confiança no equipamento que está sendo usado. Espera-se que os participantes sintam apenas ansiedade e se interessem pela prática dessas atividades de alto risco.

Segurança do espectador

Uma atenção especial é direcionada para o controle da multidão e para a segurança do espectador quando grandes audiências reúnem-se para grandes eventos esportivos. As modernas arenas esportivas são projetadas com o conforto e a segurança dos espectadores em mente, bem como a qualidade do ambiente de jogo. Assentos, espaço para sentar com conforto, facilidade de acesso às praças de alimentação, aos banheiros e à entrada e à saída do estádio são também importantes considerações.

É dada atenção também aos procedimentos para o controle da multidão e padrões de tráfego de pedestres em direção e no local dos eventos esportivos. Em esportes coletivos, a situação pode ser complicada pelo antagonismo entre os torcedores das equipes rivais, o que foi uma fonte de problemas, em particular, no futebol. O fenômeno dos *hooligans* deu origem a frequentes conflitos entre os torcedores dentro e fora dos campos, e as origens sociais desses problemas foram descritas por Dunning et al. (1988). O álcool foi considerado um importante fator na violência da multidão e dos vândalos na área do futebol (Reilly, 2005). Essa crença levou ao banimento do álcool no futebol e no críquete na Inglaterra em meados da década de 1980. As restrições se estenderam para outros eventos esportivos nos anos que se seguiram, até que os métodos de controle da multidão se tornaram efetivos.

Desastres maiores ocorreram em estádios esportivos no mundo todo, atribuídos à superlotação, a instalações inseguras e a acidentes como incêndios. Os *hooligans* estavam envolvidos na morte de torcedores da Juventus, no Heysel Stadium (Bruxelas), em 1986, quando alguns deles foram esmagados contra a grade. A superlotação esteve envolvida nas mortes de 96 torcedores do Liverpool em Hillsborough (Sheffield), em 1989. As melhoras nos projetos dos estádios reduziram o risco de esmagamentos desastrosos e têm melhorado os procedimentos de emergência. A supervisão dos espectadores com circuitos de TV fechados, controle do tráfego de pedestres fora do estádio por policiais a cavalo e uma boa administração dentro do estádio tem aumentado a segurança. O fluxo de tráfego de torcedores visitantes a estacionamentos, paradas de ônibus e estações de trem também deve ser considerado. Os organizadores do evento são responsáveis pela determinação do número de ingressos à venda e o método de distribuição.

Inevitavelmente, quando uma grande quantidade de pessoas se reúne, problemas relacionados à saúde ocorrem entre espectadores individuais, em especial quando as condições são excepcionalmente frias ou quentes. Instalações de primeiros socorros devem estar disponíveis no local, com orientações explícitas para lidar com emergências. Nas praças esportivas maiores, essas instalações incluem emergências médicas, como paradas cardíacas, que requerem que um equipamento como o desfibrilador esteja disponível. Esse equipamento é também necessário em festivais de música ao ar livre, hipódromos e grandes concentrações de pessoas.

Edwards (1991) dedicou-se a planos de desastre para *shows* ao ar livre, porque esses eventos podem atrair grandes plateias. A necessidade de manobras de desastre e coordenação entre todas as agências de resgate foi enfatizada. Os profissionais de resgate e postos de comando precisam estar claramente visíveis para serem efetivos. Uma boa comunicação inclui ter frequências de rádio dedicadas no local e o contato entre os profissionais de segurança, paramédicos e médicos. Edwards (1991) recomenda a identificação de locais separados para o tratamento das lesões de acordo com sua gravidade. Os princípios do planejamento de desastres são aplicados em muitos cenários nos quais grandes multidões de espectadores se reúnem.

Durante eventos em estádios fechados e em alguns eventos em terreno aberto, a segurança dos participantes, bem como a dos espectadores, deve ser levada em consideração. Boxeadores e lutadores estão em um nível acima dos espectadores e separados deles pelas cordas do ringue. As redes de segurança em pistas de esqui alpino downhill previnem que o participante perca o controle e fornecem também uma barreira para a proteção da plateia. As lesões nos participantes podem ocorrer em virtude das áreas ao redor do local da prova ou da partida de jogo. Nos jogadores, esses aspectos podem incluir a qualidade da superfície adjacente ao campo, a colocação de placas de propaganda e a proximidade do limite entre as áreas do espectador. Uma avaliação do risco das áreas ao redor do local das provas ou das partidas reduz a chance de lesão nos eventos.

Ética humana e risco

É universalmente aceito que os indivíduos tenham o inalienável direito de se proteger contra o perigo vindo de outros. Esse princípio está cultuado na legislação internacional e mesmo no combate humano existem direitos concedidos aos cativos e prisioneiros de guerra. A maioria dos profissionais tem códigos de conduta que unem seus membros em seu comportamento formal para as comunidades que servem. A British Association of Sport and Exercise Sciences, por exemplo, tem um código de conduta para cada um de seus profissionais credenciados – Biomecânica, Fisiologia, Psicologia, Análise de Desempenho. O código de conduta há mais tempo estabelecido é provavelmente o juramento dos médicos, que proíbe a liberação de informação confidencial sobre o paciente.

É útil fazer a distinção entre moral e ética. A mortalidade se refere a uma série de crenças ou princípios que conduzem cada indivíduo: esses princípios podem ser determinados pelas práticas religiosas ou podem refletir uma filosofia puramente individual, que pode ser intuitiva. Uma postura moral é adotada quando um clube esportivo rejeita uma parceria de uma companhia de cigarros, por exemplo, na base de que os membros não podem apoiar uma companhia cujos produtos prejudicam a saúde humana. A **ética** se refere a uma maneira de comportamento e, em instâncias como um trabalho experimental em seres humanos, deve ocorrer sob uma forma reconhecida de controle. Em sua tentativa de resolver os problemas da vida real, os ergonomistas podem conduzir investigações laboratoriais usando seres humanos. Esses pesquisadores precisam estar cientes dos limites nos quais eles podem avançar no uso de participantes voluntários humanos em seus estudos, bem como nas obrigações que eles devem aceitar.

Os filósofos não têm concordado com a universalidade dos princípios éticos, ilustrada por um lado nos extremos do imperativo categórico e por outro na ética situacionista. A primeira representa as visões de que existem diretivas absolutas que indicam se uma ação em particular é certa ou errada. Um ponto de vista oposto é que, dependendo das circunstâncias, as ações estarão certas ou erradas. Pode-se exemplificar o código de ética de situação adotado por montanhistas em altos picos, que abandonam um escalador que está morrendo de hipotermia para preservar a pequena chance de sobreviver. Se adotassem o código de ética categórico, ninguém seria abandonado, mas, possivelmente, os dois montanhistas morreriam.

Os direitos dos aspectos humanos no trabalho experimental foram primeiro endossados na Helsinki Convention for the Use of Human Subjects, em 1949. Isso refletiu a necessidade de um corpo formal em nível institucional para fiscalizar o recrutamento de indivíduos e a condução da pesquisa sobre eles, especialmente em virtude das consequências litigiosas de qualquer coisa que saia errado. Os comitês de ética de pesquisa são projetados para proteger a integridade e a dignidade do voluntário ou do participante e garantir que ele não corra nenhum perigo físico ou psicológico. O risco para o pesquisador é também uma preocupação em certos estudos.

Os ergonomistas e os cientistas do esporte devem obter a aprovação ética antes que possam embarcar em qualquer trabalho experimental. Esse requisito aplica-se na América do Norte e na maioria dos países europeus. As intervenções ergonômicas com base nas observações dos participantes humanos devem ter também um suporte ético formal. O ergonomista que trabalha fora de uma universidade é posicionado de maneira diferente com respeito a esse rígido requisito, e suas ações são avaliadas pelo código de conduta da profissão. A maioria das publicações acadêmicas não aceitará um trabalho para publicação sem uma afirmação explícita sobre a ética envolvida, e a isenção pessoal pode estar comprometida sem a aprovação ética.

Para receber a aprovação de um comitê de ética de pesquisa, um projeto de pesquisa deve ser minuciosamente planejado e deve adequar-se a um projeto de pesquisa validado. Não seria julgado ético conduzir o trabalho dos participantes quando o projeto da pesquisa é imperfeito. A aplicação para a aprovação do comitê requer que os solicitantes tratem de vários aspectos, incluindo o projeto, os pesquisadores, os procedimentos, os participantes e o manuseio dos dados coletados. A originalidade do trabalho e os benefícios para a comunidade devem ser abordados. A informação é, também, fornecida sobre a competência, a experiência dos pesquisadores e o desconforto causado aos participantes pelos procedimentos experimentais. Esses podem variar de procedimentos não invasivos, como o monitoramento da eletromiografia de superfície até registrar a temperatura do reto ou executar biópsias musculares. O manuseio de líquidos do corpo – transpiração, sangue, urina e saliva – estão sujeitos à análise especial dentro da regulamentação de saúde e segurança.

Os solicitantes que requerem aprovação de um comitê de ética de pesquisa devem explicar o recrutamento dos participantes e como a informação sobre o projeto é apresentada a eles. Os detalhes são fornecidos aos participantes em uma folha de informação, e estes devem fornecer um consentimento escrito assinado de sua participação. Um questionário de avaliação, como o PAR-Q (Kordich, 2004), é útil na identificação de indivíduos que requerem uma avaliação médica adicional antes da participação no projeto. Uma avaliação especial é feita para grupos vulneráveis, incluindo mulheres grávidas, crianças, idosos, pessoas que estão doentes ou incapacitadas, prisioneiros e grupos de minorias. É tomado cuidado também para que o pesquisador não esteja vulnerável no local no qual as observações estão sendo feitas; por exemplo, um estudante de pesquisa e um escalador novato propondo-se a acompanharem um grupo experimentado em uma perigosa manobra de escalada.

Os cientistas do exercício devem ter cuidado quando conduzirem testes fisiológicos nos atletas ou nos membros da população em geral para propósitos de avaliação do condicionamento. Alguma forma de avaliação de pré-teste deve ser usada, como um questionário. Mesmo quando as avaliações funcionais máximas estão sendo feitas, o participante deve ser assegurado de que pode desistir do estudo ou teste sem quaisquer recriminações. Os atletas ativos estão, em geral, acostumados com o exercício até a exaustão, e esses testes não são uma dificuldade excessiva para eles. A cobertura da aprovação ética pode ser conferida para a condução de procedimentos, como a determinação do $\dot{V}O_2$máx, do pico do torque isocinético ou do limiar do lactato, mas tal aprovação não nega a necessidade da informação consentida. Sem ter a aprovação ética para o trabalho conduzido em seres humanos, o grupo de pesquisa provavelmente não encontrará um veículo de publicação para os achados e, além disso, pode ser julgado pessoalmente responsável se algum dano ocorrer ao participante.

Visão geral e resumo

A natureza competitiva do esporte implica um risco de lesão aos participantes. A probabilidade de lesão varia com a atividade e, às vezes, com o nível de competição. Os programas de treinamento para o esporte devem incorporar elementos preventivos que reduzam o risco de lesões nos tecidos moles. Um planejamento cuidadoso dos regimes de treinamento é necessário, de modo que a sobrecarga envolvida não promova o dano musculoesquelético ou leve ao *overtraining*. O risco é uma atração inerente nas atividades de aventura; o desafio autoimposto está em superar as adversidades ambientais. A experiência conscientiza sobre as possibilidades de acidentes imprevistos. As orientações para a saúde e a segurança são importantes para o conhecimento dos perigos a serem encarados e na tomada de medidas para reduzir o risco de acidentes.

Estresse ambiental

DEFINIÇÕES

aclimatização – Um processo fisiológico que permite que o indivíduo se adapte a estresses ambientais específicos.

glicogênio muscular – Fonte de energia usada no exercício de alta intensidade.

hipertermia – Superaquecimento do corpo, temperatura registrada na parte central do corpo que se aproxima da temperatura máxima suportada por ele.

hipotálamo – Parte do cérebro que regula a temperatura do corpo.

hipóxia – Relativa falta de oxigênio, causada na altitude pela diminuição na pressão atmosférica.

íons do ar – Íons produzidos por fontes de energia que deslocam um elétron de uma molécula de um ou mais gases atmosféricos comuns.

pré-resfriamento – Estratégia para reduzir a temperatura do corpo antes da exposição a condições de calor.

presbiacusia – Dano à audição associado ao processo de envelhecimento.

O ESPORTE é praticado em todo o mundo e em vários ambientes diferentes. O ambiente é, às vezes, inadequado para o esporte, em razão das variações sazonais no clima que interrompem o programa competitivo. Em um clima frio e úmido, torna-se impossível manter campos de jogo em um padrão adequado e as condições se tornam muito severas para os jogadores. No outro extremo climático, está a dificuldade de lidar com o calor e a umidade. A parte mais quente do dia pode ser evitada, iniciando-se as competições pela manhã ou no final da noite. Esse tempo nem sempre é prático para torneios internacionais, e os atletas de climas temperados podem ter de competir em condições desfavoráveis. Eles serão incapazes de lidar bem com essas condições, a menos que estejam preparados para o clima.

Às vezes, os atletas são solicitados a competir ou a treinar em altitudes moderadas ou altas em relação ao nível do mar. Os campos de treinamento para equipes de ponta são regularmente mantidos em altitudes balneárias, e esse ambiente fornece um desafio particularmente novo para residentes no nível do mar. Os atletas de resistência têm seu rendimento prejudicado por altitudes maiores ou iguais a 2 km, ao passo que alpinistas e montanhistas enfrentam altitudes extremas.

A **aclimatização** permite que o corpo humano se adapte parcialmente aos desafios ambientais. Muitas funções fisiológicas podem se ajustar a novos estressores ambientais. Os processos de adaptação diferem na escala de tempo e grau de acordo com os estresses envolvidos, que podem interagir uns com os outros. As circunstâncias ambientais podem ser tão extremas que o corpo pode não conseguir se aclimatizar, e, dessa maneira, o período de tempo para uma exposição segura torna-se limitado.

As principais variáveis ambientais que afetam o desempenho esportivo e o treinamento são consideradas neste capítulo: calor, frio, hipóxia, pressão ambiente, qualidade do ar, condições do clima e ruído. As características biológicas do sistema são fornecidas antes de uma descrição das consequências das condições ambientais para atletas e turistas.

Termorregulação

A temperatura do corpo humano é relativamente constante, sendo regulada em cerca de 37 °C. A temperatura central se refere à temperatura das origens centrais do corpo, geralmente medidas como temperatura retal, timpânica, esofágica ou intestinal. As temperaturas oral e axilar são menos confiáveis e raramente são usadas em estudos de atletas.

O corpo pode ser considerado como uma concha circundando um núcleo corporal quente. A temperatura média da pele fica em geral perto de 33 °C, representando um gradiente de cerca de 4 °C do núcleo para a concha. A temperatura da concha responde a mudanças nas temperaturas ambientais, e o gradiente de temperatura normal da pele para o ar facilita uma perda de calor para o ambiente.

O corpo humano troca calor com o ambiente por diferentes rotas para atingir o equilíbrio. A equação do equilíbrio de calor é expressa como:

$$M - A = E \pm C \pm R \pm K$$

em que M = índice metabólico, A = armazenagem de calor, E = evaporação, C = convecção, R = radiação, K = condução.

A perda e o ganho de calor devem estar balanceados para o equilíbrio térmico. Os processos metabólicos produzem calor, e o índice metabólico basal é cerca de 1 kcal · kg^{-1} · h^{-1}. Uma quilocaloria (4.186 kJ) é a energia requerida para aumentar em 1 °C 1 kg de água. O gasto de energia durante o exercício extenuante pode aumentar esse valor a um fator próximo de 15 a 16, mas apenas 20% a 25% da energia gasta é refletida na produção de força externa. Os 75% a 80% restantes são dissipados como calor nos tecidos ativos, ocasionando armazenagem de calor dentro do corpo. O corpo tem mecanismos fisiológicos para perda de calor, evitando, assim, o superaquecimento. O estado térmico do corpo deve ser mantido em circunstâncias em que o calor é perdido muito rapidamente no ambiente, como ocorre no clima extremamente frio.

Neurobiologia e termorregulação

Células nervosas especializadas no **hipotálamo** regulam a temperatura do corpo. Os neurônios na porção anterior contêm o centro de perda de calor, iniciando respostas que levam à dissipação de calor (Figura 3.1). O hipotálamo posterior contém o centro de ganho de calor que opera para preservar o calor do corpo quando o ambiente está frio. Receptores na pele para calor e frio fornecem trajetórias aferentes da periferia para esses centros de controle.

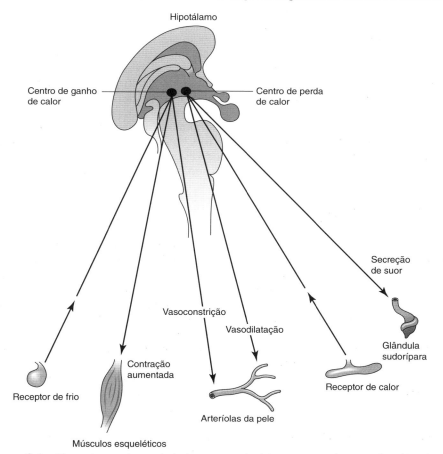

Figura 3.1 Mecanismos de controle termorregulatórios para perda e ganho de calor.
Reimpressa de *Sport, Exercise, and Enviromental Physiology*, T. Reilly e J. Waterhouse, p. 16. *Copyright* Elsevier, 2005.

Quando as condições são quentes, a vasodilatação periférica ocasiona uma redistribuição do sangue para a superfície da pele, na qual ele pode ser resfriado. Subsequentemente, glândulas sudoríparas écrinas secretam uma solução na superfície da pele para o resfriamento evaporativo. Inversamente, em condições frias, a vasoconstrição reduz o fluxo sanguíneo para a pele, permitindo que a temperatura da concha diminua, mas protegendo a temperatura central.

As células hipotalâmicas que controlam as respostas termorregulatórias percebem a temperatura do sangue que flui por elas. Essas células recebem sinais de receptores de calor e frio localizados na pele. Desse modo, os centros de perda e ganho de calor recebem informações sobre o estado térmico interno do corpo e das condições ambientais.

Estresse por calor

O grau de **hipertermia** e o índice de aumento na temperatura central limitam o desempenho quando as condições são quentes (Drust et al., 2005). A hipertermia induz indiretamente a fadiga, reduzindo o fluxo sanguíneo em áreas críticas (por exemplo, cérebro, tecidos esplâncnicos) ou atua diretamente sobre o sistema nervoso central (SNC) para reduzir a excitação e a capacidade de ativar o músculo.

Um efeito direto da alta temperatura central sobre o SNC pode ser mais importante que os efeitos das respostas de pressão cardiovascular e arterial. A obtenção de uma temperatura corporal interna crítica ao redor de 40 °C esteve associada com a menor capacidade de ativar voluntariamente o músculo em contração isométrica (Morrison et al., 2004; Nybo e Secher, 2004; Todd et al., 2005) e para encurtar e alongar (Martin et al., 2004) vários grupos musculares, com essa falha na ativação estando localizada no nível cortical ou acima dele (Todd et al., 2005). Outras mudanças indicativas de alterações na função do SNC foram observadas por eletroencefalograma (Nybo e Secher, 2004).

Foi sugerido que o cérebro regula a quantidade de unidades motoras que são recrutadas ou não durante o exercício prolongado para manter a temperatura corporal abaixo de um nível crítico (Marino, 2004; Morrison et al., 2004), preservando a função celular e evitando uma catástrofe. Um eletromiograma pode revelar a redução da frequência de ativação central que caracteriza a fadiga. Uma técnica de tetania pode separar os fatores central e periférico para propiciar essas análises.

Os mecanismos neurobiológicos são a base da fadiga hipertérmica, e sua ocorrência é vista quando uma temperatura central crítica é atingida de forma rápida ou gradual. Podem envolver alterações na atividade dos receptores serotonérgicos e dopaminérgicos centrais (Cheung e Sleivert, 2004; Cheuvront et al., 2004); a prolactina, um substituto para a serotonina, é elevada após exposições passivas e ativas ao calor (Low et al., 2005a; 2005b). A neurotransmissão catecolaminérgica parece também ser importante na propagação dos sinais inibitórios que podem surgir do SNC na hipertermia (Watson et al., 2005a). Outros neurotransmissores, como glutamato e ácido γ-aminobutírico, são afetados em razão das altas concentrações de amônia associadas com estresses por calor (Mohr et al., 2006). Essas mudanças são compostas pela permeabilidade alterada da barreira sangue-cérebro, que também está associada com a hipertermia (Watson et al., 2005b).

Calor e respostas do exercício

A temperatura dentro dos músculos ativos e a temperatura central aumentam durante o exercício. A temperatura da pele é elevada mais ainda quando o exercício é feito em condições quentes. O fluxo sanguíneo para a pele é aumentado, para facilitar a perda de calor: a superfície do corpo pode perder calor para o ambiente (por convecção e radiação), o que é atribuível ao sangue quente, sendo desviado através de suas camadas subcutâneas. À medida que a produção cardíaca se aproxima ou atinge os valores máximos durante o exercício intenso, o fluxo cutâneo aumentado pode comprometer o suprimento sanguíneo para os músculos esqueléticos ativos. Nesses casos, o atleta tem de reduzir a intensidade do exercício ou empregar períodos de repouso mais longos se o exercício for intermitente.

A temperatura ambiente favorável para uma maratona é de cerca de 14 °C. Os índices de trabalho dos jogadores durante as partidas e no treinamento são diretamente afetados por altas temperaturas ambientais. A distância percorrida na corrida de alta intensidade durante uma partida de futebol foi menor em temperaturas mais altas, 500 m a 30 °C e 900 m a 10 °C (Ekblom, 1986). Esse índice de trabalho diminuído reflete as mudanças no ritmo geral do jogo. A quantidade de aumento na temperatura central é afetada pela intensidade do exercício e pelo nível de competição. Em temperaturas ambientes de 20 a 25 °C, as temperaturas retais de jogadores de futebol suecos da primeira divisão foram maiores (39,5 °C) quando comparadas com 39,1 °C para jogadores de divisões inferiores (Ekblom, 1986).

A dilatação dos vasos sanguíneos periféricos aumenta o fluxo sanguíneo para a pele. O aumento da vasodilatação reduz a resistência periférica e causa a diminuição da pressão sanguínea; o controle da pressão arterial é observado com a grande queda em seus valores limites quando se evidencia a vasodilatação. A renina, hormônio do rim, estimula a angiotensina, um poderoso vasoconstritor, e essa resposta compensa uma diminuição na pressão arterial. O declínio na pressão arterial é um risco quando o treinamento ou a competição prolongados são conduzidos no calor, e está relacionado com o colapso após o exercício nessa condição.

À medida que a temperatura central aumenta, as glândulas sudoríparas são estimuladas, e a transpiração evaporativa é a principal via de perda de calor para o ambiente durante o exercício intenso. Essas glândulas são noradrenérgicas e secretam uma solução diluída que contém eletrólitos e elementos traços. O calor é perdido para o ambiente apenas quando o líquido é vaporizado sobre a superfície do corpo, e nenhum calor é trocado se a transpiração gotejar ou secar. A perda de calor evaporativo é diminuída quando a umidade relativa está alta, porque o ar já está altamente saturado com vapor d'água. Condições quentes e úmidas são, em especial, nocivas ao desempenho e aumentam o risco de lesão por calor.

Dois litros de líquido ou mais podem ser perdidos em 1 h de exercício no calor; esse número varia com as condições climáticas e entre os participantes. Os indivíduos que suam em profusão podem ficar desidratados após 60 a 90 min, ao passo que aqueles que suam pouco correrão risco de hipertermia. Uma perda de líquido de 2% da massa do corpo é considerada suficiente para prejudicar o desempenho. Uma perda de líquido de 3,1% da massa corporal foi registrada durante uma partida de futebol em 33 °C e 40% de umidade relativa e também quando a temperatura ambiente estava em 26,3 °C, mas a umidade foi de 78% (Mustafa e Mahmoud, 1979). Os jogadores de futebol que treinam à noite quando a temperatura é de 32 °C sentem uma perda de massa corporal de 1,6% ± 0,6%, apesar de terem livre acesso a bebidas esportivas durante os 90 min de treinamento (Shirreffs et al., 2005).

O volume de plasma reduzido atribuível à perda de transpiração compromete o suprimento sanguíneo disponível para os músculos ativos e para o resfriamento da pele. As glândulas endócrinas e os rins tentam conservar a água do corpo e os eletrólitos, mas as necessidades de termorregulação superam esses mecanismos, e o atleta pode ficar perigosamente desidratado em razão da transpiração contínua. O principal hormônio que protege contra a desidratação é a vasopressina (hormônio antidiurético), que é produzida pela glândula pituitária e a aldosterona, que é secretada pelo córtex adrenal e estimula os rins para conservar sódio.

Os atletas devem estar adequadamente hidratados antes de jogar e treinar no calor. A água pode ser perdida pela transpiração em uma frequência mais rápida que a reposição de líquido por bebidas e uma subsequente absorção no intestino delgado. A sede não é um indicador preciso do nível de desidratação. Os atletas devem tentar, conscientemente, beber com regularidade, cerca de 200 ml a cada 15 a 20 min, se possível, quando estiverem treinando no calor. A necessidade primária é por água, porque a transpiração é hipotônica. Soluções de eletrólito e carboidrato podem ser mais efetivas que a água no aumento da absorção intestinal.

Muitos componentes do desempenho esportivo são prejudicados, uma vez que a temperatura central aumenta acima de um nível favorável de 38,3 a 38,5 °C. Os níveis progressivos de desidratação comprometem o desempenho e os aspectos cognitivos, bem como os físicos e psicomotores da habilidade. Reilly e Lewis (1985) registraram que a função cognitiva foi melhor quando uma bebida energética foi fornecida aos atletas, comparando com a condição de ingestão de água; a pior condição foi na ausência de ingestão de líquido (Figura 3.2). Os pesquisadores solicitaram que os indivíduos somassem os dois dígitos numéricos projetados, de forma rápida e precisa. A quantidade de acertos e o número de somas executados tiveram comportamento similar ao descrito anteriormente entre as condições do estudo.

A intensidade relativa do exercício (%$\dot{V}O_2$máx), mais que a carga de trabalho absoluta, determina o esforço térmico. Quanto mais altas forem a potência aeróbia máxima ($\dot{V}O_2$máx) e a produção cardíaca máxima, mais baixo é o esforço térmico sobre o indivíduo. Um sistema cardiovascular bem treinado ajuda o atleta a lidar com os papéis duplos de suprimento de oxigênio para os músculos ativos durante o exercício e das necessidades termorregulatórias. Tal indivíduo se aclimatizará com mais rapidez que aquele que não está bem condicionado. O treinamento melhora a tolerância ao exercício no calor, mas não elimina a necessidade de aclimatização ao calor.

Uma consequência metabólica do exercício em condições quentes é que o **glicogênio muscular** é usado com mais rapidez que o normal. O exercício intermitente a 41 °C durante 60 min aumenta a utilização de glicogênio muscular comparado com o exercício a 9 °C (Febbraio, 2001). Durante tal atividade, há um deslocamento correspondente na razão de troca respiratória e uma diminuição no uso dos triglicerídeos intramusculares. O conteúdo de glicogênio nos astrócitos do cérebro provavelmente também diminuirá. O resultado dessas mudanças é que a fadiga ocorre mais cedo do que o normal.

Termorregulação durante o exercício

Para evitar a desidratação extrema, os problemas sentidos por atletas de elite na manutenção da termorregulação diferem de maneira importante daqueles dos atletas amadores. Os atletas de elite se beneficiam das adaptações ao treinamento com a expansão do volume de plasma, que permite que mais sangue seja desviado para o resfriamento convectivo periférico. A transpiração aumentada nos atletas de elite leva a uma redução progressiva na água do corpo durante o exercício. Inversamente, o competidor de nível inferior armazena menos calor e pode compensar as perdas de líquido em excesso se hidratando em todas as oportunidades disponíveis. Em tais casos, o resultado pode ser

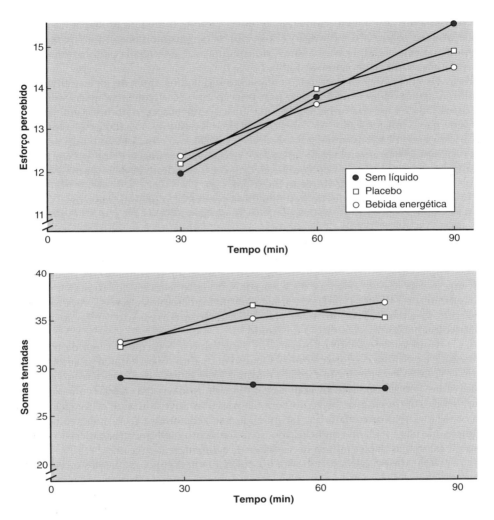

Figura 3.2 Classificação do esforço percebido e do desempenho mental sob condições de nenhum líquido, um placebo e uma bebida energética.
Reimpressa, com permissão, de T. Reilly e M. Williams, 2003, *Science and soccer*, 2. ed. (London: Routledge), fig. 12.3, p. 169.

a hiponatremia, que foi registrada entre os competidores mais lentos ao concluírem a maratona de Boston, por exemplo (Almond et al., 2005). A hiponatremia foi uma preocupação entre mineiros que trabalham longas horas em condições extremamente quentes e se hidratam com frequência. Ela foi também uma preocupação em eventos de ultramaratona e triatlos do tipo Ironman (Laursen et al., 2006), que duram até 12 h em condições quentes que não causam falha termorregulatória. Para prevenir a hiponatremia nessas circunstâncias, Montain et al. (2005) produziram um modelo quantitativo para prescrever ingestões de bebidas com eletrólitos que podem minimizar o índice de transpiração pela hidratação.

A temperatura corporal central alta pode prejudicar o desempenho antes que os armazenamentos de glicogênio do músculo sejam exauridos (Nybo e Secher, 2004), sugerindo que uma temperatura central crítica limita o desempenho no calor. Uma visão oposta é que o fluxo sanguíneo para o músculo ativo é comprometido para manter a pressão arterial. Durante a atividade autocontrolada, a intensidade do exercício pode ser regulada de maneira descendente para evitar atingir uma temperatura cerebral crítica (Marino, 2004). Há, provavelmente, uma interação entre as várias reações biológicas da fadiga hipertérmica (Cheung e Sleivert, 2004) e os mecanismos central e periférico envolvidos. Pode não haver um ponto estabelecido para a termorregulação, mas, sim, um que é variável com o treinamento, aclimatização, fase do ciclo menstrual e hora do dia (Waterhouse et al., 2005). A pressuposição de um teto na temperatura corporal tem levado a promoção e medidas preventivas, como a aclimatização ao calor, **pré-resfriamento** antes do exercício e administração de bebidas esportivas e agentes farmacológicos. Os mecanismos subjacentes a essas manobras foram parcialmente explicados (ver o boxe abaixo) e recentes achados contribuíram para o entendimento das adaptações celulares e neuroendócrinas que acompanham a tolerância melhorada ao calor (Reilly et al., 2006).

Mecanismos associados com a diminuição da temperatura corporal como uma manobra ergogênica

Pré-resfriamento

- Aumento do tempo para o valor.
- Taxa de trabalho aumentada.
- Produção de suor diminuída.
- Conforto térmico melhorado.
- Sensibilidade térmica alterada.
- Atraso das reações biológicas da fadiga.

Uniformes e pré-resfriamento

Os participantes devem escolher o uniforme adequado quando se exercitam em condições quentes. Um uniforme leve, solto, ajuda a criar correntes de ar para resfriar a pele. O uniforme de fibra natural, como algodão (ou, pelo menos, uma mistura de algodão com poliéster), é desejável sob condições ambientais quentes e radiantes. Quando o treinamento ocorre em condições quentes, uma roupa refrescante pode ser efetiva na redução do estresse por calor e na manutenção do desempenho. Um estudo mostrou que uma roupa de resfriamento de peso leve, usada durante o repouso e o aquecimento antes do exercício e durante o resfriamento após o exercício, forneceu uma significativa vantagem termorregulatória (Webster et al., 2005). A vantagem ficou evidente com a diminuição da temperatura central, da temperatura da pele e do índice de transpiração após o exercício, o que indicou boa recuperação do sistema termorregulatório. O desempenho de resistência foi prejudicado quando a roupa de resfriamento foi descartada após o aquecimento. Um traje de resfriamento comercial projetado para aplicações no esporte pode não ser disponível para muitas equipes no clima quente, e outras estratégias podem ser usadas para evitar que o corpo superaqueça durante o exercício.

O pré-resfriamento é usado para reduzir a temperatura do corpo e aumentar sua capacidade de armazenar calor durante a sessão subsequente de exercício (Drust et al., 2000). Essa estratégia é particularmente útil em esportes que se estendem por longos períodos sob altas temperaturas ambientais e naqueles em que as regras limitam a frequência de ingestão de líquidos.

Várias modalidades de resfriamento proporcionam redução local (por exemplo, compressas de gelo) e sistêmica (por exemplo, compressa de gelo, ar frio, imersão em água e roupas de gelo) na temperatura do corpo (Castle et al., 2006; Grahn et al., 2005). Em virtude do seu alto índice de resfriamento, a imersão em água fria é usada com frequência para avaliar os efeitos fisiológicos do pré-resfriamento sobre o desempenho do exercício (Castle et al., 2006; Hasegawa et al., 2006a). A disponibilidade das instalações e as restrições de tempo inerentes ao uso de imersão em água fria restringem sua aplicação em muitos campos de trabalho. O pré-resfriamento, em situações competitivas, baseia-se sobre o rompimento mínimo à preparação do atleta para a competição.

Roupas de resfriamento usadas durante o aquecimento antes da competição melhoraram o tempo até a exaustão no exercício contínuo (Hasegawa et al., 2006b; Webster et al., 2005) e o desempenho durante períodos de ritmo controlado (Arngrimsson et al., 2004). A aplicação de compressas de gelo nos membros inferiores age de maneira similar resultando em mudanças locais e gerais na temperatura do corpo, e melhorou o desempenho da corrida rápida durante 40 min de exercício intermitente no calor (34 °C) (Castle et al., 2006). O resfriamento da mão pode também ter valor na redução da temperatura do corpo todo (Grahn et al., 2005; Hsu et al., 2005). A imersão na água durante 30 min e o subsequente uso de uma jaqueta gelada foram considerados, por Quod et al. (2008), mais efetivos que o uso de uma jaqueta de gelo sozinha na redução da temperatura retal e na melhora do desempenho no ciclismo em 40 min de prova.

Seguindo as manobras de pré-resfriamento, a capacidade do corpo de armazenar calor é melhorada para a sessão subsequente de exercício em virtude do valor inicial diminuído. A vantagem térmica resultante é caracterizada por reduções na temperatura central do corpo, na temperatura da pele, nas estimativas subjetivas de esforço térmico e na perda de transpiração no corpo todo (Arngrimsson et al., 2004; Castle et al., 2006; Hasegawa et al., 2006a, 2006b; Webster et al., 2005). A redução do esforço metabólico (Hasegawa et el., 2006a) e os menores valores de esforço percebido (Hasegawa et al., 2006b) são também consistentes com as melhoras no desempenho.

Os benefícios do pré-resfriamento incluem mais que a melhora do desempenho pelo aumento da capacidade de armazenamento de calor e do tempo para atingir um limite térmico crítico (Figura 3.3), de forma que os estudos usando modelos de exercício de ritmo controlado indicam valores de temperatura central em fadiga abaixo dos limites críticos previamente sugeridos (Arngrimssom et al., 2004; Castle et al., 2006). Estratégias de pré-resfriamento levam o atleta a selecionar índices de trabalho metabólico mais altos durante o exercício no calor (Arngrimsson et al., 2004; Castle et al., 2006) e, provavelmente, atenuam a inibição do impulso do SNC sob essas condições. A temperatura naturalmente diminuída na manhã, se comparada com a da noite, não pode explicar os efeitos ergogênicos do resfriamento extrínseco (Waterhouse et al., 2005). As estratégias de resfriamento local e sistêmico podem ter importantes interações que não são ainda compreendidas.

Aclimatização ao calor

A aclimatização se refere a adaptações dos sistemas fisiológicos ao clima natural. O termo *adimatação* se refere a mudanças fisiológicas que ocorrem em resposta a mudanças induzidas experimentalmente a um fator em particular (Nielsen, 1994).

A aclimatização ao calor inicia precocemente a transpiração (suor produzido para diminuir a alta temperatura do corpo), e a secreção dilui mais. O indivíduo aclimatizado ao calor sua mais em uma intensidade de exercício determinada que aquele que não está aclimatizado. A distribuição do sangue para a pele atinge um resfriamento mais efetivo após um período de aclimatização, embora o atleta aclimatizado dependa mais da transpiração evaporativa e menos da distribuição de sangue (ver o boxe a seguir).

Mudanças fisiológicas atribuíveis à aclimatização

- Volume sanguíneo aumentado.
- Frequência de transpiração aumentada.*
- Conteúdo de sódio e cloreto do suor e da urina diminuído.
- Utilização de glicogênio diminuída.

*Isso inclui o início da transpiração a uma temperatura mais baixa e uma distribuição maior sobre a superfície do corpo.

A aclimatização apreciável ao calor ocorre dentro de 10 a 14 dias da exposição inicial. Adaptações posteriores intensificam a capacidade de o atleta de trabalhar sob o estresse do calor (Nielsen, 1994). Idealmente, os atletas devem ser expostos ao clima do país sede por, no mínimo, duas semanas antes da competição. De maneira alternativa, um período de aclimatização de cerca de duas semanas é recomendado antes da competição, com períodos de treino evoluindo gradativamente de exposições mais curtas para mais longas. Se esses métodos não estiverem disponíveis, a aclimatação ao calor pode ser tentada antes de dirigir-se ao país-sede. A aclimatação se refere às adaptações que ocorrem em ambientes artificiais, como uma câmara de calor, enquanto a aclimatização ocorre com exposição às condições naturais. Esse objetivo pode ser atingido de várias maneiras antes da exposição ao ambiente competitivo (Reilly, 2003):

1. Estar exposto a ambientes quentes e úmidos; treinar na hora mais quente ou mais úmida do dia.
2. Acessar uma câmara ambiental para sessões periódicas de exposição ao calor. Exercitar-se em vez de descansar, sob tais condições, torna a exposição mais efetiva. Cerca de 3 h de exercício por semana em uma câmara ambiental fornece um bom grau de aclimatização (Reilly et al., 1997).
3. Usar trajes pesados ou quebradores de vento no treinamento para manter um microclima próximo ao calor da pele. Essa prática soma-se à carga de calor imposta nos ambientes frios e induz um grau de adaptação ao esforço térmico.
4. Aprender com base na experiência de exposição ao calor. Aferir como o desempenho do exercício é afetado e como ritmar o esforço de modo que as condições possam ser toleradas.
5. Fazer o uso repetido de uma sauna ou de um banho turco, embora esse procedimento passivo seja apenas parcialmente efetivo.

O treinamento pode ser realizado inicialmente nos períodos mais frios do dia, de modo que uma carga de trabalho adequada possa ser atingida, devendo-se ingerir líquido com regularidade. O atleta deve dormir em um ambiente com ar-condicionado, se o sono for perturbado pelo calor; para atingir a aclimatização, ele deve passar parte do dia exposto à temperatura ambiente e outra que não seja a de ar-condicionado. A atenção deve ser direcionada para restaurar os líquidos do corpo, porque a sede em si não é um indicador preciso das necessidades de reidratação.

O glicerol aumenta a retenção de líquido e reduz o esforço cardiovascular durante o exercício quando ingerido com água 2 h antes do exercício (Anderson et al., 2001).

Os autores concluíram que essa prática de usar glicerol (1,0-1,5 g/kg) para aumentar a retenção de água pré-exercício melhora o desempenho no calor por mecanismos distintos às alterações ocasionadas no metabolismo muscular. O efeito ergogênico de tomar glicerol com um grande volume de água não é consistente. Armstrong (2006) concluiu que o uso de glicerol não é recomendado quando a hidratação puder ser mantida durante o exercício.

O peso corporal deve ser registrado todas as manhãs e os atletas devem tentar compensar a perda de peso com ingestão de líquido adequada quando tentam se aclimatizar ao calor. O álcool é inadequado durante o treinamento, porque ele é um diurético que aumenta a eliminação de urina. Para indivíduos em treinamento, o volume de urina deve ser maior que o comum e a urina deve ser clara em vez de escura. Cientistas do esporte que trabalham com grupos de atletas podem coletar amostras de urina pela manhã e usar um quadro colorido padrão para avaliar o estado de hidratação. Embora não haja medida ideal do estado de hidratação, os métodos mais adequados são osmolaricade, gravidade específica e condutividade (Pollock et al., 1997).

As características positivas das estratégias de aclimatização podem ser negadas por potenciais danos na qualidade de treinamento associadas com exercício inicial em temperaturas ambientes altas. Algumas sessões de treinamento devem ser programadas para os momentos mais frios do dia, para permitir que o nível de trabalho requerido seja completado. Isso pode complicar o desenvolvimento dos protocolos de aclimatização, porque algumas adaptações mostram especificidade do momento do dia (Maruyama et al., 2006). Além disso, a perda de aclimatização no calor é acompanhada por reajustes fisiológicos, cujas naturezas ainda não são bem definidas.

Queimadura de sol

Banho de sol em um dia muito quente não ajuda a aclimatização. Embora um bronzeado eventualmente proteja a pele do dano causado por radiação solar, adquirir um bronzeado é um processo a longo prazo, e não é imediatamente benéfico. Uma queimadura de sol pode causar desconforto grave e um declínio no desempenho. Os indivíduos, portanto, devem usar protetor solar quando expostos à radiação solar.

O espectro eletromagnético, além da luz visível, com um comprimento de onda de 400 a 320 nm, é conhecido como UVA. A parte seguinte do espectro, de 329 a 280 nm, é UVB; ele tem mais fótons energéticos e é o principal responsável pela queimadura solar. Protetores solares são destinados a proteger contra queimaduras de sol, mas cânceres de pele, principalmente melanoma, estão relacionados à exposição aos raios UVA. Dessa forma, os protetores solares devem oferecer alguma proteção contra as duas formas de radiação: dano oxidativo atribuído à produção de radicais livres foi envolvido em alguns melanomas. Indivíduos com pele clara e cabelos ruivos são considerados mais suscetíveis a cânceres de pele. A exposição repetida é menos arriscada que a exposição ocasional, possivelmente por causa da aquisição de um bronzeado protetor. Cobrir a pele exposta com camisetas e chapéus é a medida preventiva mais bem aceita.

Lesão por calor

Hipertermia (superaquecimento) e perda de água corporal (hipo-hidratação) levam a anormalidades que são chamadas de lesões por calor. Progressivamente, elas podem se manifestar como cãibras musculares, exaustão por calor e insolação. As cãibras ocorrem com mais frequência em eventos individuais, como, por exemplo, mais em corrida em distância do que em jogos, mas podem ser observadas em partidas de futebol ou sessões de treinamento no calor.

Cãibras por calor estão associadas com perda de líquido corporal, em particular, durante o exercício no calor intenso (Reilly, 2000). Os eletrólitos perdidos na transpiração não explicam adequadamente a ocorrência de cãibras, o que parece coincidir com os baixos estoques de energia, bem como com a redução dos níveis de água no corpo, que são os fatores responsáveis pelo evento. Os músculos usados no exercício são, em geral, aqueles afetados, em sua maioria nos músculos da perna (inferior ou superior) e abdominais. O alongamento do músculo afetado ajuda a aliviar a cãibra e às vezes a massagem produz um bom resultado.

Uma temperatura central de cerca de 40 °C é considerada característica da exaustão por calor. Há uma taquicardia acompanhante, uma sensação de extremo cansaço, tontura e dificuldade de respiração. Como sintoma, ocorre a diminuição da perda de calor por transpiração, a vasodilatação da pele aumenta o fluxo sanguíneo nesta região e diminui a demanda de sangue para os órgãos vitais.

As temperaturas centrais de 41 °C ou mais altas são observadas em indivíduos que sofrem de insolação. A hipo-hidratação, causada pela perda de água no corpo na transpiração e associada com uma temperatura central alta, pode ameaçar a vida. A cessação da transpiração, confusão e perda de consciência são características de insolação, que é uma emergência médica real. O tratamento se faz urgentemente necessário para reduzir a temperatura do corpo. Pode haver também incapacidade circulatória e perda de tônus vasomotor à medida que a regulação da pressão arterial começa a cair.

Um índice de estresse por calor requer que uma quantidade de variáveis ambientais seja medida. A temperatura do bulbo seco sozinha é insuficiente, porque a umidade relativa indicada pela temperatura do bulbo úmido é relevante para a perda de calor evaporativo. A carga de calor radiante é monitorada por um termômetro de globo. Uma combinação ponderada dessas medidas é incorporada pelo índice de calor mais amplamente usado, o índice de bulbo úmido e temperatura de globo (IBUTG). Essa medida foi adotada em contextos industriais, militares e esportivos.

O conforto térmico é atingido como um estado subjetivo de satisfação dentro de um estreito alcance de termoequilíbrio. Os requisitos para o conforto térmico especificado como um padrão internacional (ISO 7730) indicam que a temperatura operatória deve ser de 20 a 24 °C, a velocidade média do ar estando abaixo de 0,2 m/s e uma umidade relativa na variação de 30% a 70%. Para tais condições serem satisfeitas, a porcentagem de pessoas que expressam desconforto térmico deve ser menor que 10%. Uma pressuposição é que a pessoa é sedentária, mas ocasionalmente engajada em uma atividade leve.

Frio e respostas ao exercício

Os esportes de inverno são, muitas vezes, mantidos em condições quase congelantes. A temperatura central e a temperatura muscular podem diminuir, e o desempenho do exercício é cada vez mais afetado. A produção de energia muscular pode ser reduzida em 5% para cada 1 °C de diminuição na temperatura muscular abaixo dos níveis normais (Bergh e Ekblom, 1979). Uma diminuição na temperatura central para níveis hipotérmicos é ameaçadora à vida: felizmente, os mecanismos de ganho de calor do corpo cessam o declínio e a hipotermia é rara de ser percebida. Em muitos casos, os atletas vivenciam desconforto térmico e restringem a diminuição na temperatura do corpo com estratégias apropriadas.

O hipotálamo posterior inicia uma vasoconstrição generalizada da circulação cutânea em resposta ao frio, uma resposta mediada pelo sistema nervoso simpático. O sangue é deslocado para porção central do corpo, reduzindo a circulação periférica, fazendo que o gradiente de temperatura entre o centro e a concha aumente. A diminuição na temperatura da pele reduz o gradiente entre a pele e o ambiente, que protege contra uma grande perda de calor do corpo. O retorno do sangue proveniente dos membros é desviado das veias superficiais para as veias profundas que ficam adjacentes às artérias principais. O sangue arterial é resfriado pelo retorno venoso quase imediatamente, visto que ele entra no membro por meio da troca de calor contracorrente.

Uma diminuição na temperatura do membro prejudica as habilidades motoras. A força muscular e a produção de potência são reduzidas à medida que a temperatura do músculo diminui e a velocidade de condução dos impulsos nervosos é retardada. A sensibilidade dos fusos musculares também diminui, prejudicando a destreza manual. Dessa forma, os atletas devem preservar a temperatura dos membros durante esportes competitivos, em particular, quando a destreza manual deve ser mantida.

O sistema nervoso autônomo do corpo estimula o tremor em resposta à diminuição na temperatura central (ver o boxe abaixo). Os músculos esqueléticos se contraem involuntariamente para gerar calor metabólico. O tremor tende a ser intermitente e pode persistir durante o exercício se a intensidade for insuficiente para manter a temperatura central. O tremor pode ocorrer durante pausas no treinamento quando as condições são de frio ou uma combinação de garoa ou chuva. Os treinadores devem estar alertas para esses sinais comportamentais de hipotermia em jogadores jovens.

Efeitos selecionados do frio sobre as respostas fisiológicas humanas e o desempenho

- Aumento da vasoconstrição periférica
- Aumento do metabolismo
- Aumento de tremores periódicos
- Diminuição da sensibilidade do fuso muscular
- Diminuição da velocidade de condução nervosa
- Diminuição da destreza manual
- Diminuição da força e potência musculares
- Aumento do risco de acidente

Tremor, fadiga, perda de força e de coordenação e incapacidade de sustentar a taxa de trabalho são todos sintomas iniciais de hipotermia. Uma vez que a fadiga se estabelece, o tremor diminui e a condição pode piorar por incluir colapso, torpor e perda de consciência. O risco aplica-se mais a atletas recreativos que a profissionais, porque os primeiros podem não ser capazes de sustentar uma taxa de trabalho para se manterem quentes no frio extremo.

Os atletas podem se proteger contra o frio, portanto, o frio é menos problemático que o calor. A temperatura no microclima adjacente à pele pode ser mantida por roupa adequada e o uso de mais de uma camada. Os jogadores de uma equipe podem responder positivamente a condições frias pela manutenção de um alto índice de trabalho. De maneira alternativa, eles podem ser poupados da exposição ao frio, usando instalações fechadas para treinamento.

A fibra natural (algodão ou lã) é preferível ao material sintético para condições frias. O suor produzido durante o exercício nessas condições deve transpor a roupa. O melhor material permitirá que o suor flua através das células da roupa, enquanto previne que as gotas de água penetrem na roupa pelo lado de fora. O material que fica saturado com água ou suor perde seu isolamento e leva a temperatura do corpo a diminuir rapidamente em condições frias ou quentes, de modo que o ideal seja uma combinação de fibras naturais com material sintético.

O tronco deve estar bem protegido quando o treinamento é conduzido em um clima frio. Roupas quentes podem ser usadas por baixo de um traje esportivo. Vestir-se

Figura 3.3 Ilustração do equipamento usado em condições de baixa temperatura (a) sem carga adicional ao corpo, (b) com carga adicional ao corpo e (c) na excursão em grupo em aventuras no Ártico.

em camadas aumenta o isolamento fornecido e as camadas externas podem ser retiradas à medida que a temperatura do corpo ou a temperatura ambiente aumenta. Uma camiseta por baixo do uniforme de uma equipe ajuda a preservar o calor, mas alguns participantes podem precisar de um traje esportivo completo.

No clima frio e úmido, a camada externa de roupas deve ser capaz de resistir ao vento e à chuva e as camadas internas devem fornecer isolamento. A camada interna deve também secar a umidade da pele para promover a perda de calor pela evaporação. A roupa de baixo térmica de polipropileno e algodão de rede de pesca tem bom isolamento e propriedades de secagem e, desse modo, é adequada para o uso próximo à pele. Os indivíduos vestidos para condições árticas são mostrados na Figura 3.3.

Imediatamente antes de competir no frio, os atletas devem permanecer o mais aquecidos possível. Um aquecimento adequado (executado em ambiente fechado se possível) permite isso. Condições frias aumentam o risco de lesão muscular em esportes que envolvem intensos esforços anaeróbios, e um aquecimento sistemático proporciona alguma proteção sobre essas lesões. Os indivíduos podem precisar usar mais roupas do que normalmente utilizam durante os jogos de campo.

O condicionamento aeróbio não protege diretamente contra o frio. Todavia, ele permitirá que os indivíduos fiquem mais ativos e não sucumbam à fadiga com facilidade. Os indivíduos com um alto condicionamento aeróbio são capazes de manter a atividade em um nível satisfatório para um equilíbrio de calor. Em contraste, as pessoas com resistência insatisfatória correm risco de hipotermia se o ritmo da atividade cair muito. Indivíduos com nível baixo de tecido adiposo subcutâneo são insatisfatoriamente isolados e podem sentir o frio com mais intensidade que os outros. Eles podem ser obrigados a ficar mais ativos que seus parceiros mais bem isolados e, em geral, têm o condicionamento aeróbio para fazer isto. Não obstante, o tremor durante a atividade assinala o início do perigo e é um aviso de hipotermia iminente.

A severidade das condições frias é indicada pelo índice de sensação térmica. Considerando que o movimento do ar ajuda o atleta a aliviar o esforço pelo calor em condições quentes, ele pode acentuar a perda de calor quando as condições são frias. O índice de sensação térmica é usado por alpinistas para estimar o risco de hipotermia nas montanhas. Os efeitos do resfriamento de combinações de certas temperaturas ambientes e velocidade do vento são expressos como temperaturas equivalentes e são estimados por um nomograma. O índice de sensação térmica é usado por marinheiros e exploradores e pelas pessoas engajadas em atividades recreativas ao ar livre no inverno. O índice incorpora a velocidade do ar e a temperatura ambiente; os requisitos de roupas para proteção contra a hipotermia podem ser estimados com base nesse valor. Os valores calculados correspondem a uma escala calórica para o índice de perda de calor por unidade de área de superfície do corpo e, então, são convertidos para uma escala de sensação até o ponto em que a carne exposta congela dentro de 1 min (Reilly e Waterhouse, 2005).

Altitude

O principal estresse associado à altitude está relacionado com a densidade diminuída do ar, causada pela diminuição da temperatura ambiente. O resultado é uma redução no oxigênio que está disponível para o tecido do corpo, uma condição conhecida como hipóxia. Existem mecanismos de compensação que ajudam a tolerar a altitude, mas o seu curso de tempo varia de acordo com a variável fisiológica observada. As consequências nocivas da altitude dependem das alturas atingidas. As respostas características da indisposição na altitude estão associadas com diferentes alturas. O treinamento na altitude é uma parte essencial da preparação para a competição na altitude, mas pode também induzir adaptações fisiológicas que beneficiam o desempenho posterior ao nível do mar. O frio e o clima hostil apresentam problemas adicionais em altitudes extremamente altas, às quais os visitantes temporários e os montanhistas nunca se aclimatizam por completo.

Ajustes fisiológicos

À medida que a altitude acima do nível do mar aumenta, a pressão barométrica diminui. Ao nível do mar, a pressão normal é 760 mmHg; a 1.000 m, ela é de 680 mmHg e a 3.000 m, de cerca de 540 mmHg. As condições de altitude são referidas como hipobáricas (pressão baixa), e o principal problema fisiológico associado com esse ambiente é a hipóxia, ou a relativa falta de oxigênio.

O oxigênio constitui 20,93% do ar normal; a pressão parcial do oxigênio ao nível do mar é 159 mmHg (20,93% de 760). A pressão parcial de oxigênio diminui com o aumento da altitude: essa diminuição corresponde à pressão ambiente decrescente, enquanto a proporção de oxigênio no ar permanece constante. Existem poucas moléculas de oxigênio no ar na altitude para um determinado volume de ar, e, assim, uma quantidade menor de oxigênio é inspirada para um determinado volume inspirado, o que reduz a quantidade de oxigênio liberado para os tecidos ativos.

A tensão de oxigênio alveolar (P_AO_2) é de importância vital na captação de oxigênio para o corpo através dos pulmões. A pressão do vapor d'água nos alvéolos é

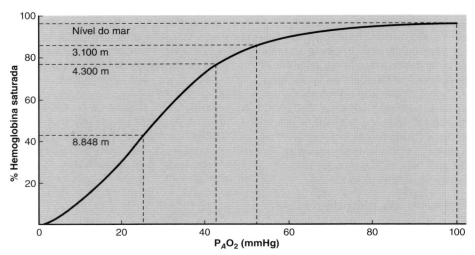

Figura 3.4 Curva de dissociação de oxigênio da hemoglobina para um pH do sangue de 7,4 e temperatura do corpo de 37 °C. As linhas horizontais indicam a porcentagem de saturação de hemoglobina do sangue arterial para as diferentes altitudes e as linhas verticais indicam pressão parcial de oxigênio (PO_2).
Reimpressa de *Sport, Exercise and Enviromental Physiology*, T. Reilly e J. Waterhouse, p. 54. *Copyright* 2005, com permissão de Elsevier.

relativamente constante a 47 mmHg como é a pressão parcial do dióxido de carbono (PCO_2) de 35 a 40 mmHg. A tensão alveolar diminuída na altitude causa um gradiente menos favorável sobre os capilares pulmonares para a transferência de oxigênio para o sangue. O exercício que depende dos mecanismos de transporte de oxigênio é prejudicado em cerca de 1.200 m, uma vez que ocorre dessaturação. A curva de dissociação de oxigênio da hemoglobina (Hb) é em formato sigmoide, sendo afetada pela pressão ambiente (Figura 3.4). As hemácias são normalmente 97% saturadas com O_2, mas esse número diminui quando os níveis de P_AO_2 diminuem a um ponto correspondente a essa altitude (1.200 m). A curva O_2-Hb não é muito afetada pelos primeiros 1.000 a 1.500 m de altitude, mas, à medida que a pressão cai, a curva se torna mais íngreme e o suprimento de oxigênio para os tecidos do corpo fica cada vez mais prejudicado. A uma altitude de 3.000 m, a saturação arterial é reduzida a cerca de 90%; o valor correspondente para a altitude do Monte Everest é menos de 30%.

A ventilação aumentada é a compensação fisiológica aguda do corpo para a hipóxia. A profundidade e a frequência da respiração aumentam, e a hiperventilação aumenta a quantidade de CO_2 que é liberado do sangue que passa pelos pulmões. Como o CO_2 é um ácido fraco quando dissolvido no líquido corporal, a eliminação de CO_2 deixa o sangue mais alcalino que o normal, em razão do excesso de íons de bicarbonato. Os rins fazem a compensação ao excretarem o excesso de bicarbonato, restaurando o nível normal de pH no sangue em alguns dias. A diminuição na reserva alcalina do corpo reduz a capacidade de tamponamento do sangue para tolerar ácidos adicionais (como o ácido láctico difuso do músculo para o sangue durante o exercício).

A produção de 2,3-bifosfoglicerato (2,3-BPG) pelas hemácias aumenta na altitude. Esse aumento ajuda o descarregamento do oxigênio das hemácias no nível do tecido. Tal processo começa dentro de alguns dias na altitude, estimulado pelo hormônio do rim, eritropoetina, que leva a medula óssea a aumentar sua produção de hemácias. Essa adaptação requer que os estoques de ferro do corpo sejam adequados e a suplementação de captação de ferro pode ser necessária antes e no decorrer da estadia na altitude (versões sintéticas da eritropoetina foram usadas para o *doping* sanguíneo, um procedimento banido no esporte). Há um aumento aparente na hemoglobina nos primeiros dias na altitude em razão da hemoconcentração e uma diminuição transitória no volume plasmático. Um aumento importante na hemoglobina pode levar de 10 a 12 semanas para ser otimizado.

Após um ano ou mais na altitude, os aumentos na hemoglobina total do corpo e na contagem de hemácias ainda não batem com os valores observados nos nativos de altitude elevada. Os indivíduos nascidos ao nível do mar nunca estariam teoricamente aptos a competir em eventos aeróbios na altitude em condições iguais aos daqueles nativos da altitude. Regras devem ser estabelecidas para que aqueles que vivem ao nível do mar possam demonstrar suas habilidades, bem como se preparar fisiologicamente para a aclimatização à altitude.

Exercício na altitude

Apesar dos ajustes fisiológicos agudos à hipóxia que ocorrem, os atletas sentem dificuldades em fazer exercícios na altitude em comparação com o nível do mar. Essa dificuldade e os potenciais problemas relacionados à saúde levaram a FIFA, em 2007, a considerar a proibição de quaisquer partidas de futebol internacional disputadas em uma altitude acima de 2.800 m; a proibição não foi implementada porque alguns países ficariam em desvantagem com a medida. As mudanças na produção cardíaca máxima e no transporte de oxigênio levaram a uma diminuição na capacidade máxima de oxigênio ($\dot{V}O_2$máx). A uma altitude de 2.300 m, aproximadamente a da Cidade do México, o declínio inicial no $\dot{V}O_2$máx é, em média, 15%. Depois de quatro semanas nessa altitude, o $\dot{V}O_2$máx melhora, mas ainda permanece a cerca de 9% abaixo do seu valor ao nível do mar. Para moradores no nível do mar, o declínio inicial no $\dot{V}O_2$máx é de cerca de 1% a 2% para cada 100 m acima de 1.500 m (Reilly, 2003).

Os participantes em eventos de resistência individual trabalham em uma intensidade submáxima para um período contínuo, ao passo que os jogadores de esportes coletivos têm episódios curtos de esforços anaeróbios máximos entre períodos de exercícios submáximos. A manutenção de uma intensidade de exercício submáximo fixo é mais difícil na altitude do que ao nível do mar. O maior nível de exercício de resistência que pode ser sustentado é determinado pela intensidade na qual o lactato começa a acumular-se no sangue. Esse limiar de lactato é diminuído na altitude, embora a porcentagem de $\dot{V}O_2$máx na qual ele ocorre seja imutável. À medida que os músculos ativos baseiam-se mais nos processos anaeróbios para ajudar a lidar com a hipóxia relativa, os jogadores de esportes coletivos precisam de períodos de recuperação de baixa intensidade mais longos durante a partida, após seus esforços totais de alta intensidade.

Frequência cardíaca, ventilação e esforço percebido aumentam todos acima dos valores normais ao nível do mar em qualquer intensidade de exercício submáximo determinada (Bangsbo et al., 1988). Portanto, a intensidade de exercício que pode ser sustentada é reduzida. Os atletas devem estar preparados para ritmar seus esforços mais seletivamente durante o exercício na altitude e aceitar um índice de trabalho mais baixo durante o treinamento. Essas modificações são especialmente importantes nos primeiros dias na altitude e diferem entre os indivíduos de acordo com nível de condicionamento aeróbio, aclimatização prévia, estado de saúde e experiência anterior com a altitude. Fatores fisiológicos, como capacidade de difusão pulmonar, hemoglobina total do corpo, estoques de ferro e estado nutricional também são influentes.

Com a adaptação progressiva à altitude, a frequência cardíaca durante o exercício submáximo diminui em comparação com aquela na exposição inicial e pode aproximar-se de valores ao nível do mar depois de três a quatro semanas. Os músculos esqueléticos também se adaptam, mas as melhoras no fluxo sanguíneo máximo e no metabolismo oxidativo requerem muitos meses na altitude. Existem, também, algumas mudanças nas enzimas associadas com o metabolismo anaeróbio. A capacidade de tamponamento do músculo é aumentada com a estadia prolongada na altitude. Essa adaptação, com as mudanças nas atividades das enzimas associadas com a glicólise anaeróbia, complementa as adaptações que ocorrem nos mecanismos de transporte de oxigênio. As condições na altitude podem ser favoráveis quando o treinamento é direcionado para a melhora da velocidade da corrida, porque as velocidades mais rápidas que o normal podem ser atingidas em razão da resistência ao ar reduzida contra a qual o corpo se move.

A densidade do ar reduzida na altitude apresenta outras implicações para os participantes de esporte. Quando o treinamento de velocidade é conduzido na altitude, o período de recuperação entre as corridas rápidas deve ser aumentado. Além disso, objetos podem ser arremessados pelo ar com mais facilidade que o normal. Esse fenômeno tem implicações para as estratégias de jogo, incluindo os aspectos táticos dos jogadores nas partidas de futebol, nas longas tacadas no golfe e nos eventos de arremesso em campo aberto.

A capacidade aeróbia reduzida na altitude afeta a qualidade do treinamento nos atletas de resistência. O modelo "viva no alto, treine no baixo" (*"live high, train low"*) aconselha periodicamente retornar à altitude baixa para sessões intensas, mas dormir em altitudes de 2,2 a 2,8 km (Levine, 1997). Esse método é imaginado para permitir adaptações fisiológicas e manter a qualidade de treinamento.

Preparo para a altitude

Os atletas que vão competir na altitude ou ficar em um campo de treinamento na altitude devem considerar as consequências fisiológicas desse período. Os indivíduos que sofrem de infecção ou têm estoques de ferro baixos provavelmente não se beneficiarão do treinamento na altitude, porque a sua capacidade de aumentar a produção de hemácias é limitada. O treinamento extenuante não deve ser tentado por, pelo menos, dois dias após a chegada na altitude, até que o risco de desenvolver o mal da montanha (hipobaropatia) agudo tenha passado: essa síndrome é caracterizada por dores de cabeça, náuseas, vômitos, perda de apetite, distúrbios no sono e irritabilidade. Esses problemas podem ser encontrados em altitudes acima de 2.500 m, mas estão, em sua maioria, associados a altitudes mais altas. As sessões de treinamento devem ter sua intensidade reduzida para o mesmo esforço percebido sentido ao nível do mar; séries completas não são aconselháveis até 7 a 10 dias da chegada. Os períodos de recuperação entre as corridas rápidas repetidas devem ser aumentados quando o exercício for intermitente. Isso se aplica ao trabalho de condicionamento, ao treinamento de intervalo e às práticas esportivas.

O ar na altitude tende a ser mais seco que no nível do mar, e o corpo perde mais líquido através da evaporação da membrana mucosa úmida do trato respiratório. Essa perda é acentuada pela resposta de hiperventilação à hipóxia. O nariz e a garganta ficam secos e irritáveis, o que pode causar desconforto. É importante ingerir mais líquido que o normal para contrabalançar a perda dele. Ingerir líquidos ajuda a compensar a diminuição no volume de plasma que é a resposta característica à altitude (Ingjer e Myhre, 1992). Bebidas isotônicas que contenham carboidrato podem ser úteis, por aumentar o fornecimento de glicogênio como um combustível para o exercício. Uma proporção maior que o normal de carboidrato deve ser consumida, em especial nos primeiros dias na altitude.

Cerca de 14 dias devem ser dados antes da competição para a aclimatização a altitudes de 1.500 a 2.000 m, e 21 dias antes da competição em 2.000 a 2.500 m. Esses períodos podem ser encurtados se os atletas tiveram uma exposição prévia à altitude antes da competição. Os indivíduos sem experiência prévia com a altitude precisam de cerca de um mês para se adaptar a locais acima de 2.500 m, e podem perder o condicionamento no processo.

Se a estadia prolongada na altitude antes de competir é impraticável, a aclimatização parcial pode ser obtida por exposições frequentes à altitude simulada em uma câmara de ambientação. O exercício contínuo de 60 a 90 minutos ou o exercício intermitente de 45 a 60 min executado de quatro a seis vezes por semana na altitude simulada de 2.300 m tem efeito positivo em um período de três a quatro semanas (Reilly, 2003).

Simuladores portáteis que induzem hipóxia estão disponíveis para uso como mochila. Esses dispositivos abaixam o volume de oxigênio inspirado e acentuam o estresse do exercício, o que aumenta a resistência à respiração. Eles não promovem o tipo de adaptações que são sentidas na altitude ou resultam do exercício sustentado em uma câmara hipobárica. Contudo, o atleta pode obter benefícios psicológicos por sentir o estresse da hipóxia que esses simuladores fornecem. Câmaras hipóxicas normobáricas e tendas hipóxicas se tornaram disponíveis para os atletas para treinamento e reabilitação. Esses dispositivos são provavelmente mais benéficos durante a reabilitação, porque o esforço circulatório do atleta é maior que um índice de trabalho comparável sob condições ao nível do mar normais (Figura 3.5). Esses dispositivos têm também um valor óbvio por fornecer aos atletas experiência de exercício sob condições hipóxicas.

Altitude extrema

Altitudes elevadas atraem montanhistas que são desafiados a atingir seus limites. A tolerância a altitudes extremas está, provavelmente, acima da capacidade da maioria dos indivíduos, mesmo aqueles que já estão parcialmente aclimatizados. Uma altura de cerca de 5,9 km é o limite da habitação humana. A maior habitação humana permanente são os Andes, a 5,5 km e, acima disso, a aclimatização é substituída pela deterioração estável. Mineiros chilenos sentem falta de apetite e problemas para dormir acima desse nível; sintomas similares são demonstrados por montanhistas profissionais.

Os alpinistas podem sofrer da doença das alturas, que pode assumir várias formas (Quadro 3.1). Muitas dessas condições são ameaçadoras à vida (Houston, 1982). Na altitude, os turistas provavelmente sofrerão em altitudes mais baixas, não tendo uma

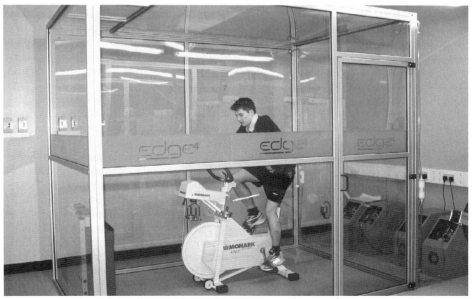

Figura 3.5 Câmaras hipóxicas normobáricas que simulam as condições de altitude.

abordagem sistemática à aclimatização e a experiência para lidar com os estresses da altitude.

Os perigos de escalar os pontos mais altos são ilustrados pelo fato de que 1 em 16 alpinistas que sobem o Monte Everest morre na subida. A sobrevivência se baseia no planejamento detalhado da subida, no condicionamento aeróbio, em um líder experiente, no equipamento e no vestuário apropriados e nas condições climáticas favoráveis. Os efeitos debilitantes graduais de lutar contra a hipóxia, da perda de apetite e do desgaste muscular significam que o intervalo de tempo disponível para conquistar picos mais altos é limitado.

Quadro 3.1 Mal de altitude

Forma	Sintomas
Hipóxia aguda	Dano mental e, em geral, colapso após a rápida exposição acima de 5.500 m (18.000 pés).
Mal da montanha agudo	Cefaleia, náusea, vômito, perturbação do sono, dispneia a mais de 2.500 m (8.000 pés): comum e autolimitada.
Edema pulmonar de grande altitude	Dispneia, tosse, fraqueza, cefaleia, estupor e, raramente, morte. 3.050 m (10.000 pés) e acima: requer descida rápida ou tratamento inicial.
Edema cerebral de grande altitude	Cefaleia grave, alucinações, ataxia, fraqueza, dificuldade de raciocínio, estupor ou morte. Acima de 3.550 (12.000 pés): incomum. A descida é imperativa.
Mal da montanha subagudo e crônico	Falha em se recuperar do mal da montanha agudo pode requerer a descida.
	Dispneia, fadiga, pletora e insuficiência cardíaca podem se desenvolver após anos de residência assintomática na altitude.
Condições crônicas pioradas pela altitude	Traço falciforme, doença cardíaca ou pulmonar crônica.
Deterioração em grandes altitudes	Longos períodos acima de 5.500 m (18.000 pés): insônia, fadiga, perda de peso e deterioração geral.
	A deterioração é mais rápida em altitudes mais elevadas.

Qualidade do ar

A qualidade do ar é importante para o conforto, a saúde e, às vezes, o desempenho. As impurezas podem resultar de uma variedade de poluentes, em ambientes fechados e abertos. A corrente de ar pode disparar reações adversas em alguns indivíduos. A poluição foi uma preocupação recente em Jogos Olímpicos, em especial nos jogos de Atenas, em 2004, e Pequim, em 2008.

Poluição do ar

O ar inalado pode conter impurezas que prejudicam a saúde, bem como o desempenho dos atletas. Em repouso, o ar inspirado pelo nariz é filtrado e muitos poluentes são impedidos de atingir as vias aéreas. Durante o exercício, há uma mudança para a respiração oral, e os atos de limpar, aquecer e umidificar o ar pela cavidade nasal são desviados. Quando o ar está poluído, a função do pulmão pode ser adversamente afetada, dependendo da concentração de poluentes e da sensibilidade do indivíduo que é exposto.

É necessário cuidado quando os atletas competem ou treinam em cidades com altos níveis de poluição do ar ou treinam próximo ao tráfego das ruas. Participantes amadores precisam prestar atenção à proximidade dos poluentes locais, como a fumaça das fábricas. Asmáticos, especialmente, devem estar alertas para possíveis reações adversas quando os níveis de poluição são altos ou sob condição de neblina.

Os poluentes são descritos como primários e secundários, dependendo se eles conservam a forma na qual foram emitidos da fonte ou são formados por reações químicas entre a fonte e o alvo (Reilly e Waterhouse, 2005). Dióxido de enxofre (SO_2), monóxido de carbono (CO), dióxido de nitrogênio (NO_2), benzeno e matéria particular, como poeira e fumaça, são os principais poluentes primários. Partículas com menos de 10 mícrons de diâmetro, referidas como PM-10s, entram nas vias aéreas com relativa facilidade. Poluentes secundários incluem ozônio (O_3) e nitrato peroxiacetílico, formado como resultado da radiação ultravioleta, que afeta o NO_2 e hidrocarbonetos. A concentração de ozônio elevada causa sintomas, como tosse, dor no peito, dificuldade em respirar, cefaleia, irritação nos olhos e função pulmonar prejudicada, e todos tendem a afetar o desempenho do exercício (Florida-James et al., 2004).

A Organização Mundial de Saúde estabelece padrões saudáveis para a qualidade do ar no caso de poluentes como ozônio, e, assim, suas concentrações são monitoradas regularmente nas principais cidades do mundo. Os padrões nacionais se aplicam em outros casos, como o PM-10s. Os indivíduos mostram algum grau de adaptação ao ozônio, refletido na sensibilidade reduzida daqueles habitualmente expostos a ele (Florida-James et al., 2004). Para os indivíduos com exposição prévia ao ozônio, o desempenho é apenas parcialmente recuperado quando as concentrações estão altas. Suplementos antioxidantes podem melhorar alguns efeitos adversos do ozônio, anulando o estresse oxidativo que ele causa. Asmáticos podem sentir os sintomas piorados quando os níveis de PM-10s são elevados, atribuíveis à inflamação mediada pelo estresse oxidativo (MacNee e Donaldson, 1999).

Íons no ar

Os **íons no ar** são produzidos naturalmente por eventos como o cisalhamento das gotas d'água em uma cachoeira e o rápido fluxo de grandes volumes de ar sobre uma massa de terra, pela radiação solar e cósmica e por uma variedade de fontes radioativas. Os íons são produzidos por essas fontes de energia que deslocam um elétron de uma molécula de um dos gases atmosféricos comuns. A molécula é deixada com uma carga positiva, enquanto o elétron deslocado é normalmente capturado por outra molécula, à qual ele confere uma carga negativa.

Os íons no ar são biologicamente ativos; íons negativos no ar promovem estados de humor benéficos, ao passo que os íons positivos no ar demonstram causar queixas características das pessoas (Hawkins e Barker, 1978). Geradores de íons negativos no ar estão comercialmente disponíveis para ambientes profissionais e domésticos para melhorar o humor e o desempenho. Íons negativos no ar foram reportados como produzindo efeitos positivos sobre as funções psicomotoras e mentais (Hawkins e Barker, 1978).

Efeitos favoráveis dos íons no ar se estendem também ao exercício físico. O esforço percebido durante um teste de exercício com incrementos foi diminuído pelos íons negativos no ar, comparado com os íons positivos (Sovijärvi et al., 1979). Inbar et al. (1982) reportaram que a elevação na frequência cardíaca e na temperatura central durante o exercício foi menos acentuada na exposição aos íons negativos, comparada com o ar neutro.

A serotonina do cérebro, a temperatura corporal e o metabolismo oxidativo podem mediar os efeitos dos íons no ar. Reilly e Stevenson (1993) relataram diminuições na temperatura retal, na captação de oxigênio e na frequência cardíaca em repouso na exposição aos íons negativos no ar; sugeriram que a serotonina foi influenciada pelas alterações observadas nas características do ritmo circadiano. Os níveis de serotonina no cérebro são conhecidos por serem afetados pelos íons no ar, e tais alterações podem explicar os benefícios psicológicos dos íons negativos e os efeitos adversos dos íons positivos no ar sobre o humor das pessoas. Grandes doses de íons negativos no ar *in vitro* promovem eficiência dos processos aeróbio e metabólico (Krueger e Reed, 1976). Reilly e Stevenson (1993) concluíram que outros fatores que não os mecanismos termorreguladores medeiam a influência dos íons no ar sobre o metabolismo do tecido. Os efeitos que eles observaram sobre o metabolismo e a frequência cardíaca em repouso tendiam a desaparecer em condições de exercício.

Alérgenos

As reações alérgicas das vias aéreas começam no nariz. Alérgenos, como pólen ou pó doméstico, pousam primeiro no nariz, onde são filtrados. A resposta inflamatória causada pelas descargas de mastócitos bloqueia o nariz e leva a uma mudança para a respiração oral. Os alérgenos obtêm, por meio disso, acesso direto ao trato respiratório inferior, onde uma resposta inflamatória pode desencadear um ataque de asma. Os alérgenos de uma flora diferente podem desencadear também reações alérgicas, causando irritação das membranas mucosas dos olhos, bem como daquelas do trato respiratório.

A alergia é um estado de reatividade alterada no hospedeiro que resulta das interações entre um antígeno e um anticorpo (Harries, 1998). Os antígenos estimulam a produção de anticorpos, penetrando a membrana mucosa dos tratos respiratório ou gastrintestinal. Um antígeno deve ser solúvel na água e a imunoglobulina E (IgE) é o anticorpo associado à alergia. Quando as moléculas IgE sobre a superfície dos mastócitos reconhecem o antígeno, os canais de cálcio nas membranas dos mastócitos são abertos e a histamina é liberada. O aparecimento dos neutrófilos assinala a resposta inflamatória, que se desenvolve algumas horas mais tarde. Esses eventos separados explicam o instante da resposta aguda imediata e da asmática tardia. A exposição contínua a antígenos, como pólen da ambrósia americana ou de grama, geram os sintomas persistentes.

Os polens da ambrósia americana e da grama atuam como antígenos que estimulam a produção de anticorpos após penetrarem na membrana mucosa do trato respiratório. Algumas pessoas são alérgicas a antígenos; as reações começam no nariz, onde alérgenos como pólen são filtrados primeiro. A resposta inflamatória causa um bloqueio do nariz e promove a respiração oral, o que dá às alergias acesso direto ao trato respiratório inferior. Aqui a mesma resposta inflamatória causa, ao contrário, asma (Harries, 1998). Os atletas vulneráveis a alergias devem procurar aconselhamento médico para terapia.

A febre do feno, ou polinose, desencadeada por uma alta contagem de pólen, cria desconforto em muitas pessoas. Anti-histamínicos aliviam os sintomas em muitos casos. Sem tais medidas profiláticas, os indivíduos afetados podem sentir prejuízo em seu desempenho competitivo em virtude das reações alérgicas.

Ruído

Muitos esportes estão associados ao ruído, quer seja induzido pelos atletas, pelo equipamento, pelo maquinário ou pelo barulho dos espectadores. As fontes de ruído na vida normal incluem trovões, veículos motores, metrôs ou motores de jatos, maquinário de uma fábrica ou rádios e sirenes. O ruído pode ser considerado um som indesejado que tem um efeito incômodo sobre o ouvinte. Na teoria da comunicação, o ruído é o fator de interferência no sinal transmitido e, assim, os engenheiros tentam filtrar os ruídos dos sinais de interesse. Em um contexto de fatores humanos, seja no esporte ou na indústria, os mecanismos sensoriais para a transmissão e a recepção são considerações relevantes.

A pressão do som é expressa em dinas por centímetro, mas o som é medido em decibéis (dB) ou bel (10 dB = 1 bel). A frequência é indicada em hertz (Hz), representando os números de ondas em 1 s. A altura indica a sensação subjetiva da frequência. O som é gerado pelas vibrações de alguma fonte e é transmitido através da atmosfera para o ouvido. Frequências de som de 20 a 15.000 Hz são percebidas pelo ouvido humano. A fala inteligível situa-se na largura de banda de 620 a 4.800 Hz, mas as principais frequências usadas na fala têm amplitude de 300 a 3.500 Hz. O ultrassom tem vibração mecânica superior a 20.000 batidas.

O decibel é uma medida física da intensidade do som em uma escala de razão de pressão logarítmica. A escala e seu ponto zero são escolhidos para corresponder a fenômenos subjetivos, embora a escala seja física por natureza e baseada na amplitude. O zero arbitrário na escala de decibel é o som mais fraco que o ouvido humano pode ouvir em 1.000 Hz; esse valor representa 0,00002 N/m^2 (0,0002 dyn/cm^2).

O ouvido converte as ondas de pressão de som em sinais neutros para transmissão ao cérebro. O sistema auditivo converte as mudanças na pressão no ar, via mudanças na pressão em um meio líquido, em pulsos que contêm informação na altura e na intensidade do som. Isso é executado por uma série de transformações em (a) movimento mecânico, (b) pressão hidrostática e (c) sinal elétrico ou neutro. Essas informações ocorrem no ouvido externo, médio e interno.

Os sons passam do ouvido externo para o médio e para o interno em um milissegundo e, assim, o ouvido médio tem um reflexo natural para proteção contra ruídos súbitos altos. Os músculos tensores do tímpano e do estribo mantêm as conexões do ossículo rígido e tímpano rígido, que reduz a propagação das ondas de som altas para a cóclea. Quando esses músculos, inseridos respectivamente ao martelo e ao estribo, são estimulados a contrair, eles amortecem os movimentos da cadeia ossicular e, assim, diminuem a sensibilidade do aparato auditivo. Essa ação protege a orelha do dano, com exceção dos casos de ruído alto súbito e inesperado. O tempo de resposta desses músculos é na ordem de 100 ms; assim, algum dano às estruturas aurais sensitivas pode ocorrer antes que o reflexo auditivo atenuante se torne ativo.

Ruído como poluente

Embora o ruído ambiental seja amplamente aceito na comunidade como inevitável, ele pode ser considerado um poluente irritante. Suas características perturbadoras são reconhecidas quando as comunidades fazem objeção em aumentar o tráfego aéreo pela extensão das pistas dos terminais. As queixas de distúrbio são também direcionadas para vizinhanças ruidosas, aceleração de motocicletas ou música alta. O ruído ambiental à noite induz à frustração quando interrompe ou impede o sono, em especial em atletas profissionais. O ruído como um sinal de alarme pede uma atenção imediata por razões de segurança, mas alarmes falsos frequentes são incômodos.

O ruído indesejado é incômodo, pode danificar a audição e ter outros efeitos a longo prazo sobre a saúde. A exposição prolongada ao ruído do tráfego pode ser responsável por 3% das mortes de doença cardíaca isquêmica na Europa (Coghlan, 2007). Sugeriu-se também que 2% dos europeus sofrem de sono gravemente interrompido atribuível à poluição por ruído e 15% sofrem de importunação grave.

O ruído pode causar danos à saúde pela acentuação das respostas endócrinas normais ao estresse. Recursos modernos de ruídos públicos nem sempre são responsabilizados judicialmente com leis que combatam a poluição sonora, nem existem recursos amplamente disponíveis para monitoração, regulamentação ou pesquisa sobre ruído. Essa deficiência e as crescentes queixas sobre ruído como um poluente e um risco à saúde levaram a iniciativas para ações de prevenção, pelo menos entre os países europeus (Prasher, 2000).

Tipos de surdez

A perda neurossensorial que prejudica a audição se distingue da disacusia de condução. A surdez do ouvido médio é normalmente causada pela rigidez ou amortecimento dos ossículos, que leva a um grau moderado de perda auditiva. Infecção no ouvido médio, perfuração do tímpano ou infecção da tuba auditiva podem ser as responsáveis. Tons baixos em vez de tons altos são prejudicados pelo aumento resultante na resistência. Desde que o ouvido interno esteja intacto e funcionando normalmente, antibióticos e reparo cirúrgico do tímpano podem fazer com que a audição retorne ao nível normal. A amplificação por meio de um aparelho auditivo será da mesma forma bem-sucedida.

A surdez nervosa afeta a percepção de todos os sons ou apenas um alcance do espectro. O dano ocorre nas células receptoras especiais ou nos troncos nervosos que suprem *input* para o centro auditivo do cérebro. Infecções, como sarampo e caxumba, podem causar dano à célula no ouvido interno. Lesões na cabeça, em especial fraturas no cérebro, podem destruir os nervos e a exposição a ruídos altos é particularmente destrutiva para as células receptoras do ouvido interno.

As mudanças temporárias de limiares resultam da exposição a altos níveis de ruído. Um aumento no limiar auditivo ocorre a 0,15 oitava acima do tom do ruído. Nesse tipo de surdez nervosa, a perda auditiva ocorre primeiro nos tons altos acima de cerca de 4.000 Hz, o que passa despercebido, estando acima das frequências da fala. O índice de repetição do ruído do impacto deve ser mais longo do que 0,1 s para dar tempo aos músculos do ouvido médio se contraírem e protegerem a membrana timpânica e os ossículos inseridos, uma resposta impossível quando o ruído é inesperado. No alarme de incêndio, a intensidade do ruído atinge o máximo dentro de 0,2 a 2 ms, um tempo muito curto para os mecanismos reflexos protetores agirem.

A dormência da audição pode estar associada a uma sensação ressoante ou zunido, conhecido como tinido. Uma vez que as células receptoras tenham se degenerado, a recuperação da audição não é possível. As células afetadas não geram mais impulsos elétricos e, assim, nenhum sinal é transmitido para o centro auditivo. Dispositivos de amplificação não trazem nenhum benefício.

A **presbiacusia** se refere a uma perda auditiva atribuível à idade, em vez do dano induzido pelo ruído. Há uma deterioração crescente em frequências mais altas (400 Hz ou acima), e as perdas não interferem na comunicação oral até por volta dos 65 anos. A fala humana normal varia de 300 a 3.500 Hz, mas a fala para homens e mulheres tende a predominar em cerca de 500 Hz. A remoção do topo das frequências da fala (1.000 a 3.000 Hz) resulta em sussurros inaudíveis e em dificuldade em discriminar palavras específicas. A perda de audição atribuível à idade é similar àquela produzida pelo ruído alto.

Atividades recreativas e esportes envolvendo perigos auditivos

O ruído está implícito na vasta gama de esportes e atividades recreativas realizadas pelas pessoas. Esta seção identifica algumas dessas atividades e discute a natureza do estresse por ruído. Métodos para evitar o dano auditivo atribuível à exposição ao ruído são discutidos, incluindo o uso de equipamento de proteção.

Tiro ao alvo

Muitas federações esportivas aconselham seus atletas a usar uma proteção no ouvido para reduzir o risco de dano à audição. Um rifle de calibre 22 (uma das armas menos ruidosas no uso esportivo) pode produzir níveis de pressão de pico de som em um alcance de 130 a 160 dB. Apesar da curta duração desses níveis de pressão de pico de som, eles representam valores altos de som impulsivo e níveis de ruído significativos. Atirar regularmente com uma arma de 12 tiros danifica os ouvidos dos atletas amadores. Usar protetores de ouvido é a única maneira de evitar o risco.

A cabeça fornece algum grau de proteção para o ouvido que está afastado no tiro com rifle. Virar a cabeça, igual a quando se atira com uma arma nos ombros, fornece uma "sombra da cabeça" para um dos ouvidos. Essa sombra pode produzir atenuações de 25 a 30 dB em frequências acima de 1.000 Hz, mas é inútil abaixo dessa frequência. Atiradores com pistolas mantêm a cabeça firmemente focada no alvo, colocando ambos os ouvidos em igual risco.

Corrida automotora

Encontros em pistas de corridas, subidas de colinas, *motocross*, corrida em pista de grama e outras provas de corrida não realizadas em vias públicas são invariavelmente ruidosas. Sem o roncar dos motores ou dos pneus, essas provas não são muito atraentes para os espectadores. Os níveis de ruído atingem valores acima de 100 dB, mas a duração da exposição pode ser relativamente curta para os espectadores.

Pilotos, mecânicos e diretores de pista correm o maior risco, embora os espectadores posicionados próximo à pista possam também receber altas doses. Os mecânicos e os diretores de pista devem usar protetores de ouvido, como aqueles desenvolvidos para situações industriais ruidosas. Fones de ouvido feitos de "fibra de vidro" são adequados, e capacetes de segurança devem ser usados pelos competidores.

Corrida de motocicleta

No Reino Unido, o nível de ruído permitido para uma carga horária de 8 h por dia de acordo com a Health and Safety at Work Act, de 1989, é de 85 dB. Os motociclistas sentem valores bem acima desse nível. O ruído dos motores é satisfatoriamente controlado pelo Auto-Cycle Union, no Reino Unido, e a principal ameaça está associada com o fluxo de ar turbulento ao redor do capacete do corredor. Esse "ruído do vento" de frequência baixa chega a 90 dB quando a moto é pilotada em 56 km/h.

A perda auditiva alastra-se para frequências de 3.000 a 6.000 Hz em ambos os lados da região à medida que o dano avança. Motociclistas profissionais (20 de 44 examinados) mostraram perdas auditivas maiores que o esperado em comparação com grupo controle de idade equivalente (McCombe e Binnington, 1994). A deficiência auditiva aumentou com a experiência da corrida. Um pouco menos do que 40% dos corredores usam protetores auriculares com regularidade, a maioria dos competidores os descartam para ouvir outros sons ambientais, em particular, o motor e o escapamento das motos.

Natação em piscina coberta

Piscinas públicas com tratamento acústico inadequado podem produzir poluição sonora. Os níveis do som durante períodos concorridos podem atingir níveis de pico de 100 dB e níveis de 90 a 92 dB são comuns. Precauções importantes são evitar exposição prolongada nos treinos e competições e usar protetores de ouvido de borracha projetados para não deixar entrar água. Esses dispositivos de proteção devem estar firmemente encaixados para serem efetivos.

Corrida de snowmobile (moto de neve)

Os *snowmobiles* fornecem uma forma conveniente de transporte sobre um terreno coberto de neve. Esses veículos são usados por guardas florestais para transporte e por competidores de corrida de *snowmobiles*. Os trenós podem produzir até 136 dB a plena aceleração (motor de 26 cavalos de potência). Mudanças de limiar temporárias durando de 4 a 14 dias são encontradas nos corredores e nos policiais. Os níveis da pressão do som causados pelos *snowmobiles* excederam as Condições de Risco e Dano do American Commiittee of Hearing and Bioacustics em 10 dB para a variação da frequência da fala (500-2.000 Hz). Os dados sugerem que os pilotos não devem praticar a corrida de *snowmobiles* por mais de 11 minutos. O uso de *snowmobiles* sem limite pode constituir uma dose de ruído significativa para aqueles expostos.

Atividades do tipo faça você mesmo

Ferramentas de potência, como aquelas usadas em tarefas do tipo "faça você mesmo", são ruidosas e podem ser perigosas se usadas por períodos de tempo prolongados. Aparelhos ruidosos incluem arados motorizados, serras elétricas, aparadores de grama elétricos, serras circulares, lixadeiras (em especial quando usadas em superfícies metálicas), martelos (em certas circunstâncias) e ferramentas de percussão. Quando essas ferramentas são usadas ao ar livre, a única pessoa que corre risco é o operador. Protetores de ouvido são recomendados pelo Noise Advisory Council como essenciais quando se usa serras elétricas. Os riscos são maiores quando o equipamento de potência é usado em ambientes fechados – em lojas e garagens com pouco material de absorção de ruído. Para a pessoa normal que costuma realizar atividades do tipo "faça você mesmo", as máquinas devem ser apenas usadas por pequenos períodos de tempo.

Música alta

A idade e o gosto determinam se a música é considerada muito alta. Discotecas, clubes e concertos de música *pop* foram criticados por terem uma música altamente amplificada, que pode envolver um risco auditivo pequeno, mas definitivo. Os níveis de pico do ruído de 120 dB são comuns em discotecas e os níveis médios, muitas vezes, excedem 105 dB. De acordo com dados preparados para a exposição de ruído industrial, uma pessoa que passa 15 min/dia exposta a um ruído contínuo de 105 dB corre risco igual de dano auditivo que aquela que passa 8 h a 90 dB. Jovens que vão a clubes ou discotecas uma ou duas vezes por semana têm um período de descanso para sua audição entre os dias de exposição. Pessoas que são submetidas a altos níveis de ruído durante o dia e um ruído adicional à noite correm risco aumentado. Os níveis de ruído afetam os trabalhadores em clubes noturnos (*DJs* e técnicos audiovisuais) que fazem pequenos intervalos das doses de ruído alto durante seu turno. O tinido, uma sensação de campainha nos ouvidos, é uma queixa comum entre multidões em festivais de música ao ar livre: ela tende a desaparecer em dois dias após a exposição.

As recomendações de segurança para frequentadores de clubes noturnos, discotecas ou concertos de música *pop* incluem ficar distante das caixas de som e, ocasionalmente, dirigir-se até um local sem som ou ao ar livre. Esse conselho se aplica em particular se o tinido for sentido.

Proteção e controle de ruído

A maneira apropriada de proteção é controlar a fonte do ruído ou isolá-la. A pessoa pode ser protegida usando dispositivos para o ouvido.

Controle na origem

O projeto apropriado do equipamento, a manutenção regular, a atenção à lubrificação e o uso de montagens de borracha são úteis no controle do ruído na origem. Paredes duras, chão e teto refletem o som e aumentam o ruído e devem ser trabalhados no estágio do projeto. Esses problemas podem também ser trabalhados criando abafadores de som, em especial por meio de superfícies ásperas e porosas. Carpetes espessos e mobília acolchoada podem também ajudar a controlar o ruído.

Isolamento do ruído

O ruído pode ser isolado pelo tratamento acústico do ambiente, usando absorventes de som e uma disposição estratégica do equipamento. Esses remédios corrigem os erros de omissão no estágio de projeto. Um exemplo pode ser a localização imperfeita da planta e do equipamento que gera o ruído dentro de instalações esportivas. O projeto efetivo deve isolar tais fontes dos empregados e dos usuários do local.

Proteção para o ouvido

A efetividade da proteção para o ouvido é limitada de 35 dB a 250 Hz e de 60 dB a frequências mais altas. Uma ampla gama de dispositivos de segurança está disponível.

- *Protetores auriculares* estão disponíveis em vários tamanhos, feitos de material macio, flexível. Os protetores devem fornecer um encaixe agradável, impermeável e confortável. Eles devem ser não tóxicos e ter uma superfície suave para a limpeza. Modelos plásticos macios estão disponíveis em cinco tamanhos. A redução do ruído depende do encaixe e pode variar em cerca de 10 dB. O protetor pode ser encaixado com precisão, colocando-se na parte externa do ouvido, abrindo efetivamente e alargando o canal auditivo.

- *Protetores auriculares maleáveis e descartáveis* feitos de lã de vidro, cera, algodão ou uma combinação desses materiais têm formato de um pequeno cone; seu ápice deve ser inserido dentro do ouvido médio. Esse tipo de protetor pode fornecer uma redução similar ao tipo pré-fabricado se feito e ajustado adequadamente. Lã de vidro é o material para esses fones, no qual as fibras finas são macias e facilmente ajustadas à pele delicada do ouvido médio. A lã de vidro não é recomendada em áreas com altos níveis de ruído intermitente ou onde é necessário remover e reinserir dispositivos de proteção com regularidade durante os períodos de trabalho. A lã de vidro por si própria fornece pouca atenuação; se encerada, fica um pouco melhor, ainda sendo, porém, insatisfatória.

- *Protetores auriculares individualmente moldados* são feitos de borracha de silicone, moldados individualmente e têm formato permanente e compatível com o canal auditivo do usuário. Quando corretamente feito e encaixado, esse dispositivo é superior ao modelo pré-fabricado. O grau de proteção depende da qualidade da moldagem e, em geral, cinco ou seis tentativas de encaixe são requeridas. A borracha de silicone é suprida com um agente de secagem, e os dois são, então, combinados a uma consistência que se assemelha àquela de uma massa de vidraceiro antes de ser inserida no ouvido. Nenhum movimento mandibular é permitido durante um período de secagem de 10 min. Na remoção, o fone assume uma forma permanente e é confortável de se usar.

• *Protetores de orelhas* são estruturas rígidas que cobrem o ouvido externo, mantidas na cabeça por uma alça ajustável, de mola forrada. O lacre para a cabeça é feito com revestimentos macios que cobrem toda a orelha. Um lacre líquido é um anel plástico contendo líquido, como glicerina, que se encaixa ao redor da orelha e minimiza o vazamento de som. Para sobrepor as ressonâncias de alta frequência dentro da concha, o espaço é preenchido com material absorvente (espuma plástica). O material do lacre deve ser não irritante e não tóxico e antitranspirante. As capas protetoras fornecem uma proteção maior que os protetores auriculares, mas sua redução de ruído depende, primeiro, do lacre da cabeça-concha (esse lacre é reduzido quando as capas são usadas em um cabelo comprido ou em armações de óculos), e segundo, da força das conchas que pressionam contra a lateral da cabeça. Sua redução de ruído máxima é 35 dB a 240 Hz, 60 dB em frequências mais altas. Os protetores de orelha se encaixam na maioria das pessoas, e são adequados para aqueles que se movem com frequência, entrando e saindo de níveis de ruído alto. Podem ser usados por pessoas para as quais os protetores auriculares são inadequados por causa da infecção do canal do ouvido externo.

• *Capacetes* impedem os sons de atingir níveis altos atribuíveis à condução via ossos do crânio. Os capacetes são usados em circunstâncias em que a cabeça deve estar protegida da lesão física. A melhor proteção é fornecida por uma combinação de capacete e protetores auriculares. Kirk (1993) monitorou protetores de orelha acoplados a capacetes em lenhadores durante um período de 12 meses e concluiu que os dispositivos eram uma forma segura e efetiva de proteção contra o ruído da serra elétrica.

Efeitos agradáveis do som

Alguns contextos esportivos geram ruído que se tornam um elemento emotivo do esporte. Exemplos são o fritar dos pneus na corrida motorizada, o roncar das máquinas no motociclismo e o tiro inicial de uma corrida, o som do taco fazendo contato com a bola no golfe ou uma bola de críquete sendo rebatida suavemente pelo rebatedor. Se o som é de distração ou de alerta e aceitável, depende do seu significado para a pessoa, como ilustrado pelo uso da música no esporte.

A música pode influenciar o humor dos espectadores em eventos esportivos. Música popular alta é usada para estimular a audiência e evocar emoções antes do início da competição. Espectadores nos jogos da Copa do Mundo antecipam o som rítmico do samba para acompanhar o desempenho da seleção brasileira de futebol.

Música ambiente é usada em locais de lazer para acalmar a atmosfera e criar uma sensação de relaxamento. A música é usada individualmente pelos atletas no vestiário antes de uma competição, para ajudar a preparação mental para a prova a ser realizada. Os atletas usam seus próprios fones de ouvido e selecionam sua música para atingir o humor adequado.

As respostas individuais ao exercício podem ser afetadas pela música tocada. Além de aumentar a estimulação em um contexto competitivo, a música pode ser uma distração no treinamento extenuante, dissociando as percepções da pessoa para os estímulos externos em vez dos internos, associados ao esforço percebido. De modo alternativo, sob intensidades de exercício de leve a moderada, como a caminhada ou o *jogging*, ouvir música com fones de ouvido pode ter um efeito relaxante e ajudar na adesão ao programa de exercícios. O impacto da música sobre o desempenho parece depender do seu tipo e do contexto do desempenho.

Música lenta, calma, tende a diminuir as respostas fisiológicas ao exercício submáximo, particularmente por desacelerar a frequência cardíaca. Além disso, o exercício até a exaustão aumentou quando acompanhado por música lenta e calma comparado com uma música rápida, alta ou com uma condição de controle. *Rock'n'roll* acelerado eleva as respostas cardíacas ao exercício submáximo. Embora a música lenta e calma tenha um efeito favorável sobre o esforço percebido durante o exercício de intensidade leve, a influência da música tocada tende a desaparecer quando o exercício máximo é feito.

Visão geral e resumo

O ambiente no qual o atleta treina e compete tem implicações não somente para o desempenho, mas, também, para a saúde e a segurança. A qualidade da superfície de jogo, por exemplo, força uma escolha do calçado apropriado, de modo que o desempenho pode ser obtido sem aumentar o risco. As condições de jogo às vezes excedem os limiares de segurança e as condições climáticas podem comprometer a segurança dos participantes.

A poluição do ar pode comprometer a saúde, bem como ameaçar o desempenho. A concentração de ozônio pode exceder os limites aceitáveis em algumas das principais cidades do mundo (Atenas, Pequim, Cidade do México, Los Angeles). A neblina piora a poluição, mas o treinamento é, em geral, diminuído em condições de neblina por razões de visibilidade.

A avaliação precisa das variáveis ambientais é necessária para calcular o risco de lesão por calor. Os principais fatores a serem considerados são temperatura do bulbo seco, velocidade do ar e cobertura da nuvem. O índice mais amplamente usado no contexto esportivo é a temperatura do bulbo seco, que leva em consideração a temperatura ambiente e a umidade. O índice de sensação térmica é usado para determinar o risco em condições frias. À parte do efeito congelante do vento, condições tempestuosas tornam a previsão dos resultados mais difíceis de serem consideradas e os erros nas habilidades são mais frequentes.

O recente desafio ambiental – hipóxia, temperatura, viagem, poluição, clima – pede preparação e planejamento. As condições do clima nem sempre são previsíveis e podem até variar amplamente durante o curso da competição. Uma consciência dos ajustes biológicos dinâmicos que o corpo faz permite que o participante do esporte minimize os efeitos adversos e o desconforto associado às variáveis ambientais.

Ritmos circadianos

DEFINIÇÕES

ciclo sono-vigília – A alteração natural de repouso e vigília que acompanha as flutuações diárias de escuridão e luz do dia.

eletroencefalografia (EEG) – Técnica usada para monitorar as ondas cerebrais, em especial os graus relativos de excitação durante o sono.

fadiga de voo – Sintomas de ritmos circadianos alterados ou dessincronizados atribuíveis à viagem aérea por múltiplas zonas de tempo.

fatores exógenos – Fatores ambientais, como luz natural do dia, temperatura ambiente, horas de refeição e atividade social, que influenciam os ritmos inatos em um período de 24 h.

Ramadã – O mês sagrado praticado por muçulmanos devotos no qual a comida e a bebida são evitadas entre o nascer e o pôr do sol.

ritmos circadianos – Variações cíclicas que recorrem a cada período de 24 h.

COMPETIÇÕES ATLÉTICAS são disputadas em várias horas durante o dia, desde as corridas de maratona que ocorrem pela manhã às partidas noturnas de futebol americano sob luzes artificiais. De maneira similar, alguns empregados começam a trabalhar bem cedo pela manhã, enquanto outros trabalham tarde da noite. Essas horas podem interromper os ritmos diurnos normais, porque estão fora de sincronia com a hora típica para trabalho ou treinamento. O desempenho competitivo no esporte depende de uma série de fatores, incluindo variáveis fisiológicas e psicomotoras. O índice de trabalho em jogos depende da força aeróbia máxima, e o desempenho na corrida rápida é influenciado pela força anaeróbia (Carling et al., 2005). Essas medidas de desempenho podem ser afetadas pela variação diurna, ou seja, mudanças que ocorrem dentro das horas normais do dia.

Ritmos circadianos se referem a mudanças cíclicas dentro do corpo que recorrem entorno das 24 h do dia. A temperatura central mostra um ciclo a cada 24 h e é considerada um marcador fundamental do ritmo circadiano do corpo. As observações sobre temperatura retal podem ser ajustadas com uma função de cosseno e a hora do pico da ocorrência é identificada. A hora em que o pico ocorre é referida como acrófase e é geralmente encontrada entre 5 e 6 h da tarde (17 e 18 h). Muitas medidas do desempenho humano seguem essa curva na temperatura do corpo (Drust et al, 2005). Essas medidas incluem componentes do desempenho motor (como força muscular, tempo de reação, desempenho de salto e escolha da intensidade do exercício), fatores que são importantes em muitos esportes (Figura 4.1). Tarefas relacionadas ao futebol, como driblar, fazer malabarismos com a bola e dar um chapéu no adversário, também são influenciadas pelo efeito da hora do dia (Reilly et al., 2007a).

O **ciclo sono-vigília** é outro ritmo biológico relevante a se considerar. Esse ciclo está ligado com o padrão de atividade habitual, isto é, dormir durante as horas de escuridão e trabalhar ou ficar acordado durante a luz do dia. Os estados de excitação variam entre essas horas, tendendo a atingir o pico logo após o meio-dia, na hora em que os níveis de circulação de adrenalina estão no máximo. Uma equipe esportiva forçada a competir na hora do dia em que seus membros geralmente ficam inativos não estará bem preparada, biológica ou psicologicamente, para competir.

Fatores endógenos e exógenos influenciam os ritmos circadianos, dependendo do grau no qual os ritmos específicos são gerenciados pelos sinais ambientais.

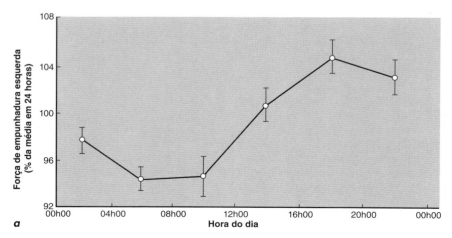

Continua

Ritmos circadianos

Continuação

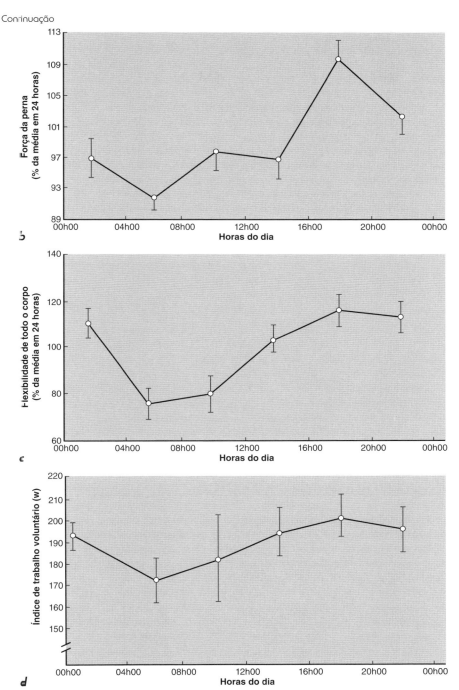

Figura 4.1 O ritmo circadiano no índice de trabalho voluntário corresponde exatamente ao da temperatura corporal central. Outras medidas, como força de preensão da mão esquerda, flexibilidade de todo o corpo e força da perna, seguem a mesma forma que o índice de trabalho autoescolhido.

Reimpressa de T. Reilly, G. Atkinson, e J. Waterhouse, 1997a, *Biological rhythms and exercise* (Oxford, UK: Oxford University Press), p. 42, 44, 52, 53. Com permissão de Oxford University Press.

Os **fatores exógenos** incluem luz natural e artificial, temperatura, tipo e hora das refeições e atividade social e física. Os ritmos endógenos são relógios corporais internos; as células do núcleo supraquiasmático do hipotálamo são o local de controle dos ritmos circadianos. Essas células estão ligadas pelas redes neurais à glândula pineal; funções de precisão foram atribuídas a ela, ao seu hormônio melatonina e às substâncias relacionadas, como a serotonina. Os ritmos circadianos mais relevantes para o desempenho humano parecem ser a curva de temperatura corporal e o ciclo de sono-vigília.

A coexistência harmoniosa de ritmos circadianos distintos não pode ser presumida quando o ciclo normal de sono-vigília é interrompido. Tais perturbações ocorrem como um resultado de mudanças nas circunstâncias domésticas que interrompem o sono normal, quando a ansiedade proíbe o sono reparador e quando a pessoa faz trabalho noturno. Essas perturbações também se aplicam a viajantes ou voos de longo curso sobre vários meridianos e em uma extensão menor a muçulmanos que jejuam durante o mês sagrado do **Ramadã**, quando beber e comer são proibidos do nascer ao pôr do sol (Reilly e Waterhouse, 2007). As consequências de um ciclo de sono-vigília interrompido são, em geral, aparentes no humor, no estado de alerta e no desempenho (Bonnet, 2006). Os efeitos dessa interrupção podem ser mais pronunciados em atividades atléticas, em particular, provas de aventuras, nas quais a quantidade de tempo disponível para o sono é minimizada.

A importância de um sono de boa qualidade para participantes esportivos é reconhecida pelos profissionais. Ideias podem ser obtidas sobre o papel do sono, observando-se as consequências das interrupções do ciclo de sono-vigília e como os indivíduos lidam com tais condições. O capítulo considera os efeitos do treinamento em diferentes horas do dia antes de rever as interrupções dos ritmos circadianos causadas pelos voos transmeridianos. Os efeitos da privação total do sono, perda de sono crônica e sono parcial são considerados, e os resultados são revistos com base em estudos laboratoriais e de campo. As circunstâncias de trabalho noturno são, então, revisadas com remédios para contrabalançar quaisquer prejuízos no desempenho. A interrupção do sono no contexto das diferenças individuais é discutida, e as orientações são fornecidas para lidar com as quebras necessárias ao sono normal.

Treinamento e hora do dia

As medidas de desempenho físico em geral demonstram um pico no desempenho que ocorre próximo da acrófase do ritmo circadiano na temperatura corporal. Nessa base, a hora ideal para o exercício seria entre 17 e 18 h, presumindo-se que a temperatura ambiental esteja dentro da zona de conforto (Reilly, 2009). Há, provavelmente, uma janela de algumas horas durante o dia quando o desempenho máximo pode ser atingido. O ponto favorável pode ser realizado com o aquecimento apropriado e preparação física e mental. Consequentemente, eventos que começam antes das 15 h e depois das 19h30 não necessariamente alcançam o desempenho submáximo, em particular, porque as temperaturas muscular e central aumentam durante o curso do exercício sustentado. Destaca-se a importância do aquecimento no período da noite, após às 20 h, em condições frias.

A hora do treinamento habitual e a hora na qual os eventos competitivos são realizados muitas vezes não coincidem. A maioria das equipes de futebol americano profissional treina pela manhã, começando às 10 ou 11 h. O exercício de condicionamento físico extenuante é mais bem conduzido no início da noite, hora em que muitas equipes amadoras treinam. A rigidez muscular é maior pela manhã, e, assim, atenção especial deve ser dada para os exercícios de flexibilidade durante o aquecimento antes das sessões de treinamento matinais. Quando os atletas têm de competir em uma hora do dia na qual não estão acostumados, simplesmente treinar naquela hora em alguns dias que antecedem a competição pode ser útil.

A resistência não é comprometida com o treino matinal, contanto que o exercício não seja muito intenso no início. Reilly e Garrett (1995) permitiram que as pessoas acertassem seu ritmo em um teste de exercício estendido em duas horas diferentes do dia. Durante a manhã, as pessoas começaram lentamente, mas aumentaram progressivamente a intensidade do exercício. Em contraste, elas começaram em um índice de trabalho mais alto à noite, mas no final do período de 90 min estavam trabalhando em uma intensidade mais baixa que tinham realizado pela manhã. A transpiração ocorre em uma temperatura corporal mais baixa pela manhã que à noite. Em condições quentes, o aumento na temperatura central pode atingir um valor superior crítico com mais rapidez à noite em comparação com a manhã, quando a temperatura ambiental provavelmente também está mais fresca. Assim, a melhor hora do dia para o exercício depende das tarefas que estão sendo executadas, dos objetivos da sessão e das condições ambientais.

As variações circadianas nas habilidades relacionadas ao futebol foram examinadas por Reilly et al. (2007a). A força muscular e a temperatura corporal adaptaram-se ao ritmo circadiano típico com um pico ocorrendo por volta das 18 h. Os testes de habilidade no futebol demonstram também uma variação diurna. As tarefas que requereram o maior grau de controle motor, tais como testes de habilidade com a bola, tendiam a atingir o pico mais cedo que aquelas como velocidade de drible, que envolviam funções motoras mais amplas. Essa separação provavelmente reflete a existência de mais de um ritmo circadiano simples, de forma que as funções relacionadas com o sistema nervoso tendem a atingir o pico mais cedo durante o dia que aquelas ligadas com mudanças na temperatura corporal (Reilly e Waterhouse, 2005). Essa separação pode abranger também um efeito de fadiga mental associado com a duração do tempo acordado. Parece que as habilidades podem ser mais bem adquiridas em sessões no meio do dia, à medida que a curva na excitação se aproxima e atinge o seu ponto máximo. Consequentemente, há uma ocasião para profissionais jovens realizarem seu trabalho de habilidade em uma intensidade mais leve nas sessões matinais. O exercício mais intenso pode ser reservado para uma sessão posterior, após o almoço e um período de recuperação.

Ciclo de sono-vigília

O ciclo de sono-vigília é fundamental para os seres humanos; a atividade está associada com as horas de luz do dia e o sono com as horas de escuridão. A recorrência diária está ligada com as respostas da glândula pineal ao ambiente. A melatonina do hormônio pineal é secretada ao anoitecer, mas sua produção é inibida pela luz. Uma vez que a melatonina é secretada, suas propriedades de vasodilatação fazem que a temperatura do corpo diminua. Outro efeito é que ele causa sonolência, preparando o corpo para o sono.

O sono em si é dividido em estágios separados, com base na **eletroencefalografia (EEG)**. Tipicamente, em 8 h de sono, um indivíduo passa por cinco ou seis ciclos compostos de estágios 1 e 2, sono lento (estágios 3 e 4) e sono REM ou movimento rápido do olho. É principalmente durante o sono REM que os sonhos ocorrem. A primeira metade de uma noite de sono tende a conter relativamente mais sono não REM; o sono REM se torna mais proeminente na segunda metade da noite (Figura 4.2).

Não está claro por que o corpo precisa de sono. Muitas funções são consolidadas durante o sono e ocorrem muitos processos de restauração. Está claro que os mecanismos neurais se beneficiam do sono, assim como muitos aspectos da função imune. Muitos indivíduos, trabalhadores e atletas, acreditam que bons hábitos de sono promovem o seu bem-estar e a falta de sono o compromete.

Fadiga de viagem e síndrome da mudança de fuso horário (*jet lag*)

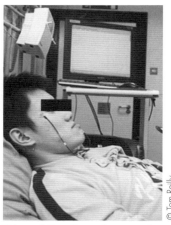

Figura 4.2 Eletrodos e unidade de demonstração usados para monitorar a eletroencefalografia.

Os atletas de elite têm de viajar regularmente grandes distâncias para participar de competições internacionais ou entre clubes. As equipes também podem participar de torneios de temporada fechada ou partidas amistosas no exterior como parte do treinamento de pré-temporada. Tais participações são possíveis pela velocidade dos voos contemporâneos. Embora a viagem internacional seja, nos dias de hoje, algo rotineiro para propósitos recreativos, ela compromete a participação do atleta que viaja para competir, e os problemas acarretados devem ser antecipadamente tratados.

Muitos atletas têm sua rotina diária alterada quando precisam viajar para o exterior. Eles podem ficar particularmente excitados com a viagem ou preocupados com os planos para o embarque. Dependendo do país a ser visitado, vistos e vacinas podem ser requeridos. Equipes profissionais em geral têm os preparativos para a viagem realizados por sua equipe administrativa e médica. Esses arranjos incluem lidar com procedimentos formais no embarque e no desembarque e evitar a confusão de ter de lidar com os profissionais aeroviários e os controles de segurança.

Ao chegar com segurança ao destino, o atleta pode sofrer de fadiga da viagem, perda de sono (dependendo da duração do voo) e sintomas que são conhecidos como síndrome da mudança de fuso horário (*jet lag*). Esse termo se refere às sensações de desorientação, tonturas, impaciência, falta de energia e desconforto geral que acompanha a viagem por zonas de tempo (ver boxe na pág. 81). Essas sensações não são sentidas com a viagem diretamente em direção ao norte ou ao sul dentro da mesma zona de tempo, quando o passageiro simplesmente fica cansado da jornada ou rígido após ficar muito tempo em uma posição. O *jet lag* pode persistir por vários dias após a chegada e pode ser acompanhado por perda de apetite, dificuldade em dormir, constipação e cansaço. Embora os indivíduos difiram na gravidade dos sintomas que sentem, muitas pessoas simplesmente não conseguem reconhecer como são afetadas, em especial em tarefas que requerem concentração, consciência da situação e coordenação complexa.

O ritmo circadiano corporal conserva, a princípio, as características do ponto de embarque após uma jornada por múltiplas zonas de tempo. O novo ambiente logo força novas influências sobre esses ciclos, principalmente a hora do nascer do sol e o início da escuridão. Ritmos circadianos endógenos, como a temperatura corporal e outras medidas, são de ajuste relativamente lento a esse novo contexto. Leva cerca de um dia para a temperatura central adaptar-se por completo a cada zona de tempo percorrida. O sono provavelmente será difícil durante alguns dias, mas os **ritmos exógenos,** como atividade, alimentação e contato social durante o dia, ajudam a ajustar o ritmo de sono-vigília. O estado de excitação se adapta com mais rapidez à nova zona de tempo que a temperatura corporal. Até que toda a amplitude de ritmos biológicos se ajuste à nova hora local e fique novamente em sincronia, o desempenho dos atletas pode diminuir (Figura 4.3).

Sintomas do *jet lag*

Sono insatisfatório durante a nova hora noturna.

- Início do sono retardado após voo em direção ao leste.
- Despertar cedo após o voo em direção ao oeste.

Desempenho insatisfatório em tarefas mentais e físicas.

Mudanças negativas subjetivas.

- Aumento da fadiga e da irritabilidade.
- Cefaleias e lapsos na concentração.
- Redução no vigor e na motivação.

Transtornos gastrintestinais.

- Indigestão.
- Frequência de defecação.
- Consistência de fezes.
- Diminuição no prazer de se alimentar.

A gravidade do *jet lag* é afetada por uma série de fatores além das diferenças individuais. Quanto maior a quantidade de zonas de tempo percorridas, mais difícil será de lidar com as mudanças. Um deslocamento de fase de 2 h pode ser ruim, mas um deslocamento de 3 h (por exemplo, equipes inglesas ou irlandesas viajando para jogar na Rússia ou atletas americanos viajando de costa a costa dentro dos Estados Unidos) causará dessincronia em um grau substancial. Nesses casos, os tempos de voo – tempo de embarque e tempo de desembarque – podem determinar a gravidade dos sintomas do *jet lag*. As horas de treinamento podem ser alteradas levando em consideração o desgaste da viagem. Tal abordagem foi mostrada como bem-sucedida em equipes de futebol americano que viajam entre zonas de tempo dentro dos Estados Unidos e que têm jogos programados em diferentes horas do dia (Jehue et al., 1993).

Quando as viagens acarretam uma zona de transição de tempo de 2 a 3 horas e uma curta estadia (dois dias), pode ser mais acessível permanecer na "hora de casa". Tal abordagem é útil se a estadia na nova zona de tempo for de três dias, ou menos, e o ajuste dos ritmos circadianos não for essencial. Essa abordagem requer que a hora da competição coincida com a "hora de casa". Se esse não for o caso, então, o ajuste do relógio corporal é requerido. Uma equipe europeia que competirá pela manhã no Japão ou à noite nos Estados Unidos precisará de um ajuste do relógio corporal, porque essas horas seriam de difícil aceitação pelo corpo.

Os sintomas do *jet lag* somem nos primeiros dois a três dias após a chegada, mas podem ainda ser agudos em determinadas horas do dia. Haverá uma janela no dia quando a hora de alta excitação associada com a zona de tempo da partida se sobrepõe à hora do novo local de estadia. Essa janela pode ser prevista e deve ser usada para a sincronia das práticas de treinamento nos primeiros dias no destino.

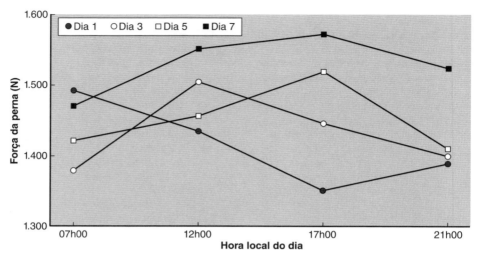

Figura 4.3 Força do músculo da perna em diferentes horas do dia, durante sete dias, após um voo em direção ao oeste por cinco fusos horários. Observe que a curva está ainda ajustada entre os dias 3 e 5.
Adaptada de *Sport and Environmental Physiology*, T. Reilly e J. Waterhouse, p. 102. *Copyright* 2001, com permissão de Elsevier.

A direção da viagem influencia a gravidade do *jet lag*. Voar para o oeste é mais fácil de tolerar que voar para o leste. No voo para o oeste, o primeiro dia é comprido e os ritmos corporais podem se estender alinhados com o seu período natural de tempo livre de cerca de 25 h e, assim, atualizar-se. Viajar para o Japão (9 h à frente do horário de verão britânico) e Malásia (7 h à frente do horário de verão britânico) requer mais que nove e sete dias, respectivamente, para os sintomas do *jet lag* desaparecem em alguns indivíduos. Em contraste, a readaptação é mais rápida no retorno à Inglaterra vindo do leste (Reilly, 2003). Contudo, quando as mudanças de fuso horário se aproximam de valores próximos ao máximo (por exemplo, uma mudança de 10 a 12 h) pode haver pouca diferença entre viajar para o leste ou oeste e o relógio corporal provavelmente se ajustará como se o último tivesse ocorrido (Reilly et al., 2005).

Soporíferos têm sido usados por alguns atletas quando viajam para induzir o sono a bordo. Drogas como benzodiazepinas são efetivas para fazer as pessoas dormirem, mas elas não garantem um período de sono prolongado. Elas foram ineficazes em acelerar o ajuste do relógio corporal em um grupo de atletas britânicos que viajaram para os Estados Unidos (Reilly et al., 2001). Além disso, essas drogas não foram satisfatoriamente testadas para efeitos residuais subsequentes sobre os desempenhos motores, como habilidades esportivas. Elas podem, na verdade, ser contraproducentes se administradas na hora incorreta. Sedativos não benzodiazepínicos, como o zopiclone e zolpidem, têm poucos efeitos colaterais e interferência mínima com a arquitetura normal do sono (Lemmer, 2007). A melatonina é uma substância que pode agir diretamente sobre o relógio corporal, bem como ser um hipnótico, mas a hora da administração é crucial. Os viajantes entre o Reino Unido e a Austrália, uma viagem que pode provocar os mais graves sintomas do *jet lag*, não obtiveram nenhum benefício da melatonina (Edwards et al., 2000). A melatonina administrada nas poucas horas antes da depressão da temperatura corporal terá um efeito de avanço de fase, ao passo que, se administrada nas horas após essa depressão, atrasará o ritmo circadiano. A ingestão de melatonina em outras ocasiões não terá efeito cronobiótico, mas ajudará a introduzir a sonolência. Drogas que não fornecem uma fácil solução para prevenir o *jet lag* e uma abordagem comportamental podem ser mais efetivas no alívio dos sintomas e da aceleração dos ajustes (Reilly et al., 2005).

A hora da exposição à luz branda é chave na implementação de uma abordagem comportamental. A luz demonstra uma curva de resposta de fase, opondo os efeitos da melatonina (Waterhouse et al., 1998). A exposição à luz natural ou artificial antes da depressão na temperatura central promove um atraso na fase, ao passo que um avanço na fase é encorajado pela luz administrada após essa hora, significando "hora do relógio biológico". A exposição à luz às 22 h em Los Angeles após um voo partindo de Londres deve promover um avanço na fase na primeira noite em vez do atraso de fase requerido, se a administração ocorrer após a depressão da temperatura central (Waterhouse et al., 2007). Onde a luz do dia natural não pode ser utilizada, a luz artificial de viseiras ou caixas de luz pode ser efetiva para propósitos de mudança de fase (Figura 4.4); esses dispositivos comercialmente disponíveis têm sido usados no tratamento do transtorno afetivo sazonal encontrado em nativos de latitudes do norte durante as temporadas de inverno quando as horas de luz do sol são limitadas. O mal-estar não é uma aflição comum entre os atletas.

O atleta deve se ajustar tão logo seja possível ao fuso horário local no novo ambiente. O foco na hora local para o desembarque pode ajudar no planejamento do resto das atividades diárias. A luz do dia natural inibe a melatonina e é o sinal-chave que ajuda a reajustar o relógio corporal ao novo ambiente. Pode haver outros fatores ambientais a se considerar: calor, umidade ou, até mesmo, altitude.

Um atraso na fase do ritmo circadiano é requerido após a viagem para o oeste e os visitantes podem antecipar o início do sono da noite. O início precoce do sono será menos provável após um voo para o leste. Nesse caso, uma sessão de treinamento leve naquela noite sugerirá alterações locais sutis para os ritmos. O exercício pode acelerar a adaptação a um novo fuso horário, e uma sessão de treinamento leve na manhã da chegada no Reino Unido após um voo se provou benéfica (Reilly, 1993). O treinamento pela manhã não é recomendado após um voo de longa duração para o leste, porque ele expõe o indivíduo à luz natural do dia e pode atrasar o relógio corporal, em vez de promover a fase de ajuste nessa circunstância. Essa estratégia de evitar as sessões matinais até que seja considerado apropriado foi usada pelos atletas olímpicos britânicos que chegaram na Austrália para a Olimpíada de Sydney, em 2000.

O exercício deve ser de intensidade leve ou moderada pelos primeiros dias no novo fuso horário, porque o treinamento duro, quando a força muscular e outras medidas estão prejudicadas, não será efetivo (Figura 4.3). As habilidades

Figura 4.4 Uma caixa de luz pode ser usada para corrigir os distúrbios do ritmo circadiano.

que requerem uma boa coordenação provavelmente também são prejudicadas durante os primeiros dias, e isso pode levar a acidentes ou a lesões se sessões de treinamento técnico forem conduzidas de maneira muito extenuante. Quando uma série de jogos em um torneio é programada, é útil ter, pelo menos, uma competição amistosa antes do final da primeira semana no país estrangeiro. Sonecas devem ser evitadas pelos primeiros dias, porque uma soneca longa na hora em que o indivíduo tiver sonolência (presumivelmente na hora em que ele está dormindo em seu fuso horário) ancora os ritmos em suas fases iniciais e, assim, atrasa as adaptações ao novo fuso horário.

Algumas precauções são necessárias durante o ajuste ao novo fuso horário. O álcool ingerido tarde da noite provavelmente prejudicará o sono e, portanto, não é aconselhado. Os níveis de hidratação normais podem ficar reduzidos após o voo por causa da perda de água respiratória no ar seco da cabine e, dessa forma, a ingestão de líquidos deve ser aumentada. Uma dieta recomendada para viajantes comerciais nos Estados Unidos abrange o uso de proteína no início do dia para promover um estado de alerta e carboidrato à noite para induzir a sonolência. É improvável que essa prática obtenha aceitação entre os atletas, embora eles possam se beneficiar, evitando-se grandes refeições noturnas. A refeição noturna pode incluir vegetais, com uma escolha de batatas fritas, grelhadas ou assadas; pratos com massa; arroz e pão com fibras suficientes para reduzir o risco de constipação.

Ao se preparar para as transições de fuso horário e os distúrbios que elas impõem sobre os ritmos corporais, o atleta pode reduzir a gravidade dos sintomas do *jet lag*. Houve pouco sucesso na tentativa de prever adaptadores satisfatórios e insatisfatórios aos voos de longo curso. O fato de a pessoa se sentir relativamente não afetada em uma ocasião não é garantia de que ela se sentirá assim na nova visita. Viajantes regulares se beneficiam de suas experiências e desenvolvem estratégias pessoais para lidar com o *jet lag* (Waterhouse et al., 2002). Os distúrbios no desempenho mental e nas funções cognitivas têm consequências não apenas para os atletas, mas, também, para as equipes de treinamento e médica que viajam com eles, que, provavelmente, também sofrerão dos sintomas do *jet lag*. Os longos períodos de inatividade durante uma viagem de avião podem levar ao agrupamento do sangue nas pernas e, em pessoas suscetíveis, isso causa trombose venosa profunda. Andar pelo avião periodicamente durante a viagem, por exemplo, a cada 2 h, e fazer exercícios de alongamento são medidas recomendadas. Os viajantes devem beber também de 15 a 20 ml de líquido extra por hora, preferivelmente suco de frutas ou água, para compensar a perda de água do trato respiratório superior, atribuível à inalação do ar seco da cabine (Reilly et al., 2007b). Sem essa ingestão extra de líquido, a desidratação residual pode persistir até os primeiros dias nesse novo fuso horário.

Privação ou interrupção do sono

A privação do sono se refere a uma quantidade de sono abaixo do que o indivíduo está acostumado. Os efeitos podem se acumular, de modo que uma "dívida de sono" é sentida. As circunstâncias variam de interrupção menor a uma total falta de sono à noite (ou tempo de descanso), como ocorre em atividades como serviço de vigilância, manobras militares ou esportes radicais. A perda de sono está associada com o trabalho noturno e é um subproduto dos ritmos circadianos alterados, assim como ocorre ao se atravessar meridianos múltiplos. Tarefas complexas são afetadas com mais facilidade pela perda de sono que as funções motoras normais. Os efeitos da perda do sono são normalmente autolimitados e soporíferos não são necessariamente úteis para os atletas.

Privação total do sono

Alguns anos atrás, Thomas e Reilly (1975) mostraram que é possível manter o exercício contínuo em intensidade moderada por pelo menos 100 h sem parar. A ingestão de energia foi fornecida para combinar o índice de gasto de energia (30,77 MJ/dia) e entregue como uma bebida de licor de glicose. Apesar da consistência na captação de força muscular (que foi controlada), a frequência cardíaca diminuiu nos primeiros dois dias do ensaio, sugerindo uma redução no impulso simpático. A função pulmonar (indicada pela capacidade vital e pelo volume expiratório forçado no primeiro segundo da expiração) mostrou uma tendência de deterioração durante as 100 h, sobreposta sobre a periodicidade circadiana. Havia uma tendência significativa na diminuição do tempo de reação visual a cada dia sucessivo sem sono. Erros em um teste de detecção de sinal apareceram após a primeira noite sem sono e em tarefas mentais que requerem memória de curto prazo após a segunda noite, embora nenhuma dessas tarefas demonstrasse um ritmo circadiano significativo sob essas condições. As observações realçaram a natureza errática das tarefas de desempenho nessas circunstâncias e a supressão de alguns ritmos circadianos em condições que demandam um nível constante de débito de força muscular.

Quando os participantes tentam entrar para o livro dos recordes *Guinness World Records* por resistência extrema, a atividade é sustentada em uma intensidade autoescolhida. Quando duas equipes disputavam um jogo de futebol *society* durante 91,8 h, a frequência de trabalho demonstrou um ritmo circadiano significativamente reduzido a cada dia (Reilly e Walsh, 1981). O ritmo na atividade estava em fase com aquele da temperatura corporal e, nessa ocasião, a resposta da frequência cardíaca mostrou variação cíclica correspondente à atividade física (Figura 4.5). O dano no desempenho mental ficou evidente após apenas uma noite; lapsos na atenção e atrasos no tempo de reação ficaram mais evidentes do que as mudanças nas medidas físicas, como força de preensão, que se provou resistente aos efeitos da fadiga induzidos pela falta de sono.

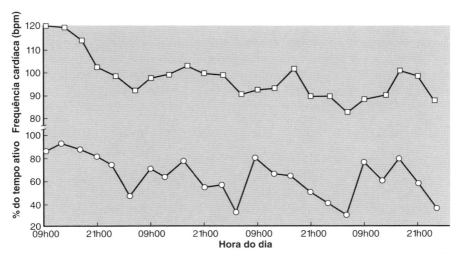

Figura 4.5 Frequência cardíaca média e porcentagem de tempo ativo em jogadores de futebol *society indoor* durante quatro dias sem dormir. As medidas foram obtidas a cada 4 h, a frequência cardíaca 1 h mais tarde que a atividade.

Adaptada, com permissão, de T. Reilly e Walsh, 1981, "Physiological, psychological and performance measures during an endurance record for 5-1 side soccer play", *British Journal of Sport Medicine* 15:122-8.

Quando os indivíduos são privados do sono durante noites sucessivas, episódios comportamentais bizarros, ilusões (visuais, auditivas e olfativas) ou alucinações são muitas vezes observados. A causa dos distúrbios em processos cognitivos e de percepção foi examinada em um grupo de jogadores de futebol disputando partidas de futebol *society*, em uma quadra *indoor*, durante 72 h (Reilly e George, 1983). Amostras sanguíneas foram obtidas a cada 4 h, e o estado de humor foi monitorado nos mesmos instantes de tempo e nos 5 min de descanso permitidos a cada 50 min. O tempo de reação inesperado foi testado por um dispositivo portátil preso por bandagens para a administração de um protocolo de teste enquanto o jogo prosseguia (Figura 4.6). Os dados sugeriram que a β-feniletilamina, uma amina cerebral típica, tem um papel nos ciclos de comportamento incomuns e estados de humor que ocorrem nessas circunstâncias, porque as concentrações da amina livre aumentam progressivamente no ritmo circadiano a cada dia, superando os valores normais. Apesar do episódio ocasional de comportamento estranho, a força de preensão permaneceu relativamente estável durante quatro dias, mantendo seu ritmo circadiano variável.

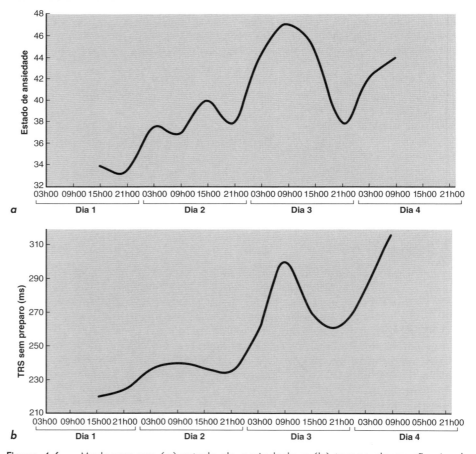

Figura 4.6 Mudanças em (a) estado de ansiedade e (b) tempo de reação simples inesperado em jogadores de futebol *society* durante 72 h sem dormir.

Reimpressa, com permissão, de T. Reilly e George, 1983, "Abstracts of the Society of Sports Science Conference: Urinary phenylethamine levels during three days of indoor soccer play", *Journal of Sport Sciences* 1:70, Taylor & Francis Ltd, http://www.tandf.co.uk/journals.

A restrição do sono é comumente sentida por marinheiros e soldados. How et al. (1994) usaram uma bateria de testes que registrou o desempenho cognitivo e físico quando estudavam marinheiros navais privados do sono por mais de 72 h. Os declínios mais acentuados foram observados na cognição, na velocidade e na precisão, ao passo que efeitos menores foram encontrados em testes de rotina de medidas físicas. As mudanças se tornaram mais evidentes após 36 h: todas as medidas de desempenho mostraram um ritmo diurno e as depressões coincidiram com os índices mais altos de sonolência.

Uma correlação similar entre estados subjetivos e desempenho de habilidade foi registrada quando recrutas militares foram monitorados enquanto eram mantidos acordados durante três noites sucessivas (Froberg et al., 1975). Um aumento na fadiga autoclassificada coincidiu com um declínio na precisão de tiro com rifle, as duas medidas exibindo uma ritmicidade circadiana durante os três dias. As curvas de desempenho estavam em fase com as concentrações de noradrenalina circulante, que aumentaram progressivamente com um pico a cada dia. As concentrações aumentadas de noradrenalina refletiam um impulso mental aumentado necessário para manter o desempenho diante da privação do sono. As observações mostraram como os ritmos circadianos podem persistir com uma tendência progressiva na fadiga sob condições de completa privação de sono. Um quadro similar é apresentado para a ansiedade e o tempo de reação simples inesperado de indivíduos que jogam futebol em quadras fechadas durante 72 h sem dormir (Figura 4.6).

O impacto significativo da privação de sono sobre o desempenho psicomotor foi confirmado em uma meta-análise de estudos relevantes. Koslowsky e Babkoff (1992) concluíram que quanto mais longo é o período sem sono, maior é o efeito sobre o desempenho. Além disso, diminuições na velocidade foram maiores que os decréscimos na precisão. Em uma segunda meta-análise, Pilcher e Huffcutt (1996) mostraram que as medidas de humor eram mais sensíveis que as tarefas cognitivas, que, por sua vez, eram mais sensíveis que as tarefas motoras durante a perda de sono. As habilidades esportivas frequentemente incorporam tomada de decisão, bem como componentes físicos; erros em qualquer um desses são refletidos nos resultados de desempenho. Qualquer deterioração no humor provavelmente também afetará o desempenho quando esforço máximo e determinação forem requeridos do atleta.

Perda de sono crônica

Observações sobre a perda de sono crônica em condições realistas se basearam principalmente em corridas de ultrarresistência, velejar longas distâncias e operações militares. Nessas instâncias, algum sono é permitido ou é tirado de acordo com as estratégias para a prova competitiva ou necessitadas pelas condições climáticas.

Smith et al. (1998) estudaram competidores na Race Across America, uma corrida de bicicleta de 4.460 km nos Estados Unidos, que dura oito dias. Durante 3 h, a média de sono dos vencedores foi de 2 h por noite. Em um evento de *Eco-Challenge* completado em 7 dias e 2 h, o sono tirado voluntariamente pela equipe vencedora em 2002 teve média de 2,4 h por dia. Após sentir uma fadiga física e cognitiva extrema no ano anterior, a equipe vitoriosa decidiu não passar mais de 30 h sem dormir (Smith e Reilly, 2002). Embora os atletas possam completar essas competições sobre um terreno desafiador e condições ambientais difíceis, os eventos exigem uma grande taxa de seus recursos físicos e mentais.

Distúrbios de sono crônicos são antecipados pelos marinheiros em corridas pelos grandes oceanos e ao redor do mundo. Bennet (1973) estudou 19 marinheiros solitários durante uma corrida transatlântica que levou aproximadamente 38 dias. A maioria dos participantes acordou em intervalos para verificar o clima e a direção; um marinheiro realizou essas verificações a cada 30 min durante 24 h. Os erros eram comuns entre os marinheiros, e alucinações foram registradas por alguns dos competidores.

A marinheira britânica, Ellen McArthur, usou a técnica de *cluster-napping* ("pequenos cochilos"), promovida por Stampi et al. (1990), para velejar sozinha a Vendee Globe Race. O sono noturno variou em duração de acordo com as condições climáticas, mas foi sustentado por sonecas durante o dia. A estratégia abrange separar um sono longo em pequenas unidades de 25 a 40 min cada, durante o qual rápidas verificações são feitas no barco, no seu equipamento de navegação e nas condições climáticas enquanto está acordada e imediatamente retomando o sono quando essas tarefas eram concluídas. A média do cochilo de McArthur era de 36 min, e a média total do sono foi de 5,5 h por dia durante os 94 dias da corrida de 2001, na qual ela terminou em segundo lugar.

Os militares foram estudados com uma visão para diagramar os efeitos de um árduo regime físico sob condições de sono restritas. Rognum et al. (1986) consideraram que soldados noruegueses eram ineficazes ao final de quatro dias com apenas 2 h de sono por noite. Essa conclusão foi baseada no desempenho comprometido em um curso de 1 km, um teste de tiro e uma corrida de 3 km. Uma dieta rica em ingestão de energia não impediu o dano.

Em outro estudo, 27 soldados gastaram 21 MJ/dia durante cinco dias em uma prova de combate, dormindo menos de 4 h por dia. Os participantes foram divididos em três grupos iguais de acordo com a ingestão de energia: aqueles com ingestão baixa tinham 7,6 MJ/dia; um grupo de ingestão média tinha 13,4 MJ/dia; e os soldados na alta ingestão receberam 17,5 MJ/dia (Guezennec et al., 1994). Os participantes na baixa ingestão de energia sentiram uma diminuição de 8% na capacidade máxima de oxigênio ($\dot{V}O_2$máx) e 14% declinaram na força anaeróbia por volta do final da prova, enquanto os outros dois grupos não mostraram uma diminuição significativa nas duas funções. Parece que um grande desequilíbrio de energia leva ao declínio na produção de força anaeróbia e aeróbia quando a atividade é mantida durante dias e o sono é reduzido. Nesse estudo, houve observações intermediárias insuficientes para mostrar as diminuições transitórias do desempenho enquanto os soldados estavam em manobras de combate.

Uma diminuição no $\dot{V}O_2$máx não é inevitável com a privação do sono e nenhuma mudança no $\dot{V}O_2$ é observada em índices de trabalho de até 80% do $\dot{V}O_2$máx (Horne e Pettir, 1984). A própria capacidade máxima de oxigênio é uma função sólida, mas uma dificuldade que os pesquisadores enfrentam é pegar as pessoas que são privadas do sono para se exercitarem em índices de trabalho progressivo até que a exaustão voluntária seja atingida. Os critérios mostrando que o $\dot{V}O_2$máx é realmente atingido incluem um platô no $\dot{V}O_2$máx antes do término da atividade, uma alta concentração de lactato no sangue e um quociente respiratório ($VCO_2\dot{V}O_2$) maior do que 1,10. Algumas pessoas têm mostrado um pequeno declínio no $\dot{V}O_2$máx após incorrerem a um débito de sono durante duas noites sucessivas (Chen, 1991; Plyley et al., 1987), mas outros pesquisadores (Martin e Gaddis, 1981) descobriram que a força aeróbia máxima pode ser retida, pelo menos, após uma noite inteira sem dormir. As interrupções no padrão de alimentação e de ingestão de bebida normais e no estado motivacional do indivíduo podem contribuir para uma falha em sustentar o exercício em um teste de incremento até a exaustão – como é requerido para satisfazer os critérios padrões para atingir o estado fisiológico máximo.

As mudanças na expressão do gene são indicadores das consequências da perda de sono sobre os processos de energia. Os genes expressos durante o estado de vigília para regular a atividade mitocondrial e o transporte de glicose provavelmente refletem maiores necessidades de energia. Um gene para a enzima arilsulfotransferase mostrou uma indução mais forte com períodos mais longos de privação do sono. Essa indução sugere uma resposta homeostática à atividade noradrenérgica central contínua em virtude da perda de sono (Cirelli, 2002). A atividade neuradrenérgica reflete o maior esforço central para manter o estado de vigília.

Privação parcial de sono

A maior parte dos esportes abrange a competição em um único dia e, assim, o estudo do sono parcialmente reduzido no dia das provas esportivas ou em dias que as antecederam tem mais relevância que o estudo da privação total do sono ou perda de sono crônica. Projetos de pesquisa têm envolvido permissões de sono substancialmente reduzidas, tanto para garantir que todos os estágios de sono sejam afetados quanto para uma salvaguarda contra um erro experimental do tipo II. Estudos relevantes ao esporte têm incluído ensaios de tempo ou componentes de desempenho, ao passo que outros têm usado medidas com base laboratorial que tenham mais aplicações genéticas.

O desempenho de nadadores com sono noturno restrito (2,5 h por noite) foi estudado por Sinnerton e Reilly (1992). Oito nadadores foram testados em uma piscina de 50 m em quatro dias consecutivos, manhã (6h30) e tarde (17h30), sob condições de sono normal e sob privação parcial do sono. A força de preensão e dos músculos da região lombar, função pulmonar (capacidade vital, volume expiratório forçado em 1 s), frequência cardíaca em repouso e estados de humor foram registrados quando os nadadores executaram quatro provas de 50 m e uma prova de 400 m. Nenhum decréscimo foi observado com a privação do sono na força dos músculos da região lombar ou de preensão, função pulmonar ou tempos de nado, embora essas variáveis demonstrassem um efeito da hora do dia. A perda do sono afetou os estados de humor, aumentou a depressão, a tensão, a confusão, a fadiga e a raiva enquanto diminuiu significativamente o vigor. Os dados sustentaram a teoria do sono de restituição cerebral de Horne (1988), sugerindo que a necessidade primária para o sono está localizada nas células nervosas em vez de estar em outros tecidos biológicos.

Os efeitos da privação parcial do sono foram investigados por Reilly e Deykin (1983) em um grupo de homens treinados (três noites de perda de sono e uma única noite de recuperação subsequente do sono), por meio de uma bateria de testes psicomotores, medidas de capacidade de trabalho físico e testes de estado subjetivo. Para investigar os efeitos do exercício como um antídoto para a perda do sono, os pesquisadores mediram a capacidade dos participantes de executar várias tarefas de desempenho enquanto corriam em uma esteira a 10 km/h. As funções motoras amplas, incluindo força muscular, capacidade pulmonar e corrida de resistência em uma esteira, permaneceram inalteradas durante três noites de privação severa do sono. As diminuições ocorreram em uma variedade de funções psicomotoras, das quais a maioria ficava evidente após apenas uma noite de sono reduzido. O exercício promoveu excitação após a perda do sono, fornecendo uma ação contrária temporária óbvia para diminuições em estado de alerta mental. Todas as funções monitoradas foram restauradas para o normal após uma noite completa de sono, de modo que os efeitos da privação do sono foram de curta duração.

As mulheres parecem sentir os mesmos efeitos de privação do sono que os homens. Reilly e Hales (1988) restringiram o sono de mulheres bem treinadas a 2,5 h por noite, durante três noites. As medidas de base foram obtidas durante quatro dias como controle. As medidas foram feitas a cada manhã (7-9h30) e noite (19-21h30) para temperatura oral, função pulmonar, força de preensão, débito de força anaeróbia, firmeza e velocidade dos membros e sensações subjetivas em repouso e durante o exercício. À parte da firmeza da mão, todas as medidas mostraram variações diurnas em fase com a variação na temperatura oral. As funções motoras amplas foram menos afetadas pela perda de sono que as tarefas que requeriam reações rápidas. Uma série de exercício submáximo de 5 min em 60% do $\dot{V}O_2$máx foi efetivo na redução da sensação de sonolência, que era mais evidente pela manhã que à noite. O exercício foi classificado como mais difícil pela manhã que à noite, e a classificação aumentou com os dias sucessivos de privação parcial de sono. Concluiu-se que os efeitos da perda do sono podem ser mascarados se a hora do dia não for levada em consideração.

Em esforços máximos simples, os atletas podem estar aptos a superar os efeitos adversos da perda de sono, ainda que possam ser incapazes ou não ter vontade de manter um alto nível de desempenho no exercício sustentado e nas séries de exercícios repetidas, como aquelas que ocorrem em sessões de treinamento estendidas. Reilly e Piercy (1994) concentraram-se nas tarefas de levantamento de peso, usando exercícios de treinamento com pesos típicos, como levantamentos máximos, e uma abordagem psicofísica para avaliar os esforços submáximos repetidos. Os pesquisadores não encontraram nenhum efeito significativo da perda do sono sobre o desempenho máximo na rosca bíceps, mas um efeito significativo foi observado no supino máximo, no *leg press* e no levantamento terra. A análise da tendência indicou desempenho diminuído nos levantamentos submáximos para todas as quatro tarefas; a deterioração foi significativa após a segunda noite de perda de sono. Essas mudanças ficaram evidentes na percepção do esforço – seja ele classificado para respiração, músculos e sensação global do corpo – como indicado pelas respostas ao rosca bíceps (Figura 4.7 *a-d*) e ao levantamento terra (Figura 4.7 *e-h*). É possível que as tarefas de levantamento submáximo sejam mais afetadas pela perda do sono que os esforços máximos, em particular, para as primeiras duas noites de privação sucessiva do sono. Os maiores danos foram considerados mais tardios no protocolo que os levantamentos foram realizados, indicando um efeito de fadiga cumulativo originado durante as sessões de treinamento, que foi atribuído à perda do sono.

O fato de que a força muscular pode ser resistente aos efeitos da privação de uma noite de sono foi confirmado, seja pela perda total (Meney et al., 1998) ou parcial (Bambaeichi et al., 2005). Meney et al. (1998) observaram que a temperatura corporal não caiu como resultado de ausência de sono, e a força isométrica dos músculos das costas e das pernas foi mantida. Bambaeichi et al. (2005) registraram as medidas de força em mulheres, às 6 e às 18 h, usando dinamometria isocinética. O torque máximo foi cerca de 5% mais alto à noite comparado com a manhã para ações concêntricas dos flexores do joelho em velocidades angulares de 1,05 e 3,14 rad/s. As variações ocorreram na fase com mudanças na temperatura retal, mas não foram afetadas pela restrição do sono de 2,5 h durante a noite. Esses achados sugerem que as variações circadianas no desempenho muscular são mais sólidas que os efeitos da privação de sono.

O desempenho tem tomado diferentes aspectos nos vários estudos de sono parcialmente privado. A taxonomia proposta por Reilly e Edwards (2007) é mostrada no Quadro 4.1, sugerindo como o desempenho em certos tipos de atividade pode ser afetado. Tal classificação abrange uma generalização ampla, porque os efeitos da perda de sono podem ser alterados de acordo com desafio que a atividade apresenta ao indivíduo.

Ramadã

Durante o mês sagrado do Ramadã, adesões fervorosas à fé muçulmana evitam ingestão de comida e bebida durante as horas do dia. O foco no Ramadã, em vez de outras formas de autoprivação, é dado porque os ritmos circadianos normais são perturbados durante o mês sagrado. Esse regime de jejum aplica-se a aproximadamente 18% da população mundial. Essa prática desloca a ingestão de energia e a hidratação para as horas de

Ritmos circadianos

escuridão e reverte parcialmente o padrão circadiano normal de comer e beber. O longo período de abstinência durante o dia causa um aumento na fome e na fadiga subjetiva, uma redução nos níveis de energia e uma desidratação progressiva comparada com experiências diurnas habituais em outras ocasiões do ano.

Um equilíbrio energético negativo é, muitas vezes, sentido durante o Ramadã, mas esse *deficit* na ingestão de energia não é um achado universal. O gasto de energia pode ser reduzido por causa de um nível de atividade física diária diminuído, e pode haver duas refeições separadas entre o início da escuridão e o retorno ao sono. Um atraso na hora de dormir tem consequências na manhã seguinte, porque o café da manhã deve ser ingerido antes do amanhecer. O ciclo de sono-vigília pode ser posteriormente deslocado se o período do dia de jejum for quebrado por turnos de sono na adesão não rigorosa.

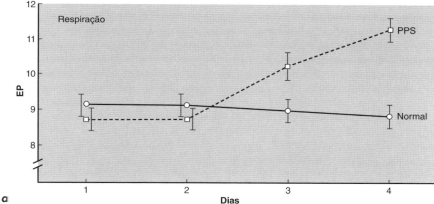

a

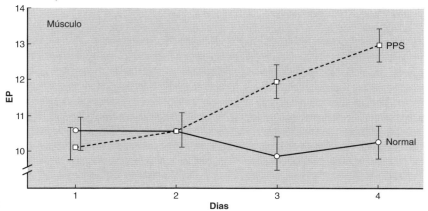

b

Continua

Continuação

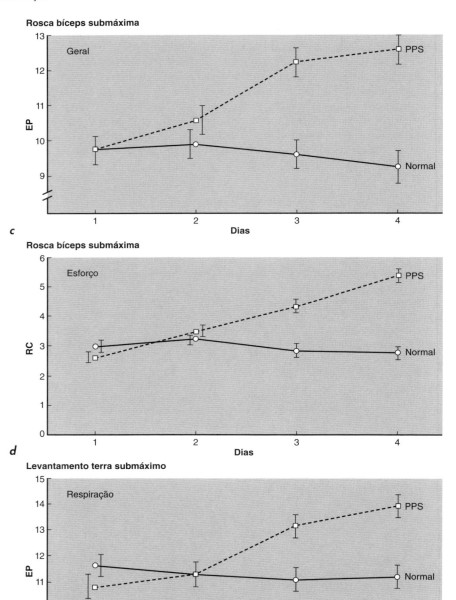

Continua

Continuação

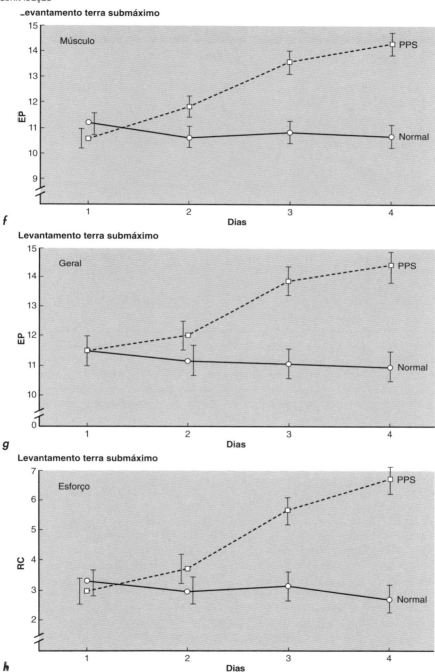

Figura 4.7 Esforço percebido (EP) durante a rosca bíceps (a-d) e o levantamento terra (e-h) sustentados, classificado para respiração, músculo e sensação corporal geral. A escala RC se refere à razão da categoria. O dia 1 é o dia de referência após o sono normal, e PPS se refere à privação parcial de sono.

Reimpressa, com permissão, de T. Reilly e M. Piercy, 1994, "The effect of partial sleep deprivation on weight-lifting performance," *Ergonomics* 37(1):107-15, Taylor & Francis Ltd, www.tandf.co.uk/journals.

Quadro 4.1 Taxonomia dos esportes afetados pela privação do sono

Características	Esporte	Efeitos
Aeróbia baixa, alta vigilância	Velejar, ciclismo, esportes de mira	Erros ←
Aeróbia moderada, alta concentração	Esportes de campo, esportes coletivos, jogos de quadra	Tomada de decisão ←
Aeróbia alta, habilidades amplas	Corrida de 3.000 m, natação de 400 m	Limítrofe
Misto de aeróbio e anaeróbio	Esportes de combate, natação, corrida de média distância	Força ←
Anaeróbia	Corridas rápidas, provas de força	Limítrofe
Esforços anaeróbios múltiplos	Provas de salto, treinamento com peso	Fadiga ←

As consequências do desempenho no jejum do Ramadã foram revisadas por Reilly e Waterhouse (2007). Os efeitos foram observados na incidência aumentada de acidentes e humores adversos, com vigor reduzido e fadiga aumentada. O desempenho físico tende a mostrar um declínio progressivo durante o mês. O treinamento de exercício deve ser praticado à noite, 2 h ou após a primeira refeição noturna. Parece não haver um aumento no risco à saúde associado com o jejum nesse contexto, com exceção para os indivíduos sob medicação que negligenciam suas drogas prescritas. Os atletas profissionais que treinam com seus colegas de equipe não muçulmanos podem ter uma desvantagem, a menos que suas circunstâncias pessoais sejam levadas em consideração. Reilly e Waterhouse (2007) concluíram que os ajustes psicológicos durante o mês têm certas similaridades com os distúrbios nos ritmos circadianos experimentados em diferentes circunstâncias, incluindo o trabalho noturno.

Trabalho noturno

O trabalho noturno rompe os ciclos circadianos. O estresse provindo do trabalho noturno difere daquele de atravessar meridianos múltiplos, visto que os sinais ambientais para o cronômetro biológico permanecem constantes e o ciclo de trabalho-repouso fica fora de fase com as alternações do dia e da noite. Essa permanência relativa significa que o corpo nunca se adapta completamente ao trabalho noturno.

A dificuldade de dormir durante o dia é composta pela distração de ruídos e influências sociais. A quantidade de sono tirado a cada dia e a qualidade do sono, conforme indicada pelos registros de EEG, diminuem nos trabalhadores noturnos que devem dormir durante o dia (Akerstedt, 2006). Os problemas vivenciados pelos trabalhadores em ajustar-se ao turno da noite forçam muitos a abandonar o trabalho noturno. As horas antissociais de trabalho e os rompimentos nos ciclos circadianos têm sido uma preocupação para a saúde e o bem-estar dos trabalhadores (Reilly et al., 1997a).

Existem muitos relatos de desempenho físico e mental prejudicado dos trabalhadores noturnos. Diminuições na atenção, aumentos nos erros, diminuições no vigor, fadiga progressiva (Bohle e Tilley, 1993) e desempenho prejudicado nas tarefas de percepção motora (Monk e Folkard, 1992) têm sido associados com a incapacidade dos ciclos circadianos em se adaptar. Em contraste, os ritmos se ajustam com relativa rapidez à rotina de trabalho no dia e os padrões de sono normais são rapidamente restabelecidos. Petrilli et al. (2005) mostraram que uma tarefa de rastreamento que mediu a coordenação mão-olho foi sensível aos erros relacionados à fadiga durante o trabalho em turno e, assim, pode ser usada para determinar o condicionamento para a tarefa no local de trabalho.

Os trabalhadores de turno apresentam dificuldades em organizar seus compromissos domésticos, atléticos e ocupacionais. Poucos trabalhadores de turno competem em esportes em um alto nível (Reilly et al., 1997b). A adoção de um sistema de deslocamento ideal aliviaria os efeitos adversos do trabalho noturno e promoveria um estilo de vida mais ativo. Há uma profusão de evidência de que um programa de trabalho em turnos de rotação ascendente (turno matinal, turno vespertino, turno noturno) facilita o ajuste ao trabalho à noite, embora tal opção não seja sempre aceita em contextos industriais (Fisher et al., 1993).

Visão geral e resumo

O ciclo de sono-vigília permite compreender as funções circadianas humanas; a atividade está associada às horas de luz natural, e o sono às horas de escuridão. Essa recorrência diária está ligada com as respostas da glândula pineal ao ambiente, sua secreção de melatonina promovida no crepúsculo e inibida na exposição à luz da manhã. Uma miríade de outras funções biológicas compõe um sistema comum de ritmos circadianos nas funções comportamentais e biológicas que recorrem com um período de *circa diem* (cerca de 24 h).

Embora o próprio estudo do sono seja inerentemente atraente para os pesquisadores em razão de sua natureza fundamental, ele é coberto de problemas metodológicos. Smith e Reilly (2005) esboçaram três aspectos dos protocolos de pesquisa requeridos para definir os efeitos da privação do sono sobre o desempenho atlético com o nível desejado de precisão. Primeiro, o protocolo experimental deve isolar os componentes homeostáticos dos circadianos, porque estes com frequência são confundidos um com o outro. Segundo, o protocolo deve incluir uma prova competitiva externamente válida para reduzir os fatores de confusão motivacionais e diminuir a distorção associada com extrapolação para as condições reais. Terceiro, o protocolo de pesquisa deve reduzir efetivamente as inúmeras variáveis intervenientes que afetam o desempenho esportivo, por exemplo, vantagem doméstica, condições climáticas, mudança no condicionamento e circunstâncias individuais.

Permanece o problema de separar o componente circadiano do impulso homeostático para dormir. Essa dificuldade surge independentemente se o sono foi perdido cedo pela manhã ou por causa de uma ida tardia para a cama. Os dois processos são combinados nos viajantes, em especial naqueles que viajam para o oeste ou em voos de longa duração. Os procedimentos de dessincronia forçados de Cajochen et al. (2002) ou outros modelos experimentais podem ter valor no estudo do sono e dos efeitos circadianos sobre os atletas. Esses estudos são desafiadores em suas aplicações metodológica e prática.

Os ritmos circadianos normais do corpo têm um profundo impacto sobre a atividade humana e podem influenciar o desempenho. Os efeitos se tornam latentes quando os ritmos são rompidos. Esse rompimento aplica-se à privação do sono, ao trabalho em turnos noturnos e em viagens por fusos horários. No último caso, o rompimento faz surgir o *jet lag* e um conhecimento dos ritmos capacita os viajantes a lidar com esses aspectos da viagem.

Ergonomia do esporte

A **PARTE II** concentra-se na ergonomia do esporte. O primeiro dos três capítulos descreve os modelos ergonômicos e os métodos de treinamento usados no mundo do esporte; o seguinte preocupa-se com o estresse competitivo e as cargas de treinamento; e o terceiro cobre os equipamentos e superfícies esportivas. Assim, a Parte II fornece uma abordagem pormenorizada das ferramentas disponíveis para o ergonomista na análise e na compreensão das demandas impostas sobre o participante individual.

Não há uma abordagem simples de ergonomia para analisar as demandas da tarefa nos contextos do esporte e do treinamento de competição. Essa diversidade nos modelos adotados e nos modos alternativos de treinamento é coberta no Capítulo 5. Não há ali necessariamente uma solução padronizada para os problemas que surgem. Uma variedade de métodos para análise de movimentos, movimentações e ações foi desenvolvida exclusivamente para a aplicação esportiva. Há, também, modelos genéricos que podem descrever com precisão a abordagem principal para a resolução do problema, como sistemas de abordagem (para cenários complexos), abordagem antropométrica (para projeto) e análises dos locais de trabalho (ginásios e campos de jogo). Os modelos foram montados para aplicação no próprio processo de treinamento.

O Capítulo 5 esboça vários modelos, incluindo a moldagem da tarefa ao indivíduo, os sistemas de abordagem e o projeto de engenharia da estação de trabalho. Os princípios do projeto são relevantes às aplicações humanas e se relacionam com a população acomodada quando tenta encaixar a pessoa com a tarefa. O treinamento e a sobrecarga são colocados no contexto dos processos vivenciados. Atingir o auge do desempenho e a diferenciação entre abordagens individuais e coletivas são elementos do esporte que contrastam com as ocupações convencionais.

Há uma imposição para analisar o desempenho competitivo, de modo que os participantes se beneficiem do *feedback* fornecido. No esporte contemporâneo, uma variação de técnicas analíticas está disponível para identificar áreas a serem trabalhadas para a melhora. Assim como a análise de tarefa é um marco no qual o projeto de ergonomia ocupacional é desenvolvido, uma análise formal do esporte competitivo é essencial para entender a natureza de suas demandas. Os métodos de monitoramento do desempenho dos participantes incluem análise do índice de trabalho, análise de notação e técnicas biomecânicas que envolvem métodos auxiliados por computador. Uma variedade de respostas fisiológicas pode ser usada para refletir o esforço relativo sobre os participantes. O desempenho também pode ser monitorado com base nos aspectos

psicológicos que incluem os períodos anteriores e durante a competição. As contribuições de cada indivíduo em uma equipe esportiva devem ser colocadas no contexto para determinar como as forças e as fraquezas de diferentes atletas podem ser combinadas para a equipe se tornar uma unidade efetiva.

Os programas de treinamento podem assumir diferentes formas, dependendo dos objetivos, do esporte, da experiência dos indivíduos ou dos grupos e da demografia individual. Embora não haja uma trajetória simples para o sucesso no esporte, o nível de realização é influenciado pela implementação do treinamento sistêmico que é ajustado ao atleta e específico para o esporte em questão. O programa pode combinar diferentes objetivos, por exemplo, treinar ao mesmo tempo força muscular e potência muscular ou potência aeróbia com capacidade anaeróbia. A sobrecarga necessária para os sistemas fisiológicos se adaptarem e o nível de desempenho para melhorar pode ser induzida pela resistência funcional, estimuladores esportivos, aparato de treinamento padronizado, equipamento específico do esporte ou uma variedade de ergômetros. Melhorar o estímulo do treinamento abrange atingir um equilíbrio entre treinar em uma intensidade muito baixa para extrair benefícios fisiológicos ou uma intensidade alta o suficiente para causar uma sobrecarga nociva. Alternativas criativas, como correr em água profunda ou atividades complementares, estão disponíveis e fornecem estímulos para o treinamento em um nível de manutenção, sem arriscar o dano relacionado com o impacto dos tecidos moles.

O Capítulo 6 considera uma variedade de métodos para quantificar o estresse competitivo. A carga relativa sobre o indivíduo pode ser quantificada quando as observações sobre as respostas fisiológicas estão relacionadas com as capacidades máximas medidas. A rica gama de técnicas varia da medida do débito muscular, como as forças produzidas ou associadas à atividade elétrica, com medidas de todo o corpo, como a captação de oxigênio ou temperatura corporal central. A carga física pode ser medida usando-se princípios biomecânicos, e a compressão do disco intervertebral pode servir como um índice de carga sobre as estruturas da coluna vertebral.

O estresse competitivo abrange também aspectos psicológicos, antes e no decorrer da competição, bem como em seu resultado. As medidas comportamentais de ansiedade são usadas por conta própria ou aliadas a registros mais rigorosos ou questionários recentemente compostos projetados para se adequar às circunstâncias do esporte. O nível de esforço associado com o exercício é medido por escalas subjetivas, e a mais comum delas foi inicialmente validada contra critérios fisiológicos. Essas escalas são úteis para avaliar o indivíduo no ambiente competitivo e a severidade das sessões de treinamento como um todo.

O Capítulo 7 visa à interface do participante com o equipamento, com o vestuário e com a superfície de jogo. Os materiais usados no equipamento esportivo são mais desenvolvidos que nos primórdios do esporte; compostos de ligas metálicas e sintéticas são mais comuns hoje em dia. Os fabricantes dão atenção contínua para a melhora do projeto do equipamento, para ganhar uma vantagem competitiva no desempenho e para melhorar a segurança no uso.

Os participantes em uma variedade de esportes baseiam-se no desempenho do equipamento que usam e nas superfícies em que jogam ou competem. Em um nível de elite, o projeto pode ser voltado ao atleta individual em vez do mercado de massa direcionado aos usuários recreativos. A harmonia entre o atleta e a máquina pode ser atingida por meio de fatores aerodinâmicos, um exemplo é o benefício de observações em túnel de vento sobre a postura adotada por ciclistas de corrida e as características de suas bicicletas. Os participantes precisam ser versáteis e capazes de lidar com as diferentes condições e superfícies de jogo; tenistas de ponta têm de se distinguir nas quadras de saibro, grama e sintéticas para obter sucesso em todas.

Modelos ergonômicos e modos de treinamento no esporte e no lazer

DEFINIÇÕES

análise crítica do caminho – Um método de analisar eventos de modo que o caminho por uma sequência de ações seja determinado.

análise da estação de trabalho – Um esquema para analisar o desenho do *hardware*, do equipamento e das instalações, além de considerar fatores ambientais, com a interface entre o trabalhador e a tarefa como prioridade.

análise de notação – Um método de registrar movimentos durante esportes e atividades, como a dança.

análise de tarefa – Um método formal de desmembrar uma atividade em seus componentes principais.

corrida em água profunda – Exercício executado em uma piscina de grande profundidade, no qual os pés ficam sem contato com o fundo da piscina e o praticante usa um colete flutuador.

índice de trabalho – Medida que reflete a intensidade do exercício ou débito de potência de uma atividade; nos jogos, é expressa como distância percorrida por unidade de tempo.

limiar de lactato – A intensidade do exercício no qual as concentrações de lactato no sangue começam a aumentar.

sistemas dinâmicos – Sistema altamente complexo com numerosas partes interligadas capazes de mudar seu estado de organização em todas as ocasiões.

OS PRINCÍPIOS DA ERGONOMIA são igualmente aplicáveis aos contextos esportivos, de lazer e recreativos à medida que eles se encontram em ambientes ocupacionais e militares. O esporte de elite é realizado no nível mais alto, principalmente quando os participantes estão na terceira ou na quarta décadas de vida, mas o esporte competitivo pode incluir participantes mais jovens e mais velhos. Diferenças entre os sexos são refletidas em competições separadas e existem diferentes classes de pesos para esportes como o boxe, em que a massa corporal pode, entretanto, fornecer uma vantagem substancial. Populações especiais são reconhecidas nos esportes adaptados, atletismo em cadeira de rodas e a Paraolimpíada. Há também diversidade nas características daqueles que participam de atividades de lazer e recreativas em relação à idade, ao sexo, às características e às capacidades físicas.

    Cada esporte e cada atividade recreativa têm suas próprias característica de execução e atrativas. Consequentemente, nenhum modelo de ergonomia simples pode ser aplicado a todos os esportes. Métodos de **análise de tarefa**, por exemplo, que foram projetados para operações industriais, têm apenas uma relevância limitada no esporte e no lazer. Todavia, abordagens modificadas aos princípios da ergonomia podem ser aplicadas aos esportes para adequar as circunstâncias do esporte em questão.

    Qualquer aplicação de ergonomia deve primeiro considerar três tipos de recursos, a saber: o *hardware*, o *software* e o participante humano. O *hardware* e o *software* variam em natureza e em complexidade entre os esportes e o nível de participação. Esses recursos interagem com o ambiente, o que pode apresentar diferentes riscos e fontes de estresse. Consequentemente, a escolha das ferramentas analíticas é determinada de acordo com um esquema que primeiro identifica os problemas principais a serem investigados e, então, deriva soluções para eles. Várias abordagens genéticas podem ser usadas e elas são apresentadas neste capítulo.

Adequando a tarefa à pessoa

O foco na ergonomia é principalmente sobre o ser humano, sendo essencial compreender suas características, capacidades e limitações. A informação sobre as demandas da atividade e a capacidade individual do participante para satisfazer essas demandas é de total relevância. Essa combinação das capacidades e das demandas é relativamente direta nos esportes individuais, como natação, ciclismo e corrida. Ela se torna mais complicada quando os eventos são combinados, como nas competições de triatlo e quando as habilidades são variadas, como nos esportes olímpicos do pentatlo moderno, heptatlo e decatlo. O mapeamento das capacidades e das demandas é ainda mais complicado em eventos coletivos, nos quais mais de um participante está envolvido e todos os membros da equipe devem agir em conjunto, como remo de oito com timoneiro; em provas com barco a vela, como a Copa América; e em jogos de campo, como hóquei ou futebol americano. Nesses eventos, todo o grupo de membros deve trabalhar para ser uma unidade competitiva efetiva.

    O esporte de competição abrange o confronto com um oponente simples ou uma equipe, os dois lados se comportando de acordo com as regras do jogo aplicadas por um árbitro ou grupo de árbitros. A vitória é concedida ao atleta que corre, nada, pedala ou rema mais rápido que os oponentes e à equipe que marca mais que a oponente. O sucesso é muitas vezes atingido, apesar das imperfeições no desempenho, e sem falhas nos componentes de condicionamento específico expostos pelo oponente. Quanto mais alto o nível da competição, maior a probabilidade de tais fraquezas serem exploradas por outros participantes ou de resultarem em lesões. Por exemplo, as lesões nos isquiotibiais, em geral, ocorrem nos corredores rápidos no mais fraco dos dois membros (Reilly, 1981) e, muitas vezes, quando o corredor está sob pressão de outro competidor.

As capacidades dos atletas são avaliadas por um teste de condicionamento. Existem, atualmente, testes-padrões para a medida da potência aeróbia, potência e capacidade anaeróbias, **limiar de lactato**, pico do torque muscular em velocidades angulares rápidas e lentas, flexibilidade e agilidade (Reilly, 1991). Esses testes de condicionamento são mais relevantes quando são específicos para o esporte em questão (Figura 5.1). Sua interpretação requer algum conhecimento do esporte, da fase da temporada e da ênfase sobre o treinamento no momento de cada avaliação.

O conhecimento das capacidades da pessoa fornece uma regra para combinar os participantes às atividades e aos papéis. As dificuldades práticas em fazer isso diferem entre contextos ocupacionais e esportivos. No primeiro caso, as interpretações são quase sempre baseadas nas normas de população e nos bancos de dados. A base competitiva do esporte implica que os participantes, sejam indivíduos ou equipes, esforcem-se para ganhar uma vantagem sobre o rival. Não é surpresa, portanto, que os métodos de análise das demandas da tarefa variem entre esses dois domínios.

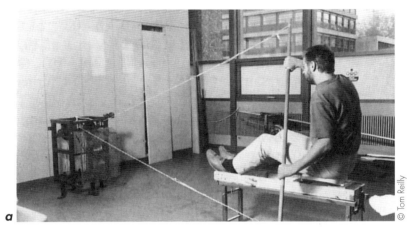

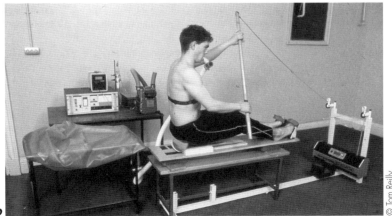

Figura 5.1 (a) Ergômetros de caiaque projetados nos princípios da resistência ao vento e (b) adaptados de um banco de nadar.

Análise de tarefa

A forma e a complexidade de qualquer análise de tarefa variam de acordo com os problemas a serem enfrentados. As técnicas de análise de tarefa tentam representar o desempenho humano em um cenário particular que está sendo investigado. A abordagem pode ser analítica, com implicações para as necessidades do treinamento, ou avaliativa, com respeito à carga de trabalho, fadiga, conforto ou utilidade. Quando as interações com as máquinas ou outras pessoas estão envolvidas, as tarefas sob revisão são fragmentadas em passos de tarefas distintas para uma consideração posterior.

Stanton et al. (2005) revisaram métodos de análise de tarefa para especialistas em fatores humanos usarem no projeto e avaliação de sistemas. Pode haver alguma sobreposição entre os vários métodos, como listado no Quadro 5.1, e determinados cenários podem exigir mais que uma simples abordagem ao problema a ser tratado. O ergonomista deve ser cuidadoso na escolha do método de aplicação antes de prosseguir com a coleta dos dados.

Uma clara definição das tarefas de análise e os registros de dados relevantes são pré-requisitos para a análise de tarefa. Os dados necessários podem ser obtidos pela condução de entrevistas individuais ou por encontros com grupos específicos, pela administração de questionários e pelo acompanhamento dos participantes. As observações formais podem gerar evidência quantitativa e informação objetiva, mas o tempo consumido no manuseio dos dados deve ser considerado. Os dados que estão sendo coletados devem ser compatíveis com o método escolhido para a análise de tarefa.

A análise de tarefa hierárquica resulta em uma descrição exaustiva da atividade da tarefa. Esse tipo de análise de tarefa foi originalmente desenvolvido para examinar tarefas cognitivas e tem aplicações difundidas na avaliação militar, civil, serviços de direção, de emergência e em muitos outros contextos. Pacotes de *software* comercial para a análise de tarefa hierárquica estão disponíveis. A abordagem descreve a atividade principal em termos de objetivos, objetivos parciais, operações e planos. O método é essencialmente descritivo, porém flexível, e pode ser adotado em uma variedade de aplicações esportivas nas quais o objetivo principal pode ser colocado no topo da hierarquia.

A **análise crítica do caminho** é comumente usada no manejo do projeto, por exemplo, para estimar a duração de um projeto para o qual algumas atividades podem ser conduzidas em paralelo. Uma determinada tarefa não pode ser iniciada, a menos que todas as tarefas precedentes que contribuam para ela sejam terminadas. A ordem na qual as tarefas são conduzidas, sua duração e a dependência devem ser conhecidas para determinar o caminho crítico. A abordagem pode ser aplicada aos modelos de desempenho humano, bem como aos projetos de pesquisa relevantes ao esporte.

A análise de protocolo verbal é usada para produzir um relato descritivo dos processos cognitivos e físicos que uma pessoa usa para completar uma tarefa. Uma transcrição do comportamento de desempenho é geralmente baseada no autorrelato do operador. A análise de protocolo verbal foi usada para obter um discernimento sobre os aspectos cognitivos dos comportamentos complexos. O método é relevante a muitas tarefas esportivas, mas a transcrição e a codificação dos dados são morosas.

As técnicas de formação de gráficos englobam uma série de abordagens para descrever e representar graficamente a atividade que está sendo analisada. Essas são abordagens essencialmente descritivas para considerar o processo envolvido. As técnicas incluem análise da árvore de eventos e análise da árvore de falhas, a última sendo adequada para identificar fontes potenciais de erros da interação com o sistema em questão. Diagramas em árvores são usados na análise da árvore de eventos para representar possíveis resultados associados com diferentes passos da tarefa. Esse método pode ser adequado para representar sequências de tarefa e seus possíveis resultados e pode ser usado para modelar as tarefas com base na equipe. De maneira similar, os diagramas da árvore de falhas definem as falhas nos eventos do sistema e mostram possíveis causas em termos de fragmentação do *hardware* ou de erro humano.

Quadro 5.1 Seleção de técnicas de análise de tarefa reconhecidas

Método	Aspecto-chave
Análise de tarefa hierárquica	O objetivo global e os passos intermediários para os objetivos parciais são determinados.
Análise crítica do caminho	O caminho crítico para a acomodação de operações paralelas é determinado.
Análise do protocolo verbal	O operador pondera sobre os processos envolvidos.
Técnicas de formação de gráficos	As tarefas sob análise são graficamente descritas.

Análise de notação

A análise de notação se refere ao exame detalhado do desempenho esportivo usando um sistema de codificação para registrar ações e provas. Originalmente desenvolvida como um método manual de detalhar sequências de movimentos na dança e posteriormente em esportes, como o basquetebol, a análise de notação foi desenvolvida em uma poderosa rede de computadores para analisar equipes esportivas (Carling et al., 2005). Ela é agora usada como uma maneira efetiva de fornecer aos atletas e aos treinadores um *feedback* do desempenho e dos padrões táticos em jogos coletivos (Figura 5.2). A informação fornecida pela análise de notação é um elemento crucial nessa alça da comunicação.

Quando a análise de notação é aplicada a esportes coletivos, a informação é revelada sobre cada ação, posição no campo onde ela ocorreu e os jogadores envolvidos. O resultado de cada ação é registrado, e a sequência de ações é seguida para estabelecer seu sucesso ou sua falha. Dessa maneira, um padrão de jogo pode ser construído e a efetividade de diferentes táticas de jogo são avaliadas. A análise pode ser conduzida pelo responsável da equipe em registrar as partidas em vídeo, e é usada para estudar o desempenho dos dois times.

Hughes (2003) descreveu os quatro propósitos principais de notação como análise de movimento, avaliação tática, avaliação técnica e avaliação estatística. Sistemas computadorizados podem ser usados para fornecer o *feedback* imediato para os participantes, desenvolver um banco de dados para os treinadores, revelar áreas que requerem melhorias, avaliar o desempenho e procurar registros em vídeo. Por causa do uso detalhado da análise auxiliada por computador dentro do esporte profissional, muitas equipes de ponta empregam um analista de jogo em sua equipe técnica. Árbitros das partidas também se beneficiam do *feedback* de seu desempenho durante os programas de desenvolvimento profissionais vigentes.

Levar a **análise de notação** para além de ser meramente uma ferramenta descritiva tem sido um desafio para os seus proponentes. Para desenvolver modelos de predição, grupos de pesquisa tiveram de usar abordagens estatísticas e matemáticas mais sofisticadas. McGarry e Franks (1994) usaram o processamento estocástico para prever os resultados no *squash* de competição. Posteriormente, McGarry et al. (2002) ofereceram

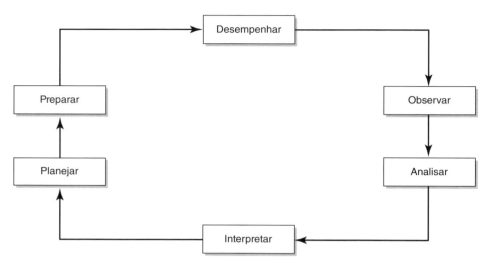

Figura 5.2 O ciclo de *feedback* implementado por meio de análises de notação para treinadores.

exemplos de interações dinâmicas em esportes de duplas (*squash*) e coletivos (futebol), bem como algumas predições com base em uma análise de sistemas dinâmicos para esses tipos de competições esportivas. Tem ocorrido uma aplicação experimental de inteligência artificial por meio de sistemas de vídeo interativo para ensinar habilidades psicomotoras no tênis (Rush et al., 1990) e, posteriormente, lógica difusa e redes neurais artificiais. Redes neurais artificiais de trabalho têm sido mais amplamente usadas na análise do desempenho que os sistemas especialistas (Lees et al., 2003). O potencial das redes neurais de múltiplas camadas em otimizar a tomada de decisão ou previsão de ações não está bem definido.

A Figura 5.3 demonstra como, subsequente ao treinamento, o mapa de auto--organização de Kohonen visualiza uma série de ângulos articulares no plano sagital como uma cadeia simples de nós dentro de uma rede neural artificial. Três valores vizinhos das quatro curvas correspondem a uma localização simples no mapa topológico, que carrega um rótulo de padrão de movimento complexo (Barton, 1999). Essa rede neural artificial pode ajudar a identificar as características da marcha que indicam risco de lesão ou ajudar no monitoramento do progresso na reabilitação.

Memmert e Perl (2009) demonstraram como as redes artificiais sobrepõem as limitações da análise de notação que se concentra na quantificação dos aspectos descritivos do desempenho em vez das avaliações qualitativas. Esses autores esboçaram um esquema de trabalho para analisar o comportamento individual criativo com base nas redes neurais. As redes neurais foram aplicadas no hóquei de campo e no futebol para obter uma compreensão clara do comportamento criativo extraordinário evidente nos especialistas nesses jogos. Essas redes podem ser usadas como uma ferramenta para detectar estruturas que influenciam no processo de aprendizado quando o comportamento é complexo.

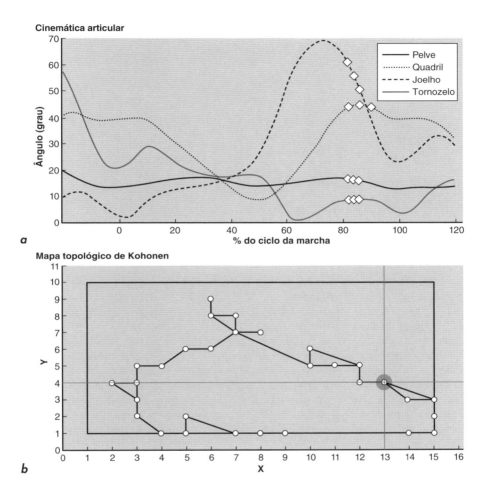

Figura 5.3 Subsequente ao treinamento, o mapa de auto-organização de Kohonen visualiza uma série de ângulos articulares em plano sagital (a) como uma cadeia simples de nós (b). Três valores próximos das quatro curvas (realçados) correspondem a uma única localização no mapa topográfico, que carrega um rótulo de um padrão de movimento complexo (Barton, 1999).

Análise da moção

A análise do movimento humano tem uma rica história que remete à técnica cinematográfica original usada por pioneiros no campo. Os métodos avançaram por meio da fotografia estroboscópica de sequências em movimentos habilidosos, análise de vídeo com dispositivos de pausa para a gravação em vídeo digital, análise de filme rápido e câmeras sincronizadas para a análise de movimento em três dimensões. As tecnologias disponíveis estão continuadamente sendo atualizadas e o *software* associado eliminou o trabalho lento de extração de dados comuns nos métodos iniciais (Atha, 1984; Reilly e Lees, 2008).

Métodos contemporâneos incorporam transdutores especializados e analisadores automáticos com sistemas de calibração acoplados. Os sistemas têm dispositivos de reprodução quadro a quadro e de pausa que permitem que os especialistas esportivos analisem movimentos e habilidades de forma minuciosa. Exemplos incluem estudos de oscilação no golfe, serviço no tênis, fase de impulso no salto em distância e salto com vara. É possível também realizar o monitoramento acessório – por exemplo, usando eletromiografia ou análise de força – para suplementar a informação observada da análise da moção. Se o custo é um problema para os usuários prospectivos, sistemas com base no vídeo que permitem uma análise qualitativa da moção fornecem uma alternativa prática para a análise biomecânica tridimensional.

Análise do movimento

A análise do padrão de movimento do corpo humano é apropriada para jogos de campo. Os perfis de movimento podem ser usados para indicar o **índice de trabalho** global e os índices de trabalho podem ser usados como medidas do desempenho. O princípio do índice de trabalho é baseado na energia gasta para percorrer determinada distância em um instante de tempo específico.

A primeira aplicação validada da análise do movimento para indicar o índice de trabalho foi da associação de futebol (Reilly e Thomas, 1976). A distância global percorrida representa uma medida global do índice de trabalho, que pode ser fragmentado em ações discretas de um jogador individual para um jogo inteiro. As ações ou as atividades são classificadas de acordo com o tipo, intensidade (ou qualidade), duração (ou distância) e frequência. A atividade é justaposta em uma linha de tempo, de modo que as razões médias de exercício-repouso possam ser calculadas. Essas razões são usadas em estudos fisiológicos para representar as demandas do esporte e também nos elementos de condicionamento dos programas de treinamento dos jogadores. Esses perfis do índice de trabalho podem ser complementados pelo monitoramento das respostas fisiológicas quando possível.

Nas aplicações iniciais da análise do movimento para o futebol profissional, as atividades foram codificadas de acordo com a intensidade dos movimentos. As principais categorias foram a caminhada, o *jogging*, a velocidade e a corrida rápida, enquanto outras atividades relacionadas ao jogo, como mover-se para trás ou para o lado e jogar a bola, também foram investigadas. O observador usou um mapa de marcadores no campo e, com sinais reflexivos nos limites do campo, usou um gravador de vozes. O método de monitorar a atividade foi verificado para viabilidade, objetividade e validade (Reilly e Thomas, 1976), e é ainda considerado como a maneira mais apropriada de monitorar um jogador por jogo.

Uma abordagem alternativa à coleta de dados é estabelecer o conjunto de atividade em uma linha de tempo. Esse método permite estabelecer os perfis da fadiga e das razões de exercício-repouso, que são úteis para projetar manobras de treinamento e interpretar os estresses fisiológicos. Essa abordagem é direta, uma vez que agora os sistemas de vídeo estão ligados com métodos computadorizados de manuseio dessas observações.

A análise do índice de trabalho é atualmente usada pela maioria das equipes profissionais de futebol, rúgbi, hóquei de campo e outros jogos de campo. Os sistemas mais substanciais incorporam câmeras múltiplas, em geral, três a quatro fixadas em cada lado do campo, cujos registros são posteriormente sincronizados para a análise do computador. O *feedback* detalhado sobre as atividades é fornecido para ajudar na interpretação e na avaliação do desempenho, incluindo seus componentes de alta intensidade. O *software* contemporâneo permite a análise dos dados em tempo real.

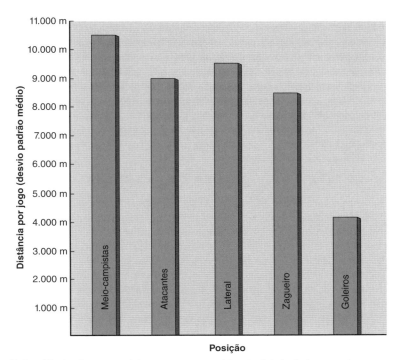

Figura 5.4 Distância percorrida em uma partida de futebol de acordo com a posição determinada usando análise da moção. Os índices de trabalho mais elevados estão associados aos meio-campistas.

Os métodos de análise dos movimentos têm ajudado a realçar os aspectos persistentes do desempenho. Esses aspectos incluem a influência do posicionamento sobre as características do índice de trabalho (Figura 5.4), a ocorrência da fadiga à medida que as reservas de glicogênio muscular aproximam-se do fim, próximo do término de um jogo (Saltin, 1973), e a experiência transitória da fadiga atribuída aos exercícios sucessivos de alta intensidade (Morh et al., 2003). Os efeitos adversos da temperatura ambiente elevada sobre as características do índice de trabalho também foram demonstrados (Ekblom, 1986), assim como as influências do estilo de jogo e do estado de condicionamento. Em particular, a correlação entre condicionamento aeróbio e distância total percorrida em jogos de competição tem implicações a serem usadas em programas de treinamento.

As técnicas associadas com a análise do índice de trabalho são igualmente aplicadas para árbitros e jogadores. Reilly e Gregson (2006) consideraram os árbitros principais e assistentes entre as populações especiais, concluindo que o esforço fisiológico relativo sobre os árbitros igualava-se àquele sobre os jogadores. Os dois grupos mostraram evidência de fadiga ocorrida antes do final da partida e exibiram padrões de movimentos não ortodoxos que elevaram o gasto de energia na locomoção normal. Os altos padrões de condicionamento físico e a tomada de decisão esperados dos árbitros das partidas têm consequências para os programas de treinamento e práticas nutricionais que eles adotam.

As respostas fisiológicas dos jogadores em uma partida mostram que uma combinação de demandas é imposta sobre os participantes durante a competição. As fases críticas do jogo para um jogador individual pedem esforços anaeróbios, mas esses esforços são repetidos em atividades submáximas caracteristicamente aeróbias. Em virtude da natureza intermitente e acíclica da atividade durante a competição, é difícil modelar os protocolos relacionados ao jogo em experimentos laboratoriais. É provável que os estudos de campo com especificidade maior para cada jogo serão usados com mais frequência em futuras investigações da fisiologia dos jogos de campo. O índice de trabalho e os perfis da atividade podem ser usados para projetar protocolos de treinamento adequados para facilitar o condicionamento e garantir que o desempenho durante o jogo seja otimizado. Embora as considerações ergonômicas tenham um papel na preparação sistemática para a competição, o desempenho depende, por fim, da qualidade com a qual as habilidades individuais e as táticas coletivas são executadas em face dos oponentes de alto nível.

Detecção de sinal e rastreamento do movimento do olho

As respostas comportamentais do aparato visual são de interesse à ergonomia desde a observação clássica nas tarefas de vigilância, nas quais os indivíduos não acompanham sinais periódicos mesmo se os objetos forem bem focalizados na tela de visualização. Essas observações se encaixam com a teoria de detecção de sinal, e as mudanças no desempenho são atribuídas a dois parâmetros, um efeito de fadiga e uma mudança na sensibilidade para reconhecer um estímulo. A teoria teve uma aplicação particular em tarefas de longa duração, como monitorar telas de radares, identificar falhas em uma linha de montagem e velejar ou trabalhar sob condições de privação de sono.

As respostas comportamentais de órgãos sensoriais podem produzir informação relevante sobre o desempenho nas tarefas de reconhecimento visual, em especial quando há uma ênfase na velocidade. O monitoramento dos movimentos do olho pode ajudar a identificar o comportamento do aparato visual de especialistas comparado com novatos ou adversários menos qualificados. Tal monitoramento também é usado para estabelecer a existência da fadiga e a recorrência de erros. Duas câmeras são sincronizadas, para registrar as respostas dos movimentos do corpo e dos olhos; uma câmera ambiental, para registrar o movimento do corpo no ambiente quando o indivíduo está posicionado sobre a plataforma de força; e uma câmera de olho, para registrar os movimentos oculares.

Dentro dos ambientes aplicados, a maioria das técnicas para o registro dos movimentos dos olhos é baseada no vídeo. Esses sistemas iluminam o olho com luz infravermelha, que fica em paralelo com o eixo da câmera que visualiza o olho. A luz incidental reflete a retina, que faz a pupila ficar mais brilhante que a córnea. O processamento desses reflexos permite que o ponto do olhar fixo seja calculado.

Técnicas de rastreamento do olho têm sido aplicadas em ambientes de trabalho e esportivos. Wooding et al. (2002) usaram uma exibição pública de um novo sistema de rastreamento do olho para obter dados de movimentos oculares em uma grande população. Ball et al. (2003) mediram o processamento de atenção *on-line* rastreando os movimentos dos olhos durante tarefas de inspeção e seleção. A técnica pode ser usada em uma ampla variedade de esportes quando os incidentes são tipicamente apresentados nos monitores. Uma cobrança de pênalti no futebol ou um serviço no tênis pode ser detalhado para identificar os sinais visuais que o goleiro ou o oponente usam para antecipar a jogada.

Modelos genéricos

Em muitas instâncias, o ergonomista precisa ter uma perspectiva global sobre o sistema que está sendo analisado. Os aspectos observados podem ser amplos em vez de específicos, e podem abranger alguma simplificação se as inferências forem extraídas do modelo. Os modelos genéricos se referem a como a entidade em questão está unida com um todo de forma coerente. Esses modelos têm algum uso nos estágios iniciais de um projeto de ergonomia.

Abordagem de sistemas

Muitos problemas ergonômicos, especialmente aqueles ligados à tecnologia, são tratados pelo uso de uma análise de sistemas. Um sistema pode ser definido como uma reunião das unidades funcionais com um propósito global comum e formando um todo integrado. O conceito pode ser aplicado para representar uma organização esportiva, uma equipe de jogadores, um esquiador aquático sendo tracionado ou um sistema biológico. O conhecimento dos objetivos globais é implicado na adoção da abordagem dos sistemas como são os *inputs* e *outputs*, discrepâncias entre o que é relevante na análise do erro. Na avaliação do desempenho global, os ergonomistas examinam vários aspectos do comportamento do sistema.

A principal preocupação do ergonomista é como o ser humano se harmoniza com outros elementos no sistema. Nos sistemas ser humano-máquina, a preocupação pode ser com quais funções estão alocadas com o ser humano e quais são feitas de forma mecânica ou automaticamente (Quadro 5.2). Nos sistemas operacionais, o ponto pode ser a compatibilidade entre controles, mostradores e mecanismos sensoriais humanos. No contexto esportivo, os controles podem consistir de pedais ou guidão de uma bicicleta ou o *joystick* e o leme de um barco a motor. Uma abordagem do sistema pode ser aplicada ao controle de uma estação de esqui com auxílio de um computador para evitar a congestão e reduzir acidentes em descidas de montanhas.

Nos esportes ser humano-máquina, a máquina e seu operador devem estar entrosados para o benefício do sistema como um todo. As características da máquina podem ser comparadas com os padrões humanos quando as tarefas são alocadas aos seres humanos ou a dispositivos mecânicos. Essa harmonia é essencial para evitar lesões e favorecer o desempenho, usando os recursos da máquina para obter melhores resultados. Qualquer que seja o sistema em questão, as funções humanas mais importantes relacionam-se com o *input* de informação, processamento de informação, tomada de decisão e ação ou resposta. Nas operações seriais que requerem controle contínuo, alguma forma de *feedback* deve ser fornecida ao operador, para permitir a correção dos erros. Essa é a parte essencial de qualquer sistema para melhorar o desempenho e reduzir acidentes.

Embora a alocação original das tarefas às máquinas e aos seres humanos estivesse baseada no trabalho de Fitts (1951), o esquema pode ser inadequado para sistemas complexos contemporâneos. Fitts (1951) listou as tarefas nas quais o ser humano se sai melhor trabalhando com as máquinas e as que as máquinas são mais capazes. Está claro, agora, que outros critérios são relevantes e a alocação de decisões não deve ser feita apenas com base nos aspectos de desempenho. Os projetistas devem discutir a função dos métodos de alocação com os usuários potenciais no contexto de todo o processo de *design*. Isso deve ampliar uma série de preocupações, expandir o alcance dos métodos a serem usados e ajudar os projetistas a criar ferramentas e técnicas de apoio. Esse método pode ser incorporado em abordagens sociotécnicas e nas mais recentes macroergonômicas para o projeto do sistema. Essas abordagens abrangem subsistemas que lidam com os profissionais, a tecnologia e a estrutura organizacional, em paralelo com a ênfase macroergonômica do ambiente externo (Waterson et al., 2002). Essas abordagens aplicam-se igualmente à implantação de segurança e aos vários aspectos da arena esportiva ou aos projetos da instalação de treinamento.

As abordagens dos sistemas têm estimulado o estudo dos movimentos humanos e das habilidades esportivas em detalhes. Compreensões no processo da aquisição da habilidade, aprendizado motor e propriocepção seguiram-se com base nas aplicações inspiradas de teoria do controle para esses contextos. O uso do *biofeedback* – a apresentação de sinais biológicos para a pessoa que os está gerando – tem sido útil em uma variedade de contextos esportivos, como a regulação de cargas de treinamento e o controle nos níveis de ansiedade pré-competição. Essa forma de *feedback* ajudou também no treinamento neuromuscular durante a reabilitação e a correção de falhas no treinamento de habilidades.

Os **sistemas dinâmicos** não lineares são composições altamente inter-relacionadas de várias partes que se interagem e que são capazes de mudar constantemente seu estado de organização. Exemplos desses subsistemas incluem clima, comunidades e provas esportivas. A teoria dos sistemas dinâmicos é um esquema de trabalho interdisciplinar utilizado para examinar os processos de coordenação em sistemas físicos, biológicos e sociais. Muitos cientistas esportivos têm recorrido a essa teoria em uma tentativa de explicar os fenômenos no esporte. Ela tem sido usada no exame de habilidades para estabelecer similaridades entre subsistemas localizados e o sistema global. Tal teoria foi considerada por Davids et al. (2005) como tendo potencial para modelar processos de coordenação em jogos coletivos, com implicações para o comportamento do técnico. Em razão da complexidade da teoria dos sistemas dinâmicos e da grande quantidade de microcomponentes dentro dos sistemas de movimento dinâmico, essa abordagem é mais uma ferramenta conceitual que uma técnica ergonômica que pode ser imediatamente aplicada.

Quadro 5.2 Características do ser humano *versus* máquina

O ser humano se sobressai em	A máquina se sobressai em
Detectar certas formas de níveis muito baixos de energia	Monitoração (homens e máquinas)
Mostrar sensibilidade a uma variedade extremamente ampla de estímulos	Executar operações de rotina, repetitivas ou bem precisas
Perceber padrões e fazer generalizações sobre eles	Responder com rapidez a sinais de controle
Detectar sinais e níveis de ruído alto	Exercer grande força, de maneira suave e com precisão
Armazenar grandes quantidades de informação por longos períodos e lembrar de tarefas relevantes em momentos apropriados	Armazenar e lembrar de grandes quantidades de informação em curtos períodos de tempo
Exercitar o julgamento quando os eventos não podem ser completamente definidos	Executar a computação complexa e rápida com alta precisão
Improvisar e adotar procedimentos flexíveis	Mostrar sensibilidade a estímulos além do alcance da sensibilidade humana (ondas infravermelhas, de rádio)
Reagir a eventos inesperados, de baixa probabilidade	Fazer muitas coisas diferentes de uma só vez
Aplicar originalidade na resolução de problemas (isto é, encontrar soluções alternativas)	Mostrar processos dedutivos
Lucrar com a experiência e alterar o curso da ação	Mostrar insensibilidade a fatores externos
Executar uma manipulação habilidosa, em especial onde o mau alinhamento surge inesperadamente	Repetir operações com muita rapidez, de forma contínua e precisa, da mesma maneira durante um longo tempo
Continuar a executar em situação de sobrecarga	Operar em ambientes que são hostis aos seres humanos ou além da tolerância humana
Raciocinar por indução	Raciocinar por indução

Abordagem antropométrica

A população humana é caracterizada pela diversidade em uma variedade de medidas antropométricas. Essas diferenças se aplicam à forma, às proporções, às larguras, às áreas transversais e às circunferências. Não é surpreendente, portanto, que os bancos de dados antropométricos sejam válidos apenas para a população, para o gênero ou o grupo étnico com base no qual as observações foram derivadas.

Apesar dessas restrições, os ergonomistas muitas vezes adotam uma abordagem antropométrica para resolver os problemas que os confrontam, seja em ajudar no projeto de novos produtos ou na avaliação de montagens já existentes. Os exemplos incluem a combinação das roupas esportivas e o equipamento para usuários individuais, o projeto do assento para o uso múltiplo em arenas esportivas e a escolha da largura dos portões de entrada e saída em espaços fechados. Critérios antropométricos aplicam-se também ao se projetar locais de trabalho, como a disposição das cadeiras, apresentação dos mostradores de controle e ambiente interno dos carros esportivos ou dos barcos.

Os projetistas podem considerar variações ajustáveis para aumentar a quantidade de pessoas a serem acomodadas por seu produto ou seu artefato. Os valores percentuais podem ser escolhidos ao se finalizar portas, saídas de segurança e escotilhas de escape. Os percentuais mais baixos são relevantes na acomodação de pessoas jovens e idosas em termos de forças mínimas a serem aplicadas na ativação de alarmes. O projeto para a pessoa comum é um compromisso indesejado, porque poucas pessoas se encaixam nos valores médios quando as combinações de medidas antropométricas são consideradas. Os participantes esportivos podem ter aspectos antropométricos únicos que os distinguem da população geral, da qual os bancos de dados são extraídos.

O conceito de tamanho aplicado ao vestuário e calçado permite aos participantes a oportunidade de selecionar um item que melhor se encaixe aos contornos de seu corpo, segmento ou membro. Fabricantes de calçados esportivos agora reconhecem os requisitos de projeto específicos para crianças, mulheres e grupos étnicos variados. Calçados de corrida estão disponíveis com dispositivos de antipronação embutidos para acomodar aqueles atletas que assumem a pronação dos pés em excesso na aterrissagem, protegendo-os, desse modo, contra a lesão. A localização precisa do acolchoamento e aspectos de flexibilidade nos calçados para o treinamento e corrida aumentam as propriedades ergonômicas do calçado esportivo. A confecção de chuteiras tem sido reavaliada, com o objetivo de evitar a sobrecarga em áreas sensíveis do pé, como as cabeças dos metatarsos. O perfil individual das palmilhas do calçado também foi usado para minimizar o desconforto causado pela distribuição insatisfatória da pressão associada com a colocação da trava.

Nas botas de esqui, os feixes de liberação são importantes para otimizar sua fixação. Padrões internacionais sobre os fixadores de esqui são estabelecidos para determinar as forças necessárias para liberar o esqui se acontecer uma queda. As determinações são baseadas nas variáveis antropométricas relacionadas ao tamanho do corpo.

O equipamento esportivo pode ser confeccionado individualmente para o atleta de elite em modalidades como atletismo de pista e campo, golfe, tênis, ciclismo e futebol americano. O mesmo princípio se aplica às máquinas usadas no esporte de alto desempenho. É importante considerar o formato do interior do veículo com base nas características individuais dos condutores e projetar trenós e trenós para *skeleton* para competidores de esportes de inverno. No último caso, a necessidade de um uniforme aquecido protetor e de um capacete são requisitos adicionais ao projeto.

A proteção para a cabeça tem formato único, com a escolha individual do ajuste mais adequado. Os capacetes são usados para proteção em muitos esportes que variam do ciclismo e do tobogã ao boxe amador e hóquei no gelo. A sua efetividade origina-se das forças compressivas de acolchoamento sobre a cabeça, que reduzem sua aceleração com a batida. O projeto do capacete varia de acordo com o esporte; capacetes especiais com orifícios de orelha são usados por atletas de voo de asa-delta para permitir que eles sintam o ar fluir e percebam a velocidade do movimento. A proteção suplementar em esportes de contato é fornecida por protetores bucais; quando confeccionados sobre um modelo preciso dos dentes do usuário, esses dispositivos diminuem a pressão intracraniana resultante de uma batida no queixo. Em muitos esportes, o problema da proteção é de tamanha importância que um capacete isolado pode não proteger totalmente o atleta, e estratégias de segurança adicionais precisam ser adotadas.

Pode ser necessário avaliar como o uniforme encaixado à estrutura humana afeta a função, em particular, quando o propósito é proteção. A mobilidade não deve ser indevidamente restrita quando a roupa esportiva acolchoada é usada para fins de proteção. O mesmo se aplica quando luvas são usadas, em virtude de que a operação segura dos controles não deva ser prejudicada por qualquer redução na sensação tátil. Luvas acolchoadas são usadas por receptores no beisebol e goleiros no hóquei para evitar o impacto com a bola. Em contraste, luvas muito bem encaixadas são usadas por ciclistas e remadores para evitar bolhas quando treinam.

Análise da estação de trabalho

O princípio subjacente da abordagem da **análise da estação de trabalho**, representado na Figura 5.5, é que o processo do projeto é concentrado primeiro no ser humano e, então, avança externamente. As tarefas envolvidas e a interface com equipamento, ferramentas e maquinário são, então, avaliadas. A estação de trabalho é montada ou remontada ao redor desses fatores antes que projeções sejam feitas para o ambiente completo.

Na análise da estação de trabalho, o ergonomista usa uma lista de checagem de segurança para garantir que os aspectos principais do ambiente recebam atenção. Essa abordagem é importante nas atividades ao ar livre e em esportes de aventura, nos quais a segurança dos outros é a prioridade. Ela também é relevante na consideração da aparência global em um centro de treinamento ou em uma arena fechada. Quando essas instalações são projetadas de novo, a ergonomia é uma tecnologia assistente à arquitetura, à engenharia e ao *design* interior. Nesse caso, a aplicação dos princípios da ergonomia pode salvar o embaraço de um novo projeto imperioso quando os erros parecem óbvios após a construção. Por essa razão, os clubes esportivos profissionais consultam especialistas e usuários prospectivos quando planejam as instalações de treinamento.

O envolvimento dos usuários em tais projetos é descrito como "ergonomia de participação". Essa abordagem é adotada para envolver trabalhadores nas decisões sobre o trabalho, promover uma cultura de segurança e reforçar a estação de trabalho. A filosofia é um reconhecimento de que o apoio de pessoas em todos os níveis dentro de uma organização é necessário para melhorar o desempenho e reduzir as lesões. A abordagem tem sido usada em tentativas de reduzir as lesões musculoesqueléticas em um contexto industrial (Brown et al., 2001). Ela também é aplicável em contextos esportivos, no gerenciamento dos recursos humanos. A ergonomia de participação não é uma alternativa para a intervenção conduzida pelo especialista, e muitas equipes esportivas podem colocar seus atletas em debate sobre os assuntos práticos antes de basear suas decisões em suas próprias avaliações.

O *feedback* dos usuários pode ser obtido tradicionalmente em locais que coletam suas reclamações e sugestões. Podem haver certos padrões em acidentes e erros que se tornam aparentes apenas quando as estatísticas do incidente são revistas. Uma abordagem

Modelos ergonômicos e modos de treinamento no esporte e no lazer

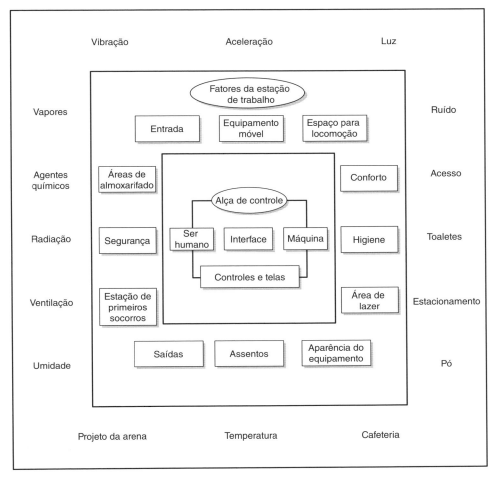

Figura 5.5 Mapa da análise da estação de trabalho para avaliar o ambiente de trabalho total.

com lista de checagem não é direcionada, e medidas específicas da estação de trabalho podem ser necessárias, como temperatura ambiente, pó e concentrações de poluentes, níveis de ruído ou níveis de iluminação.

Os olhos são delicados mecanismos sensitivos, e, assim, a iluminação é um importante aspecto na análise da estação de trabalho. Instalações esportivas fechadas requerem iluminação artificial, que deve se adequar aos padrões estabelecidos pelo corpo esportivo governante. Em esportes com bola, quanto mais rápida a ação, melhor deve ser a iluminação ambiente. Uma luz forte, seja refletida do assoalho encerado ou de vidros adjacentes, pode afetar os atletas de forma adversa. Os jogadores precisam de uma base de contraste contra a qual podem estimar o tempo de voo de uma peteca ou de uma bola de *squash*. A atenção a esses aspectos é, muitas vezes, negligenciada quando as arenas esportivas são reestruturadas para torneios específicos. Essa negligência pode se estender ao projeto das áreas externas iluminadas, em particular, para usos recreativos.

O componente do treinamento

O propósito do treinamento é preparar o participante para as tarefas de rotina, o que, geralmente, abrange melhorar a capacidade individual. Uma variedade de modos está disponível para atingir esse objetivo.

Adequando a pessoa à tarefa

Os programas de treinamento abrangem o conceito de ajustar o ser humano à tarefa. De maneira ideal, os regimes de treinamento são projetados com objetivos específicos em mente e podem ser avaliados em termos de atingir metas fisiológicas específicas. Na prática, os objetivos do treinamento são divididos e os programas variam de maneira progressiva durante todo o ciclo anual de competição. Além disso, o próprio desempenho é, em sua maioria, multivariado e requer uma interação de diferentes sistemas fisiológicos para um ajuste ideal.

O treinamento de peso em circuito, por exemplo, pode ser usado para o treinamento aeróbio, bem como para o treinamento musculoesquelético. O treinamento pliométrico foca nos ciclos de alongamento-encurtamento do músculo ao usar saltos em profundidade, saltos unilaterais e movimentos com membro superior, como os mergulhos. Como resultado dessa forma de treinamento, o tecido muscular sofre microtraumas, que levam à dor muscular de início tardio. Um pré-requisito para o treinamento pliométrico é uma base de treinamento de força. Durante os dias nos quais a dor muscular de início tardio é sentida, a exposição à corrida em água profunda pode ajudar a manter o condicionamento e aliviar a dor muscular (Dowzer et al., 1998), mas essa estratégia não substitui o programa progressivo de condicionamento preliminar.

Provas esportivas, como o triatlo, demandam uma combinação de habilidades e medidas de condicionamento específicas. Tais eventos requerem atenção para como os componentes de treinamento complementam um ao outro em vez de causar interferência. Programas de treinamento transversal têm benefícios à saúde, em particular, por causa de sua variedade, o que mantém a motivação e reduz o índice de desistência normalmente associado com uma população de novatos no exercício.

O lado ruim do treinamento físico é quando a adaptação não desperta interesse e ocorre uma ruptura. O *overtraining* é a condição na qual o subdesempenho é sentido, apesar do treinamento continuado ou, até mesmo, aumentado. Um círculo vicioso de mais treinamento produz desempenho mais baixo e fadiga crônica. O fenômeno representa o modelo de ergonomia clássico de demandas de tarefas, sobrepondo a capacidade humana de lidar com essa carga de treinamento.

A tecnologia tem sido usada extensivamente para melhorar o projeto do equipamento de treinamento e produzir objetivos suplementares de treinamento. Esses equipamentos podem ser projetados para o treinamento em esportes específicos ou ter aplicações mais amplas. Alguns desses artefatos e modos alternativos de treinamento são agora discutidos. Ao examinar as abordagens de treinamento, atletas e treinadores devem considerar como uma peça de equipamento pode ser usada, entender por que ela é usada de uma maneira ordenada e considerar suas vantagens sobre outro equipamento ou aparato.

Modelos de treinamento alternativos

Nem todos os métodos de treinamento são abordagens convencionais para melhorar a força, a potência e a resistência. Há uma procura contínua por maneiras novas e criativas de aumentar a capacidade. Algumas dessas que têm suporte científico serão descritas a seguir.

Salto em profundidade

O salto em profundidade usa o peso do participante e a gravidade para exercer força contra o solo. O participante salta de uma caixa, vai até o solo e imediatamente impulsiona o corpo para cima o mais rápido possível. A parte excêntrica da ação na qual ocorre o agachamento controlado é conhecida como a fase de amortização, antes que o corpo seja direcionado verticalmente. Aprender a coordenar todo o movimento em um desempenho suave é essencial para esse exercício ser completamente efetivo. O objetivo do salto em profundidade é melhorar o estímulo do treinamento para a produção de força. A sua vantagem é que isola o ciclo de alongamento-encurtamento do músculo pela indução de um alongamento nos músculos ativos antes de sua ação concêntrica contra a gravidade.

O salto em profundidade tem sido adotado com sucesso por atletas de salto em altura, de salto triplo e velocistas. Ele é relevante em esportes em que os músculos dos membros inferiores geram alto rendimento de potência em ações rápidas, explosivas. Esse esporte foi originalmente prescrito por Verhoshanski (1969), que sugeriu uma altura de caixa de 0,8 m para atingir a velocidade máxima e 1,1 m para desenvolver a força dinâmica máxima, recomendando também não mais que 40 saltos em uma série simples. Em estudos posteriores, uma altura de caixa de 20 a 40 cm foi tida como o suficiente (Boocock et al., 1990).

Embora o salto em profundidade seja reconhecido como efetivo na melhora da potência muscular, uma desvantagem desse salto é a dor muscular de início tardio, causada pelo componente excêntrico ou de alongamento da atividade. Essa dor atinge o auge por volta de 48 a 72 h após o exercício. Os marcadores biológicos do microtrauma muscular incluem avaliação de creatina quinase e concentração de mioglobina no sangue. Os atletas habituam-se a essa forma de treinamento por meio do chamado efeito das séries repetidas. Há, também, uma perda transitória de produção de força máxima quando a dor é induzida.

Treinamento de pêndulo

O dispositivo do pêndulo fornece um método de treinamento que foi desenvolvido na Europa Oriental. A sua principal vantagem é que ele ativa o ciclo de alongamento-encurtamento sem a geração da dor muscular de início tardio. O participante fica sentado em um dispositivo similar a um balanço de criança e faz força contra uma parede para saltar. Em seguida, retoma o contato com a parede absorvendo o impacto e, imediatamente, gera nova força contra a parede para impulsão. A ação muscular desejada do alongamento seguido pelo encurtamento dos músculos dos membros inferiores é produzida enquanto o peso do corpo é apoiado no assento (Figura 5.6).

Para uma série de estudos experimentais, Fowler et al. (1997) construíram uma plataforma de força na parede de um laboratório para registrar as forças geradas quando os indivíduos treinam usando o método do pêndulo. O sistema foi considerado efetivo como método de treinamento e reduziu a carga aguda sobre o corpo e o grau de dano muscular transitório. Uma desvantagem desse sistema é que seu uso fica limitado a uma pessoa por vez. Além disso, esse sistema não é amplamente disponível, sendo usado mais para o trabalho laboratorial que como uma ferramenta de treinamento.

Figura 5.6 O salto em profundidade é executado com posição inicial em uma caixa (a), enquanto o exercício usando o pêndulo (b) é executado a partir de uma posição sentada.
Adaptada, com permissão, de T. Reilly, 2007, *The science of training: Soccer* (London: Routledge), figura 4.3, p. 57, e figura 4.4, p. 59.

Treinamento complexo

Diferentes formas de treinamento em altas intensidades podem ser combinadas em uma sessão de treino. Essa integração é referida como um treinamento complexo. Incluem ações de salto com sobrecarga em disposições formais, como 3 a 4 séries de 6 repetições, combinados com uma série de saltos executados em tempo definido, por exemplo, 30 s e exercícios de resistência com pesos livres. O regime inclui ações concêntricas e excêntricas e explora a característica de força-velocidade do músculo, explorando, na maior parte das vezes, a potência muscular.

    O objetivo do treinamento complexo é introduzir diferentes estímulos de treinamento em uma sessão de exercício simples integrada. Uma vantagem disso é a variedade que uma sessão combinada abrange. Embora o treinamento complexo tenha ganhado popularidade no treinamento de jogadores, a sua efetividade não foi examinada em detalhes. Uma desvantagem potencial é que o estímulo do treinamento carece de efeitos específicos, dada a baixa frequência das repetições de determinados exercícios.

Isocinética

A isocinética descreve a forma de exercício permitida pelo maquinário com a facilidade inerente de adaptar a resistência à força exercida. Normalmente, quando pesos são erguidos por meio de uma amplitude de movimento, a carga máxima é limitada àquela sustentável pelos músculos envolvidos no ponto mais fraco na amplitude. Consequentemente, outros pontos dentro da amplitude sofrem os estímulos de treinamento submáximos. Com os aparelhos isocinéticos, a velocidade angular é preestabelecida e o regulador da velocidade no aparato permite que a resistência se adapte à força aplicada. Dessa maneira, quanto maior a força exercida, maior a resistência e o esforço máximo realizado em uma amplitude de movimento completa. As comparações feitas entre os programas de treinamento usando aparelhos isocinéticos, programas de resistência progressiva e de isometria provaram que os isocinéticos são superiores aos demais, tendo melhores resultados quando realizados em velocidades mais altas. Esses resultados refletem, em parte, o fato de que os programas de treinamento são, em sua maioria, avaliados usando equipamento isocinético.

O objetivo de usar aparelhos isocinéticos para treinamento é operar em uma velocidade angular fixa. Isso permite que o usuário selecione velocidades angulares baixas para trabalho de força e velocidades mais altas para trabalho de velocidade. Essa forma de treinamento é mais eficaz quando usada no treinamento para corrigir fraquezas musculares específicas ou durante programas de reabilitação para restaurar a função muscular para valores pré-lesão.

O equipamento isocinético moderno (Figura 5.7) permite ações musculares excêntricas e concêntricas. Tipicamente, as velocidades angulares máximas disponíveis no equipamento são mais altas sob os modos de ação concêntricos que excêntricos. Todavia, as velocidades angulares reproduzidas no equipamento estão bem abaixo das velocidades máximas atingidas nas ações de jogo, como chutar uma bola ou servir no tênis. Uma limitação relacionada é que os movimentos lineares podem carecer de especificidade em alguns esportes.

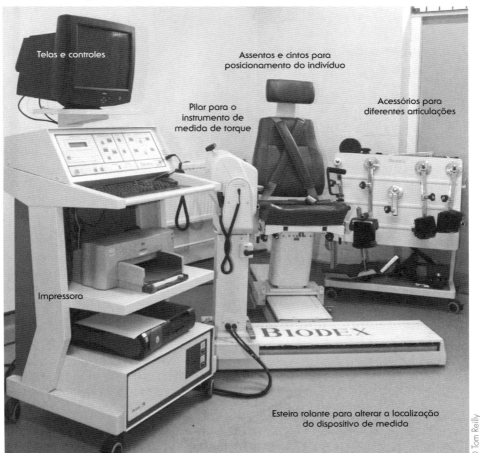

Figura 5.7 Dinamômetro isocinético usado para a avaliação da função muscular.

O treinamento em altas velocidades provavelmente ajudará nos movimentos lentos, enquanto o treinamento usando movimentos lentos provavelmente ajudará apenas nos movimentos lentos. As adaptações específicas da velocidade estão ligadas ao padrão de recrutamento da unidade motora. As melhoras na força muscular são esperadas no treinamento em velocidades angulares lentas, em razão do recrutamento de uma grande população de unidades motoras. Tais ações próximas do esforço máximo podem induzir a hipertrofia muscular, visto que as repetições são suficientes em número, e o programa de treinamento é sustentado durante alguns meses. Para evitar a hipertrofia muscular e, ao mesmo tempo, melhorar a força (atribuível aos fatores neuromotores), não mais que 3 séries de 6 a 8 repetições são recomendadas (Reilly, 2007).

As instalações isocinéticas são caras e, normalmente, não estão disponíveis para o treinamento em equipe. A área em que elas proporcionam o maior objetivo é no treinamento de força muscular durante a reabilitação. Nessa ocasião, a dinamometria isocinética pode ser aliada com a fisioterapia em um programa progressivo minucioso.

Uma limitação do exercício isocinético é que ele pode interferir no padrão neural de aceleração usado em ações competitivas. Além disso, os movimentos são lineares e, assim, não correspondem à função neuroesquelética no esporte. Todavia, a avaliação usando equipamento isocinético é muito efetiva na identificação de deficiências nas articulações individuais. Certos grupos musculares podem, então, ser isolados para o treinamento de recuperação.

Equipamento de multiestação

Uma série de exercícios de treinamento com pesos é organizada para o desempenho sequencial em um circuito. Os participantes giram no circuito à medida que avançam pela sessão de treinamento. O objetivo de organizar o exercício como um circuito é que diferentes músculos são usados em cada estação de trabalho, assim, a fadiga muscular é evitada. Na teoria, esse método é ideal para o treinamento em equipe, visto que o número de participantes não excede o número de estações de trabalho disponíveis. Na prática, a organização do grupo invariavelmente apresenta alguns problemas, dadas as diferenças entre indivíduos. Uma carga fixa em uma determinada estação pode não ser adequada para todos os participantes, mas alterar as cargas atrasa a série e não permite uma recuperação desejada. Um grupo homogêneo, uma rotina bem organizada e a repetição do circuito ou mesmo um treinamento suplementar são necessários para atingir os objetivos.

Uma vantagem dos aparelhos para o exercício de multiestação é que eles superam os problemas organizacionais do treinamento em circuito e os riscos de lesão do treinamento com pesos, usando modos de resistência tradicionais. A máquina ilustrada na Figura 5.8 foi uma das primeiras a serem projetadas nos princípios ergonômicos para fornecer os requisitos de estímulo do treinamento para força, potência e resistência muscular geral e localizada. Alternativamente, a resistência é suprida pelo peso do corpo, por pesos empilhados e por máquinas isocinéticas. Os grupos musculares são alterados de estação para estação; os músculos trabalhados incluem abdominais, perna, ombro, braço e costas. Cada estação é ajustável para acomodar pessoas com tamanhos de corpos diferentes e exercícios variados. Estudos fisiológicos têm mostrado que o estímulo do treinamento ao sistema circulatório é significativamente maior que aquele induzido pelas rotinas de treinamento em circuitos tradicionais (Reilly e Thomas, 1978). Contudo, como o atraso em alterar as cargas em uma estação é mínimo, o circuito de 12 estações pode ser repetido para executar duas ou mais séries em uma sessão de treinamento simples.

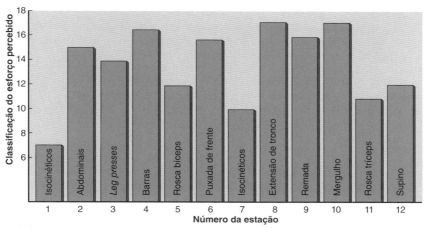

Figura 5.8 O equipamento de uma multiestação original validado por Reilly e Thomas (1978) é acomodado dentro de uma montagem simples com estações interconectadas. Adaptada de Applied Ergonomics, v. 9, T. Reilly e V. Thomas, "Multi-station equipment for physical training: Design and validation of a prototype," p. 201-6. *Copyright* 1978, com permissão de Elsevier.

Sistemas de aço inoxidável portáteis permitem que as equipes profissionais integrem o trabalho de condicionamento em seu treinamento diário. As estações múltiplas são montadas de forma que até 20 locais individuais fiquem disponíveis. Esse desenvolvimento inovador permite que múltiplos usuários exercitem-se simultaneamente. Os exercícios podem incluir exercícios na barra, apoios, agachamentos, trabalho de estabilidade central e saltos pliométricos, saltos em profundidade ou saltos unilaterais. O dispositivo é uma maneira pragmática de controlar o condicionamento da equipe usando sessões de treinamento.

O equipamento estacionário para o treinamento de resistência é mais seguro que os pesos livres, cujo uso pode provocar acidentes. A disposição em cada estação pode ser rapidamente mudada para acomodar diferentes constituições e capacidades. Esse tipo de equipamento está disponível na maioria dos centros de condicionamento e complexos de treinamento esportivo. O projeto de tais sistemas é constantemente melhorado por fabricantes para obter uma vantagem comercial competitiva. O modo de resistência – freios hidráulicos, freios a ar ou pesos carregados – varia de acordo com o custo e a preferência de *design*. Uma desvantagem é que sem atenção ao projeto das sessões de treinamento, esses sistemas não garantem as adaptações fisiológicas.

Tecnologia auxiliando o treinamento

Uma variedade de pequenos dispositivos é usada nos contextos esportivos. Esses dispositivos agem, tipicamente, como modos de estímulo para engajar os músculos a serem treinados. O objetivo é engajar músculos em condições de resistência à ação muscular.

Dispositivos mecânicos

Vários dispositivos foram desenvolvidos para facilitar o treinamento de força e de potência. Entretanto, a proposta estabelecida para o desenvolvimento e a comercialização do produto não são comprovadas em estudos laboratoriais. Em particular, a proposta de desenvolver a hipertrofia muscular em uma a duas semanas de treino com o dispositivo. Além disso, dispositivos que incorporam estímulos elétricos podem ser relevantes para a reabilitação, mas carecem de especificidade para a maioria dos esportes. A principal razão para a falha desses produtos é que seus projetistas não entendem o processo de treinamento. Alguns dispositivos que provaram ter mérito são agora descritos.

Sistemas com polias incorporam ações concêntricas e excêntricas para os músculos das costas e das coxas. Os melhores dispositivos regulam a magnitude da fase excêntrica pela referência ao desempenho nas ações concêntricas. De maneira alternativa, dispositivos elásticos mais simples ou de *bungee* são usados para treinamento de velocidade. A vantagem em seu uso é que a trajetória de moção (ou locomoção) pode imitar as ações do esporte.

Sistemas de *bungee* são incorporados a plataformas instrumentais para idealizar o treinamento do salto vertical. Os dispositivos permitem que os músculos sejam treinados em velocidades controladas de movimento. Sistemas infravermelhos que medem a altura do salto, o tempo de voo e o contato com o solo e a produção de potência estão disponíveis para monitorar o desempenho e fornecer *feedback* no desempenho do salto.

Máquinas de exercício com o arco de moção ditada por um dispositivo com câmera foram usadas durante algumas décadas. O dispositivo com câmera permite que a resistência seja aumentada em partes da amplitude de moção da articulação na qual a força é diminuída. Dessa maneira, a resistência acomoda-se à força exercida durante toda a amplitude de movimento, conforme as curvas de força-ângulo para a articulação em questão.

Placas de vibração

Plataformas de vibração são usadas para o treinamento de força por atletas de atletismo, por alguns dos clubes de futebol europeus de ponta e por jogadores profissionais na Rugby Union, como parte de seu programa de condicionamento. Essas plataformas foram também instaladas em locais de treinamento de centros esportivos e ginásios comerciais. Ocorreram alguns resultados positivos, mas aparentemente eles se aplicam a frequências de vibração específicas. Dispositivos, como a máquina Galileo *Sport* (Novotec, Alemanha), têm uma plataforma inclinada, que permite movimentos oscilatórios para o corpo em frequências de 0 a 30 Hz ao redor de um eixo horizontal. O participante é passivo, ficando meramente em pé sobre a plataforma enquanto ela vibra em uma frequência preestabelecida.

Durante muitos anos, os ergonomistas reconheceram os efeitos adversos potenciais das vibrações liberadas para o corpo humano por ferramentas manuais, como britadeiras e serras elétricas. Recentemente, dispositivos de exercício que incluem vibrações no corpo todo foram promovidos como auxiliares de treinamento em centros esportivos públicos. A vibração do tecido mole é um fenômeno natural. Quando uma pessoa caminha ou corre, os tecidos nos membros inferiores vibram em suas frequências naturais com o impacto que ocorre no instante de contato entre o calcanhar e o solo. Quando os dispositivos de exercício são usados para liberar vibrações para o corpo todo, a frequência do estímulo deve ser afinada com a frequência ressonante do participante, para induzir os efeitos do treinamento. Os resultados dos estudos foram inconsistentes ou negativos, sendo atribuídos a uma amplitude muito baixa, a frequências incorretas ou a durações excessivamente longas em relação às evidenciadas no movimento humano (Cardinale e Wakeling, 2005).

Os benefícios para o desempenho foram observados geralmente com vibrações sinusoidais em frequências de 26 Hz e amplitudes de 4 a 6 mm. Aplicações agudas da vibração do corpo todo durante 5 min em 26 Hz e 100 mm de amplitude foram reportadas para modificar a curva de força-velocidade de indivíduos bem treinados para a direita (Bosco et al., 1999). Outros efeitos positivos foram observados na saúde corporal e na flexibilidade (Cardinale e Wakeling, 2005). A melhora aguda na flexibilidade e na potência muscular foi atribuída ao estímulo dos fusos musculares e ao recrutamento de unidades motoras adicionais via ativação de sinapses nervosas múltiplas (Cochrane e Stannard, 2005).

Issurin (2005) verificou as diferenças ao aplicar estímulos vibratórios no corpo todo e em locais específicos do corpo, nas condições de exercícios de treinamento de força e de alongamento estático. O estímulo vibratório sobrepõe a contração muscular ou o alongamento. Efeitos positivos foram evidenciados quando o estímulo vibratório era aplicado em curto prazo, mas apresentavam efeitos supressivos sobre a força muscular quando ministrados por tempo prolongado (6-30 min). Resultados mais expressivos foram observados nas ações musculares dinâmicas que nas isométricas, e foram mais evidentes nos movimentos rápidos. Os efeitos benéficos do método são de aplicação fisioterápica em estimulação muscular local e na finalização de treinamento de resistência sobre a plataforma de vibração. A principal desvantagem é que as sessões de vibração são ineficazes e podem até causar danos, a menos que a frequência e amplitudes apropriadas sejam usadas.

Sobrecarga funcional

Várias formas de resistência natural podem ser fornecidas para sobrecarregar os músculos ativos. Essas formas incluem correr por aclives, em dunas de areia ou em água profunda. Tradicionalmente, os treinadores de futebol usavam os degraus das arquibancadas no treinamento de pré-temporada de seus jogadores, enquanto os treinadores de atletismo usavam morros de areia para seus grupos. O objetivo do treinamento de sobrecarga funcional é aumentar a resistência ao movimento além do que é normalmente sentido. Uma vantagem é que a resistência extra é fornecida durante as ações que são diretamente relevantes ao esporte.

As tarefas específicas ao esporte são ministradas com cargas extras sobre o corpo. Saltar com pesos no tornozelo ou coletes de chumbo é um exemplo. Graham-Smith et al. (2001) examinaram o uso de uma carga adicional de 10% do peso do corpo na forma de um colete pesado durante uma sessão de treinamento pliométrico típica de 5 séries e 10 repetições de salto vertical, com 3 min de recuperação entre as séries. A distribuição da carga adicional em torno dos ombros, da região lombar e da cintura levaram os pesquisadores a concluir que o dispositivo era seguro para o treinamento de resistência. A melhora no desempenho após o uso de desses dispositivos pode ser acentuada: Bosco (1985) registrou um aumento médio no desempenho do salto vertical de 10 cm após o uso de um colete (11% do peso do corpo) em apenas três semanas.

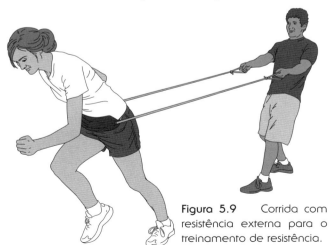

Figura 5.9 Corrida com resistência externa para o treinamento de resistência.

Arreios de corrida podem ser usados para criar a resistência contra o atleta que tenta se deslocar rapidamente para frente. A quantidade de resistência é controlada subjetivamente por um parceiro ou treinador (Figura 5.9). A conexão a um trenó ou uma carga similar com um cinto abdominal oferece uma maneira alternativa de treinamento de resistência. Para efeitos ideais, a ação de corrida vigorosa normal não deve ser indevidamente modificada. Paraquedas foram defendidos para aumentar a resistência do ar, mas sua eficácia não foi seriamente analisada.

A resistência funcional ao movimento pode deixar o atleta mais lento, comprometendo os efeitos desse treinamento no desempenho competitivo. Murray et al. (2005) mostraram que a velocidade foi, em geral, reduzida em 10 a 20 m quando os jogadores de futebol rebocavam pesos que variavam de 0% a 30% da massa corporal, usando um cinto acoplado a uma corda de 5 m. Implementar cargas de até 10% da massa corporal favorece o aumento no pico na potência anaeróbia, mais que aumentar a velocidade máxima de corrida.

Medicine balls são usadas para melhorar as habilidades específicas do esporte, como arremessos laterais. A distância do arremesso lateral pode ser aumentada com um programa de treinamento de força dedicado para o tríceps e a flexão do tronco (Togari e Asami, 1972). Essas bolas são também usadas para exercícios de uma mão, como no caso do goleiro, para o qual a habilidade de arremesso da bola em longas distâncias é diretamente relevante. As *medicine balls* são usadas em exercícios para arremessadores de dardo, arremessadores de peso e arremessadores no críquete. Ambas as formas de resistência funcional fornecidas pelas *medicine balls* e pelos arreios devem ser usadas com a prática da própria habilidade para efeitos ideais.

Corrida em água profunda

A **corrida em água profunda** pode introduzir novidades no programa de treinamento. Ela é feita em uma piscina de hidroterapia profunda ou na parte mais funda de uma piscina com raias. O participante tenta simular a ação de corrida normal usada no solo enquanto usa um colete para ajudar na flutuação. Dadas as diferenças biomecânicas entre correr na água e na terra, devem-se manter os quadris à frente para manter uma boa postura. Essa modalidade de treinamento é usada para prevenir a lesão, promover a recuperação do exercício extenuante e fornecer um treinamento suplementar para o condicionamento cardiovascular (Quadro 5.3). A corrida em água profunda é considerada segura e pode ser experimentada por diversas populações esportivas e recreativas. Ela pode ser usada por jogadores amadores e veteranos, bem como por atletas profissionais. Seus usos, listados no Quadro 5.3, enfatizam que ela pode servir em diferentes propósitos para diferentes grupos.

Na corrida em água profunda, o impacto é evitado e o risco de lesão aos membros inferiores é eliminado, porque os pés não tocam o chão da piscina. A flutuação fornecida pela corrida em água profunda diminui as forças compressivas sobre a coluna, que são evidentes durante a corrida na terra. Dowzer et al. (1998) registraram que, enquanto os participantes se exercitavam a 80% do $\dot{V}O_2$pico, a carga axial sobre a coluna vertebral foi menor na corrida em submersão, se comparada com a corrida em uma esteira. A corrida em água profunda permite que os participantes reduzam o impacto enquanto mantêm o treinamento de intensidade.

A corrida em água profunda acelera também a recuperação após jogos competitivos ou treinamento extenuante. Em uma investigação, a recuperação da força muscular após um exercício de alongamento-encurtamento projetado para induzir à dor muscular foi acelerada pela corrida em água profunda, se comparada com a corrida em esteira (Reilly et al., 2001). Concluiu-se que a corrida em água profunda alivia temporariamente

Quadro 5.3 Usos e benefícios da corrida em água profunda

População	Propósito	Benefício
Esportistas lesionados	Reabilitação	Prevenir o destreino Acelerar a reabilitação
Jogadores	Recuperação da dor muscular de início tardio	Acelerar a recuperação dos jogos Promover o exercício livre de dor Manter a flexibilidade
Atletas	Treinamento complementar	Evitar os efeitos do *overtraining* Manter o estímulo de treinamento central
Pessoas destreinadas	Treinamento aeróbio	Evitar a lesão resultante do treinamento no meio terrestre Aumentar a força do ombro
Pessoas fisicamente debilitadas	Treinamento de força	Prevenir a lesão ocasionada por quedas Aumentar a sensação subjetiva de conforto e de segurança
Pessoas acima do peso	Permitir o movimento	Auxiliar na redução do peso aumentando o gasto de energia Reduzir a sustentação de carga sobre as articulações Permitir que o exercício seja feito sem embaraço

a dor e melhora a recuperação. O alívio temporário da dor muscular permite que o treinamento formal continue quando o treino na terra se torna desconfortável.

As respostas fisiológicas ao exercício na água e no ar diferem em grande parte por causa do efeito hidrostático da água sobre o corpo na corrida em água profunda. As mudanças nos compartimentos corporais, nas respostas cardiovasculares e nas funções pulmonar e renal que ocorrem durante essa forma de treinamento foram revisadas por Reilly et al. (2003). A frequência cardíaca é reduzida pela ação reflexa gerada pela imersão. O volume sistólico e o débito cardíaco aumentam durante a imersão na água: um aumento no volume sanguíneo compensa em grande parte o reflexo da desaceleração cardíaca em repouso. Em intensidades de exercício submáximas, as respostas de lactato do sangue ao exercício durante a corrida em água profunda são elevadas em comparação com a corrida em esteira em um determinado consumo de oxigênio ($\dot{V}O_2$). O $\dot{V}O_2$, a ventilação por minuto (VE) e a frequência cardíaca são menores no exercício submáximo na água; a corrida em água profunda, todavia, fornece um estímulo adequado para o treinamento cardiovascular. As respostas aos programas de treinamento têm confirmado a eficácia da corrida em água profunda, embora as respostas positivas sejam mais evidentes com testes no meio líquido. O desempenho aeróbio é mantido com a corrida em água profunda por até seis semanas em atletas treinados para a resistência; pessoas sedentárias se beneficiam mais que os atletas na melhora do consumo de oxigênio máximo. Há pouca evidência de melhora nas medidas anaeróbias e na força de membro superior em pessoas que participam da corrida em água profunda, o que é atribuível às ações dos braços que são feitas contra a resistência da água (Reilly et al., 2003).

Uma desvantagem do treinamento corrida em água profunda é que ele não pode substituir por completo os programas de treinamento convencionais. Além disso, se a intensidade do exercício for muito leve, o estímulo do treinamento é insuficiente para manter os níveis de condicionamento.

Ergômetros

Os ergômetros são dispositivos usados para calcular o débito de potência muscular. A carga contra a qual a pessoa se exercita é determinada e a carga mecânica feita para sobrepor essa resistência é medida. A quantidade de trabalho mecânico feito por unidade de tempo indica o débito de potência, e essa função é calculada em watts. Quanto mais alta for a intensidade do exercício, mais alto será o débito de potência. Uma vantagem do uso de ergômetros é que a carga de treinamento pode ser precisamente quantificada.

O ergômetro é um aparato fundamental em um laboratório de Fisiologia Esportiva, porque ele indica precisamente a intensidade do exercício. Os ergômetros usados para estudos experimentais incluem bicicletas e esteiras motorizadas. Na bicicleta ergométrica, o índice de trabalho é regulado pela alteração da velocidade de pedalar ou da carga. A intensidade do exercício é controlada sobre a esteira, variando-se a velocidade da correia e aumentando o gradiente, mas calcular o débito de potência é um tanto complexo. Para propósitos de exercício, o valor da potência não é necessário.

Embora a ergometria tenha sido primeiramente usada para propósitos científicos, os ergômetros favoreceram o exercício relacionado à saúde. Os dispositivos, quando modificados para o uso em ginásios, foram capazes de classificar a intensidade do exercício, mas não puderam medir o débito de potência. Os ergômetros usados em centros de condicionamento variam de sistemas de resistência baratos a dispositivos controlados por computador relativamente sofisticados, que permitem ao usuário pre-determinar as dimensões da sessão de treinamento.

A bicicleta ergométrica é o mais básico dos aparelhos de condicionamento. Ela sustenta o peso do corpo, de modo que os membros inferiores não estão sujeitos ao impacto repetitivo que ocorre na corrida. O exercício pode ser feito em alta intensidade ou sustentado durante um longo período de tempo em uma intensidade mais baixa. As sessões podem ser determinadas com um exercício contínuo em determinado tempo. À medida que o condicionamento melhora, a intensidade e a duração podem ser aumentadas progressivamente. De maneira alternativa, a intensidade pode ser variada sistematicamente para corresponder ao treinamento de intervalo, por exemplo, 60 s em uma intensidade alta, seguidos de 120 s a uma intensidade baixa, executada por 12 repetições.

A bicicleta ergométrica é uma forma de exercício ideal para manter o condicionamento aeróbio e restaurar a força muscular durante a reabilitação da lesão do membro inferior. Ela tem valor como parte de um regime de aquecimento para avaliar o índice metabólico e a temperatura corporal central. A bicicleta ergométrica pode também ser usada no treinamento de recuperação para jogadores, por exemplo, entre partidas competitivas de programação próxima.

Os ergômetros de remar podem também auxiliar o treinamento. O débito de potência muscular é demonstrado em watts ou telas digitais, que exibem a distância percorrida em metros, servindo como indicador de desempenho. Esse *feedback* é valioso para o atleta determinar seu uso na sessão de treino e monitorar a melhora com seu uso repetido.

Uma vantagem do exercício de remar é que os principais grupos musculares estão envolvidos. A potência é gerada pela ação do quadríceps, somada à atividade dos músculos do tronco e do membro superior. A postura inicial para o próximo esforço é obtida com um movimento controlado. Uma desvantagem é que a dor lombar pode ocorrer quando os ergômetros são usados por novatos, a menos que o exercício seja conduzido de maneira suave e coordenada.

Um centro de condicionamento bem equipado, em geral, tem uma série de esteiras disponíveis aos usuários. Esteiras programáveis permitem que o participante estabeleça a carga total e a duração do exercício. Em alguns modelos, a velocidade da esteira é controlada pela resposta da frequência cardíaca do participante. Em um projeto de esteira alternativo, a correia é impulsionada pela pessoa que corre nela, que dita a intensidade do exercício por seu próprio esforço. Esse tipo de esteira é completamente segura, porque a correia para imediatamente quando o participante hesita.

Clubes profissionais de futebol geralmente disponibilizam uma esteira, de modo que jogadores lesionados possam gradualmente retornar à corrida. As esteiras também podem ser usadas por jogadores que receberam recomendação de exercício de resistência suplementar. Nesses casos, correr ao ar livre, em parques ou em trilhas é preferível, embora possam haver razões profissionais para completar a atividade dentro das dependências do clube.

Degraus de escadas ou moinhos "em escada" foram exercícios projetados para a melhora da saúde. É necessário ter cuidado quando a altura do degrau se aproxima de 45 cm no caso de a perna principal escorregar ou o tendão patelar sofrer uma força de tração excessiva. As pernas devem ser usadas alternadamente nos passos, caso contrário, a dor muscular de início tardio é sentida de maneira unilateral. Uma vantagem dessa forma de exercício é a novidade introduzida para estimular a adesão entre aqueles engajados em programas de condicionamento relacionados à saúde.

O trabalho de subir em um banco ou subir uma série de degraus pode ser calculado quando a massa corporal e a distância vertical são conhecidas. Completar exercícios repetitivos no degrau em um determinado período de tempo permite que o débito de potência seja calculado em quilogramas por minuto e convertido em watts. Como o índice de passada pode ser controlado, essa atividade foi usada em avaliações de condicionamento, como o Harvard Step Test. No protocolo do teste, subiu-se em um banco de 20 pol (50,8 cm) de altura e realizou-se 30 passos durante 5 min. A pulsação foi registrada por 30 s em 1 min, 2 min, e 3 min após o exercício; além disso, um escore de condicionamento foi calculado. O teste raramente é usado hoje em dia como medida de condicionamento nos atletas. Como um modo de exercício para o treinamento de condicionamento, o exercício no degrau pode ser valioso para jogadores recreativos ou incorporado como uma estação simples no treinamento em circuito. Bancos ainda são usados pelos atletas, que saltam sobre eles ou caem deles ao solo quando realizam exercícios pliométricos.

Tabela 5.1 Requerimentos de energia (kJ/min) de esportes selecionados e atividades recreativas

Leve	Moderado	Pesado	Muito pesado
Arco e flecha (13-24)	Dança aeróbia (21)	Futebol americano (30-43)	Corrida em *cross-country* (16-17 km) (66-67)
Bilhar (11)	*Badminton* (26)	Basquetebol (38-46)	Esqui *cross-country* (41-78)
Bocha (17)	Beisebol (20-27)	Boxe (38-60)	Ciclismo (> 21 km/hr) (46-84)
Esgrima (21)	Críquete (21-33)	Treinamento em circuito (33-44)	Remo (59)
Golfe (20)	Ginástica (10-50)	Handebol (46)	Futebol profissional (50-69)
Tênis de mesa (15-22)	Equitação (13-42)	Hóquei (36)	*Squash* (42-76)
	Voleibol (24-27)	Tênis (29-46)	
	Esqui aquático (29)	Rúgbi (33-60)	
		Exercícios aeróbios com *step* (36-42)	

Os valores entre parênteses são dados em quilojoules por minuto (kJ/min). Eles são baseados nos gastos energéticos máximos de cada modalidade citados após a consulta de várias fontes literárias que estudaram atletas do gênero masculino. Esses valores podem, em alguns casos, subestimar a energia gasta em competições de primeira divisão.

Esses diferentes ergômetros permitem a continuação do treinamento *indoor* quando as condições climáticas são desfavoráveis. A desvantagem é que o atleta abandona as condições naturais nas quais a competição ocorre.

Esportes complementares

Muitos componentes do condicionamento para o esporte e muitas habilidades são relevantes para alguns jogos em particular. Não é surpreendente, portanto, que muitos jogadores tenham uma boa capacidade física e possam participar com competência razoável em uma variedade de esportes. Invariavelmente, eles têm de abandonar esses outros interesses para se concentrarem em seu próprio esporte, caso percebam aspirações no esporte que escolheram.

O valor de um esporte específico como um estímulo do treinamento depende do seu gasto médio de energia. Ainda assim, os esportes que são fisiologicamente exigentes podem ser inadequados quanto ao risco de lesão. Em razão disso, o esqui *cross-country* e o esqui alpino, bem como os esportes de contato, não são atividades recreativas apropriadas para atletas especializados em outros esportes individuais ou coletivos.

Esportes como o voleibol incluem saltos e atividades de coordenação sem a necessidade de contato físico. Esses jogos podem ser usados, por exemplo, por jogadores de futebol para a atividade de baixa intensidade no dia seguinte a uma sessão de treinamento intensa. De maneira alternativa, os princípios do jogo podem ser modificados com a bola sendo jogada com os pés ou a cabeça. Dessa maneira, os atletas podem praticar o jogo de uma maneira descontraída e relaxada.

Dos esportes listados na Tabela 5.1, o golfe é o mais adequado para jogadores profissionais em dias de folga. O gasto de energia é leve, de modo que o esforço fisiológico é mínimo. Todavia, o participante pode levar três horas ou mais para completar os 18 buracos do jogo, assim, uma rodada de golfe pode constituir uma atividade adequada para recuperação no dia seguinte ao treinamento mais extenuante em dias de competição.

Visão geral e resumo

Vários modelos ergonômicos foram adaptados dos ambientes industriais para se adequarem aos contextos esportivos e de lazer. Esses modelos se enquadram amplamente em um esquema de trabalho de ajuste da tarefa à pessoa. Muitos treinadores de atletas de alto nível buscam inspiração nos modelos dos negócios e, de forma controversa, os gerentes de negócio reconhecem a determinação dos atletas em concluir suas tarefas. Uma variedade de métodos está disponível para análise dessas tarefas, e o método de escolha depende do esporte (ou ocupação) em questão. Quando os fatores ambientais são abordados, estes são monitorados e modificados o quanto for possível para melhorar a segurança e o conforto do ser humano. Os princípios de *design* acomodam critérios antropométricos quando possível. No esporte de competição, os desafios colocados podem ser determinados e os participantes empregam os programas de treinamento de modo que possam satisfazer as demandas das atividades. Projetistas de equipamentos sofisticados têm melhorado as capacidades de desempenho e atingido a excelência. O uso de dispositivos de treinamento é baseado no princípio de elevar a pessoa a um nível de desempenho mais alto.

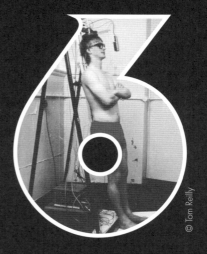

Estresse de treinamento e de competição no esporte

DEFINIÇÕES

análise de gases respiratórios – Cálculo do oxigênio consumido a partir da medida de O_2 e CO_2 no ar que o indivíduo expira e a taxa ventilatória.

classificação da percepção do esforço – Uma escala para a quantificação do esforço subjetivo durante uma atividade física.

custo de oxigênio – A energia consumida durante a atividade, expressa em unidades de oxigênio, e que permite a taxa metabólica de repouso.

estado de hidratação – A referência de reservas de água do corpo em seu alcance fisiológico normal.

pliometria – Uma forma de exercício no qual o atleta salta verticalmente, tendo iniciado o movimento com o corpo abaixado sobre uma caixa ou plataforma erguida; também conhecido como salto em profundidade.

redução da estatura – Perda de altura de uma pessoa em virtude da sobrecarga axial nos discos intervertebrais.

telemetria de rádio – Transmissão de sinais em ondas aéreas a partir do corpo sem necessidade de que o indivíduo esteja preso ao equipamento.

treinamento aeróbio intervalado – Exercício de intensidade moderada à alta, descontínuo por natureza, usado para melhorar o transporte e a utilização de oxigênio.

treinamento com peso – Uso de cargas externas como resistência quando se treina, em geral, para força e potência.

treinamento com peso em circuito – Treinamento de força no qual os exercícios são dispostos em um ciclo de estações de trabalho.

A natureza competitiva do esporte dita que os participantes individuais engajar-se-ão numa atividade em um ambiente altamente estressante. A perspectiva de fazer isso pode induzir à ansiedade antes da prova, e um certo nível de excitação fisiológica é necessário para o desempenho ideal. O treinamento para o esporte de competição também coloca demandas sobre os recursos psicológicos e fisiológicos. Aqueles que aspiram competir regularmente no esporte devem estar aptos a tolerar altas cargas de treinamento e devem ter a motivação para se adequar aos requisitos do treinamento.

A severidade das demandas competitivas pode ser avaliada pelo monitoramento das respostas fisiológicas às atividades. Quando os métodos são invasivos e provavelmente interrompem a atividade que está sendo estudada, os pesquisadores às vezes examinam simulações em modelos de competição, em vez de eventos reais. Medidas indiretas podem ter validade como substitutas, como o uso de perfis de taxa de trabalho determinados com base em gravações em vídeo para substituir a **análise de gases respiratórios**. Os pesquisadores também obtêm intuições por meio do monitoramento das intensidades de treinamento que fornecem mais acesso aos indivíduos voluntários. As investigações de ergonomia implicam um equilíbrio entre a validade ecológica de um lado e o controle adequado das condições de estudo do outro.

A tensão psicológica pode se manifestar como uma alteração no estado fisiológico, como um aumento na secreção hormonal ou na atividade nas trajetórias dos neurotransmissores. Uma variedade de medidas está disponível para refletir essas respostas, ainda que muitas possam ser muito perturbadoras para a aplicação em contextos pré-competitivos ou competitivos. Essa dificuldade tem incentivado o uso de medidas qualitativas e baseadas em questionário para explorar os aspectos do estresse psicológico e esforço emocional entre os participantes no esporte e na recreação.

Neste capítulo, vários métodos são apresentados para a investigação da carga relativa sobre os participantes em diferentes tipos de esporte. Embora o foco principal seja sobre as abordagens psicológicas, os critérios de carga física e fisiológica também são considerados. O método mais apropriado para a avaliação da tensão nos participantes deve se encaixar no contexto e frequentemente uma combinação dos métodos é empregada.

Carga fisiológica

A carga fisiológica está associada à participação em atividades físicas. A carga relativa é a porcentagem da capacidade máxima que é requerida para executar a tarefa. Os ergonomistas expressam a carga sob o aspecto de respostas internas, algumas das quais são agora consideradas em detalhes.

Consumo de oxigênio

A severidade da atividade física é refletida na energia gasta para a execução das tarefas. Os cientistas medem a energia em quilojoules, e as unidades convencionais são as quilocalorias. A quantidade de oxigênio consumida reflete o custo de energia da atividade: se a taxa de troca respiratória é conhecida (a quantidade de oxigênio consumido expressa como razão do dióxido de carbono produzido), o gasto de energia pode ser calculado.

O **custo de oxigênio** do exercício é expresso como um valor absoluto (L/min) ou em termos relativos, seja em $ml \cdot kg^{-1} \cdot min^{-1}$ ou como uma porcentagem do $\dot{V}O_2$máx. O custo da atividade em $\dot{V}O_2$ indica a carga metabólica sobre o indivíduo, o uso proporcional do $\dot{V}O_2$máx, indicando a carga relativa. Em provas de resistência prolongada, o atleta que puder sustentar a atividade em uma alta porcentagem de $\dot{V}O_2$máx provavelmente terá uma vantagem sobre seus oponentes.

A fonte de combustível usada como substrato para o músculo varia com a intensidade e a duração do exercício. À medida que a intensidade do exercício aumenta, o consumo de oxigênio cresce, bem como a razão da troca respiratória, indicando a utilização preferencial de carboidrato como fonte de combustível. A gordura é a fonte preferida de combustível quando a intensidade do exercício é baixa e o exercício é prolongado. O aumento no uso de gordura como fonte de energia poupa os depósitos de glicogênio, que, no entanto, podem rapidamente se esgotar.

O consumo de oxigênio ($\dot{V}O_2$) foi tradicionalmente medido usando a análise de gases respiratórios após a coleta do ar expirado em sacos de Douglas ou balões meteorológicos. A ventilação por minuto (VE) é calculada com base na quantidade de ar expirado e o conteúdo de O_2 e CO_2 é analisado. O $\dot{V}O_2$ é calculado usando procedimentos padrões (Cooke, 2001). Como o uso dos sacos de Douglas tende a atrapalhar a atividade, respirômetros portáteis, como o sistema Kofranyi-Michaelis ganharam uso no trabalho inicial de ergonomia de Durnin e Passmore (1970). Uma limitação desses sistemas era que apenas o oxigênio era analisado, sendo a razão da troca respiratória ($\dot{V}CO_2:\dot{V}O_2$) presumida ou estimada. Além disso, a atividade precisava ser suficientemente longa em duração para que um estado estável fosse atingido.

O advento dos analisadores metabólicos que são de peso leve e utilizados como mochilas durante o esporte proporcionou informações mais precisas sobre as demandas fisiológicas dessas atividades. Esse tipo de equipamento opera por meio de telemetria de rádio de onda curta. Os dados para $\dot{V}O_2$ e VE podem ser transferidos após a prova e combinados com outras medidas, como as respostas de frequência cardíaca. Até mesmo uma mochila de peso leve pode ser invasiva nos jogos, assim, o uso de respirômetros portáteis tem sido limitado para a comparação de manobras esportivas (por exemplo, Kawakami et al., 1992) ou para esportes individuais. O equipamento tem sido usado na orientação da quantificação dos custos de energia adicionais associados à corrida em um terreno desnivelado (Creagh et al., 1998). Um sistema de telemetria de rádio portátil foi usado em uma investigação experimental por Hulton et al. (2009) para estabelecer as demandas fisiológicas adicionais à corrida solo com a bola no futebol gaélico, comparado com a corrida normal. Quando simulações das ações do jogo são examinadas sob condições de laboratório, a análise *on-line* dos gases pode ser usada. Reilly e Ball (1984) usaram a análise de gases metabólicos para estudar o custo de energia adicional do drible com uma bola de futebol. Em um estudo similar, Reilly e Bowen (1984) mostraram como o custo extra de mover-se para trás e para os lados aumentou em relação à velocidade de locomoção.

Frequência cardíaca

A frequência cardíaca aumenta durante o exercício porque um débito cardíaco aumentado é necessário para suprir o sangue oxigenado para os músculos ativos. O volume sistólico também aumenta, embora os aumentos relativos nessas funções não sejam iguais. A elevação da frequência cardíaca é determinada pela intensidade do exercício e, nesse raciocínio, a frequência cardíaca durante o exercício tem sido proposta como um representante do gasto de energia. Para usar a frequência cardíaca (FC) para estimar o consumo de oxigênio, a relação FC-$\dot{V}O_2$, que é única para cada pessoa, deve, primeiro, ser obtida em condições de laboratório. Para esportes de locomoção, a linha de regressão relacionando FC a $\dot{V}O_2$ deve ser estabelecida durante a corrida em uma esteira. O erro envolvido no uso desse método de cálculo de gasto de energia é pequeno (Bangsbo, 1994). Tendo em conta quaisquer imperfeições nessas extrapolações de condições de laboratório para as de campo, os pesquisadores consideram a frequência cardíaca como um indicador útil do esforço fisiológico geral durante a partida.

Tradicionalmente, a **telemetria de rádio** de longo alcance tem sido usada para monitorar os dados de frequência cardíaca durante partidas amistosas ou competições simuladas. Recentemente, o uso de telemetria de rádio de curto alcance tem sido ado-

Tabela 6.1 Valores médios para a frequência cardíaca (bpm) durante o futebol

Indivíduos	Frequência cardíaca	Situação de jogo-partida
Jogadores tchecos	160	Modelo de jogo de 10 min
Jogadores tchecos	165	Modelo de partida de 10 min
Liga inglesa	157	Partidas de treinamento
Jogadores japoneses	161	Partidas amistosas (90 min)
Jogadores escoceses	169	Partida amistosa (90 min)
Jogadores dinamarqueses	167	Jogo de competição (90 min)
Jogadores universitários	161	Jogo de competição (90 min)

tado de forma mais generalizada. As observações geralmente confirmam que o esforço circulatório durante as partidas é relativamente alto e não flutua muito durante um jogo (Tabela 6.1). A variabilidade aumenta na segunda metade de uma partida de futebol em nível universitário, porque os jogadores realizam mais períodos de descanso (Florida-James e Reilly, 1995). Rhode e Espersen (1988) relataram que a frequência cardíaca foi cerca de 77% da variação da frequência cardíaca (frequência cardíaca máxima menos frequência cardíaca de repouso) em 66% do tempo de jogo. Para a maior parte do tempo restante, a frequência cardíaca estava acima desse nível, refletindo os elementos periódicos de alta intensidade do jogo.

A frequência cardíaca durante o exercício pode ser influenciada pelos estímulos emocionais e térmicos, fatores que podem levar à superestimação do custo metabólico. Embora o erro tenha sido considerado pequeno, a frequência cardíaca é fácil de se registrar e fornece uma boa representação do esforço fisiológico global. Essa abordagem é válida para um exercício de braço, bem como para atividades que envolvam o corpo todo, e a frequência cardíaca é mais alta para um determinado custo de oxigênio de trabalho de braço comparado com o exercício para a perna.

O monitoramento da frequência cardíaca tem se provado útil em uma variedade de contextos de campo. Muitos atletas e ciclistas usam monitores de peso leves para controlar sua frequência durante o treinamento e durante a competição. O monitoramento da frequência cardíaca tem se provado útil no futebol profissional na identificação dos estímulos fisiológicos estabelecidos no treinamento pela adoção de habilidades de jogos educativos (Sassi et al., 2005). As respostas podem ser usadas também para regular, em vez de somente monitorar, a intensidade do treinamento, mantendo-se a frequência cardíaca em uma zona de exercício leve (120-125 bpm) num dia de recuperação e em uma zona de alta intensidade (170-180 bpm) durante o **treinamento aeróbio intervalado** (Figura 6.1).

Lactato sanguíneo

A severidade do exercício também é indicada pelas concentrações de lactato sanguíneo. Essa medida tem sido usada após esforços máximos na natação e na corrida e também durante estágios de exercício intermitente. As concentrações de lactato progressivamente mais altas foram observadas em partidas de futebol da quarta até a primeira divisão na liga sueca (Ekblom, 1986). Gerisch et al. (1988) demonstraram que concentrações de lactato sanguíneo mais altas estão associadas a funções de marcação individual, se comparadas com uma marcação por zona. Ekblom (1986) afirmou que valores máximos maiores de 12 mmol/L foram frequentemente medidos no futebol de alto nível. A atividade não pode ser sustentada continuamente sob tais condições, o que reflete as

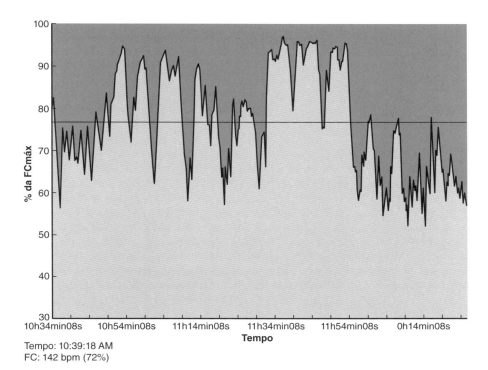

Figura 6.1 Respostas de frequência cardíaca (FC) em diferentes zonas de treinamento durante o treinamento de exercício intermitente.

consequências intermitentes do metabolismo anaeróbio durante a competição. Embora a maioria dos estudos de concentração de lactato sanguíneo tenha mostrado valores de 4 a 6 mmol/L durante partidas de futebol, essas medidas são determinadas pela atividade nos 5 min anteriores à obtenção das amostras sanguíneas. Valores mais altos são geralmente notados quando as observações são feitas no intervalo, se comparadas com o final da partida, porque a frequência de trabalho tende a ser diminuída no final da partida.

Os níveis de lactato sanguíneo se elevam em consequência de driblar a bola no hóquei e no futebol, por exemplo; e o aumento nas concentrações é desproporcional em velocidades mais altas. No estudo de Reilly e Ball (1984), o limiar de inflexão de lactato foi estimado para ocorrer em 10,7 km/h para o drible, mas não até 11,7 km/h na corrida normal (Figura 6.2). Esse achado indica que o esforço metabólico do drible rápido será subestimado, a menos que a carga anaeróbia adicional seja considerada.

Atualmente, é relativamente simples monitorar a concentração de lactato sanguíneo. Uma amostra capilar é obtida da ponta do dedo ou do lóbulo da orelha; um capilar do dedo do pé é usado, no caso de um remador, porque os pés permanecem imóveis, ao passo que os braços e a cabeça são inacessíveis durante o exercício. Analisadores portáteis requerem apenas uma pequena amostra e os resultados são rapidamente obtidos. Deve-se tomar cuidado na extração da amostra e em seu tempo. A concentração no sangue representa o equilíbrio entre a produção e a remoção de lactato nos músculos ativos. Como o lactato é o resultado da ruptura anaeróbia de glicogênio, ele indica a contribuição do metabolismo anaeróbio ao exercício.

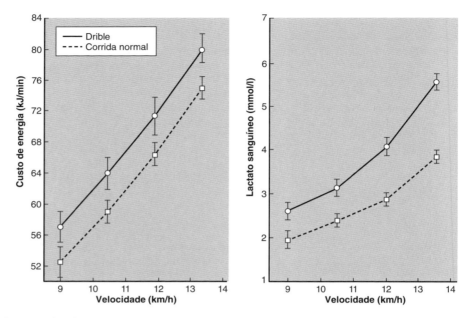

Figura 6.2 Respostas fisiológicas à corrida em diferentes velocidades são mais altas quando se dribla uma bola que na corrida normal.
Reimpressa, com permissão de *Research Quarterly for Exercise and Sport*, v. 55, p. 269-70. Copyright 1984 pela American Alliance for Health, Physical Education and Dance, 1900 Association Drive, Reston, VA 20191.

Temperatura central

As ações musculares geram calor interno, porque apenas cerca de 20% a 25% da energia usada em cada contração muscular contribui para a produção de trabalho mecânico. O corpo age como um dissipador térmico durante os primeiros 5 a 10 min de exercício. Os mecanismos fisiológicos para perder calor incluem atividade das glândulas sudoríparas e uma redistribuição do sangue à pele para resfriamento. Sem esses meios de perder calor para o ambiente externo, a temperatura do corpo poderia aumentar em 1 h de exercício intenso a um nível que poderia se provar fatal.

O aumento na temperatura corporal central é dependente da intensidade relativa do exercício, refletido em uma porcentagem do $\dot{V}O_2$máx. Na carga de calor não compensada, a elevação na temperatura central limita o desempenho, diminuindo a intensidade do exercício ou o interrompendo por completo. Em alguns casos, os fatores centrais operam para prevenir o dano proveniente da hipertermia. Quando a intensidade do exercício está dentro da zona compensável pela qual a diferença entre o ganho e a perda de calor pode ser tolerada, a temperatura central é um índice de carga metabólica e indica também o esforço térmico sobre o indivíduo.

Vários locais são usados para medir a temperatura no centro do corpo. A temperatura esofágica é a preferida pelos fisiologistas ambientais em condições de laboratório. Alternativas incluem temperatura do tímpano e do reto, a última sendo tradicionalmente escolhida pelos fisiologistas do exercício. A temperatura retal fica atrás da temperatura cerebral quando a temperatura interna muda com rapidez. Recentemente, a temperatura do intestino tem sido usada nos contextos de treinamento e de competição esportiva, o participante ingerindo uma pílula sensível à temperatura algumas horas antes da prova. O receptor é usado como um embrulho ao redor do diafragma, e os dados são subsequentemente transferidos para um computador para a análise.

Estado de hidratação

A água é essencial para a vida e constitui aproximadamente 73% do conteúdo de tecido magro do corpo. A água do corpo é finamente regulada para equilibrar a ingestão de líquido e sua perda (**estado de hidratação**). Os mecanismos de regulação não são imediatos ou precisos, e a sede pode ser satisfeita antes que o equilíbrio de água seja restaurado após grandes perdas de líquido, assim como ocorre no exercício no calor.

Os atletas que participam de categorias de peso muitas vezes se desidratam voluntariamente na preparação para a pesagem antes da prova. Essa prática se aplica aos boxeadores, lutadores, jóqueis e outros. Os atletas tentam, então, readquirir a hidratação normal por volta do início da prova, mas muitos não conseguem. Consequentemente, eles experimentam estados de humor negativos e desempenho prejudicado durante a competição.

A perda de líquido afeta o desempenho, dependendo do grau de desidratação ocorrido e da natureza da atividade. Os efeitos são mais aparentes nas atividades sustentadas (em que os músculos que se exercitam precisam ser continuadamente supridos com oxigênio transportado no sistema circulatório) do que nas provas de curta duração que dependem do metabolismo anaeróbio. Uma perda de líquido de 2% da massa corporal tem sido o suficiente na maioria dos estudos para demonstrar uma diminuição no desempenho. O líquido é perdido em todas as reservas de água corporal, incluindo plasma e líquido intramuscular e intersticial.

A sede é sentida quando o *deficit* de água atinge cerca de 1% do peso do corpo. Esse sinal é causado por uma mudança na osmolalidade celular e secura na membrana mucosa da boca e da garganta. A sede pode ser satisfeita antes que a perda de líquido seja totalmente reposta, indicando que a confiança nesse mecanismo é insuficiente para monitorar o estado de hidratação dos atletas que treinam no calor, embora a condutividade da urina seja também facilmente medida e sua cor seja um indicador mais visível. A correlação de outras medidas com a osmolalidade da urina sugere que a gravidade específica é uma alternativa aceitável (Tabela 6.2). A urina se torna mais concentrada à medida que o corpo tenta reter água por meio da secreção de hormônio antidiurético da parte posterior da glândula hipofisária.

O suor contém eletrólitos, ureia e ácido láctico, e as concentrações variam de acordo com o local do corpo, com o nível de condicionamento da pessoa e com relação ao fato da produção de suor ter sido induzida de forma ativa ou passiva. As pessoas variam muito em relação ao volume de suor perdido e em sua concentração de sódio. O suor é hipotônico em relação ao plasma, refletindo a conservação corporal do seu conteúdo de sódio pela secreção de aldosterona. A necessidade primária da reposição de líquido durante o exercício no calor é de água, para reduzir a temperatura corporal e restaurar em parte a água perdida no suor. A absorção do líquido ingerido é aumentada se algum sódio for incluído na bebida. O conteúdo de energia de bebidas isotônicas é relevante em provas de resistência, nas quais há uma probabilidade de que os depósitos de carboidrato nos músculos e no fígado fiquem muito baixos. Em condições climáticas quentes, uma boa prática é iniciar a competição com boa hidratação e tomar pequenas quantidades de líquido quando a ocasião permitir, durante a prova. Uma quantidade de 150 ml a cada 10 a 15 min é ainda inadequada para compensar as perdas que podem ocorrer, de modo que, em condições climáticas quentes, o *deficit* de água é inevitável. Esse *deficit* deve ser

Tabela 6.2 Correlações com osmolalidade*

Medidas de estado de hidratação	r
Gravidade específica (urinômetro)	0,86
Gravidade específica (fita reagente)	0,78
Cor (gráfico de escala 1-8)	0,63
Condutividade (escala contínua)	0,76

*Depressão do ponto de congelamento; N = 183.

combatido pela reposição de líquido, uma vez que o exercício ou treinamento tenha terminado. Calcular meramente o suor perdido não é o suficiente, porque se deve levar em conta a produção de urina. Recomenda-se que uma quantidade extra de 50 ml de líquido seja adicionada aos 100 ml sugeridos por uma perda de massa corporal de 100 g.

Em esportes que têm classes de pesos na competição, os participantes tradicionalmente têm tentado perder peso desidratando-se, de modo a competir na mais baixa categoria possível. Boxeadores e lutadores, em particular, perdem peso antes de suas provas para manterem-se dentro do limite predeterminado, e os jóqueis também devem trabalhar de acordo com as cargas delineadas por sua montaria. A prática é reconhecida como perigosa, em especial se a prova seguinte ocorrer em condições climáticas quentes e níveis graves de desidratação forem induzidos antes da pesagem formal. O uso da desidratação como uma estratégia para atingir o peso desejado tem sido seriamente condenado e, em alguns casos, é substituído por um programa mais sistemático de controle de peso com base no aconselhamento nutricional. Quando uma perda de peso de 5,2% da massa corporal ocorreu em um período de uma semana por um grupo de boxeadores amadores que fizeram uma combinação de restrição de alimentos sólidos e líquidos, o desempenho foi reduzido (Hall e Lane, 2001). A diminuição no desempenho foi acompanhada pelos humores negativos que incluíam raiva, fadiga e tensão aumentadas e vigor reduzido.

Sobrecarga na coluna vertebral

A coluna lombar é um local comum de problemas musculoesqueléticos para atletas, bem como para a mão de obra em geral, especialmente aqueles que participam em atividades de levantamento de pesos. Há várias maneiras de indicar a carga biomecânica sobre a coluna. Entre elas está a medida da redução da estatura, que registra as perdas de altura entre os discos intervertebrais causadas pela compressão axial. As aplicações da redução da estatura são descritas nas seções que seguem.

Base teórica

Durante as atividades da vida diária, os discos intervertebrais sofrem com a carga axial e perdem altura à medida que são comprimidos. Quando a pressão osmótica dos tecidos do disco é excedida pela carga compressiva, o líquido é expelido (Tyrrell et al, 1985). A expulsão do líquido é seguida pelas mudanças nas características da resposta dinâmica do complexo da articulação intervertebral e, com o tempo, há uma resistência reduzida à falha sob carga estática, dinâmica ou vibratória. Em um disco degenerado, a deformação sob a carga é mais rápida que o normal (Kazarian, 1975). Assim, os efeitos cumulativos das cargas estáticas e dinâmicas são contribuintes significativos para os sintomas e as lesões na coluna.

A coluna vertebral constitui cerca de 40% do comprimento total do corpo e aproximadamente 33% do comprimento total da coluna é ocupado pelos discos intervertebrais. Os discos intervertebrais respondem a forças de compressão e descompressão alterando seu tamanho. A perda de altura dos discos intervertebrais com a compressão tem sido atribuída à eliminação de líquido do núcleo pulposo (Kazarian, 1975). A água é removida do disco quando as somas da pressão de absorção do complexo de proteína de polissacarídeo do núcleo pulposo e o gradiente osmótico sobre a membrana do disco são excedidas. A recuperação ocorre quando as forças compressivas são retiradas ou quando a coluna é estendida. O alongamento no tecido viscoelástico que ocorre no disco quando ele é mantido sobre estresse constante e a subsequente recuperação não são unicamente aspectos da troca de líquidos, porque a extensão e a contração das fibras do anel fibroso também estão envolvidas (Koeller et al., 1984).

A medida das mudanças na estatura pode refletir a redução do comprimento da coluna vertebral e, consequentemente, da altura do disco agregado. As variações na estatura atribuídas à compressão das estruturas apendiculares são insignificantes comparadas com as mudanças dentro da coluna vertebral. A compressão do tecido mole nas solas dos pés atinge o equilíbrio rapidamente quando há a sustentação de peso corporal e não é afetada pela sobrecarga vertebral experimental. A reprodução exata da postura ereta em medidas sucessivas, enquanto permite as diferenças no contorno postural entre os indivíduos, é um requisito essencial para a medida das mudanças refinadas na estatura (Figura 6.3).

A quantidade de **redução da estatura** está relacionada com a magnitude da carga compressiva sobre a coluna: consequentemente, a redução da estatura tem sido usada como um índice de sobrecarga vertebral (Corlett et al., 1987). As mudanças no comprimento total do corpo foram usadas para examinar os efeitos dos regimes físicos que sobrecarregam a coluna vertebral, pressupondo-se que quanto maior a carga, maior também o risco de problemas na coluna. A técnica tem sido usada também para avaliar manobras para aliviar a coluna vertebral, como tração, inversão da gravidade e a chamada posição de Fowler (Figura 6.4), na qual o indivíduo deita-se em decúbito dorsal, com os pés apoiados em uma cadeira e os quadris a cerca de 45° de flexão (Boocock et al., 1988).

Foi desenvolvido um aparato que permite que uma variação na configuração da coluna seja acomodada intraindivíduo e as posturas intraindivíduo sejam reproduzidas com precisão sob condições relaxadas (Corlett et al., 1987). O relaxamento é atingido pela inclinação do indivíduo para trás em até 15°. As características do *design* controlam a posição e o contorno das curvas da coluna, a posição da cabeça e membros, o ângulo da cabeça no plano sagital e a distribuição de peso entre os calcanhares e o antepé. A fase do ciclo respiratório é também controlada, após os indivíduos se submeterem a uma breve sessão de treinamento para acostumá-los ao aparato.

Treinamento com peso

Cargas estáticas no ombro usando coletes com peso ou halteres foram examinadas por Tyreell et al. (1985). Observações foram feitas em intervalos de 2 min durante 20 min de carga experimental, e as medidas levaram cerca de 2 min. A redução da estatura de 5,45 mm ocorreu com a mochila de 10 kg e 5,14 mm com o halter. A redução da estatura foi maior com o aumento no peso do halter para 7,11 mm (20 kg), 9,42 mm (30 kg) e 11,2 mm (40 kg). Houve uma relação linear entre a redução da estatura e a carga externa (Tabela 6.3). Não há uma nítida indicação de um limiar para a lesão na coluna que pode ocorrer como um resultado de defeitos na técnica de manusear cargas muito pesadas.

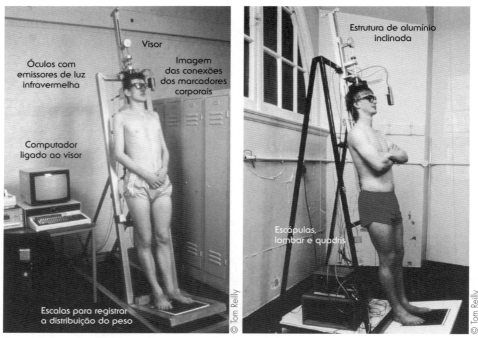

Figura 6.3 Indivíduo em uma posição para medida da redução da estatura. Uma estatura de referência é medida e a mudança desse valor é atribuída à intervenção que está sendo estudada.

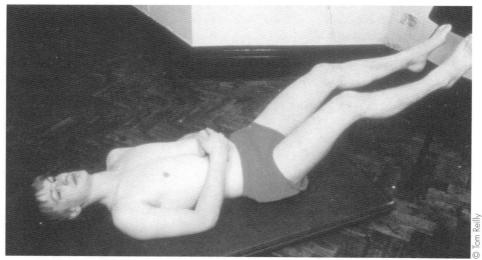

Figura 6.4 A posição de Fowler, que é usada para a recuperação após a coluna ter sido sobrecarregada. Pela alteração dos ângulos articulares nos quadris, essa posição remove a sobrecarga da coluna, que, então, se recupera.

Tabela 6.3 Perda média (± DP) na estatura atribuída à sobrecarga estática experimental da coluna

Carga estática	Perda de estatura, mm
Mochila de 2,5 kg	3,87 ± 1,98
Mochila de 10 kg	5,45 ± 2,12
Halter de 10 kg	5,14 ± 1,99
Halter de 20 kg	7,11 ± 3,18
Halter de 30 kg	9,42 ± 3,57
Halter de 40 kg	11,2 ± 4,60

O **treinamento com peso em circuito**, usado para salientar o sistema de transporte de oxigênio em vez do condicionamento muscular, foi examinado. Nove homens alternando-se em 9 estações de exercício durante 25 min perderam uma média de 5,49 mm em estatura (Leatt et al., 1986). Os pesos variaram de 14 a 32 kg para os diferentes exercícios. Uma comparação de resultados com aqueles de Tyrrell et al. (1985), que encontraram uma redução de estatura de 7,11 mm com 20 kg de carga dinâmica durante 20 min, sugere que o esforço sobre a coluna pode ter sido facilitado por alguns dos exercícios no circuito.

Respostas similares ocorrem tanto em mulheres como em homens. Dez mulheres reproduzindo uma sequência de 8 exercícios de **treinamento com pesos** durante 20 min foram examinadas por Wilby et al. (1987). O regime de treinamento foi executado imediatamente após se levantar de uma noite de sono e novamente às 22 h. A perda de estatura observada pela manhã foi maior que à noite, os valores médios sendo 5,4 e 4,33 mm, respectivamente. Essa diferença foi atribuída à variação diurna na estatura. O índice de mudança na estatura varia durante todo o dia, sendo maior pela manhã, ao passo que a hidratação do disco e a recuperação são rápidas nas primeiras horas de sono. Variações diurnas na estatura de 15,4 mm e 19,3 mm foram mostradas por mulheres (Wilby et al., 1987) e homens (Reilly et al., 1984), respectivamente.

Althoff et al. (1992) empreenderam uma série de medidas em indivíduos usando cargas de ombros de até 30 kg. A redução do comprimento da coluna foi proporcional à carga aplicada. A grande variabilidade interindivíduos foi atribuída às diferenças individuais na área transversal do disco. Os sujeitos com dimensões de disco pequenas tiveram uma redução maior da estatura que aqueles com discos maiores.

Os efeitos de diferentes condições de carregamento de peso sobre a redução da estatura foram examinados por Reilly e Peden (1989). Em três dias separados, seis mulheres executaram (a) 10 min de subida em um banco de 30 cm de altura, sem carga, (b) a mesma atividade com 10 e 15 kg de peso nas costas, e (c) a mesma atividade, mas com uma carga de 15 kg nas costas. A redução da estatura média no final da condição sem carga foi de 1,1 mm. Houve um aumento significativo na redução da estatura em 10 min nas duas condições com a carga de 15 kg (peso na frente, 2,79 mm; peso nas costas, 2,78 mm). Foi sugerido que tarefas, como a subida repetida no banco, desempenhada com a carga externa maior que 16% da massa corporal, podem aumentar o risco de lesão na coluna.

Na postura ereta relaxada após o treinamento com peso, o participante readquire estatura em uma quantidade proporcional à carga. Cerca de 75% das perdas ocorridas no carregamento estático foram readquiridas dentro de 10 min no estudo feito por Tyrrell et al. (1985). A estatura readquirida na posição de Fowler em um período similar excedeu a estatura perdida durante o carregamento.

Há dúvidas se as medidas preventivas têm qualquer influência sobre a carga na coluna. Cintos de levantamento de peso estão comercialmente disponíveis e são vendidos com o objetivo de prevenir lesões na coluna ao se levantar grandes pesos. Acredita-se que eles fazem isso pelo suporte e pela estabilidade da coluna. Esses cintos também podem afetar a pressão intra-abdominal, o mecanismo amplamente tido como responsável pela redução das forças compressivas na coluna. É comum para trabalhadores norte-americanos que manuseiam materiais usarem cintos por razões protetoras, embora a evidência para a redução da lesão na coluna não seja convincente (NIOSH, 1994). Contudo, Bourne e Reilly (1991) examinaram o efeito de um cinto de levantamento de peso sobre a redução da estatura em indivíduos que realizavam uma sessão de treinamento de peso em circuito e registraram que o uso do cinto induziu menor redução da estatura e causou significativamente menos desconforto comparado com erguer o peso sem o cinto. As observações sugeriram que existem benefícios potenciais no uso de um cinto para levantamento de peso e apoiaram a hipótese de que o cinto ajuda a estabilizar o tronco.

Os efeitos protetores do uso de um cinto durante o levantamento de peso foram posteriormente investigados por Reilly e Davies (1995). Eles examinaram a eficácia do cinto no levantador de peso para atenuar a redução da estatura durante as repetições múltiplas do levantamento terra. Um objetivo adicional foi examinar a relação entre redução da estatura e a área transversal estimada dos discos lombares. Os indivíduos realizaram 8 séries de 20 repetições de levantamento terra com 10 kg na barra Olímpica. Isso foi feito em duas ocasiões separadas, uma com o uso do cinto e outra sem. A área transversal dos discos L3-L4, L4-L5 e L5-S1 foi estimada usando o procedimento antropométrico de Colombini et al. (1989). A redução da estatura sem o cinto foi de 4,08 ± 1,28 mm em comparação com 2,08 ± 0,05 mm com o cinto: os valores correspondentes para o esforço percebido foram 16,2 ± 1,6 e 13,4 ± 1,3. Concluiu-se que o cinto do atleta foi eficaz na redução da compressão da coluna durante repetições múltiplas de levantamento terra. A magnitude da redução da estatura ocorrida estava relacionada com a massa corporal e a área do disco lombar. A diminuição na redução da estatura associada com o uso do cinto estava significativamente relacionada com a massa corporal, mas não com a área do disco lombar estimada.

Correndo e saltando

A sobrecarga da coluna vertebral está associada a atividades nas quais as forças de reação do solo excedem as experiências normais. Correr e saltar induzem, particularmente, altas forças de impacto. Em casos nos quais os maiores músculos da perna passam por ciclos de atividade de alongamento-encurtamento, os impactos são, em parte, absorvidos pelo esqueleto. A consequência é um aumento na redução da estatura, acentuado por fatores externos, como os calçados e as superfícies usadas.

Exercícios de corrida

Correr, em particular em superfícies de rua, inclui a sobrecarga repetitiva sobre a coluna. A redução de estatura em corredores experientes e novatos que se exercitam em uma esteira a 12,2 km/h durante 30 min foi examinada por Leatt et al. (1986). A perda de estatura foi de 2,35 mm para o grupo de veteranos e 3,26 mm para os outros corredores. Os corredores experientes percorreram mais 19 km em 14 km/h e perderam outros 7,79 mm, em média. A duração da corrida foi um importante fator na redução do comprimento total ocorrida na coluna.

Os efeitos de uma corrida contínua a 10 km/h durante 40 min foram comparados àqueles atribuídos à alternância de um ritmo rápido e lento regularmente durante o mesmo período de tempo e cobrindo a mesma distância global. A passada variou entre o *jogging* a 7 km/h e a corrida rápida a 21 km/h. Nenhuma diferença significativa foi encontrada entre a corrida intermitente e a contínua sob o aspecto de redução da estatura, uma vez que a distância e a duração do exercício foram comparados (Reilly et al., 1988).

A influência da intensidade da corrida sobre a redução da estatura foi examinada por Garbutt et al. (1989). Cinco corredores realizaram três corridas de 30 min a 70%, 85% e 100% de seu ritmo em uma maratona competitiva. Nos primeiros 15 min, as perdas médias de estatura foram 4,25, 3,37 e 3,97 mm para as intensidades aumentando da meia-maratona para um ritmo de corrida de 10 km. A influência da qualidade do calçado da corrida na redução da estatura pode ser importante, mas tem ainda de ser investigada.

Garbutt et al. (1990) examinaram o efeito de três velocidades de corrida em dois grupos de corredores, sendo um com dor lombar crônica. Os dois grupos de sete maratonistas se exercitaram a 70%, 85% e 100% de seu ritmo de maratona por 30 min em ocasiões separadas. Antes e após o exercício, os indivíduos sentaram por 20 min com a coluna lombar apoiada. A estatura foi medida antes do sentar pré-exercício, antes de correr, após 15 min de corrida, após 30 min de corrida e após o período pós-exercício sentado. Não houve diferenças significativas nas respostas aos três regimes de corrida entre os grupos. A redução de estatura foi significativamente maior nos primeiros 15 min, sendo 3,26 (± 2,78) mm comparada com 2,12 (± 1,61) mm para a segunda metade da corrida. Quanto mais rápida a velocidade da corrida, maior a redução da estatura resultante. As condições de 70%, 85% e 100% causaram 3,37 (± 2,38), 5,10 (± 1,90) e 7,69 (± 3,69) mm de redução da estatura, respectivamente. Essas observações sugerem que, nesse grupo de corredores que estavam aptos a manter seu treinamento, apesar da dor contínua na coluna, a dor lombar deu-se independentemente da redução da estatura induzida pela corrida.

O exercício na água foi promovido como uma maneira de treinamento sem incorrer numa alta sobrecarga de impacto. Dowzer et al. (1998) usaram a redução da estatura para avaliar os benefícios da corrida em água profunda na redução da sobrecarga de impacto sobre o esqueleto. A corrida em água profunda ocasionou uma redução da estatura significativamente menor (2,92 mm) que correr na água rasa quando os pés tocam o fundo da piscina (5,51 mm) ou correr em uma esteira (4,59 mm). Esses valores ocorreram durante 30 min, mas os índices mais altos de redução da estatura foram encontrados nos primeiros 15 min em todas as condições. Os resultados confirmam que o uso do exercício periódico na água pode ser uma alternativa à corrida em superfícies duras.

Exercícios de salto

Exercícios de salto foram cada vez mais implementados nos regimes de treinamento para desenvolver a potência na perna. A aterrissagem desses exercícios induz forças de impacto altas, que o corpo humano deve absorver. O disco intervertebral é o principal absorvedor de choque da coluna responsável pela dissipação dessas forças altas. As medidas de redução da estatura foram usadas para estudar a sobrecarga da coluna resultante desses exercícios de saltos. Um regime de 10 séries de cinco saltos em profundidade com um período de recuperação de 15 s entre cada série, durando uma média de 6,7 min, foi considerado causador de uma perda média em estatura de 1,7 mm (Boocock et al., 1988).

Para avaliar o potencial de descompressão da coluna pré-exercício, aumentando, desse modo, a capacidade funcional do disco de absorver a sobrecarga compressiva, um período de 10 min de inversão da gravidade foi empregado antes do mesmo período de exercício. Inverter o indivíduo em 50° aumentou a estatura mais que 90° de inclinação, o que, por sua vez, foi superior à posição de Fowler (Leatt et al., 1985). O período de descompressão ocasionou um aumento médio na estatura de 2,7 mm e o período de exercício resultante quando executado imediatamente após a inversão induziu duas vezes a magnitude da redução da estatura, 3,5 mm. Concluiu-se que os benefícios obtidos pelo pré-exercício de descompressão da coluna são de curta duração.

De maneira similar, exercícios pliométricos, nos quais os atletas caem de uma altura predeterminada e realizam um salto de recuperação imediatamente na aterrissagem, foram considerados como indutores da redução de estatura. Cinco séries de cinco saltos e queda de uma altura de 1 m, seguidas pelo rebote sobre uma barreira de 0,5 m de altura, causaram uma perda média em estatura de 1,74 mm (Boocock et al., 1990). Nessa ocasião, a descompressão pós-exercício foi investigada com um período de inversão de gravidade de 20 m diretamente após a sessão de exercício. Esse período de inversão causou um aumento na estatura de 5,18 mm comparado com 0,76 mm a partir de um período na postura em pé de duração similar. A estatura foi medida por mais 40 min, em que os indivíduos ficaram em pé. Durante os 40 min seguintes à inversão, houve uma rápida perda na estatura de 4,07 mm. Para a sessão envolvendo o pós-exercício em pé, esse mesmo período causou apenas uma pequena alteração na estatura – 0,04 mm. Observou-se que em 30 min dentro desse período de recuperação de 40 min não houve uma diferença significativa para as alterações na estatura entre as duas condições experimentais. Concluiu-se novamente que os efeitos da descompressão são apenas de curta duração. Em algumas pessoas, uma rápida recuperação na estatura na descompressão pode afetar adversamente as características da resposta dinâmica da coluna. Se um esforço maior for empreendido imediatamente após o período de repouso ter encerrado, um breve aquecimento pode ser aconselhável.

Profissionais têm defendido uma resistência externa adicional para o exercício de alongamento-encurtamento para maximizar o estímulo ao treinamento. Fowler et al. (1994) compararam os efeitos do salto pliométrico com uma carga adicional de 8,5 kg adicionada em um colete pesado. A redução da estatura de 0,62 mm no salto pliométrico sem carga aumentou para 2,14 mm quando o colete pesado foi usado. Os resultados refletiram o maior esforço físico dos saltos pliométricos com peso, se comparado com o mesmo exercício sem uma carga externa.

Exercícios pliométricos, como o salto em profundidade, dão origem a altas forças de impacto e, portanto, a uma alta compressão na coluna (Boocock et al., 1990). Como essa forma de exercício pliométrico é potencialmente nociva para a coluna, modos alternativos de exercício que reduzam esse risco, mas forneçam o mesmo estímulo de alongamento-encurtamento para o treinamento do músculo, são desejáveis. A oscilação pendular fornece tal alternativa, na qual o atleta deve ficar sentado num balanço e diretamente à frente de uma superfície de rebote vertical. O atleta oscila com o balanço para frente e para trás, ricocheteando contra essa superfície vertical. Fowler et al. (1994) mostraram que o dispositivo oferece um estímulo significativo para o treinamento. Posteriormente, o mesmo grupo mostrou que a oscilação pendular reduz a compressão sobre a coluna, comparando-se com os exercícios de salto em profundidade (Fowler et al., 1995). Dados os resultados de redução da estatura mais baixos e pico de forças mais baixas, parece que o exercício pendular coloca um potencial de lesão mais baixo para a coluna que os saltos e as quedas realizadas a uma altura típica de 25 cm.

Outras aplicações para a atividade física

Muitos tipos de atividade física, sejam em contextos recreativos ou ocupacionais, apresentam uma alta prevalência de dor na coluna. É comum entre essas atividades a compressão da coluna, independentemente se ela é imposta pelo manuseio, pelo levantamento e carregamento de peso, pela torção ou pelo trabalho realizado por muito tempo em uma postura inadequada.

O golfe é uma atividade recreativa na qual os atletas carregam seus tacos de golfe ao redor do percurso. Wallace e Reilly (1993) simularam um percurso de 18 buracos em um estudo laboratorial. As três condições investigadas foram caminhar pelo campo sem jogar, caminhar e jogar (sem a sacola) e caminhar e jogar carregando uma sacola de golfe de 8 kg. A situação da caminhada causou uma redução da estatura menor (3,58 mm) que jogar (4,98 mm) e jogar combinado com carregar a sacola de golfe (5,82 mm). Sugeriu-se que a alta incidência de dor lombar em golfistas pode estar associada não apenas com a compressão, mas, também, com altas forças de cisalhamento produzidas durante a oscilação no golfe.

A compressão na coluna está relacionada com a lesão na coluna no críquete. Reilly e Chana (1994) usaram a redução da estatura para identificar as consequências específicas para a coluna no arremesso rápido. Arremessar a cada 30 s durante 30 min causou redução da estatura de 2,30 mm, comparada com 0,29 mm na corrida preparatória sem arremesso. O arremesso, ao contrário da corrida preparatória, foi considerado a principal causa de redução da estatura no arremesso no críquete. Um regime de inversão da gravidade pré-exercício teve um papel possivelmente protetor em tais condições de prática.

Jogos de campo, como o hóquei, impõem demandas físicas e fisiológicas únicas sobre os jogadores. Jogar e driblar com a bola, geralmente, realiza-se em uma posição de flexão da coluna. A evidência do esforço físico sobre a coluna durante o hóquei de campo foi fornecida por Cannon e James (1984). Eles relataram que, durante um período de quatro anos, 7,6% dos pacientes encaminhados à clínica para atletas que sofrem de dor lombar eram jogadores de hóquei. Reilly e Seaton (1990) observaram um índice médio de redução da estatura de 0,4 mm/min em jogadores que driblam com uma bola de hóquei em uma simulação laboratorial, um valor maior que o previamente relatado para outras atividades. Os pesquisadores concluíram que os requerimentos posturais peculiares do jogo causaram esforço fisiológico (indicado pelo consumo de oxigênio e frequência cardíaca) e compressão da coluna em excesso da locomoção tradicional. Mais tarde, Reilly e Temple (1993) demonstraram que a posição agachada quando do drible acentuou o esforço subjetivo e físico sobre a coluna. Suas observações sugeriram que a força dos músculos das costas pode ter uma função protetora em tais condições.

A redução da estatura tem sido medida em contextos ocupacionais, bem como em contextos esportivos. Observando-se a capacidade de resposta da redução do comprimento da coluna à carga, a técnica tem sido usada para avaliar novos projetos de bolsas de correio para carteiros. Parsons et al. (1994) compararam três novos projetos com a bolsa de correio existente em ensaios de laboratório e de campo. Os pesquisadores basearam suas avaliações na redução de estatura combinadas com respostas biomecânicas, fisiológicas e perceptivas (subjetivas). A combinação das técnicas foi útil na interpretação dos resultados globais e para realçar os benefícios particulares dos projetos individuais.

Muitas orientações atuais para o levantamento no trabalho industrial são feitas para posturas estáticas e sagitalmente simétricas, ainda que a maioria das tarefas associadas com manuseio de materiais tenha componentes assimétricos. Há evidência de que os problemas lombares estejam relacionados com a inclinação lateral, a rotação axial e as posturas indevidas (Marras et al., 1993). Au et al. (2001) analisaram a redução da estatura atribuída aos esforços repetitivos relativos a cada um dos três eixos separados (rotação, inclinação lateral, flexão). O experimento foi feito duas vezes, com pequenas modificações da técnica na tarefa de rotação (e, assim, foram feitas duas coletas de dados). Os indivíduos realizaram cada tarefa durante 20 min a 10 repetições por minuto, em que as medidas da estatura em pé, feitas com estadiômetro, foram obtidas antes e imediatamente após o esforço de 20 min. A tarefa de torção demonstrou redução da estatura significativa (1,81 e 3,2 mm nos dois experimentos), mas nenhum efeito claro emergiu para as outras duas tarefas. Esses dados sugerem que os movimentos de torção repetitivos impõem uma sobrecarga cumulativa maior sobre a coluna do que aos movimentos laterais controlados ou de flexão em tarefas com momentos similares.

Efeitos musculoesqueléticos do envelhecimento podem influenciar as respostas à sobrecarga compressiva sobre a coluna e sua redução da estatura resultante. Reilly e Freeman (2006) aplicaram a estadiometria para avaliar a redução da estatura em uma comparação de dois grupos de idade (18-25 e 47-60 anos), completando um regime de treinamento de peso em circuito (2 séries de 12 exercícios). Os dois grupos mostraram um padrão similar de redução da estatura, sendo a perda na estatura maior para a primeira série, se comparada com a segunda série. Os indivíduos ganharam estatura quando colocados na postura de recuperação formal, mas as respostas foram inconsistentes durante o aquecimento, o resfriamento e a recuperação ativa. Independentemente da idade, a coluna teve menor capacidade de resposta à sobrecarga à medida que a duração do exercício aumentou. Os autores concluíram que, visto que a sobrecarga está relacionada com a capacidade individual, atletas mais velhos saudáveis não são necessariamente comprometidos por sua idade no levantamento de pesos.

Carga física

A noção de carga física implica a ocorrência de um desafio físico para o indivíduo. A carga pode ser quantificada via medidas biomecânicas e fisiológicas, que variam das forças externas produzidas às respostas biológicas internas que são provocadas.

Forças de reação do solo

As forças de reação do solo requerem que o indivíduo se mova sobre uma plataforma de força, na qual elas são monitoradas por sensores piezoelétricos em três planos. As plataformas de força são comumente instaladas em laboratórios de biomecânica e de marcha. Elas também são usadas em institutos nacionais de esporte, inseridas em pistas para velocistas, saltadores e ginastas, por exemplo.

O traço da força de reação do solo fornece uma informação útil não apenas sobre a magnitude da força vertical, mas, também, sobre o seu curso de tempo. Esse traço indica a força de reação aplicada ao corpo em contato com o chão. A ação de corrida requer duas plataformas na pista, uma para a aterrissagem para a parte dianteira do pé e outra para quando o calcanhar fizer contato com o solo. Forças mais altas são registradas em atividades de treinamento, como o salto em profundidade e a aterrissagem nas primeiras duas fases do salto triplo.

Quando o pé entra em contato com o solo, a força de reação do solo de um corredor pode exceder 2,5 vezes o peso de seu corpo. Essa força é aumentada quando a superfície é rígida. Tênis esportivos têm componentes de amortecimento para reduzir o efeito dessas forças, embora as propriedades de amortecimento possam não durar por muito tempo.

Eletromiografia

O engajamento de músculos específicos nos esportes pode ser quantificado usando a eletromiografia (EMG). É mais comum usar eletrodos de superfície que variedades de eletrodos de profundidade, dado os procedimentos mais invasivos associados com o último. A eletromiografia tem sido usada para analisar manobras de esqui, ações de corrida e técnicas de natação (Clarys et al., 1988). Ela também tem sido usada para comparar o chute no chão e o chute com a bola no ar usado na Rugby Union no futebol Gaélico e pelos goleiros de futebol (McCrudden e Reilly, 1993).

O aumento na amplitude da EMG está associado com a intensidade aumentada do exercício. A sequência temporal de músculos individuais é uma importante parte das ações habilidosas. Portanto, a informações dos perfis de EMG pode ajudar os treinadores a localizar e corrigir técnicas defeituosas nas ações esportivas.

Em sua descrição de EMG aplicada à ergonomia esportiva, Clarys et al. (1988) referiram-se aos usos de sistemas de EMG de telemetria e *on-line*. Eles usaram EMG para avaliar dispositivos de treinamento de natação fora da água, comparando suas curvas de EMG com aquelas observadas durante a natação real. Os pesquisadores exploraram também o quanto os diferentes materiais de esqui influenciaram a atividade muscular. Eles afirmaram que a EMG oferece aplicações práticas no esporte e no exercício, mas é apenas uma ferramenta de medida entre várias outras.

Há uma possível relação entre a tensão aumentada em um músculo e a amplitude do sinal EMG registrado. A amplitude não combina diretamente com a formação de tensão em uma contração isométrica. Quando muitos músculos cruzam a mesma articulação ou cruzam articulações múltiplas, a relação de força com amplitude é mais questionável. A ação muscular isométrica gera menos atividade muscular que as ações concêntricas, quando se trabalha contra forças iguais. Com a fadiga há uma perda do componente de alta frequência da EMG e uma frequência média diminuída no sinal.

A eletromiografia tem sido usada tradicionalmente como uma ferramenta na ergonometria industrial. A técnica tem valor particular na identificação de músculos indevidamente sobrecarregados, em virtude das posturas de trabalho inadequadas. Ela pode ajudar também na identificação de causas de fadiga em tais casos.

Perfis de índice de trabalho

Os perfis de índice de trabalho podem ser usados para descrever a intensidade da atividade durante os jogos. As várias maneiras de obter tais perfis de jogadores foram realçadas quando a análise do movimento foi considerada no Capítulo 5. Abordagens alternativas têm incluído métodos manuais, filmagem de jogadores individuais ou colocação de 6 a 8 câmeras em posições estratégicas, de modo que todos os indivíduos possam ser estudados após o jogo. Os sistemas de várias câmeras são usados por muitas das equipes de ponta das principais ligas europeias, fornecendo um *feedback* detalhado para os jogadores e treinadores.

A intensidade do jogo pode ser indicada pela distância total coberta pelo jogador, e o gasto de energia está relacionado com a distância global. É possível também focar-se nos esforços de alta energia, porque essas séries representam as atividades mais vigorosas do jogo. As durações da recuperação podem ser calibradas, e os desempenhos nos primeiro e segundo tempos podem ser comparados para estabelecer a extensão da fadiga. As proporções de trabalho-repouso fornecem um modelo para planejar e modificar o programa de treinamento.

Recentemente, sistemas de posicionamento global (GPS) têm sido usados nos contextos de treinamento e competição. O primeiro sistema desse tipo foi projetado no final da década de 1970, pelo Departamento de Defesa dos EUA, e a tecnologia provou ser razoavelmente precisa no cálculo da posição de uma pessoa num determinado tempo. O custo e o tamanho do dispositivo de monitoramento, usado como uma tipoia ao redor das costas do atleta, tornou-o útil para clubes esportivos profissionais. O GPS diferencial melhora a precisão da medida e o dispositivo de treinamento pode incorporar um acelerômetro para registrar impactos, bem como tempo e localização. Essa abordagem é útil em esportes de contato em que a frequência e a magnitude dos contatos sobre o oponente podem ser registradas. Sistemas vigentes não são precisos na mensuração de acelerações, em razão da frequência tipicamente de 1 Hz, com a qual as coordenadas da localização são monitoradas.

Carga psicológica

A carga psicológica implica uma gama de fontes não físicas de desafio para a pessoa ativa. Como entidade, ela varia de funções cognitivas e mentais às medidas de atenção e emocionais. O critério usado depende de fatores, como o tipo de tarefa e os objetivos da atividade. Ela é influenciada também pelas circunstâncias nas quais a atividade é conduzida.

Pré-competição

Praticamente todos os atletas ficam nervosos antes da competição, e o coquetel de emoções inclui ansiedade (ainda que represente antecipação), apreensão (ainda que represente confiança), incerteza (ainda que represente excitação). Sem motivação e excitação o atleta provavelmente não atingirá o desempenho máximo. Não há fórmula para atingir o estado mental ideal antes do esporte de competição; cada atleta procura maneiras próprias de lidar com isso. Várias maneiras foram usadas para quantificar a ansiedade pré-competição e algumas delas são agora consideradas.

Diversos inventários foram emprestados da Psicologia Clínica e aplicados para monitorar a ansiedade no esporte. Entre esses está o questionário projetado por Spielberger et al. (1970), no qual a ansiedade é dividida em estado-A (ou transitório) e traço-A, que é mais resistente. Sanderson e Reilly (1983) observaram 38 mulheres antes e após competirem no campeonato de *cross-country* inglês e 26 homens competindo em uma corrida de rua internacional de 10 km. O estado de ansiedade estava correlacionado com o desempenho nas mulheres, e o estado-A estava relacionado com o desempenho nos homens. Houve reduções nítidas após a corrida no estado-A para os primeiros colocados na corrida feminina e para todo o grupo na corrida masculina. Níveis de estado-A elevados de pós-competição sugerem que os treinadores devem direcionar atenção específica para atletas reconhecidos como maus perdedores.

Martens e Simon (1976) desenvolveram um inventário da ansiedade para a aplicação no esporte. Eles afirmaram que isso melhorou a capacidade de previsão de estados e traços de ansiedade nos atletas. O inventário foi modificado por outros pesquisadores nos anos subsequentes para o trabalho em circunstâncias experimentais, bem como de campo.

Outra abordagem para monitorar os estados mentais em uma variedade de contextos esportivos é usar a lista de verificação adjetiva de humor de McNair et al. (1992). O Perfil de Estados de Humor (Profile of Mood States – POMS) apresenta avaliações de tensão, depressão, raiva, vigor, fadiga e confusão. Os valores dos atletas de elite tendem a ser mais baixos que a amostra normativa nas subescalas de depressão, tensão, raiva, fadiga e confusão, e mais altos que uma amostra normativa para vigor. Uma medida do humor pode ser também calculada pela soma dos cinco escores negativos de humor, subtraindo o escore de vigor e adicionando 100 como uma constante. Quando o perfil dos atletas é colocado em um gráfico, ele apresenta a forma de um *iceberg*, com o vigor acima da superfície. Essa tendência é revertida no estado de treinamento em excesso, sugerindo que os estados de humor são sensíveis a esse fenômeno.

Medidas comportamentais e psicológicas foram usadas como índices de tensão emocional em contextos industriais, bem como em esportivos. Medidas comportamentais incluem tremor nas mãos, técnicas de observação e escalas subjetivas. Medidas fisiológicas têm incluído condutância elétrica da pele, a base do teste de detecção de mentiras, e análise de hormônios de estresse no sangue e na urina. Os hormônios mais comumente usados são a adrenalina, a noradrenalina e o cortisol. A frequência cardíaca é útil como um índice de tensão emocional quando não há componente físico para a elevação acima do valor de repouso. Goleiros de futebol foram considerados como tendo frequências cardíacas pré-jogo mais altas que os jogadores de linha, e os jogadores mostraram ter frequências cardíacas mais altas antes de jogar na frente de uma torcida exigente em sua casa, se comparado com jogos fora de casa (Reilly, 1979). As pessoas podem se habituar ao estresse: Reilly et al. (1985) relataram reduções na frequência cardíaca de 15 bpm quando os indivíduos completavam uma segunda volta em uma pista de alta velocidade em um parque de diversões.

Durante a competição

O estresse psicológico pode ser manifestado de várias maneiras durante a competição esportiva. Ele pode estar refletido em uma escolha equivocada de tática em corridas de campo e pista, em competições de ciclismo ou numa falha em implementar a estratégia escolhida antes da prova. O estresse durante as partidas pode levar a erros espontâneos, sua frequência pode ser examinada e o *feedback* posto em prática para a correção de falhas. As conclusões também podem ser obtidas de acordo com o estado de humor imediato dos participantes, de sua linguagem corporal ou comportamento não verbal. Os atletas de esportes de contato podem ser intimidados pelo comportamento perturbador dos oponentes. Eles também podem ser influenciados pelo ruído da torcida, em particular, se este vier na forma de crítica ou zombarias.

A frequência cardíaca e as respostas hormonais são medidas inválidas para o uso durante a competição, porque as duas apresentam grandes componentes fisiológicos. De maneira similar, as simulações da competição não fornecem um teste real de como os atletas reagirão, embora as simulações possam ser úteis como preparação.

Helson e Bultynck (2004) consideraram a frequência da tomada de decisão entre árbitros principais e árbitros assistentes em partidas de futebol. Os árbitros principais tomaram 137 decisões em média por partida, decisões estas que foram manifestadas como intervenções no jogo. Após estimar as decisões invisíveis, os pesquisadores concluíram que os árbitros tomaram de três a quatro decisões por minuto. As escolhas para os árbitros são feitas contra um ambiente no qual o ruído de uma torcida excitada e a vantagem de um jogo em casa podem influenciar o resultado.

Esforço percebido

A resposta subjetiva ao exercício, na forma de **classificação da percepção do esforço**, proporciona uma boa ideia do esforço sentido pelo participante. Borg (1982) projetou uma escala que variava de 6 a 20, estipulada em 7 para corresponder a "muito, muito leve" e 19 correspondendo a "muito, muito intenso". Como a frequência cardíaca espelha o esforço subjetivo sentido, originalmente pensou-se que os índices e a frequência cardíaca poderiam combinar. A classificação é influenciada pela natureza do trabalho – seja ele intermitente ou contínuo, exercício para braços ou pernas, isométrico ou dinâmico.

A escala de Borg modificada (CR-10) substituiu o projeto original para a avaliação do esforço percebido. Essa escala pode ser aplicada aos braços, às pernas, à respiração e às sensações no corpo todo. Recentemente, ela tem sido usada como uma ferramenta para monitorar a carga total no treinamento, referida como a sessão de escala de percepção do esforço (Impellizzeri et al., 2006).

Visão geral e resumo

O estresse é um conceito holístico com conotações negativas enganosas. Ele está associado a reações de incerteza, risco e circunstâncias desafiadoras. Trata-se de um corolário necessário da competitividade no esporte. O conceito de estresse apresenta muitas facetas, que precisam ser colocadas no contexto.

Seja positivo ou negativo, o estresse depende das reações individuais às circunstâncias. Um atleta pode ser motivado pela gravidade do desafio à frente, excitado em vez de amedrontado por ele, e isso pode elevar o seu nível de excitação para a prova. De maneira alternativa, a antecipação da prova pode gerar ansiedade e uma perda de foco. O estresse pode ser considerado com outros conceitos, como ativação, excitação e ansiedade, quando esses são vistos em termos gerais.

O estresse é identificado como agente ambiental que causa uma resposta de tensão no organismo. Os ergonomistas procuram os métodos mais apropriados para quantificar a tensão. Essas medidas implicam que a magnitude da resposta ao estresse possa ser quantificada, sendo a fonte emocional, física ou fisiológica. Os métodos podem então ser criados para reduzir a tensão e empregar estratégias de confronto para melhorar a tolerância ao estresse.

Equipamentos esportivos e superfícies de jogo

DEFINIÇÕES

dardo aerodinâmico – Implemento de campo que foi projetado com base nos princípios de fluxo de ar para maximizar o desempenho.

equipamento de proteção – Dispositivos, produtos ou roupas feitos para proteger o atleta contra lesões.

modelagem matemática – Uma maneira formal de representar um sistema da vida real usando pressuposições quantitativas.

superfícies sintéticas – Áreas de jogo nas quais a camada de cima é composta de materiais artificiais, como resina artificial.

sweet spot – **ponto doce da raquete** – O ponto em uma raquete no qual o jogador não sente choque após o impacto.

OS EQUIPAMENTOS ESPORTIVOS abrangem uma gama de dispositivos que são usados em contextos de treinamento e competição e variam em sofisticação de simples implementos a artefatos assistidos por computador. O equipamento é usado para melhorar as capacidades e as habilidades humanas no uso de implementos e é um aspecto essencial do esporte. Habilidades notáveis no uso dos implementos são vistas no salto com vara; algumas provas de atletismo; esportes com raquetes, como *badminton, squash* e tênis; e atividades como golfe e hóquei de campo. Se o equipamento tiver a forma de projéteis ou extensões dos membros humanos, o seu *design* deve se adequar ao usuário para o desempenho ser seguro e efetivo. O usuário também tem de se adaptar a diferentes *designs* quando os projéteis são bolas, como no futebol americano, tênis ou golfe.

Os esportes abrangem também diferentes formas de locomoção por distâncias preestabelecidas ou em campos projetados, seja a pé ou por mecanismos específicos. Atenção tem sido dada no sentido de fornecer uma margem competitiva pelo *design* de calçados, esquis, *skates*, bicicletas ou veículos propulsionados por motores. O conforto e a facilidade do uso são relevantes critérios do *design* desses produtos. A criatividade tem sido também evidente na escolha de equipamento para esportes e recreação aquática e aérea, incluindo a otimização de quilhas de barcos, a aerodinâmica dos barcos a remo e os fatores ergonômicos nas aeronaves movidas a propulsão humana.

Quer a atividade seja em terra, mar ou ar, a interface com o ambiente é uma preocupação ergonômica relevante. Sobre isso, os calçados e as roupas esportivas e equipamentos de esportes de inverno, como esquis, trenós e *skates*, devem ter funções de proteção, bem como de melhoria no desempenho. Os critérios para o *design* do vestuário irão variar com o esporte, dependendo se houver contato, das prováveis condições ambientais e dos elementos de risco e de desempenho do treinamento e da competição. Sob o aspecto de grandes interesses comerciais na aparelhagem esportiva, a moda é um fator regular na alteração do *design* de camisas, uniformes e calçados. Em particular, a aparelhagem e outros itens com logotipos de equipes têm um forte apelo para os torcedores e estimulam um mercado correspondente forte na indústria de roupas de lazer.

Dados os desenvolvimentos na ciência dos materiais e na tecnologia do *design*, as superfícies de jogo são uma parte importante da ergonomia esportiva. Melhorias na Geociência têm facilitado o desenvolvimento em pisos de grama e sistemas de aquecimento subterrâneos têm proporcionado um alto grau de liberdade em relação aos imprevistos do mal tempo. As **superfícies sintéticas**, como uma reposição para a grama natural, têm melhorado o uso recreativo de quadras de tênis, campos de futebol e uma variedade de jogos em locais fechados e ao ar livre. Todavia, muitos esportes ainda são praticados em superfícies que não estão afinadas com as características do corpo humano, por exemplo, correr no asfalto, no calçamento ou jogar basquete em superfícies rígidas de concreto. A ênfase no planejamento de tais instalações é, muitas vezes, baseada no custo financeiro e no valor econômico a longo prazo, em vez da proteção aos atletas contra lesões.

A tecnologia é extensamente utilizada para desenvolver equipamentos oficiais em provas esportivas, para aperfeiçoar os métodos de treinamento, para melhorar a apresentação da informação para o público nos estádios e na televisão e para permitir medidas precisas das capacidades humanas em condições controladas em laboratório. Dispositivos eletrônicos de marcação de tempo têm superado as dificuldades inerentes à marcação de tempo manual de corridas e largadas falsas na corrida e na natação, por exemplo. A tecnologia em vídeo tem ajudado a tomar decisões como bolas na linha no tênis e *tries* no rúgbi. Aparelhos de comunicação para árbitros e seus assistentes têm permitido que eles tomem decisões sobre incidentes que poderiam passar despercebidos. O registro eletrônico do contato no boxe amador tem ajudado os árbitros na contagem de pontos. O ônus fisiológico e cognitivo sobre os árbitros em jogos de campo e os fatores humanos associados com estes papéis são aspectos pendentes que esperam uma solução (Reilly e Gregson, 2006).

O desenvolvimento da ciência de materiais tem desempenhado um papel vital nos projetos do equipamento esportivo contemporâneo. A produção de equipamento esportivo abrange uma grande indústria na qual os competidores investem uma grande soma em dinheiro para obter um mercado de ponta. O *design* inteligente e a escolha criteriosa do material são importantes no desenvolvimento de novos produtos. Os materiais mais avançados são usados para os equipamentos de esportes recreativos e esporte de elite, e, frequentemente, o resultado de seu desenvolvimento é também utilizado para a indústria de aviação e outras. A diversidade da aplicação inclui equipamento atlético, bicicletas, barcos, canoas, varas de pesca, tacos de golfe, raquetes, esquis, calçados esportivos e pranchas de surfe.

Praticamente todos os artigos esportivos são baseados em materiais de fibra composta. Materiais com uma série de propriedades (como polímero) são combinados com um material diferente com outra série de propriedades (como fibra de vidro ou carbono) para produzir um melhor equipamento. Propriedades importantes do equipamento esportivo são listadas no Quadro 7.1, embora nenhum material simples tenha todas as propriedades desejadas. Ligas avançadas de alumínio e titânio cobrem uma variedade de especificações, combinando propriedades desejáveis de uma maneira que não é possível com um material sólido simples (Easterling, 1993).

Muitas atividades esportivas não requerem equipamento em contextos competitivos, ainda que os participantes usem ferramentas complexas em seu treinamento e na preparação para a competição. Corredores, nadadores e jogadores de futebol, por exemplo, encontram novas formas de resistência ao movimento para melhorar sua força e potência. De maneira similar, os cientistas esportivos têm desenvolvido sistemas elaborados para medir as características biofísicas e de percepção de movimento, de forma que o condicionamento possa ser avaliado e adaptações aos regimes de treinamento possam ser monitoradas. De maneira correspondente, os métodos de pesquisa em laboratório nas ciências esportivas têm progredido em sofisticação e, ao mesmo tempo, repercutem-se nos contextos de treinamento com o uso de ergômetros e configurações de realidade virtual utilizados para o treinamento, bem como para a avaliação. Essa sobreposição ajuda a transferir o conhecimento da teoria para a prática.

A **modelagem matemática** pode ajudar a melhorar a lâmina da pá no remo e a navegação em barco a remo. Caplan e Gardner (2007) modelaram os movimentos relativos entre as lâminas da pá e a água durante a fase de retirada da remada e determinaram as forças de erguer e de tração geradas por essa complexa interação. A curvatura da lâmina foi considerada um fator que afeta o desempenho, já que a lâmina curvada competitiva aumenta a velocidade do barco em 1,1%. Os pesquisadores concluíram que

Quadro 7.1 Propriedades importantes do equipamento esportivo

Propriedades	Descrição	Exemplo
Leveza	Peso baixo por volume de unidade	Taco de golfe
Rigidez	Flexibilidade ou resistência do material à inclinação ou ao alongamento	Vara de salto de fibra de vidro
Resistência	Resistência do material à quebra mesmo quando exposto a impactos súbitos	Trenó (*Bobsled*)
Comportamento de amortecimento	Capacidade do material de absorver em vez de transferir os estresses de impacto ao corpo humano	Raquete de tênis
Resistência à fadiga	Resistência do material ao estresse cíclico	Bicicleta de corrida

a diferença entre as lâminas era um fator significativo na melhoria do desempenho no remo, porque as corridas eram, muitas vezes, ganhas com pequenas margens de tempo.

O desempenho no remo é influenciado pelo *design* da lâmina e o comprimento do remo. Formas de lâminas maiores e hidrodinamicamente mais eficientes são manuseadas com um número menor de remadas, o que permite que os remadores melhorem sua força de propulsão sem aumentar as forças nos punhos. Os *designs* evoluíram desde que novas lâminas foram introduzidas em 1991, com uma forma assimétrica e uma área de superfície aumentada, substituindo a tradicional lâmina Macon. A chamada lâmina gorda, introduzida em 2004, aumentou novamente a área da superfície da lâmina, requerendo uma redução global no comprimento dos remos do barco em cerca de 2,80 m. Esses desenvolvimentos foram revistos por Nolte (2009), que usou modelos biomecânicos na quantificação das principais forças que afetam o desempenho no remo. Os fabricantes foram estimulados a continuar seu desenvolvimento das lâminas, e os treinadores foram aconselhados a experimentar mais com remos menores para promover uma melhoria contínua no desempenho dos remadores.

É evidente que o equipamento esportivo abrange uma ampla gama de artefatos usados em contextos de lazer, de treinamento, de competição e de laboratório. Essas áreas são o foco deste capítulo. Os requisitos na arena competitiva ditam amplamente as tendências e o desenvolvimento de equipamentos em outras esferas. Os produtos esportivos diferem de seus correspondentes na indústria, visto que, para a competição esportiva ser possível e para que os desempenhos sejam comparáveis em uma base mundial, algum grau de padronização é obrigatório. Os padrões foram estabelecidos pelos órgãos governamentais esportivos nacionais, que, invariavelmente, devem ater-se aos padrões estabelecidos pelos órgãos governamentais internacionais. Esses padrões determinam amplamente as restrições sobre os projetistas de novos equipamentos. Os projetistas devem operar dentro dos limites das especificações estabelecidas pelos órgãos dirigentes, independentemente se os órgãos governamentais desestimulam ou encorajam novos desenvolvimentos no equipamento. Os projetistas devem considerar também as implicações que qualquer mudança no *design* do produto poderá ter sobre a segurança, bem como sobre o desempenho tanto no treinamento quanto na competição.

Implementos esportivos

A procura por um equipamento esportivo melhor e mais seguro tem fomentado a melhoria na tecnologia em seu *design*. Inovações no *design*, como o uso de materiais de fibra de vidro nos esportes, ajudam o desempenho, mas, às vezes, requerem modificações (ou esclarecimento) das regras de competição existentes antes que a melhoria possa ser percebida. Muitas vezes, os atletas devem alterar suas habilidades esportivas para usar o novo equipamento. O **dardo aerodinâmico** original melhorou o desempenho, mas precisou de um ângulo mais baixo de arremesso que o projétil inicial para um efeito ideal. Assim como os aspectos do *design* foram posteriormente alterados para propósitos de segurança quando as distâncias de arremesso eram grandes o suficiente para trazer risco de danos a outros na arena, a técnica de arremesso precisou de ajustes complementares.

As lesões podem ser prevenidas pelo *design* apropriado, visto que o esforço físico é evitado se o equipamento combinar as características e as necessidades individuais. A compatibilidade pode requerer um alcance de fabricação dentro das margens de padrões aplicáveis. Idade, sexo e habilidade se tornam índices relevantes que também comandam o *design*. Quando introduzidas, as raquetes de tênis de alumínio eram consideradas causadoras de lesões no cotovelo, se os jogadores não alterassem suas técnicas. As últimas raquetes de aço e alumínio reduziram as lesões, em comparação com as de madeira (Sanderson, 1981).

As propriedades da raquete podem afetar o desenvolvimento da epicondilite lateral (cotovelo de tenista). O choque e a vibração transmitidos para o braço de um tenista são influenciados pelo local no qual a bola faz impacto com a cabeça da raquete, bem como pela rigidez da raquete e a força da empunhadura. Hennig (2007) mostrou que jogadores novatos incorrem em cargas aumentadas, que são atribuídas ao ato de bater na bola mais embaixo na cabeça da raquete, em comparação com jogadores mais experientes. A falta de uma boa orientação técnica pode, portanto, ser um fator importante na epicondilite entre os iniciantes.

As propriedades físicas do equipamento, facilidade de utilização, antropometria e respostas subjetivas dos usuários são consistentemente pertinentes ao desempenho. Um método antropométrico confiável para determinar o tamanho correto da pegada no tênis foi apresentado por Nirschl (1974). A fórmula pode ser facilmente corrigida para a aplicação em outros esportes com raquetes, como o *squash* e o *badminton*, para calcular as diferenças nas forças de impacto, na força do antebraço e na massa do implemento que há entre esses esportes.

O objetivo dos fabricantes de raquetes é melhorar as características dinâmicas do equipamento, tornar o controle da bola mais fácil e extinguir vibrações potencialmente nocivas ao se golpear a bola. Para efeitos ideais, o contato com a bola é mais realizado no *sweet spot* ou **ponto doce** da raquete. Isso é definido como o ponto nas cordas no qual o jogador não sente o choque após o impacto e no qual há uma vibração mínima quando o golpe ocorre. Esta última parte é conhecida como região nodal. O ponto doce é influenciado pelas características de amortecimento da raquete, pela inserção de materiais de amortecimento na empunhadura e pelas características de rigidez. O tamanho do ponto doce é, portanto, variável, e depende do molde da raquete. Raquetes contemporâneas para tênis, *badminton*, *squash* e raquetebol não são mais feitas da tradicional madeira e de alumínio, mas, sim, de materiais compostos. Esses materiais consistem de múltiplas camadas de fibra reforçada ao redor de um centro interno macio, com espuma de poliuretano injetada ou uma estrutura similar a um favo de mel (Easterling, 1993).

O golfe continua atraindo a atenção dos *designers* tendo em vista o grande mercado para o equipamento de golfe em nível competitivo e recreativo. Essa atenção reflete-se no aumento de 28% da distância do percurso médio de golfistas norte-americanos durante os últimos 25 anos (Figura 7.1). Os aumentos antes de 1993 foram em grande parte atribuídos à melhoria no condicionamento e no treinamento dos golfistas. Os aumentos subsequentes acompanharam as inovações no *design* do taco, e as expressivas melhoras entre 2001 e 2003 estavam ligadas à introdução de bolas mais sólidas. Em sua revisão dos recentes desenvolvimentos da ciência do golfe, Wallace et al. (2008) explicaram como uma melhor compreensão dos fatores que afetam a velocidade da tacada ajudaram a melhorar a construção do cabo e da cabeça do taco de golfe. Entre 1993 e 2000, ligas de titânio foram usadas em *drivers* de tamanho maior e ocos com um aumento resultante na distância do golpe. O desenvolvimento foi facilitado pela reposição de ligas de titânio fundido com ligas metastáveis forjadas com o controle do tamanho e a posição das juntas entre a face, a coroa e o solo. O resultado é que as características do *design* se aproximam dos limites do coeficiente de restituição determinados pelos governos – o USGA e o Royal and Ancient Golf Club. Consequentemente, a distância da tacada média tem se estabilizado nos últimos três a quatro anos.

As alterações no *design* dos tacos de golfe não foram restritas aos *drivers*, uma vez que também se considerou um novo *design* para os *putters*, de modo a melhorar o desempenho. O tremor do membro induzido pela ansiedade (e conhecido como "a tremedeira") pode ser nocivo para a habilidade da tacada leve, um aspecto crucial do desempenho, cujo sucesso determina o escore em cada buraco. A mudança mais radical foi a introdução de um cabo alongado usado por alguns golfistas para melhorar sua empunhadura no cabo do

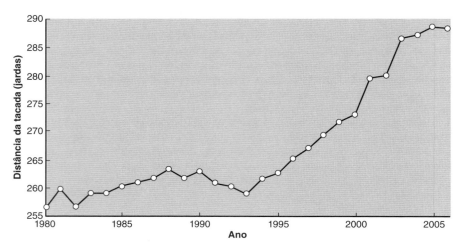

Figura 7.1 Aumentos das distâncias médias das tacadas leves em golfistas da USPGA para cada ano desde 1980. Cada ponto representa aproximadamente 32.000 medidas.

taco e melhorar sua estabilidade quando executam esse movimento. O seu uso precisou de uma mudança na postura, bem como de uma alteração na técnica da tacada leve.

A disponibilidade das facilidades analíticas de ponta tem contribuído para os estudos do comportamento de diferentes *designs* de bolas de golfe. As interações de bolas de golfe com placas normais e inclinadas (com trilhas e sem trilhas) foram quantificadas e relacionadas com as propriedades materiais e a construção da bola. Alcances de propriedades materiais para gerar o efeito na bola foram identificadas; a geração de efeito é importante em aproximações ao *green*. Wallace et al. (2008) concluíram que com a maior compreensão dos modelos de comportamento da bola, é possível projetar bolas de golfe apropriadas para as velocidades de *swing* dos competidores individuais.

A pescaria esportiva é a principal atividade de lazer realizada no mundo todo. Materiais compostos têm substituído a tradicional vara de bambu nas varas de pescar. A vara de pescar ideal deve ter resiliência, uma propriedade material que incorpora elasticidade, força, rigidez e capacidade de reduzir a vibração na forma da vara quando fundida (Figura 7.2). Varas de pesca contemporâneas contêm também anéis de óxido de alumínio revestido em seu interior, para minimizar a resistência à corrida da linha. A sensação subjetiva da vara de pescar é auxiliada pelas camadas incorporadas de fibra de vidro entrelaçadas e fibra de carbono em sua espinha dorsal. O resultado é um instrumento leve, perfeitamente ajustado (Easterling, 1993).

As melhoras atribuídas aos avanços na Ciência dos Materiais são evidentes no progresso dos resultados para o salto com vara. O desempenho foi imediatamente melhorado quando a primeira vara de alumínio de peso leve substituiu o tradicional bambu na década de 1960. Duas décadas mais tarde, a introdução de varas de polímero (epóxi) com fibra de carbono reforçado garantiu avanços no evento. As novas varas são mais leves e mais resistentes que as antigas, apresentando a rigidez e a elasticidade certas para saltadores de elite maximizarem seus desempenhos. Contudo, novas técnicas de ginástica são requeridas para explorar as propriedades das varas de fibra de vidro. O atleta é obrigado a se curvar mais para trás na ascensão à medida que a vara é inclinada, e virtualmente atingir uma parada de mãos, para pressionar a vara à medida que ela se endireita próximo ao topo da trajetória do atleta.

Equipamentos esportivos e superfícies de jogo

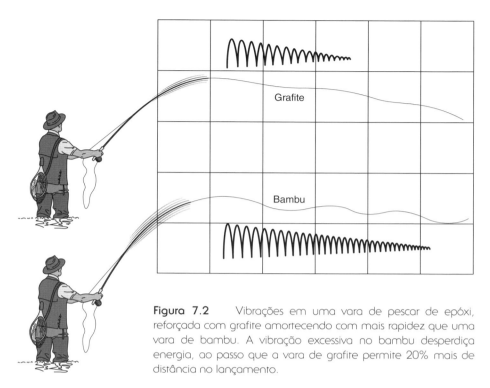

Figura 7.2 Vibrações em uma vara de pescar de epóxi, reforçada com grafite amortecendo com mais rapidez que uma vara de bambu. A vibração excessiva no bambu desperdiça energia, ao passo que a vara de grafite permite 20% mais de distância no lançamento.

O desempenho do arqueiro é facilitado pelos aspectos tecnológicos incorporados no *design* do arco, de modo que a falta de perfeição no nível de elite agora se situa basicamente no fator humano. O arco moderno tem duas ramificações entalhadas que se inserem na empunhadura de magnésio e nos estabilizadores, para auxiliar a minimizar a vibração e a virada do arco. É preciso força muscular para puxar o arco por completo, e segurá-lo com firmeza requer resistência muscular; o arco é mantido flexionado por até 10 s enquanto o alvo é mirado. A deflexão da ponta da seta em 0,02 mm no início pode levar a seta a errar o alvo em até 90 m de distância, ilustrando a importância da firmeza da mão. Antes de atirar a flecha, o arqueiro puxa-a pelo *clicker* – a lâmina no lado do arco que ajuda na medição do comprimento apropriado da flexão – e em direção a ele. Ao ouvir o som do *clicker* atingindo o lado do pegador do arco, o arqueiro reage liberando a corda, que, por sua vez, dispara a flecha. Os arqueiros são ensinados a reagir ao *clicker*, permitindo que os músculos relaxem. A eletromiografia tem sido usada em tais circunstâncias para examinar a suavidade, a ação de afrouxamento (Reilly e Halliday, 1985) e o grau de tremor do braço que afeta o desempenho.

Superfícies esportivas

A superfície na qual o esporte é disputado deve ser considerada para propósitos de treinamento e competição. A conformidade da superfície deve se adequar às características do corpo humano e a segurança e o desempenho devem ser ideais. Com muita frequência, o custo financeiro é um dos critérios mais importantes para instalações fechadas, ao passo que a capacidade de resistir às intempéries do clima é uma importante consideração para superfícies ao ar livre.

Determinar o melhor material do piso para o uso em instalações poliesportivas é uma área na qual a Ciência de Materiais, a Arquitetura e as Ciências Humanas podem utilmente cooperar. Pisos de quadras esportivas devem ser razoavelmente resistentes, não podem ser escorregadios ou refletivos, devem proporcionar boas condições para saltar e rolar, devem ter a cor apropriada para seu uso, devem ser de fácil manutenção e resistentes a todos os tipos de calçados usados, além de não serem abrasivos. Considerações especiais sobre o piso se aplicam a certas atividades: quadras de *squash* devem ser capazes de absorver o suor dos atletas, ao passo que pisos em salas de levantamento de peso devem resistir a um possível dano proveniente do aparato pesado. Esses aspectos são incorporados nos modernos *designs* de ginásios.

O desenvolvimento de superfícies sintéticas de jogo cobertas e ao ar livre foi direcionado principalmente por suas vantagens econômicas e organizacionais. A primeira geração dessas superfícies variou em consistência e nas características da superfície de topo e do substrato. Superfícies artificiais estavam relacionadas com a ocorrência de lesões (Habberl e Prokop, 1974) e raramente eram feitas com as características humanas em mente. A pista de corrida coberta da Universidade de Harvard foi a primeira grande exceção. O revestimento da superfície era de poliuretano com um substrato consistindo primariamente de madeira. A conformidade da pista era projetada para combinar a rigidez do músculo humano e foi estabelecida após detalhadas investigações em laboratório (McMahon e Greene, 1978). O desempenho melhorado e os índices de lesão reduzidos eram o resultado esperado, embora a evidência não fosse conclusiva. A maioria dos testes atualmente usados para o gramado artificial está mais relacionada com a Ciência de Materiais que com critérios de fatores humanos: teste de resiliência, rigidez e fricção devem ser incluídos como princípios básicos para determinar as interfaces efetivas. Para superfícies naturais de jogos ao ar livre, testes de penetrabilidade do solo se provam úteis na escolha do calçado apropriado.

O *design* dos gramados artificiais para o futebol tem melhorado consideravelmente desde a primeira geração de gramas sintéticas. Essa melhoria tem levado os governos a aprovarem pisos sintéticos para propósitos esportivos. Ekstrand et al. (2006) compararam o risco de lesão no futebol profissional em gramado artificial com a grama natural. Eles não encontraram nenhuma evidência de risco aumentado de lesão quando as partidas eram disputadas em modernos gramados artificiais. O risco de torções no tornozelo aumentou no gramado artificial, mas o número real dessas torções foi baixo. As características de fricção da superfície e o calçado escolhido para o uso nesse gramado são também relevantes.

O gramado de terceira geração consiste em uma estrutura de areia e borracha, e começou a obter o apoio entre os legisladores no futebol. Vários tipos de enchimento foram desenvolvidos, visando minimizar os índices de lesão e melhorar o desempenho. A propriedade de absorção de choques dos gramados de terceira geração esteve relacionada com as lesões que ocorreram. Isso se aplica à corrida e às ações específicas do futebol, como sequências de salto e aterrissagem, cabeceio e manobras do goleiro. O efeito do impacto de um jogador sobre a superfície pode ser examinado de várias maneiras. No passado, as superfícies de jogo eram, em sua maioria, avaliadas por testes mecânicos, que têm a vantagem da alta carga de repetições. Para gramados artificiais, a FIFA (Federação Internacional de Futebol) usa o "atleta artificial" para a absorção de choque, estimulando o impacto de uma pessoa durante o salto vertical. O dispositivo consiste em uma massa caindo em uma mola que está na superfície experimental: as medidas são feitas em uma célula de carga e um pé para teste. A força registrada é comparada com a força máxima medida em uma superfície de concreto. Essa razão é conhecida como redução de força, sendo usada como uma medida para a absorção de choque da superfície. Uma alternativa é conduzir testes biomecânicos com jogadores reais, que são mais prontamente aceitáveis, porque eles fornecem uma melhor validade externa e uma adição valiosa aos procedimentos de teste atuais.

Alguns esportes são jogados em uma ampla variedade de superfícies. O tênis foi tradicionalmente disputado em gramados, um fato que contribuiu para seu nome formal (tênis de grama). O jogo é agora disputado o ano todo, dada a disponibilidade amplamente difundida de quadras sintéticas em locais fechados. Ao ar livre, o jogo é disputado no saibro, nas quadras sintéticas e na grama. Entre os principais torneios de tênis, apenas Wimbledon é jogado na grama e somente o Aberto da França é jogado no saibro.

As mudanças nas características da superfície levam os jogadores a adotarem estratégias diferentes, e os atletas que jogam principalmente em um tipo de superfície podem achar difícil jogar em outra. O'Donoghue e Liddle (1998) compararam os desempenhos nos torneios de simples femininos no saibro e na grama, encontrando mais pontos vencidos no serviço e na rede na grama que no saibro, e mais sequências de rebatidas no fundo de quadra nas partidas no saibro. As características da superfície são mais inconstantes nas quadras de grama, em particular, quando elas são expostas às intempéries do clima.

Uniforme esportivo

O vestuário em ambientes ocupacionais está sujeito aos padrões materiais. Sua influência é afetada por vários fatores que incluem isolamento para proteção contra frio e calor, permeabilidade ao vapor ou capacidade de perda de calor, permeabilidade ao ar, resistência ao vapor e proteção da penetração de poluentes. Agentes químicos de proteção líquida e à prova d'água para repelir água e chuva são também importantes propriedades, como na proteção contra fogo para pilotos. A visibilidade dos uniformes e suas propriedades mecânicas também são relevantes. Em condições ao ar livre, a capacidade de absorção solar da roupa é relevante, embora esse fator não seja incluído em índices como o IBUTG (Índice Bulbo Úmido Termômetro de Globo) na medida do estresse do calor ambiental.

A propriedade do uniforme usado para o esporte tem sido um aspecto negligenciado de seu *design*, porque moda, instalações e forças de mercado têm superado os critérios ergonômicos. O uso de indicadores de tamanho no vestuário acomoda diferenças inerentes aos participantes, mas há sempre diferenças bem radicais entre os esportes. A roupa solta no corpo é muitas vezes usada em climas quentes para manter o microclima próximo ao resfriamento da pele. A troca de ar dinâmica, ou efeito de bombeamento, mantém a área embaixo da roupa resfriada por convecção e evaporação. A exposição da superfície da pele para o resfriamento de evaporação pode ser importante para a corrida de resistência. Roupas muito apertadas são preferíveis para a melhora das propriedades aerodinâmicas do corpo no ciclismo, na corrida rápida e no esqui alpino, por exemplo.

O *design* das roupas para velocistas tem usado informação de testes de túnel de vento para reduzir a resistência ao avanço, com antecipação do desempenho melhorado. Um uniforme para o corpo todo foi usado por Cathy Freeman quando ganhou a medalha de ouro nos 400 m na Olimpíada de Sydney, em 2004, embora o valor adicionado da última sob o aspecto energético é considerado marginal. Princípios similares foram incorporados nas roupas usadas por nadadores e esquiadores. Para este último grupo, tem sido dada atenção para a propriedade das tradicionais botas de esquiadores quando uma potência extraordinariamente alta deve ser gerada pelo saltador na decolagem (Virmavirta e Komi, 2001).

O *design* da roupa de natação avançou das tradicionais sungas para os homens e maiôs de uma peça para as mulheres. Mollendorf et al. (2004) examinaram roupas de natação que variavam na cobertura do corpo desde ombro até o tornozelo, da cintura até tornozelo e sungas. Eles mediram a resistência passiva em diferentes velocidades durante arrancadas e partidas em uma piscina. Os autores concluíram que é possível que uniformes que cobrem o tórax e as pernas reduzam a resistência e melhorem o desempenho dos nadadores. Em um estudo posterior, Chatard et al. (2008) demonstraram que o desempenho na natação durante seis distâncias de 25 a 800 m melhorou em 3,2%, em média, quando o traje normal de natação foi substituído por um de corpo inteiro ou da cintura até o tornozelo. O ganho foi maior com a roupa de corpo todo, atribuída a uma redução na resistência passiva, a um custo de energia mais baixo e a uma distância maior por braçada. Os indivíduos sem acesso aos novos *designs* de roupas para o corpo inteiro para o treinamento podem estar em desvantagem na competição. Esses tipos de trajes compuseram a maioria das roupas usadas nas Olimpíadas de Pequim, em 2008, ainda que uma boa proporção dos nadadores usasse os trajes mais tradicionais. Todavia, a vantagem da tecnologia das roupas de natação para reduzir a resistência hidrodinâmica foi enfatizada por mais de cem recordes mundiais atingidos pelos competidores na natação nos primeiros 12 meses de sua introdução. Desvantagens óbvias são os custos do traje e o tempo levado, cerca de 15 min, para vesti-lo. Seis meses após as Olimpíadas de Pequim, o corpo governamental internacional FINA esclareceu as regras sobre *design* dos trajes, especificando que estes não devem cobrir o pescoço ou se estenderem além dos ombros e tornozelos. A federação reafirmou sua intenção de continuar monitorando a evolução do equipamento esportivo, com o objetivo principal de manter a integridade do esporte.

A roupa especial pode ser necessária para combater os perigos específicos apresentados em alguns esportes. Macacões de pilotos de corrida podem precisar oferecer resfriamento, bem como proteção contra fogo por causa do estresse por calor e do risco de fogo envolvido. Muitos esportes praticados com máquinas esportivas requerem também que os mecânicos e os pilotos usem protetores de ouvido por causa dos altos níveis de ruído experimentados. Roupas úmidas para esportes aquáticos permitem que os atletas tolerem períodos prolongados de imersão em águas frias. O desempenho de fibras novas melhorou a proteção contra condições externas úmidas e frias, além de permitirem que o suor flua pela roupa (Holmer e Elnas, 1981).

O tempo de sobrevivência em temperaturas no oceano não tão geladas é aumentado pelo uso de roupas secas ou roupas úmidas. Roupas secas são projetadas para manter o corpo seco, ao passo que roupas úmidas permitem a passagem de uma quantidade mínima de água pelo material; a água é então aquecida pelo corpo e, após equalizar com a temperatura da pele e formar parte da camada de proteção adjacente a ela, previne uma perda de calor adicional de sua superfície. Roupas úmidas são geralmente feitas de neoprene de célula fechada com uma espessura de 3 a 6 mm, e um ajuste é necessário para a sua eficácia. Roupas que cobrem os braços são mais efetivas porque mais calor é perdido dos braços comparado com as pernas quando cada membro é exercitado na mesma captação de oxigênio. O tempo da conscientização útil em temperaturas na água de 5 °C pode estender-se três vezes mais comparando o uso de roupas normais e o uso de um traje de neoprene de 5 mm de espessura, mas o tempo é aumentado em 100% se uma roupa seca é usada com roupas de baixo secas (Reilly e Waterhouse, 2005).

O estudo de roupas protetoras em uma variedade de extremos em contextos esportivos e industriais, como nas montanhas ou em desertos ou na imersão acidental na água, é, ainda, um rico filão da pesquisa ergonômica. Há uma demanda crescente por roupas de lã merino, normalmente usadas por grupos de montanhistas e esquiadores, como uma camada interna. Elas promovem a evaporação do suor, aumentam o conforto térmico e não têm cheiro após o uso – uma reivindicação de *marketing* para ambientes após o esqui. Comparativamente, pouca atenção é dada ao valor de luvas e capacetes em condições extremas, nas quais a escolha é largamente baseada na avaliação subjetiva das condições ambientais prevalentes.

Tops esportivos têm substituído os sutiãs tradicionais para mulheres que competem no atletismo, em corrida de rua e em jogos, como futebol, *squash* e tênis. O original *"top* para *jogging"* foi projetado para reduzir os movimentos dos seios durante a locomoção e diminuir a dor e o desconforto. Tais problemas incluíam o atrito nos mamilos (*"jogger's nipple"* ou "mamilo do corredor"), uma irritação também sentida por corredores homens, atribuível à fricção de sua roupa. Um produto absorvente extensível como *Lycra* é comumente usado em *tops* esportivos. Os produtos são fabricados nos modelos encapsulados ou de compressão, que limitam o movimento pelo aperto dos seios. Seus aspectos são incorporados em *tops* de corrida usados por alguns fundistas e triatletas, sem uma camisa por cima. A preocupação de Bowles et al. (2005) foi investigar se os *tops* esportivos eram muito apertados e restringiam a respiração. Os pesquisadores não observaram nenhum efeito sobre a função respiratória em indivíduos que usavam um *top* esportivo, superior a um *top* normal e melhor que o não uso de *top*. Os pesquisadores recomendaram que mulheres esportistas usem um *top* esportivo para reduzir a dor nos seios e seu movimento. Na visão da diferença individual de tamanho, um encaixe apropriado é importante. *Tops* encapsulados são mais adequados para corredoras com seios maiores, ao passo que *tops* de compressão são preferíveis pela maioria das corredoras. A superioridade dos *tops* de compressão foi demonstrada por White et al. (2009), que relataram o menor desconforto com o *design* da compressão. Os *tops* esportivos eram mais confortáveis que os *tops* do dia a dia, ao passo que não usar nenhum sutiã era a condição mais desconfortável. Em suas avaliações cinéticas, White et al. (2009) demonstraram a importância da diminuição mediolateral, bem como vertical, dos deslocamentos dos seios para fornecer às corredoras o suporte suficiente para seu desempenho e conforto durante suas corridas.

Roupas de compressão foram promovidas para o uso no esporte, bem como em outros contextos. Meias de compressão são comumente usadas em voos por passageiros, para reduzir o risco de trombose venosa profunda. No esporte, a roupa de compressão foi projetada para promover a recuperação após o exercício e o treinamento. Embora essa moda tenha obtido aceitação entre os atletas profissionais, os mecanismos fisiológicos para algum benefício positivo não são claramente estabelecidos. Um conceito similar se aplica às camisas justas no corpo, usadas por uma série de equipes nas finais da Copa do Mundo de 2007 da Rugby Union, com relatos de aumento nos níveis de energia por meio da transferência de íons para o corpo. É improvável que tais intervenções determinem o sucesso da equipe nesse tipo de competição.

Calçados esportivos

O ímpeto para melhorar o *design* dos calçados esportivos foi fornecido pelo grande mercado de calçados de corrida, à medida que a corrida de rua se tornou uma importante atividade recreativa ao redor do mundo. As melhorias foram em grande parte atribuídas à melhora na tecnologia de vulcanização de borracha tratada e à disponibilidade de materiais sintéticos, como etilenoacetato de vinila (EVA). O polímero é uma espuma plástica formada por etileno (fornecendo moldabilidade), vinil (fornecendo elasticidade) e acetato (fornecendo força e rigidez). Esses aperfeiçoamentos permitem que os fabricantes projetem calçados com melhor capacidade de absorção de choques para treinamento e mais leves para corrida.

Os novos *designs* incluem um material de sola média para acolchoamento das forças envolvidas no impacto com o chão. Esse efeito foi primeiramente atingido pela fabricação da sola média de poliuretano, que encapsulou as camadas de outro material.

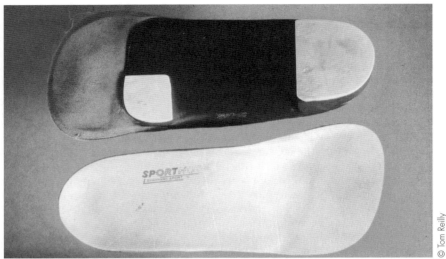

Figura 7.3 Dispositivo ortótico para inserção no calçado de corrida para corrigir a pronação excessiva.

O controle do retropé foi um importante fator na prevenção de lesões, mediadas com um contraforte. Para indivíduos com uma tendência de pronação excessiva na aterrissagem, elementos de antipronação estavam disponíveis. A alternativa é usar um dispositivo ortótico próximo à palmilha (Figura 7.3). Outro fator a se considerar é o encaixe e o conforto do calçado, uma decisão tomada pelo comprador. O desgaste e a resistência funcional são importantes propriedades para o solado, a parte do calçado que faz contato com o chão. Materiais emborrachados com bons padrões de desenho do solado são os preferidos para esse componente do calçado.

O pé humano apresenta um formato que pode fornecer capacidade de sustentação de peso e absorver as grandes forças associadas com a locomoção bipedal. Diferenças no formato do pé foram encontradas entre grupos étnicos e se presume que essas variações afetem a escolha do calçado. Hawes et al. (1994) mostraram que fôrmas únicas do pé (modelos do pé) para populações asiáticas (japoneses e coreanos) e caucasianas foram requeridas. Houve diferenças significativas nessas populações na altura do hálux, na forma da margem anterior do pé, e na localização e na angulação do eixo da articulação metatarsofalângica. Variações nas populações são observadas no padrão do comprimento dos dedos, na altura e no arco do dorso do pé, razão entre comprimento do pé e larguras do arco anterior e do calcanhar, forma do calcanhar e forma e ângulo dos dedos dos pés. Essas variações sugerem que um formato da fôrma não encaixa no modelo do pé humano com muita precisão, com consequências para o *design* do calçado esportivo.

A parte superior do calçado fornece o elo físico entre o pé e a sola do calçado, dando suporte e proteção para o pé e o tornozelo, o que contribui para o controle da temperatura do pé e níveis de umidade, determinando o conforto do encaixe do calçado. O conforto do encaixe é o fator principal na compra dos calçados e está relacionado com a combinação do formato do calçado com o formato do pé. O formato do calçado é determinado por uma fôrma, que é um modelo suave do pé ao redor do qual o material superior é alongado e costurado ou colado na sola. Tipicamente, a parte superior é feita de couro, que é alongável e moldada com *nylon*, que, por sua vez, é leve e "respirável", mas não alonga. Modelos contemporâneos incluem couros sintéticos, combinações especiais de poliuretano e poliéster ou fabricações respiráveis. O couro foi convencionalmente usado em chuteiras, ao passo que a leveza do *nylon* foi preferida para calçados de corrida.

Corredores e *joggers* são altamente dependentes da qualidade de seus calçados, estando especialmente vulneráveis a lesões no pé e na perna causadas por passadas repetitivas em superfícies duras. Órteses para a correção de mau alinhamento biomecânico dos membros inferiores causado por desequilíbrios no comprimento das pernas, pé de Morton, joelho valgo ou joelho varo (pernas arqueadas para dentro ou pernas tortas) e pronação excessiva são eficazes na prevenção da recorrência de lesão. De maneira similar, o uso de um bisel, dentro ou por baixo da sola de uma bota de esquiador, pode compensar as imperfeições anatômicas que podem, contudo, prejudicar o desempenho no esqui.

Discretas pesquisas de laboratório têm fornecido a base para a prescrição de calçados com calcanhares acolchoados elevados e dispositivos de controle de pronação para corredores de distância. Richards et al. (2009) questionaram essa base de evidência para a prescrição de calçados de corrida com acolchoamento elevado e dispositivos de controle de pronação, citando a falta de ensaios clínicos controlados. Essa ausência de estudos preventivos realça o hiato entre os experimentos em laboratório e os ensaios de campo rapidamente comercializados pelas companhias de calçados e aceitos pelos consumidores e os estudos epidemiológicos prospectivos que persuadem os especialistas em Medicina Esportiva.

Chuteiras têm fabricação básica em couro, que, geralmente, vai até abaixo dos tornozelos, com uma sola externa rígida, à qual as travas são presas. Solas finas dão a flexibilidade aos calçados e sua resistência permite que as travas sejam inseridas para firmeza. As tachas são removíveis para se adequar a diferentes características de superfície ou moldadas como parte da chuteira. A configuração das travas varia entre fabricantes, mas a distribuição de pressão não deve colocar pressão indevida sobre as cabeças dos metatarsos. A maioria das chuteiras tem uma meia interna de espuma para ajudar no conforto e encaixe. De acordo com Lees e Lake (2003), o *design* da chuteira deve estar relacionado com as demandas do jogo, a proteção do pé, e deve permitir que o pé execute as funções que dele se espera.

O princípio do *design* do calçado esportivo para as demandas do esporte tem se estendido para outros esportes além da corrida e do futebol. A tração é um importante critério para tenistas, e calçados contemporâneos são um principal avanço das "bombas" de tração com lonas superiores. Sapatos de golfe têm picos, uma variação das travas usadas pelos corredores de velocidade, para lidar com as grandes forças de rotação quando se dá uma tacada na bola. De maneira similar, calçados para caminhada em montanha são projetados para esse propósito, requerendo mais estabilidade que um calçado normal. Atenção também tem sido dada para a melhoria do *design* das botas de esqui e suas inserções e limiares de base para a liberação das inserções no caso de um acidente.

Funções de proteção do equipamento esportivo

O *design* do equipamento pode ajudar a prevenir lesões de três principais maneiras. Primeiro, o controle de qualidade na produção minimiza os riscos que podem ser impostos pelo equipamento defeituoso. Segundo, o risco é evitado se o equipamento satisfaz as necessidades e as características do usuário. A compatibilidade pode requerer uma ampla gama de fabricações dentro dos limites dos padrões dos corpos diretivos. As propriedades físicas do equipamento, sua facilidade de operação, antropometria e respostas subjetivas dos usuários, além de sua idade, sexo e nível de habilidade são fatores relevantes no aperfeiçoamento do *design*. Terceiro, o equipamento protetor efetivo e confortável pode proteger os indivíduos contra o impacto danoso ou as influências ambientais. As orientações para o equipamento protetor para participantes esportivos estão incluídas no British Standards, BSI PH/3/9, e há padrões internacionais correspondentes, bem como as orientações norte-americanas.

Padrões de lesão típicos são gerados por esportes específicos, de modo que os riscos dominantes associados com as atividades podem ser previstos. Ombreiras são usadas por jóqueis em percursos com obstáculo, por exemplo, em virtude da alta incidência de lesões no ombro no esporte. Vários itens do **equipamento de proteção** estão disponíveis para participantes em jogos de campo, embora as atitudes devam promover seu uso regular para serem efetivas. Jogadores de futebol americano usam capacetes, protetores de rosto, ombreiras e protetores para virilha e joelho, e os *designs* de algumas dessas unidades dependem de sua posição. A efetividade desse equipamento depende do encaixe no jogador individual e da condição das unidades. Dados epidemiológicos confirmam a redução da incidência de lesão desde que o uso de roupas de proteção se tornou obrigatório no futebol americano.

A cabeça é uma das regiões mais vulneráveis do corpo nos esportes, e as lesões nela podem ser críticas. A proteção dos atletas contra lesões na cabeça está relacionada com três fatores principais: deformação do crânio, pressão intracraniana e movimento rotacional. Capacetes efetivos reduzem a aceleração sobre a cabeça quando ela é atingida e atenuam as forças compressivas. Boxeadores profissionais usam capacetes de proteção quando praticam o esporte, ainda que estes não sejam obrigatórios na competição, apesar da frequência e das consequências da lesão grave na cabeça no esporte. Uma proteção na cabeça foi usada primeiramente por boxeadores amadores norte-americanos em provas internacionais, seguindo o exemplo anterior das nações escandinavas – capacetes foram utilizados primeiro nas Olimpíadas de Los Angeles em 1984 (Figura 7.4). Nenhuma das federações de boxe profissional tem defendido o uso de um capacete protetor, embora as propriedades das luvas de boxe sejam controladas com propósitos de segurança.

Capacetes são projetados e usados para proteção em uma variedade de atividades recreativas do *skate* ao tobogã e eles são essenciais em esportes de interação homem-máquina. Capacetes especiais com orifícios para a orelha foram desenvolvidos para a circulação de ar, de modo que o piloto possa sentir o fluxo de ar para um ajuste preciso da velocidade aérea. A proteção da cabeça deve, invariavelmente, incluir defesas para os

Figura 7.4 Capacete usado por boxeadores amadores olímpicos em treinamento.
Lionel Preau/DPPI/Icon Smi

olhos, uma consideração em esportes, como o *squash*, em que a bola é suficientemente pequena para entrar na órbita. O tipo de protetor de olho aberto sem uma inserção de lente, que é comumente usado no *squash* e raquetebol, fornece uma defesa inadequada contra a bola, mesmo em velocidades tão baixas quanto 22 m/s. Consequentemente, o estabelecimento de um padrão para protetores de olho nos Estados Unidos foi bem recebido (ASTM Standard F803).

Quando a ergonomia é aplicada ao *design* do equipamento protetor, outros perigos não devem ser criados em seu uso. Se capacetes protetores são usados para bloquear um oponente do futebol americano ou são agressivamente atingidos por um jogador oponente, a alavancagem aumentada pode causar lesões no pescoço que, de outro modo, poderiam não ter acontecido. Na verdade, nem todas as circunstâncias que circundam o uso do equipamento protetor podem ser previstas. O problema em fornecer proteção à cabeça em esportes como hóquei no gelo é de tal magnitude que um capacete isolado não oferecerá uma proteção completa por causa da velocidade e do contato físico associados ao esporte em um piso de gelo com seus arredores e, assim, modificações do ambiente de jogo podem ter de ser tratadas.

Protetores bucais protegem os atletas em esportes de contato pela atenuação da força de uma batida na mandíbula, além de protegerem os dentes. Protetores bucais para uso em jogos de campo podem ser individualmente moldados com base em um modelo de dentes da própria pessoa e foram considerados como redutores de lesões cranianas, faciais e dentárias. Estes são preferíveis aos modelos convencionais de protetores usados por boxeadores e comprados no balcão, e os modelos individualmente confeccionados são agora amplamente usados, por exemplo, por jogadores de rúgbi.

A Union Rugby tem um índice relativamente alto de lesões atribuídas ao contato físico, e os jogadores usam equipamento de proteção para mitigar essas lesões. Marshall et al. (2005) forneceram evidência de apoio para um papel de proteções bucais e capacetes acolchoados na prevenção de lesões faciais e do couro cabeludo, respectivamente. Mangas de suporte tinham um efeito positivo na prevenção de torções e lesões. O uso de caneleiras foi considerado ineficaz, pelo menos no rúgbi.

Equipamento de proteção pessoal

O equipamento de proteção pessoal é projetado para proteger empregados de sérias lesões no local de trabalho ou de perigo resultante do contato com ameaças químicas, radiológicas, físicas, mecânicas, elétricas ou outras no local de trabalho. Esse tipo de equipamento inclui protetores de rosto, óculos de segurança, capacetes e calçados de segurança, bem como dispositivos e roupas, como óculos, macacões, luvas, coletes, fones de ouvido e respiradores.

O equipamento de proteção pessoal é obrigatório em profissões como bombeiros, militares, mergulho profissional e trabalho em obras. O equipamento de proteção é também requerido na motovelocidade, corrida de carros, mergulho, boxe amador e outros esportes e atividades recreativas. O mergulhador baseia-se no funcionamento adequado do sistema de respiração e proteção contra a hipotermia por meio da roupa térmica (ou roupa seca). Dispositivos de proteção, como caneleiras no futebol, capacetes no rúgbi e no *hurling*, são opcionais. Assim como o equipamento de proteção às vezes não é usado em ambientes industriais para agir de acordo com a tradicional imagem do grupo de trabalho de força e autoconfiança, os atletas muitas vezes evitam usar uma proteção, a fim de manter uma imagem de destemor.

Visão geral e resumo

Desenvolvimentos tecnológicos para a indústria têm sido explorados por projetistas e modificados para equipamentos e superfícies esportivas. Esses aprimoramentos se tornaram possíveis com a introdução de materiais leves e duráveis para implementos, equipamentos e maquinário esportivo. Em muitos casos, essas inovações induziram mudanças sutis na execução das habilidades e no manuseio do equipamento à medida que os atletas se adaptaram aos novos modelos.

Considerações aerodinâmicas têm causado mudanças nos *designs* no vestuário e em máquinas do esporte de competição. A redução da resistência se tornou um critério nas roupas de velocistas, *skatistas* e ciclistas, entre outros. A redução da resistência foi também relevante na configuração de bicicletas de corrida e carros de corrida e na postura de ciclistas e patinadores no gelo. Os princípios da mecânica dos fluidos têm sido relevantes no *design* de barcos de corrida, barcos de remo e pranchas de surfe, bem como na compreensão das técnicas de natação.

Os calçados e as roupas esportivas estão sujeitos à moda, bem como ao *design* para conforto e desempenho. O uso de etilenoacetato de vinila na produção de calçados esportivos tem melhorado suas propriedades protetoras, assim como os materiais sintéticos nas roupas. Esses desenvolvimentos têm ocorrido sem o comprometimento de fatores estéticos, visto que os calçados esportivos conquistaram seu espaço para o uso no dia a dia.

A visibilidade da roupa é um importante aspecto de segurança, em especial entre ciclistas e corredores que usam as vias públicas. A cor pode ter implicações no desempenho, bem como consequências estéticas. O sucesso durante muitos anos na primeira divisão inglesa de futebol esteve associado com o uso de listras predominantemente vermelhas, ao passo que camisetas amarelas e cinzas tiveram o efeito oposto. Os goleiros que se defrontam com um batedor de pênalti com uniforme vermelho têm mais chances de defender a cobrança que quando se defrontam com jogadores usando cores menos chamativas. Em esportes de combate, como o judô, as opções de azul ou branco não parecem oferecer vantagem a nenhum dos atletas, porque os juízes tendem a não ser simpáticos com nenhuma das cores.

Usuários recreativos têm se beneficiado do *design* melhorado de várias maneiras. Barcos de navegação foram projetados para portabilidade, permitindo que famílias transportem seus botes com mais facilidade para diferentes locais. Bicicletas leves podem ser armazenadas para o transporte para o uso em feriados em outros locais. Barracas podem acomodar pessoas ou famílias inteiras durante a noite toda para atividades ao ar livre. Essas possibilidades promovem atividades que têm possíveis efeitos sobre a saúde e o bem-estar.

Ergonomia nas atividades físicas

A PARTE III concentra-se nas aplicações da ergonomia nas atividades físicas. Os capítulos desta parte consideram o condicionamento para o trabalho, para populações especiais e aspectos clínicos da ergonomia, seguidos por uma perspectiva holística e nutricional. As aplicações para o trabalho e o esporte são abrangidas de uma maneira equilibrada, de acordo com a evidência disponível.

    O Capítulo 8 considera o estresse ocupacional e as diferentes maneiras de monitorar esse estresse, como registros de ausência, *deficits* de condicionamento e métodos psicológicos, psicofísicos e fisiológicos. Ocupações específicas que abrangem o trabalho físico intenso são tratadas: bombeiros, policiais, agentes penitenciários, serviços militares, pilotos, profissões que lidam com o manuseio de materiais e serviços de entrega. A legislação que diz respeito às oportunidades iguais é considerada no contexto de padrões de condicionamento mínimos para o emprego em serviços e forças especiais. A atenção é direcionada para problemas especiais decorrentes das mudanças que ocorrem com o turno noturno, em especial com a organização de suas atividades de lazer. A relação entre condicionamento e desempenho no trabalho é explorada, e a promoção da saúde no local de trabalho revisada no contexto do conceito da mudança comportamental.

    O foco do Capítulo 9 é sobre as populações especiais. O capítulo começa discutindo os requisitos únicos de pessoas jovens, os aspectos ergonômicos da identificação do talento e o desenvolvimento relevante para a consideração. Outros grupos incluem mulheres, pessoas idosas e atletas com deficiências. As demandas únicas, cognitivas e fisiológicas sobre árbitros de partidas são revistas na conclusão do capítulo.

    O Capítulo 10 revisa as aplicações clínicas da ergonomia. Os fenômenos de sobrecarga e fadiga são analisados; a base fisiológica da fadiga é realçada e maneiras de combatê-la consideradas. A medida da carga musculoesquelética é descrita, especialmente as aplicações de estadiometria de precisão para avaliação da redução do comprimento da coluna vertebral. A sobrecarga na coluna e as características de alongamento no tecido viscoelástico da coluna são descritas para diferentes condições de esporte e treinamento, e sistemas de inversão da gravidade são discutidos no contexto de restaurar a homeostase normal. Há uma ênfase sobre a necessidade de acelerar o processo de recuperação após a competição esportiva e vários métodos para restaurar a energia, o estado de hidratação e a função imune são descritos. As alterações no treinamento nos dias de recuperação (por exemplo, corrida em água profunda) são também consideradas. A atenção é direcionada para os princípios de reabilitação e para evitar o *overtraining*. O capítulo atinge o ponto mais alto abrangendo a reabilitação e o uso de métodos para reduzir o risco de lesão.

     O capítulo final do livro, Capítulo 11, introduz uma perspectiva holística e nutricional. A ênfase está em considerar a pessoa como um todo no contexto do bem-estar. O texto discute o uso da alimentação na promoção de um estilo de vida saudável e na melhoria do desempenho, e realça as práticas alimentares conhecidas para esse fim. O mercado de suplementos nutricionais é discutido, e atenção é dada para o uso e o abuso de drogas em circunstâncias esportivas e ocupacionais, bem como para propósitos de diversão.

Condicionamento para o trabalho

DEFINIÇÕES

corrida de vai e vem (*shuttle run*) de 20 m – Um teste de campo de desempenho de resistência, projetado para estimar a captação máxima de oxigênio.

descompressão de superfície – Procedimento para a redução da densidade de bolhas de ar, geralmente em uma câmara que comprime o gás até que ele seja removido do corpo.

descondicionamento aeróbio – Perda de condicionamento de resistência atribuída a uma falta de treinamento.

índice de massa corporal (IMC) – Medida que estima o condicionamento pela consideração da massa corporal em relação à altura.

narcose por nitrogênio – Sintomas associados com o acúmulo de nitrogênio nos tecidos durante as atividades embaixo d'água.

validade do teste – Um requerimento pelo qual a propriedade que está sendo medida é aquela pretendida.

UM elemento-chave na implementação de um teste de emprego é definir o que o trabalhador precisa fazer. Uma análise de tarefa é um aspecto crucial da validação do teste, porque essa análise identifica o que o trabalhador deve ser capaz de fazer. Outro elemento-chave é o ponto de corte. Isso define o nível de condicionamento que um trabalhador deve ter para estar apto a satisfazer as demandas da tarefa, isto é, ele deve combinar o trabalhador com as demandas físicas do emprego.

A natureza do trabalho é um fator-chave nas escolhas das pessoas sobre seus campos de emprego. Durante as vidas úteis das pessoas, cerca de um terço de cada dia é direcionado pelos requerimentos de seus empregadores, quer seja no serviço militar, na manufatura ou nas outras indústrias. Embora a recompensa material possa ser uma alta prioridade para muitas pessoas na determinação de suas escolhas ocupacionais e nas áreas profissionais de especialização, outros fatores importantes incluem as tarefas e os desafios a serem enfrentados, as responsabilidades e as oportunidades para o desenvolvimento pessoal e profissional, o ambiente social e uma série de outros aspectos de trabalho. Os componentes físicos podem diferir em cada ofício, assim como os estresses psicológicos a serem tolerados. O condicionamento para o trabalho implica uma capacidade de lidar com todas as demandas impostas pelas atividades profissionais, abrangendo seus elementos físicos, fisiológicos, psicológicos e sociais.

Mesmo quando os componentes físicos de diferentes ocupações são iguais, o ambiente no qual o trabalho ocorre e o ambiente social pode ser distinto entre as ocupações. Em alguns locais de trabalho, os processos de trabalho e sua organização são idealizados de modo que os estresses individuais sejam reduzidos. O estado de espírito entre a força de trabalho, independentemente das demandas físicas da ocupação, é importante, em particular, com respeito às relações entre trabalhadores e corpo diretivo. O *bullying* e o assédio de pares ou de superiores constituem uma fonte de estresse para uma série de pessoas; em um contexto esportivo, um comportamento de perseguição por um treinador, um gerente ou um membro da equipe é um estresse que pode atrapalhar a cooperação e prejudicar o desempenho. É essencial que tais casos de desconforto sejam identificados e a ordem restaurada se a força de trabalho como um todo quiser funcionar efetivamente. Esse conceito de trabalho é holístico, incorporando as capacidades mentais, físicas e fisiológicas para operar nos níveis de competência requeridos no contexto do trabalho em questão.

A adequação para o trabalho se dá normalmente pelos processos de seleção que culminam em uma entrevista. O requerente responde ao anúncio de emprego combinando suas qualificações, experiências e disposições para a especificação da ocupação. Muitas profissões – bombeiros, oficiais de polícia, agentes penitenciários – requerem avaliações físicas, incluindo testes de desempenho. A avaliação da saúde é um requerimento formal antes da marcação de uma entrevista no Reino Unido, embora isso não se aplique para todas as ocupações nos Estados Unidos.

A saúde da força de trabalho pode ser examinada por um médico ocupacional, ou, dependendo da estrutura da organização, por uma enfermeira. A supervisão passiva da saúde se refere ao uso de dados sobre doenças, lesões e ausências, ao passo que a supervisão de saúde ativa inclui inspeções e questionário da equipe de funcionários e análise das queixas. Algumas companhias assumem um papel mais pró-ativo, estimulando seus empregados a aderirem a iniciativas de promoção da saúde. Essas companhias incluem matrículas de associado subsidiadas em academias locais, aulas de condicionamento no local de trabalho ou simplesmente o estímulo de estilos de vida ativos. A pressuposição é de que os empregados terão um laço mais forte com a companhia, as ausências do trabalho diminuirão e, como resultado, a produtividade aumentará.

As pessoas que acham que não podem lidar com as demandas ocupacionais podem decidir mudar de emprego. A mudança pode ocorrer em associação com o envelhecimento e o declínio natural nas capacidades físicas ou em virtude das circunstâncias no trabalho, como operação de sistemas em um turno noturno. As pessoas também procuram mudanças e optam por um emprego alternativo em razão do risco de sofrer incapacidades musculoesqueléticas. Aqueles que permanecem em seus empregos enfrentam esses problemas com mais facilidade e formam o que é conhecido como o fenômeno do trabalhador saudável.

Em muitos países, a legislação proíbe a adoção de critérios de "idade" na entrevista de emprego. O condicionamento físico declina com a idade, e uma diminuição nos níveis tende a ocorrer dos 35 até os 40 anos. Programas de condicionamento podem interromper o declínio da força e a resistência física, mas existem mudanças fisiológicas inevitáveis que, por fim, afetam o desempenho físico. Uma consequência é que as baterias de teste usadas na seleção devem ser neutras em relação à idade (bem como ao sexo). Os empregados em postos altamente exigentes podem resolver esse problema mudando para ocupações fisicamente menos exigentes, "adquirindo" seu contrato como pode acontecer nas forças armadas, garantindo uma aposentaria precoce ou indo para outras empresas.

Neste capítulo, o foco é sobre as demandas físicas de várias ocupações. Essas demandas variam de estresses musculoesqueléticos sobre os profissionais da saúde e outros que trabalham com manuseio de materiais, aos pesados gastos de energia diários do tradicional trabalho em área florestal. Atenção especial é dada aos requerimentos de alta intensidade de oficiais de polícia e agentes penitenciários e à ameaça termorregulatória sobre pessoas que lidam com o fogo. Os requerimentos particulares de tripulações aéreas e trabalhadores noturnos são também tratados. Métodos de avaliar a carga de trabalho no contexto ocupacional são considerados, e o valor de planos de promoção da saúde baseada no serviço é revisado no contexto da manutenção do condicionamento dos profissionais.

Militares

A defesa de um país é a responsabilidade dos militares. Em casos extremos, os militares entram em combate para garantir esse fim ou são organizados em iniciativas civis em tempos de paz. Nas forças armadas, os soldados têm pouca escolha na tomada de decisão, porque eles são ensinados a cumprir ordens. O nível de disciplina requerido dentro das forças armadas é único, sendo muito maior que nos contextos civis.

Soldados

Altos níveis de condicionamento físico são requeridos de soldados para as tarefas ocupacionais que eles devem realizar. Essas atividades incluem longas marchas, algumas vezes em terreno hostil, carregamento de peso e operação de munição. As atividades variam de acordo com a patente, mas todas as divisões devem estar preparadas para se juntar em combate armado e atividades de emergência. Como os soldados devem estar preparados para condições ambientais graves, as manobras de treinamento são muitas vezes árduas, levando os indivíduos aos seus limites.

O uso de roupas de proteção química pode se somar ao custo de energia das atividades militares. Patton et al. (1995) estudaram 14 soldados homens ativos (idade 20,9 ± 1,0 anos; $\dot{V}O_2$máx 55,6 ± 0,9 ml·kg^{-1}·min^{-1}) usando uma máscara protetora, roupas de combate sobre o uniforme, sobrebotas (uma camada protetora usada sobre as botas militares normais) e uniforme de combate pesando 9,3 kg. A $\dot{V}O_2$ média foi de 13% a 18% mais alta em todas as intensidades de exercício quando comparado com a roupa de combate apenas. A dificuldade de todo o uniforme protetor é parcialmente atribuída à resistência de fricção adicional das camadas de roupas que se esfregam umas nas outras e à restrição dos movimentos articulares.

O treinamento inicial de recrutas militares pode ser altamente exigente, em especial quando o programa de treinamento contém exercícios de marcha e atividades de aventura não experimentadas na vida civil. As pessoas que se alistam com níveis baixos de condicionamento foram consideradas mais suscetíveis à lesão que colegas mais bem condicionados (Knapik et al., 2003). Parece que a tolerância a altas cargas físicas em uma base regular é um requisito essencial para uma carreira militar.

As atividades são feitas em termos absolutos em vez de relativos, o que, em partes, explica a relação entre lesão e condicionamento dos militares. A razão pela qual os índices de lesão em mulheres são mais altos que em homens é que as mulheres devem trabalhar no mesmo nível que os homens, mas sua capacidade máxima é mais baixa; isto é, elas devem trabalhar em uma intensidade mais alta, numa porcentagem maior em relação a seu máximo.

Mulheres soldados recebem em geral o mesmo treinamento que os homens, embora elas normalmente não combatam na linha de frente. Elas são, contudo, solicitadas a carregar tanto peso em suas costas quanto os homens. Essa carga relativamente mais pesada pode causar estresse esquelético, em particular, durante longas marchas. Cerca de 10% a 12% das recrutas mulheres sofriam de fraturas por estresse comparado com 1% a 3% dos homens (Cline et al., 1998). A incidência de fraturas por estresse foi mais alta em mulheres amenorreicas e em mulheres que eram fisicamente menos ativas antes de entrar no exército, se comparadas às outras. Posteriormente, Beck et al. (2000) concluíram que os soldados com fraturas por estresse tinham músculos dos membros inferiores mais fracos, músculos da coxa menores e eram significativamente menos preparados que seus colegas. O treinamento militar pode não ser a única, ou até a principal, razão para fraturas por estresse entre os recrutas, porque fatores de estilo de vida também estão também envolvidos. Lappe et al. (2001) demonstraram que fraturas por estresse ocorriam com mais frequência naqueles que bebiam mais álcool, fumavam mais cigarros, tinham menos peso e eram fisicamente menos ativos que seus colegas. Mulheres recrutas nos Estados Unidos têm diferentes padrões de condicionamento físico em comparação com recrutas europeias. Da maioria, espera-se que combatam da mesma maneira que os homens, exceto por alguns aspectos.

Pode ser uma preocupação do governo que o condicionamento de seu pessoal de serviço imite o daquele de sua população civil. Knapik et al. (2006) revisaram dados de militares norte-americanos em um período de 30 anos. As comparações foram parcialmente confundidas pela disponibilidade seletiva dos dados, dos testes usados e das diferenças nos métodos. Todavia, os autores estavam aptos a extrair algumas inferências sobre tendências de condicionamento nessa população. A força muscular – determinada como força isométrica da parte superior do tronco, força isométrica da parte inferior do corpo, força isométrica de puxada na posição em pé e levantamento dinâmico isocinético gradual – mostrou uma tendência crescente durante o período de 1978-1998. Para mulheres, o desempenho no salto vertical foi 13% mais alto em 1998, se comparado com cinco anos antes. A resistência muscular expressa em desempenho de flexões e abdominais não mostrou nenhuma mudança nos 20 anos antes de 2003. A captação de oxigênio máxima não mudou nos homens (média de 50 ml·kg^{-1}·min^{-1}) entre 1975 e 1998, no entanto, mostrou uma pequena diminuição, de 38 ml·kg^{-1}·min^{-1}, entre as mulheres. Houve uma deterioração correspondente no desempenho aeróbio conforme medido por corridas de 1 milha (1,6 km) e 2 milhas (3,2 km). Dados da composição corporal mostraram um leve (16%) aumento na gordura corporal (de 15% para 17% do peso total do corpo) de 1978 a 1998 nos homens e aumento de 7% (de 26% para 27,5% do peso total do corpo) nas mulheres. Esses valores estão próximos dos números de 16% a 26%, respectivamente, para a referência masculina e feminina na população geral e implicam uma tendência secular prevalente.

Dado o aumento mundial na obesidade e o declínio no condicionamento físico, a tendência secular deve ser evidente nos novos recrutas. Essa preocupação sobre a condição dos recrutas militares conduziu uma alteração na lei finlandesa, criando uma obrigação legal para a equipe de profissionais na força de defesa se manter em boa forma. Aqueles que não observassem a obrigação se tornariam inelegíveis para promoção ou participação em missões internacionais.

O condicionamento físico parece beneficiar os recrutas militares. Rayson et al. (2000) reportaram que indivíduos mais condicionados mostraram índices mais altos de desempenho em tarefas militares reais e simuladas. Testes de condicionamento físico incluíram força estática (remada em pé, flexão de braço, força da empunhadura da mão, extensão do tronco e flexão plantar), desempenho de levantamento máximo em um teste de força dinâmico, resistência muscular (consistindo de seis testes separados) e condicionamento aeróbio, determinado pelo teste de corrida de vai e vem de 20 m (Ramsbottom et al., 1988).

Em um preâmbulo para desenvolver os procedimentos de seleção física para o exército britânico, Rayson et al. (2000) conduziram uma análise de trabalho para identificar tarefas de critério que poderiam ter sido usadas como base para estabelecer padrões de seleção. As tarefas de critério compreendiam um levantamento simples, um carregamento, um levantamento repetitivo e uma marcha com carga. Um objetivo secundário incluiu modelos de "gênero livre" para promover testes e padrões de seleção física comuns a homens e mulheres e modelos "de gêneros imparciais" para garantir que os membros de ambos os sexos não fossem desproporcionalmente classificados. Embora o tamanho e a composição do corpo tenham sido levados em consideração no desenvolvimento dos modelos de predição, a precisão com a qual cada tarefa de critério para o desempenho podia ser prevista era variável. Os dois modelos de levantamento simples foram criados com sucesso usando dados de força muscular e massa livre de gordura. O modelo de "carregamento" incluiu dados para a resistência muscular, tamanho e composição corporal. O único modelo livre de gênero desenvolvido foi para a marcha com carga, e o desenvolvimento de modelos de gênero imparciais se provou ilusório. As pontuações das mulheres foram previstas de forma insatisfatória e tendiam a estar distribuídas ao redor de padrões de aprovação, fazendo que uma porcentagem maior de mulheres ficasse mal classificada como aprovadas ou reprovadas em relação aos homens Esse erro na predição poderia levar à discriminação não intencional, o oposto do que havia sido imaginado.

Marinheiros

Aqueles que operam nas forças armadas dentro de unidades navais precisam estar aptos a operar na água, embaixo d'água e na terra. Os candidatos para as unidades do Royal Marines Commando no Reino Unido devem primeiro demonstrar que podem lidar com o curso do treinamento em um período de dois a três dias. Antes de serem recrutados, eles são solicitados a mostrar determinação, condicionamento físico, perseverança, capacidade mental, sangue frio e capacidade de opor-se a um desafio. Eles são aconselhados a manter um bom condicionamento e a nadar sempre que possível antes de realizarem o curso de pré-recrutamento obrigatório.

O curso de treinamento inclui um **teste de corrida de vai e vem de 20 m** progressivo para estimar o $\dot{V}O_2$máx (Ramsbottom et al., 1988), manobras de revista de tropas e provas com obstáculos e de ataque no dia de abertura. No dia seguinte, os candidatos são requeridos a completar uma corrida de 4,8 km em grupo em menos de 22,5 min com o uniforme prescrito. Mais tarde, eles completam uma atividade de 1 h no ginásio. O dia final incorpora instruções de condicionamento e atividades relacionadas à tarefa, como manusear armas e nadar. Aqueles selecionados para o treinamento formal se submetem a um treinamento de base por duas semanas, trabalho de habilidades individuais pelas próximas sete semanas, treinamento de habilidades avançado nas semanas 10 a 15 e operações de guerra para as semanas 16 a 23. Habilidades de comando, incluindo manobras em rochedos e operações anfíbias, são realizadas nas semanas 24 a 26, e o treinamento profissional total é concluído por volta da semana 30.

O U.S. Sea, Air, and Land Special Operation Forces Personnel (SEALs) é usado como plataforma de ação secreta para operações militares. Algumas missões requerem que seus homens sejam confinados em submarinos por longos períodos. Embora o desempenho desses marinheiros em corridas de 12 min aproxime-se daqueles de alguns atletas, o confinamento submarino prolongado pode levar a um descondicionamento. Fothergill e Sims (2002) descreveram que uma missão submarina de 33 dias levou a uma diminuição de 7% no desempenho no teste de corrida de 12 min de Cooper (Cooper, 1968), uma diminuição que eles acreditam que possa comprometer o sucesso da missão. Eles recomendam a provisão de equipamento para exercício e programas de treinamento estruturado para evitar o **descondicionamento aeróbio** durante períodos de tempo embaixo d'água prolongados.

Agentes penitenciários

Agentes penitenciários podem estar envolvidos em extenuantes atividades físicas que requerem características de condicionamento específicas. Desde 2001, todos os agentes penitenciários no Reino Unido são obrigados a passar por uma bateria de testes de condicionamento antes de entrar no serviço e, uma vez admitidos, eles devem passar pela mesma bateria de testes a cada ano. Funcionários especialistas, incluindo instrutores de Educação Física, guardas com cães e pessoas que empregam o treinamento para o controle e a restrição avançados também devem fazer os testes. A principal razão para a introdução dos testes foi assegurar que o serviço pudesse satisfazer o dever de cuidado em não requerer que os guardas realizassem tarefas que pudessem ser nocivas à sua saúde ou colocar eles mesmos, seus colegas e os prisioneiros em risco. Os testes de condicionamento físico foram desenvolvidos dessa maneira para garantir que os funcionários estivessem condicionados o suficiente para realizarem a gama total de demandas físicas de seu emprego com segurança. Embora os agentes penitenciários do Reino Unido devam passar por um teste antes de entrar e passar pelo mesmo teste anualmente, esse caso não se aplica aos Estados Unidos. Uma vez que os oficiais americanos passem no teste, eles, em geral, não são testados novamente. Esse requerimento não é universal entre as ocupações, e uma rara exceção é o teste médico anual para pilotos de voos comerciais.

A bateria de testes inicial no Reino Unido consiste de uma série de levantamentos funcionais que pretendem refletir o requerimento físico da ocupação do agente penitenciário. Como os levantamentos estão relacionados com o emprego, eles devem ser neutros com relação à idade, à etnia e ao gênero. A bateria inclui força da empunhadura, condicionamento de resistência determinado por uma corrida de vai e vem progressiva de 15 m, força dinâmica envolvendo empurrar e puxar em um dinamômetro para imitar técnicas de controle e restrição, um teste de agilidade compreendendo uma corrida de zigue-zague em uma série de cones e a manutenção estática de um dispositivo de proteção (isto é, segurar um escudo de proteção de 6 kg na frente do corpo). Os testes físicos são complementados por uma avaliação pré-teste com um questionário contemplando o índice de massa corporal, a pressão arterial em repouso e um teste da função pulmonar para estabelecer a adequação para o aparato de respiração de duração padrão (ARDP).

O ambiente da prisão pode colocar os funcionários em risco de lesão. Cerca de 20% das lesões sofridas pelos funcionários são atribuídas a quedas e tropeços (Scott e Hallas, 2006). Regimes de limpeza, políticas para os calçados e segurança dos degraus estavam envolvidos. Comportamentos como correr em disparos de alarmes, muitas vezes, resultam em queda. As medidas de prevenção práticas incluem a remoção de obstáculos que ofereçam perigo e o fornecimento de uma iluminação adequada, de modo que os obstáculos possam ser vistos e evitados. Essas práticas refletem os princípios básicos da ergonomia para o local de trabalho.

O agente penitenciário é, em grande parte, responsável por tarefas de custódia, mas deve estar preparado para ações de emergência a qualquer hora, as quais podem incluir reagir às chamadas de alarme, executar inspeções de rotina e procedimentos de busca. Os agentes devem, também, manter relações próximas com os prisioneiros sob sua vigilância. O emprego é, portanto, mais complexo que suas atribuições físicas sugerem, exigindo habilidades pessoais e sociais, bem como condicionamento físico.

Policiais

Os padrões físicos tradicionais para o recrutamento de um policial incluíam altura e peso. Esses padrões se tornaram indefensáveis como critérios relacionados ao emprego, notavelmente quando a profissão foi aberta às mulheres. Como as demandas do emprego não estão baseadas na idade ou no sexo, uma permissão para esses fatores não é significativa. Todavia, faz sentido para os policiais manterem um bom condicionamento geral para suas obrigações: um guia do policial para o condicionamento da aplicação da lei praticado nos Estados Unidos sublinha a importância da manutenção do condicionamento físico (Hoffman e Collingwood, 2005). Embora seja verdade que as requerentes mulheres nos Estados Unidos tenham sido essenciais para o banimento da demanda de altura e peso, a razão foi a **validade do teste**, não o sexo. Os casos terminaram sendo decididos na Corte Suprema norte-americana. A premissa básica era que altura e peso não eram válidos como tarefas de trabalho e discriminavam não apenas as mulheres, mas também asiáticos e hispânicos.

Agências que empregam a lei aplicam avaliações de condicionamento em uma de duas maneiras. Uma envolve uma bateria de testes de condicionamento físico de itens incluindo corridas de 1,5 milhas (2,4 km) e de 300 m, 1 repetição máxima de supino, flexões e abdominais, salto vertical, testes de agilidade e flexibilidade ou uma simulação de ambientes relacionados à ocupação. Os valores percentuais para essas baterias de testes estão disponíveis para verificações individuais (Hoffman e Collingwood, 2005). A alternativa é uma prova de obstáculos na qual tarefas simuladas são incorporadas. A legislação nos Estados Unidos proíbe o uso de diferentes pontuações de corte para o recrutamento de funcionários com base na religião, na nacionalidade, na cor, na raça ou no sexo.

Bombeiros

As tarefas associadas ao combate ao fogo impõem altas demandas fisiológicas. Carregar equipamentos, operar com roupas de proteção, trabalhar utilizando uma máscara de respiração e lidar com tarefas manuais abrangem uma grande demanda de gasto de energia. A carga sobre o sistema circulatório é acentuada quando se trabalha em temperatura ambiente alta, levando ao aumento da temperatura corporal e à consequente perda de líquido. Esses fatores são aumentados pelo estresse de trabalhar em emergências, o que pode ameaçar aqueles que estão sendo salvos e os próprios bombeiros. Como eles estão expostos a condições de trabalho que são condutoras da indução do esforço por calor, o condicionamento cardiovascular é requerido para a efetividade desse trabalho.

O combate ao fogo e o serviço de emergência muitas vezes acontece em altas intensidades por períodos relativamente curtos. Temperaturas centrais excessivas podem ser sentidas e são causadas pelo armazenamento de calor atribuído à atividade física e ao aparato de proteção usado. O gasto de energia é elevado em cerca de 15% acima do normal quando sistemas de aparato de respiração de duração padrão (ARPD) são usados (Baker et al., 2000). Esse equipamento limita o tempo de exposição, embora a exposição possa ser ampliada pelo uso um aparato de respiração de duração estendida (ARDE), que permite um aumento no suprimento de ar. Independentemente das camadas protetoras usadas pelo operador, a roupa de proteção cria uma barreira para a troca de calor com o ambiente, acentuando dessa maneira o risco de lesão por calor. Assim, os bombeiros devem evitar a exposição ao calor extremo periodicamente e devem ser resfriados antes de entrarem novamente no ambiente aquecido.

O estresse sobre os bombeiros foi estudado em respostas aos eventos da vida real, durante exercício de treinamento em "casas de fogo" (um cenário de treinamento que imita uma casa real em fogo) e em simulações com base em pesquisa de laboratório e de campo. Há um aumento imediato na frequência cardíaca e nas concentrações de catecolamina em resposta ao sinal de alarme que alerta os bombeiros para uma emergência. As respostas podem variar em intensidade de acordo com a natureza do evento, a duração da atividade e as condições encontradas. Além da tolerância ao calor, cargas físicas maiores são atribuídas à montagem das operações, à subida de degraus, ao posicionamento das escadas para alcançar os focos de incêndio e ao carregamento das vítimas de acidentes no resgate.

Bilzon et al. (2001) tentaram identificar os níveis mínimos de condicionamento cardiovascular requeridos para completar um combate ao fogo simulado em um navio. Os ensaios consistiram de várias tarefas de 4 min, incluindo resfriamento dos arredores, carregamento de um barril, carregamento de um extintor, carregamento de uma mangueira e subida de uma escada. A demanda metabólica foi em média de 32,8 ml·kg^{-1}·min^{-1} (homens e mulheres combinados), correspondendo a cerca de 90% da frequência cardíaca máxima. Os resultados sugerem que os bombeiros devem estar aptos a suportar tarefas a 80% de seu $\dot{V}O_2$máx por até 16 min quando estão usando um ARDE.

Reilly et al. (2007) estudaram as respostas dos bombeiros a uma simulação de combate ao fogo em uma casa de fogo. Os exercícios de treinamento consistiam em exposição a uma barreira de calor, uma procura livre por focos de incêndio e uma operação com carretéis de mangueiras. As frequências cardíacas médias foram 182, 187 e 194 bpm para essas operações, respectivamente. A percepção de sensação térmica foi mais alta na operação das mangueiras entre as três manobras.

Lemon e Hermiston (1977a) tentaram quantificar o custo de energia do combate ao fogo monitorando o $\dot{V}O_2$ e as respostas da frequência cardíaca na subida de uma escada Magirus, no resgate de uma vítima, no carregamento de uma mangueira e subindo a escada. Essas atividades foram conduzidas com o kit de salvamento completo, mas sem o aparato de respiração. A tarefa correspondeu a 70% do $\dot{V}O_2$máx; o componente mais vigoroso foi o carregamento da mangueira.

Em sua simulação de combate ao fogo, Elsner e Kolkhorst (2008) usaram componentes de 10 tarefas separadas representando um ambiente de fogo real. Os itens incluíam carregar uma mangueira por 35 m do caminhão de bombeiros até o hidrante, carregar uma escada de extensão de 30 m e estendê-la até o terceiro andar do prédio, vestir um ARDE, avançar duas seções de uma mangueira do caminhão para o poço da escada e, então, usar uma marreta para fincar uma grande estaca de madeira de 5 cm no chão de concreto. Os indivíduos, então, subiam três lances de escada, puxavam duas seções da mangueira com uma corda do chão até o terceiro andar, avançavam a mangueira por 30 m na área de conflito, retornavam ao térreo pelas escadas enquanto executavam uma tarefa no caminho e, por fim, realizavam uma tarefa de busca e resgate para localizar um manequim e puxá-lo por 30 m. O protocolo foi completado em 11,65 ± 2,21 min pelos bombeiros, sendo permitido utilizar a velocidade que bem desejassem para a realização da tarefa. O $\dot{V}O_2$ médio foi de 29,2 ± 8 ml·kg^{-1}·min^{-1} ou 62 ± 10% de $\dot{V}O_2$, com uma frequência cardíaca média de 175 ± 7 bpm ou 95 ± 5% da FCmáx. O pico do

$\dot{V}C_2$ atingido durante qualquer parte da simulação foi de 80% do $\dot{V}O_2$ e, no final, estava em 31,5 ml·kg⁻¹·min⁻¹, quando a frequência cardíaca era de 183 ± 8 bpm. Aqueles bombeiros com os maiores valores para $\dot{V}O_2$máx (média de 46,2 ± 7,8 ml·kg⁻¹·min⁻¹, variação de 32,2 a 58,4 ml·kg⁻¹·min⁻¹) demonstraram os valores mais altos para $\dot{V}O_2$ durante o protocolo e os tempos mais curtos no percurso.

O instrutor do treinamento pode impor cargas adicionais sobre os *trainees* quando supervisiona exercício com fogo real. Os bombeiros devem lidar com o trabalho repetida e regularmente em ambientes muito quentes enquanto usam o equipamento de proteção pessoal e o aparato de respiração autoembutido. Bruce-Low et al. (2007) estudaram esse problema em uma instalação de treinamento em temperaturas em excesso de 120 °C em exercícios de treinamento com fogo real durante 35 min, e compararam as respostas fisiológicas às condições na mesma premissa quando o fogo não estava presente. Esse procedimento ajudou a quantificar a carga adicional sobre o coração atribuída ao uso de um aparato de respiração com o equipamento de proteção pessoal e o ARDE em cargas de trabalho moderadas. Respostas fisiológicas e subjetivas foram consideravelmente elevadas quando o fogo estava presente. Os autores concluíram que o equipamento de proteção é o fator mais significativo na redução do esforço por calor em tais eventos. Em intensidades de exercício altas, o uso do aparato de respiração pode influenciar as capacidades físicas atribuídas a uma redução no $\dot{V}O_2$máx, como reportado por Dreger et al. (2006).

Não é surpresa que o consumo máximo de oxigênio ($\dot{V}O_2$máx) tenha sido considerado relevante para essa ocupação. O Home Office (Scott, 1988) recomendou um valor de 45 ml·kg⁻¹·min⁻¹ como padrão e a maioria dos estudos de bombeiros tende a mostrar números próximos a isso (Tabela 8.1). Em muitas ocasiões, as medidas de condicionamento aeróbio foram consideradas inadequadas para prover o bombeiro com capacidade de reserva para as ações operacionais, e um programa de treinamento físico específico foi recomendado. Tais medidas devem também interromper as deteriorações relacionadas à idade que podem ocorrer no condicionamento aeróbio. Contudo, Puterbaugh e Lawyer (1983) relataram um aumento de 20% na potência aeróbia com 12 semanas de treinamento específico, independentemente da idade. Essas medidas podem ser importantes em virtude das observações de que o condicionamento aeróbio e a força geral dos bombeiros britânicos decaíram após 18 meses de serviço. Esse achado sugere que os serviços operacionais não são suficientes para manter os níveis de condicionamento aeróbio.

No Reino Unido, o Home Office recomenda um $\dot{V}O_2$máx de 45 ml·kg⁻¹·min⁻¹, um valor que pode não funcionar nos Estados Unidos. Embora seja verdade que combater o fogo é uma tarefa aeróbia, muitos bombeiros têm uma potência aeróbia abaixo desse número e ainda trabalham com efetividade como bombeiros. Isso é uma forma de determinar uma pontuação de corte congruente com as demandas físicas do emprego. Além disso, muitos trabalhadores com um $\dot{V}O_2$máx maior que 45 ml·kg⁻¹·min⁻¹ não poderiam cumprir as tarefas de um bombeiro, porque eles não têm força suficiente. A capacidade de lidar com a variedade de tarefas que os bombeiros vivem é o elemento crucial.

Pessoas que apresentam valores de $\dot{V}O_2$máx superiores são capazes de não apenas trabalhar mais intensamente, mas, também, trabalhar por períodos de tempo mais longos, se comparadas com aquelas com uma potência aeróbia mais baixa (Davis et al., 1982; Sothmann et al., 1990). De maneira similar, Lemon e Hermiston (1977b) observaram que as pessoas com um valor de $\dot{V}O_2$ em excesso de 40 ml·kg⁻¹·min⁻¹ pareciam fazer todas as tarefas em menos tempo que os outros. Essas observações realçam a importância de manter o condicionamento aeróbio para os bombeiros.

A potência aeróbia determinada em um teste de exercício progressivo até a exaustão pode superestimar a margem funcional disponível para bombeiros quando estes usam todo o seu equipamento e roupas de proteção. Dreger et al. (2006) mostraram que o $\dot{V}O_2$máx diminuiu em cerca de 17% quando os bombeiros usavam um conjunto de proteção pessoal e um aparato de respiração autoembutido. Esses pesquisadores sugeriram que uma alternativa lógica para a medição do condicionamento aeróbio com roupas de exercício normais é conduzir uma avaliação com indivíduos usando o aparato de respiração e a roupa de proteção. Essa abordagem deve fornecer uma avaliação mais funcional da capacidade de trabalho aeróbio nos bombeiros. Todavia, a abordagem tradicional fornece uma referência útil para as comparações longitudinais ou transversais para dados normativos.

Tabela 8.1 Valores para $\dot{V}O_2$máx e percentual de gordura corporal relatados em vários grupos de bombeiros

Grupo	n	Idade, anos	$\dot{V}O_2$máx, ml·kg⁻¹·min⁻¹	Percentual de gordura corporal (DP médio)	Referência	Observação
68 homens, 4 mulheres	72	31	46,4 ±	17,0 (10,0-27,0)	Love et al. (1996)	Medida pelo teste de esteira submáximo
Bombeiros em tempo integral (homens)	12	31,6 ± 1,3	50,3 ± 1,2	–	Baker et al. (2000)	Medida na esteira
Profissionais do Merseyside (homens)	10	40,1 ± 1,7	43,6 ± 5,2	19,2 ± 3,1	Reilly et al. (2007)	Medida na esteira
Profissionais de Ontário	45	35,0 ± 2,5	40,6 ± 5,3	20,4 ± 5,0	Lemon e Hermiston (1977a)	Prevista a partir da frequência cardíaca submáxima na bicicleta
Profissionais norte-americanos (Los Angeles)	17	32,3 ± 6,7	48,5 ± 9,1	15,3 ± 3,0	O'Connel et al. (1986)	Medida na bicicleta ergométrica
Profissionais norte-americanos	38	35	43,0 ± 1,4	–	Ben-Ezra e Verstraette (1988)	Medida na esteira
Profissionais britânicos	291	32 ± 6,4	43,7	19,0 ± 4,5	Scott (1988)	Prevista a partir do $\dot{V}O_2$ submáximo na bicicleta
Profissionais da Marinha Real	34	26 ± 6,9	52,6 ± 5,2	16,7 ± 3,5	Bilzon et al. (2001)	Medida na esteira
Profissionais norte-americanos	100	33,1 ± 7,6	39,6 ± 6,4	21,2 ± 6,7	Davis et al. (1982)	Medida na esteira
Profissionais britânicos (4 mulheres)	10	29 (21-37)	47 (36-61)	19,0	Carter et al. (2007)	–
Profissionais britânicos	17	31 (21-38)	48 (36-65)	19,0	Carter et al. (2007)	–

Observação: valores para idade, $\dot{V}O_2$máx e percentual de gordura dados como média ± desvio padrão ou média (variação).

Motoristas de ônibus e carteiros

Muitas ocupações requerem uma atividade de caminhada que não é altamente extenuante, mas em que é necessário manter a saúde cardiovascular. A comparação clássica de motoristas e cobradores de ônibus feita por Morris et al. (1953) forneceu uma evidência convincente de como a atividade ocupacional pode promover a saúde. Os motoristas eram, em grande parte, sedentários e mais propensos à doença cardiovascular que os cobradores, cujos papéis ocupacionais requeriam atividade de baixo nível, incluindo subir as escadas até o andar de cima do ônibus. Com a automação dos tíquetes, o cobrador de ônibus desapareceu da população de trabalho em muitos países.

O trabalho nos correios é outra ocupação para a qual a locomoção é uma parte intensa do serviço. Embora um grande volume de comunicação de rotina seja agora transmitido por *e-mail*, há ainda uma quantidade considerável de correspondência transportada pela maneira convencional. Tradicionalmente, o carteiro rural pedalava pela rota de entrega, ao passo que o carteiro urbano trabalhava a pé. Durnin e Passmore (1967) citaram um valor médio de 9,4 kcal/min (39,3 kJ/min) para uma entrega simulada de correio, que constitui um trabalho árduo. Ainda que veículos a motor sejam utilizados para a entrega de correspondência, essa requer ainda uma locomoção periódica até a caixa de correio do destinatário. Embora o trabalho não seja intenso em uma determinada faixa de tempo, ele é suficiente para elevar o índice metabólico e fornecer indiretamente uma atividade promotora da saúde. Carregar uma bolsa de correspondência contribui para o estímulo.

A maioria dos carteiros carrega uma bolsa com a correspondência, independentemente do modo de viagem. Um carteiro típico caminha cerca de 2 h, com a bolsa contendo até 16 kg. Parsons et al. (1994) descreveram um novo modelo de bolsa de carteiro para torná-la mais efetiva e mais confortável para se transportar (Figura 8.1). O processo de criação de um novo modelo incorporou uma análise de tarefa das atividades de entrega, um questionário de pesquisa e sugestões das pessoas envolvidas. Isso foi investigado em estudos de laboratório e de campo com três *designs* alternativos, usando como critério a redução do comprimento da coluna, a análise biomecânica e as respostas subjetivas. Um *design* de bolsa simples modificada foi a mais popular durante os ensaios de campo; e as bolsas duplas causaram assimetrias na carga à medida que o trabalho se desenvolvia, porque a correspondência restante não estava ainda distribuída igualmente entre as duas bolsas.

Condutores

Maquinistas de trem passam períodos prolongados de suas horas de trabalho em uma postura sentada que é exigida pela tarefa de dirigir. Esses condutores estão expostos à vibração no corpo todo por períodos longos, e a alta quilometragem na estrada esteve também associada com a alta prevalência de dor musculoesquelética (Porter e Gye, 2002). Caminhoneiros são periodicamente forçados a completar um extenuante trabalho físico no início e no final de suas jornadas, além dos intervalos. Essas tarefas incluem carregar mercadorias pesadas, entrar e sair das cabines e dos reboques, desconectar o reboque e fazer reparos de rotina. Em seu estudo com 192 maquinistas de trem, Robb e Mansfield (2007) relataram que 81% sentiram dor musculoesquelética e 60% tiveram dor lombar nos 12 meses anteriores à pesquisa. Os carregamentos manuais e o desconforto do assento estavam associados com os padrões musculoesqueléticos. O **índice de massa corporal (IMC)** médio de 28,6 kg/m^2 estava acima da média (25-26 kg/m^2) para homens adultos no Reino Unido, o que é indicativo de sobrepeso. Dado esse IMC médio, com um estilo de vida e alimentação não saudáveis, e sendo 41% dos participantes fumantes e mais 11% ex--fumantes, a atenção ao condicionamento desse grupo ocupacional foi considerada urgente.

Dirigir veículos a motor nas vias públicas está sujeito às regras governamentais que, na maioria dos casos, requerem um teste de direção. Tais testes requerem conhecimento das regras de trânsito e competência no teste de direção formal. À parte desses requisitos, a capacidade visual é importante. O veículo pode ser adaptado para motoristas com necessidades especiais. A incapacidade temporária por meio da privação do sono, o uso de álcool ou a fadiga como o resultado de uma longa viagem podem causar

| Sacola normal | Sacola modificada | Sacolas lado a lado | Sacolas de frente e de costas |

Figura 8.1 Mochilas alternativas para carteiros (de Parsons et al., 1994). Os *designs* ilustrados oferecem opções de acordo com o ciclo de trabalho predominante.

Adaptada, com permissão de C. Parsons, G. Atkinson, L. Doggart, A. Lees e T. Reilly, 1994. Evaluation of new mail delivery bag design. In: *Contemporary ergonomics* 1994, editado por S.A. Robertson (Londres: Taylor e Francis), p. 236-40.

acidentes. Consequentemente, um limite legal de concentração de álcool no sangue se aplica, embora o nível exato exigido pela legislação varie de país para país. Caminhoneiros comerciais têm suas horas atrás do volante controladas automaticamente para evitar infringir as horas de trabalho permitidas. A ingestão de medicações pode alterar também a aptidão para dirigir: drogas antiansiedade e melatonina causam sonolência (Reilly, 2005). Em trabalhos informais, o motorista é responsável pela avaliação de sua aptidão antes de empreender uma jornada.

Profissionais de ambulância

O trabalho em uma ambulância pode impor um alto grau de esforço físico sobre a pessoa. Carregar pacientes pode implicar uma atividade dinâmica intensa para os músculos das pernas e sobrecarregar os ombros, os braços, as mãos e o tronco. Tarefas como descer escadas levando uma maca pesada requer força isométrica e condicionamento cardiorrespiratório. De forma semelhante a uma série de profissionais da área da Saúde, os motoristas de ambulância devem ser capazes de fazer o carregamento manual das cargas.

Em uma tentativa de reduzir a fadiga durante as atividades relacionadas à tarefa, Aasa et al. (2008) implementaram um programa de treinamento físico de um ano entre os profissionais de ambulância. As sessões de exercício foram conduzidas três vezes a cada semana e consistiram de treinamento de resistência básico combinado com trabalho cardiorrespiratório. O treinamento foi eficaz na diminuição do esforço percebido, na concentração de lactato no sangue em resposta a uma tarefa de trabalho simulada e na melhoria do desempenho em alguns testes de força. Os valores de consumo máximo de oxigênio permaneceram em um nível modesto, atingindo 42,8 ± 7,3 ml·kg^{-1}·min^{-1}, em média.

O treinamento de três vezes por semana foi mais efetivo que o de duas vezes na maioria das tarefas usadas. As diminuições no lactato sanguíneo e no esforço percebido foram obtidas como evidência de que a fadiga em um contexto relacionado ao trabalho foi reduzida. O acompanhamento dos voluntários após o experimento indicou uma baixa aderência à continuidade do programa de treinamento físico. Aparentemente, a motivação para o exercício, em particular entre aqueles com baixa capacidade física, permanece um desafio para aqueles encarregados da promoção da saúde no ambiente ocupacional.

Silvicultores

O trabalho florestal sempre exigiu condicionamento físico, pois as tarefas de manusear um machado e uma serra pedem força e habilidade. Cortar e demolir árvores e limpar áreas florestais abrange um grande gasto de energia. O índice diário médio de energia gasta pelos silvicultores foi estimado como sendo de 3.670 kcal (15,36 MJ) por Durnin e Passmore (1967), embora valores tão altos quanto 5.700 kcal tenham sido relatados para trabalhadores nas florestas suecas (Lundgren, 1946). Esses números comparam-se com 2.520 kcal (10,55 MJ) para trabalhadores em escritório e 3.000 kcal (12,56 MJ) para trabalhadores da construção civil (Durnin e Passmore, 1967).

Os altos índices de gasto de energia que ocorrem no trabalho florestal tradicional repercutiram na alta ingestão de energia por parte dos trabalhadores. Pesquisas indicaram que as ingestões dos trabalhadores tipicamente excediam as 4.000 kcal/dia (16,74 MJ/dia). Ingestões de até 7.000 kcal/dia (29,3 MJ/dia) foram registradas durante competições de serragem de madeira (Karvonen e Turpeinen, 1954). Essa forma de competição é mantida em áreas florestais como prova de força.

O trabalho florestal mudou à medida que a mecanização reduziu o esforço físico elevado que estava envolvido em quedas e colheitas de árvores. Muitas tarefas diferentes estão associadas ao trabalho florestal contemporâneo, como administrar o ambiente madeireiro, além de plantar e colher árvores. Atividades como plantar mudas de árvores, fazer escavações e cortar ramos constituem um trabalho moderadamente intenso. Muito pouco do dia de trabalho é gasto em uma atividade sedentária, assim, os trabalhadores devem estar fisicamente preparados para executar o trabalho florestal.

Salva-vidas

Salva-vidas de praia são responsáveis pela segurança de uma grande quantidade de nadadores em praias públicas. Embora padrões similares operem internacionalmente na seleção de salva-vidas, esses não são baseados na análise de tarefas. Um salva-vidas de praia deve estar apto a atender a um chamado em 3,5 min para reduzir a probabilidade de um afogamento.

Reilly et al. (2006a) identificaram as três atividades mais exigentes na profissão: o resgate, o controle da vítima e a necessidade de remar em uma prancha com a vítima. Após conduzir uma série de tarefas que incluíam corrida na praia, nado livre, nado submerso, controle da vítima, além de remar em uma prancha com a vítima, os pesquisadores concluíram que, se apenas uma prancha de resgate estiver disponível, a área fora do mar patrulhada por um salva-vidas deve ser reduzida dos 400 m padrões para um máximo de 300 m.

Em um estudo de acompanhamento, o mesmo grupo (Reilly et al., 2006b) investigou a validade de um padrão de condicionamento baseado nas demandas físicas identificadas antes. A distância remada até o mar em 3,5 min estava significativamente correlacionada com o tempo de 400 m de nado *crawl*, o $\dot{V}O_2$máx determinado durante o resgate e a circunferência do deltoide. Eles concluíram em sua recomendação para o teste de condicionamento que um tempo de nado de 7,5 min ou menos por 400 m em uma piscina deve permitir ao salva-vidas remar 310 m no mar em menos de 3,5 min.

Mergulhadores profissionais

Os mergulhadores profissionais podem passar longos períodos com uma pressão ambiente elevada embaixo d'água. Operar em profundidades maiores que a pressão atmosférica com combinações de gases normais causa uma série de problemas, que incluem toxicidade do oxigênio, toxicidade de CO_2 e **narcose por nitrogênio**; e, em profundidades muito maiores, podem surgir os sintomas descritos como síndrome neurológica de alta pressão. Para evitar essas dificuldades, os mergulhadores substituem parte do O_2 no suprimento de ar com um gás inerte, como hélio, ou uma combinação conhecida como *trimix*. Os mecanismos fisiológicos e os riscos são descritos em detalhes por Reilly e Waterhouse (2005).

A narcose por nitrogênio se refere à sensação de embriaguez que os mergulhadores sentem na profundidade à medida que o nitrogênio se acumula nos tecidos nervosos. As sensações são descritas pelos mergulhadores como "a euforia das profundezas" e são acompanhadas por uma diminuição na função cognitiva, uma vez que a profundidade de 40 m é atingida. Thomas e Reilly (1974) monitoraram o desempenho mental e os estados de humor em oito mergulhadores amadores em uma câmara de compressão a uma profundidade simulada de 46 m durante 65 min. Eles observaram uma grande diminuição na concentração, um aumento na euforia e uma melhora no índice de fadiga. Essas mudanças no estado de humor foram acompanhadas por aumentos nos erros na soma mental. Os autores concluíram que é provável que operações mentais mais complexas sejam adversamente afetadas em uma profundidade similar.

Um grande risco à saúde está associado com o retorno dos mergulhadores à superfície. Gases dissolvidos dentro do corpo emergem de uma solução, expandem-se com a redução na pressão e podem causar embolias nas principais artérias, incluindo os pulmões, o coração ou o cérebro. Os mergulhadores precisam se submeter à descompressão gradual de acordo com as programações geralmente aceitas (Figura 8.2).

Uma grande quantidade de tempo deve ser gasta na descompressão em casos de mergulhos profundos e prolongados. Como os mergulhadores finalmente atingem um novo equilíbrio de saturação com gás sob pressão, eles podem permanecer na profundidade durante muitas semanas. Isso permite que os profissionais operem em cabines pressurizadas por períodos de trabalho sustentados, ao final dos quais uma simples, embora prolongada, descompressão de rotina, seja suficiente. Foi sugerido que essa forma do chamado mergulho saturado poderia ter aplicação e se tornaria uma atração turística, se acampamentos de férias subaquáticos fossem pressurizados em áreas como a Barreira de Corais Australiana.

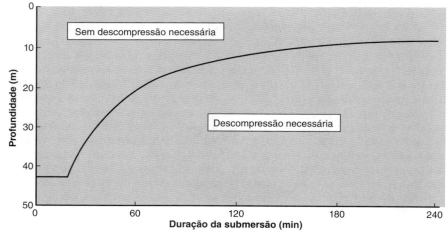

Figura 8.2 Programação para a descompressão: o tempo a ser empreendido depende da profundidade e da duração do mergulho.

Reproduzida de *Sport, Exercise and Environmental Physiology*, T. Reilly e J. Waterhouse, p. 84. *Copyright* 2005, com permissão, de Elsevier.

Várias lesões e doenças estão associadas com a descompressão imperfeita. O primeiro risco é o barotrauma pulmonar ou explosão pulmonar, que pode ocorrer quando a ascensão é muito rápida. O ar confinado no pulmão na profundidade é comprimido. À medida que a superfície se aproxima, a pressão do ar diminui e o volume aumenta, de acordo com a lei de Boyle. Conforme o mergulhador relaxa os músculos do tórax, a expansão súbita e o escape do ar podem romper o tecido pulmonar. Isso permite que o ar passe para o tecido circundante, produzindo enfisema ou embolia aérea, que entra na circulação e pode bloquear as artérias vitais para o coração e o cérebro. O tratamento consiste em uma nova pressurização instantânea em uma câmara de descompressão ou no retorno à profundidade na água se essa instalação não estiver disponível.

A formação de bolhas de ar na ascensão, geralmente referida como doença da descompressão ou "mal do mergulhador", pode levar a vários sintomas; o mais comum é a dor nas articulações e nos membros. A doença da descompressão envolve dor severa e uma dor menor ao redor das articulações também pode ocorrer. Além disso, o ato de cambalear se refere ao envolvimento da medula espinal ou do cérebro com variados níveis de paralisia muscular ou sensorial. A incapacidade permanente pode resultar das bolhas que são liberadas dentro do cérebro ou na medula espinal, e uma descompressão terapêutica cuidadosa é requerida. A sensação de falta de ar refere-se à angústia respiratória associada com a formação de bolhas dentro da circulação alveolar pulmonar, embora, nesse caso, a nova compressão não seja essencial. Por fim, a necrose óssea no final dos ossos longos, que pode causar artrite severa, pode ocorrer algum tempo após a exposição, embora isso aconteça com o mergulhador profissional e não com o amador.

Os procedimentos de **descompressão de superfície** foram usados entre mergulhadores profissionais. O mergulhador é trazido à superfície e quase imediatamente transferido para uma câmara de descompressão (Figura 8.3). Embora existam alguns sintomas observáveis imediatos quando os mergulhadores usam esse procedimento, problemas de longo prazo associados à formação de bolhas em miniatura são prováveis. Em particular, o dano às células nervosas e ósseas pode ocorrer quando as bolhas são formadas dentro desses tecidos. Tais efeitos adversos podem permanecer latentes por meses, ou até anos, mas são imediatamente evidentes com as técnicas de imagem médicas contemporâneas.

Figura 8.3 Mergulhador novato após entrar em uma câmara de descompressão para experimentar mudanças de humor na profundidade.
Reproduzida de Sport, *Exercise and Envoronmental Physiology*, T. Reilly e J. Waterhouse, p. 76. *Copyright* 2005, com permissão, de Elsevier.

O condicionamento para o mergulho é determinado numa avaliação médica normal para o risco cardiovascular. Infecções do trato respiratório superior são uma contraindicação ao mergulho, porque a capacidade de equalizar a pressão por meio das tubas auditivas ou entre os seios da face e o sistema respiratório é comprometida. Quando a atividade física é empregada sob alta pressão atmosférica, a carga sobre o sistema de transporte de oxigênio é aumentada. Uma resposta cardiovascular e ventilatória normal ao exercício submáximo é tipicamente considerada nas avaliações de mergulhadores, em vez dos padrões absolutos de potência aeróbia máxima. Libertar-se das consequências neurológicas de experiências de descompressão anteriores insuficientes é também importante, mas mais difícil e mais dispendiosa de se avaliar.

Programas de condicionamento no local de trabalho

Muitas companhias colocam um valor intrínseco sobre o condicionamento físico de seus empregados. Esse comprometimento se reflete na introdução de instalações esportivas e de treinamento no local de trabalho. De maneira alternativa, os empregadores podem associar-se a academias comerciais ou centros esportivos locais em benefício de seus empregados. O empregador provavelmente se beneficiará materialmente do melhor condicionamento físico de seus profissionais.

O valor dos programas de condicionamento no local de trabalho foi revisado por Shephard (1988). A evidência apoiou a contribuição desses programas para o bem-estar humano. Os benefícios aos empregadores eram evidentes no aumento da satisfação do trabalhador, melhoria da imagem corporal e facilitação do recrutamento do empregado; além disso, houve alguma evidência para o aumento da produção, diminuição do absenteísmo, redução na rotatividade de pessoal, diminuição de gastos com cuidados de saúde e diminuição na incidência de lesões ocupacionais.

Visão geral e resumo

O condicionamento ocupacional significa que o profissional pode lidar com as demandas do emprego, em especial com seus componentes físicos. Em muitas ocupações, essas demandas podem ser identificadas, destacando-se as tarefas mais difíceis que provavelmente serão experimentadas. A capacidade de lidar com as demandas é, então, calculada com uma bateria de testes de desempenho e, quando apropriado, os ajustes são feitos por idade e sexo.

Muitas ocupações têm estresses e perigos específicos, ainda que o condicionamento possa ser determinado amplamente por uma avaliação geral da saúde. Mergulhadores profissionais, por exemplo, submetem-se a avaliações de condicionamento geral, mas o seu estado de saúde pode ser afetado pelas consequências neurológicas crônicas geradas por uma série de programações de descompressão feitas embaixo d'água ou na superfície. Em outras ocupações, as pessoas podem optar em sair do emprego se as demandas forem muito intensas para elas. Empregos, como transporte de mudanças e construção civil, constituem um trabalho pesado e aqueles empregados que permanecem nesses empregos demonstram a síndrome do "trabalhador saudável". A avaliação do condicionamento para o trabalho nessas situações pode ser feita por um médico.

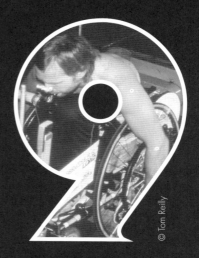

Populações especiais

DEFINIÇÕES

amenorreia atlética – Ausência do ciclo menstrual normal.

árbitro – O juiz principal em uma partida de jogos de campo, que, muitas vezes, trabalha em conjunto com determinados assistentes e, algumas vezes, é auxiliado por decisões baseadas em tecnologia de vídeo.

ciclo menstrual – As mudanças nos sistemas fisiológicos que ocorrem aproximadamente a cada 28 dias para sustentar o papel reprodutor da mulher.

envelhecimento – O processo completo do ciclo de vida, do crescimento e do desenvolvimento ao declínio funcional, em particular, o período após o auge do potencial de desempenho.

paradesporto – Atividades organizadas em uma base regular para participantes com deficiências intelectuais e físicas.

veteranos – Atletas de 35 ou 40 anos de idade; uma categoria competitiva para o esporte.

A ESTRUTURA E A FUNÇÃO HUMANAS são caracterizadas pela variabilidade. Essa diversidade deve ser considerada no *design* das roupas, dos equipamentos e das instalações para populações especiais que podem diferir das normas da população adulta geral. As crianças não são adultos com necessidades em escala menor, mas devem ser consideradas com suas características particulares. Apesar da legislação dar oportunidades iguais, os critérios de *design* para mulheres diferem em aspectos importantes em relação àqueles dos homens de mesma faixa etária. A idade precisa ser levada em conta à medida que os indivíduos ficam frágeis e perdem gradualmente a capacidade funcional. Quaisquer incapacidades precisam ser levadas em consideração quando as necessidades das pessoas e as exigências de condicionamento estão sendo avaliadas.

Este capítulo começa discutindo os jovens como uma população especial. Aspectos relacionados à identificação e ao desenvolvimento do talento para o esporte são tratados com atenção aos critérios de seleção. O impacto do ciclo reprodutivo sobre o desempenho funcional das mulheres é considerado com a influência das cargas de treinamento sobre o **ciclo menstrual** normal. A interrupção do ciclo menstrual na menopausa é um importante marco no ciclo de vida da mulher, caracterizada por uma diminuição desproporcional na força muscular e na massa óssea. O exercício é importante na compensação do declínio das capacidades que acompanha o envelhecimento. Os atletas que têm incapacidades ou andam de cadeira de rodas constituem uma população atlética com suas próprias regras, os Jogos Paralímpicos representando o auge do seu calendário competitivo. Suas necessidades de treinamento e modos de avaliação podem ser estabelecidos pela natureza de suas incapacidades e combinados às suas potencialidades.

A atenção dos espectadores esportivos é, em sua maioria, direcionada aos participantes do jogo, a menos que a tomada de decisão do árbitro se torne controversa. De maneira similar, os manuais de treinamento e as necessidades de condicionamento parecem focar-se nos participantes com uma completa indiferença às atribuições dos árbitros. As regras do jogo são implementadas por um determinado número de árbitros, de acordo com as especificações do órgão dirigente. Tipicamente, o **árbitro** é o juiz principal e, assim, está sob a mira da plateia e exposto ao estresse psicológico. Os árbitros das partidas são, portanto, incluídos como uma categoria especial neste capítulo.

Jovens

Os nossos astros esportivos do futuro são os adolescentes e jovens do presente. Em muitos esportes, os indivíduos com potencial para o sucesso devem ser identificados na juventude se eles quiserem se beneficiar dos melhores programas de treinamento disponíveis. As capacidades físicas dos jovens são inferiores às dos adultos e muitas de suas características físicas se alteram com o crescimento e o desenvolvimento.

Uma área especial de aplicação é a ergonomia pediátrica. Há um reconhecimento de que as crianças não são adultos em miniatura, mas, sim, estão crescendo, desenvolvendo-se e evoluindo de maneira individual. Embora aspectos da ergonomia da sala de aula, equipamento escolar e mobília sejam preocupações na profissão, as questões pediátricas nessa seção são focadas no exercício e nos contextos esportivos. Para abordar esses aspectos, o capítulo oferece informação de base sobre crescimento e desenvolvimento e fatores que promovem as diferenças individuais. Atenção especial é dada ao efeito relativo da idade, uma dissociação potencial entre idade biológica e cronológica.

Crescimento e desenvolvimento

Os principais estágios no desenvolvimento e na maturação de meninos e de meninas afetam sua capacidade de desempenho físico. O desenvolvimento do sistema reprodutivo é descrito em cinco estágios, de acordo com Tanner e Whitehouse (1976), cujo esquema é útil na caracterização do estado da puberdade de uma criança. Ele requer inspeção visual por um especialista em autoclassificação, usando fotografias de cada estágio. Em virtude do embaraço pessoal que a autoavaliação pode causar em alguns jovens, as compensações da maturação fornecem uma alternativa para essa análise. Isso requer várias comparações de altura sentada e altura total (estatura) e isolamento dos índices diferenciais de crescimento nas pernas e no tronco.

As pessoas diferem em seus índices de maturação, de modo que sua idade cronológica pode não refletir verdadeiramente a idade biológica. Esta última pode ser determinada por uma observação no fechamento das placas de crescimento no punho. A idade esquelética pode então ser estabelecida usando as técnicas de Fels, Tanner-Whitehouse ou Greulich-Pyle (Malina et al., 2003). Qualquer um desses três métodos fornece uma estimativa do grau de maturação precoce ou tardia com um erro de ± 6 meses.

As curvas de crescimento são usadas para ilustrar as taxas de variação nos aspectos físicos com a idade cronológica. A obtenção do pico de velocidade de crescimento é um prenúncio da maturação sexual, caracterizada pela menarca nas meninas e pelo aumento dos níveis de testosterona nos meninos. Após essa fase, há um aumento relativo da força muscular, acompanhado por uma melhora no desempenho em uma variedade de atividades físicas e um aumento relativo da massa magra no corpo.

Durante a adolescência, não há um crescimento paralelo nos sistemas metabólicos. As capacidades anaeróbias tendem a ficar atrás da capacidade aeróbia e da força, e a produção de lactato fica consideravelmente abaixo dos valores observados nos adultos. Essas diferenças precisam ser levadas em consideração ao se planejar as atividades curriculares para as aulas de Educação Física e projetos de programas de treinamento físico de acordo com a idade.

Identificação e desenvolvimento do talento

Muitos países têm tentado estabelecer sistemas de "detecção" e seleção de talentos em programas de desenvolvimento especializados, com o objetivo de criar os atletas de elite do futuro. A detecção de talentos implica identificar pessoas com capacidades extraordinárias e levá-las para o esporte, ao passo que a identificação se refere em reconhecer características de talento naqueles que já praticam esportes. O desenvolvimento de atletas de elite implica aproveitar suas características inatas com programas de treinamento ideais que permitirão a eles atingir seu potencial total. O processo, como representado esquematicamente na Figura 9.1, pode ser repetido várias vezes antes de culminar na maturidade, num direcionamento para a perfeição. A perfeição é o ideal ao qual todos

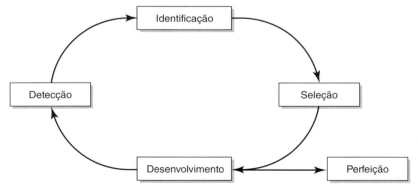

Figura 9.1 Representação diagnóstica da identificação e desenvolvimento de talentos. A perfeição é o ideal ao qual todos os objetivos são orientados, mas representa uma aspiração em vez de um objetivo real a ser atingido.

os objetivos são orientados, mas representa uma aspiração final em vez de um alvo realístico a ser alcançado. Poucos atletas de elite atingem esse estado idealizado e a maioria dos jovens talentosos encontra obstáculos em seu desenvolvimento, experimentam aproveitamento e não aproveitamento de algumas oportunidades ou se beneficiam (ou são prejudicados) por suas circunstâncias pessoais.

Muitos pesquisadores têm tentado desenvolver uma abordagem sistemática à identificação e ao desenvolvimento de talentos. Há variações em sofisticação, dependendo do esporte que se está trabalhando, em aspirações envolvidas e nos critérios usados na avaliação. Matsudo et al. (1987) forneceram um modelo hierárquico de seleção que pode ser aplicado em diferentes níveis de participação e em diferentes esportes. Em contraste, Pienaar et al. (1998) concentraram-se em jovens jogadores de rúgbi para isolar as características antropométricas, fisiológicas e de desempenho do sucesso no jogo. Uma limitação dessa abordagem é que as características do sucesso no esporte juvenil não são necessariamente aquelas que distinguem os campeões adultos de elite e muitas funções fisiológicas não seguem por completo pelos anos de crescimento e desenvolvimento.

Reilly et al. (2000a) consideraram o grau no qual os fatores antropométricos e fisiológicos foram influentes na determinação do sucesso no futebol. Eles basearam suas avaliações em uma variedade de medidas relacionadas ao índice de trabalho no jogo, descrevendo o grau com o qual cada variável é influenciada pela hereditariedade ou os fatores ambientais ou a interação entre eles. A influência da herança genética foi expressa como coeficiente de hereditariedade, e os valores variaram de altamente determinado de forma genética (tal como estatura) e um grau moderado de determinação (tal como habilidades), como mostrado no boxe abaixo.

Analisando os dados de jovens jogadores de futebol ingleses selecionados para o treino especializado no National Football Centre of Excellence, Reilly et al. (2000b) não conseguiram mostrar uma distinção entre aqueles que mais tarde jogariam profissionalmente em clubes de ponta e aqueles que jogariam em equipes inferiores. Parece que quando os atletas são homogêneos a um alto nível de habilidade, as medidas antropométricas, fisiológicas e psicológicas não podem se distinguir entre o extremamente bem-sucedido e o profissionalmente competente. Os participantes precisam satisfazer um limiar no nível de condicionamento em uma variedade de componentes para estarem aptos a jogar no nível de elite e, apesar de uma bateria de testes multivariada ser capaz de discriminar

---

Coeficiente de hereditariedade para várias características e aptidões relacionadas ao desempenho no esporte*

Antropometria
- Estatura: $0,85 \pm 0,07$
- Força da perna: $0,80 \pm 0,10$
- Estatura^3/peso: $0,53 \pm 0,19$
- Dobra cutânea: $0,55 \pm 0,26$
- Ectomorfia: $0,35 - 0,50$
- Mesomorfia: $0,42$
- Endomorfia: $0,50$

Fisiologia
- Consumo máximo de oxigênio: $0,30 - 0,93$
- Fibras musculares de contração lenta: $0,55 - 0,92$
- Potência anaeróbia: $0,44 - 0,97$
- Resistência muscular: $0,22 - 0,80$

Testes de campo e desempenho
- Corrida rápida: $0,45 - 0,91$
- Salto: $0,33 - 0,86$
- Flexibilidade: $0,33 - 0,91$
- Equilíbrio: $0,24 - 0,86$
- Força isométrica: $0,30 - 0,97$

*média ± DP ou variação

jovens jogadores de elite de seus parceiros de nível inferior em uma variedade de itens de teste, a discriminação entre os atletas de elite não foi significativa no experimento.

Fatores antropométricos, fisiológicos e psicológicos são influentes nos esportes individuais e em diferentes graus. Nos jogos, um histórico em relação à prática e à exposição a métodos de treinamento ideais e aos ambientes de aprendizado parecem ser importantes. Na avaliação multidimensional de jovens jogadores de futebol, Reilly et al. (2000b) realçaram a importância de habilidades relacionadas ao jogo. Essas habilidades foram avaliadas em tarefas de antecipação com validade ecológica e em tarefas de tomada de decisão que compreenderam a inteligência de jogo. Esse fator complementou as medidas físicas de agilidade, de velocidade, de resistência e de drible com mudança de direção e a orientação do ego e da tarefa para trabalhar e tolerar árduos programas de treinamento. Esse modelo esquemático para a predição do talento no futebol incluiu previsões físicas, fisiológicas, psicológicas e sociológicas, como mostrado na Figura 9.2.

Em geral, resultados similares foram relatados para a relação entre características de desempenho multidimensional e nível de desempenho em jovens talentosos jogadores de hóquei. Trabalhando com jogadores de hóquei holandeses de 13 a 14 anos, Elferink-Gemser et al. (2004) distinguiram níveis de elite e de subelite com base em variáveis técnicas (driblar com a bola em velocidade), táticas (tática geral) e psicológicas. As variáveis mais discriminadoras foram motivação, tática para a posse da bola e desempenho em um teste de drible. Os autores aconselharam que mais atenção deveria ser dada às qualidades táticas, à motivação e às habilidades técnicas específicas para a orientação dos talentosos jogadores de hóquei nessa idade.

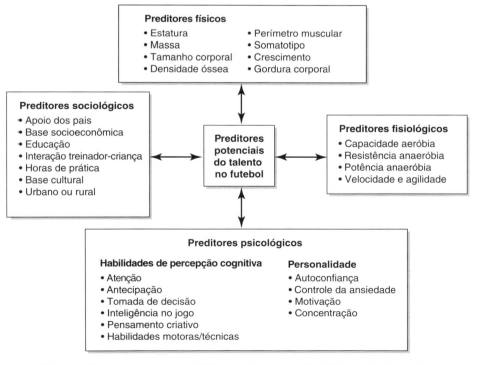

Figura 9.2 Preditores potenciais de talento no futebol de cada disciplina da ciência do esporte. Reimpressa, com permissão, de A.M. Williams e T. Reilly, 2000, "Talent identification and development in soccer", *Journal of Sport Sciences* 18(9): 657-67, Taylor & Francis Ltd, www.tandf.co.uk/journals.

Efeito relativo da idade

As crianças são separadas em faixas etárias de 1 ou 2 anos de idade para esportes de competição, dependendo do esporte. Aquelas que amadurecem mais cedo têm uma vantagem sobre seus parceiros menos maduros em virtude do maior desenvolvimento relacionado à maturidade no tamanho do corpo, na força, na velocidade e na resistência. Em uma série de circunstâncias, aquele que amadurece mais cedo, que tem maior desenvolvimento físico para sua idade cronológica, será priorizado para fins de seleção. Na ocasião em que os que amadurecem mais tarde estiverem prontos, eles terão perdido as oportunidades de aprendizado e orientação fornecidas àqueles que amadureceram mais cedo.

Em esportes que têm faixas etárias, os atletas nascidos logo depois da data limite para elegibilidade terão a vantagem de quase um ano inteiro à frente daqueles nascidos próximos ao final do período de seleção. Embora a diferença de 12 meses não seja importante em adultos, ela pode contar para as acentuadas variações antropométricas e fisiológicas observadas nas crianças. Esse fenômeno é conhecido como efeito da idade relativa e pode ser acentuado pelo estado de maturação. Um jovem amadurecido precocemente com uma vantagem de 1 ano de idade relativa sobre uma criança de 10 anos relativamente pequena pode ser aproximadamente 0,2 m mais alto e 2,7 kg mais pesado (Tanner e Whitehouse, 1976).

O efeito da idade relativa foi observado em uma série de domínios de desempenho. Não está claro se a vantagem é meramente atribuída à experiência extra-associada com a data de nascimento mais precoce, a motivação mais acentuada para competir como um resultado da dominância sobre os pares, a mediação da autoimagem e autoestima atribuídas ao desenvolvimento físico ou a outros fatores. Esse fenômeno foi observado nas primeiras produções científicas, em realizações acadêmicas na educação primária e no acesso à universidade (Bell e Daniels, 1990), mas o seu maior impacto foi observado nos esportes.

Helsen et al. (2005) forneceram fortes indícios para o efeito da idade relativa em jovens jogadores de futebol em uma variedade de países europeus. Os pesquisadores descobriram uma representação excessiva de jogadores nascidos no primeiro trimestre do ano de seleção (de janeiro a março) para todas as jovens equipes do país das categorias sub-15, sub-16, sub-17 e sub-18. O efeito ficou evidente também em torneios de sub-16 da União Europeia de Futebol Associado (UEFA) e em outras competições internacionais. Jogadores com uma idade relativa maior têm mais probabilidade de serem identificados como talentosos em virtude das vantagens físicas inerentes que eles têm sobre seus pares de menos idade. Alterar a data limite para elegibilidade não é uma solução: quando essa mudança foi feita na Bélgica, houve uma mudança semelhante na seleção, que correspondeu ao efeito da idade relativa.

O hóquei no gelo é outro esporte no qual o tamanho físico pode influenciar o desempenho, em particular, em competições de menores de idade. Vários autores têm mostrado que jogadores de hóquei no gelo bem-sucedidos têm mais probabilidade de terem nascido no início do ano de seleção que no final (por exemplo, Musch e Grondin, 2001). Em um estudo de 619 jogadores de hóquei canadenses, com idades entre 14 e 15 anos, Sherar et al. (2007) mostraram que os selecionadores para a equipe da província de Saskatchewan escolhiam, preferencialmente, aqueles meninos que amadureciam mais cedo e tinham datas de nascimento mais próximas do início do ano de seleção. Os jogadores selecionados para a convocação final eram significativamente mais altos, mais pesados e mais maduros que os jogadores não selecionados e que os 93 meninos do grupo controle de idade madura. A idade no pico de velocidade de crescimento, uma indicação de maturidade biológica, previu todos aqueles selecionados para o primeiro e o segundo estágios de seleção, acentuando o efeito da idade relativa.

O efeito da idade relativa pode não ser tão evidente nas mulheres quanto nos homens, pelo menos no futebol, em que as diferenças de gênero foram formalmente investigadas por Vincent e Glamser (2006). Eles estudaram 1.344 jogadores do sexo feminino e masculino considerados pelo U.S. Olympic Development Program (Programa de Desenvolvimento Olímpico Norte-Americano), em 2001, os mais talentosos jogadores de futebol nascidos em 1984. Os pesquisadores encontraram apenas um efeito marginal relativo da idade para as equipes regionais e nacionais e nenhum efeito para as equipes estaduais entre as jogadoras. Em contraste, um forte efeito da idade relativa foi encontrado nos jogadores do sexo masculino de 17 anos de idade em todos os três níveis de representação. Vincent e Glamser (2006) concluíram que uma interação complexa de variáveis biológicas e maturacionais com influências de socialização contribuíram para as diferenças de gênero.

Parece importante que a seleção para o treinamento especializado seja baseada em habilidades e não no tamanho do corpo e no desenvolvimento físico. Os treinadores devem encontrar maneiras de acomodar aqueles que se desenvolvem mais tarde. Deve haver oportunidades para os jovens que não conseguiram entrar na primeira seleção receberem uma segunda chance, à medida que amadurecem. O efeito da idade relativa pode claramente influenciar a tomada de decisão com respeito ao desenvolvimento de atletas, quando, por exemplo, os critérios restritos sobre seleção e especialização são aplicados aos jovens. As consequências podem posteriormente aparecer na vida profissional adulta.

Mulheres

Diferenças anatômicas e fisiológicas características distinguem homens e mulheres. Consequentemente, os padrões derivados para homens não necessariamente se aplicam para mulheres. Todavia, muitas ocupações, incluindo serviços de emergência e serviços militares, devem ser abertos às mulheres. Nessa circunstância, a preocupação-chave para a avaliação do condicionamento físico é o ponto de corte ou o valor mais baixo em uma lista, que demonstra que o candidato pode lidar com as demandas da tarefa.

As diferenças entre homens e mulheres são reconhecidas no esporte competitivo pelas disputas separadas para cada evento. Uma variedade de medidas fisiológicas explica as diferenças entre atletas do sexo masculino e do sexo feminino; a magnitude é refletida em comparação de tempos de registro ou de distâncias para eventos de corrida, natação e arremesso ou salto. A principal razão para os aspectos estruturais e funcionais característicos de mulheres é sua capacidade de gerar uma criança. As consequências do ciclo menstrual sobre as respostas do exercício e os efeitos do treinamento vigoroso sobre o ciclo menstrual normal serão explicadas a seguir.

Ciclo menstrual

O ciclo menstrual normal tem uma duração média de 28 dias, mas varia entre indivíduos e entre ciclos de 23 a 33 dias. Menstruação refere-se à eliminação da porção superficial da parede endometrial e ao sangramento que a acompanha. A menstruação dura de 4 a 5 dias, durante os quais cerca de 40 ml de sangue é liberado com cerca de dois terços do revestimento endometrial. A perda sanguínea geralmente varia de 25 a 65 ml, mas pode exceder 200 ml, após o qual a mulher pode ficar anêmica como resultado da grande perda sanguínea. A parede endometrial é renovada sob a influência de estrogênios (principalmente estradiol) e o hormônio folículo-estimulante (FSH) promove a maturação de um óvulo em um folículo de De Graaf. Esse folículo ovula próximo do meio do ciclo (dia 14), disparado por uma aceleração abrupta do hormônio luteinizante (LH). O ovo tem de ser fertilizado em 24 h para ocorrer a concepção. A parede do folículo rompido, da qual o ovo surgiu, colapsa; e o folículo agora forma o corpo lúteo, que produz quantidades aumentadas de progesterona e caracteriza a fase lútea.

O corpo lúteo regressa se a fecundação não ocorreu, em geral por volta do dia 21, e os níveis de progesterona diminuem antes da menstruação. O endométrio é despejado na menstruação, após a qual o próximo ciclo se inicia.

O ciclo menstrual é regulado por um complexo sistema que incorpora o hipotálamo (fator de liberação de gonadotropina ou GnRH), glândula hipofisária anterior (FSH e LH), ovários, folículos e corpo lúteo (estrogênios, progesterona e inibina) com circuitos de *feedback* para a hipófise e para o hipotálamo. Pílulas anticoncepcionais, compostas de combinações de estrogênio e progesterona, previnem a ovulação pela inibição da liberação do LH. O sistema de controle como um todo é referido como o eixo hipotálamo-hipófise-ovário (Figura 9.3).

As mudanças hormonais durante o curso do ciclo menstrual normal influenciam outros aspectos da fisiologia humana que são importantes no desempenho do exercício. Um aumento na temperatura central de cerca de 0,5 °C coincide com a ovulação. O peso corporal aumenta na pré-menstruação, o que é atribuído à retenção de água e às razões aumentadas de potássio/sódio. A perda desse peso pré-menstrual começa na menstruação. Algumas mulheres sentem cólicas abdominais, que são causadas pelo aumento na produção pré-menstrual de prostaglandina. A administração de inibidores de prostaglandina ajuda a reduzir esse problema – a menor incidência de cólicas relacionadas à menstruação nas atletas está provavelmente relacionada ao nível mais baixo de prostaglandina. Outras mulheres sofrem de menstruação dolorosa conhecida como dismenorreia. As principais mudanças hormonais que ocorrem durante o ciclo menstrual podem alterar o metabolismo e, assim, afetar as respostas ao exercício. Um uso preferencial de gordura como combustível para o exercício durante a fase lútea deve ter

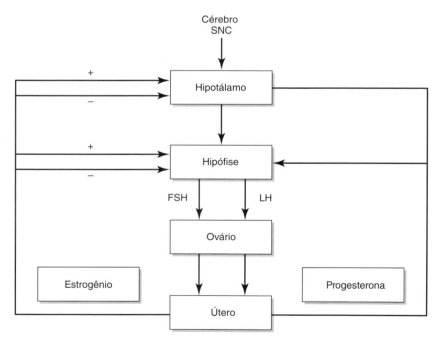

Figura 9.3 O eixo hipotálamo-hipófise-ovário com seus controles sobre os hormônios reprodutivos femininos.
Reimpressa, com permissão de T. Reilly, G. Atkinson, e J. Waterhouse, 1997a, *Biological rhythms and exercise* (Oxford, United Kingdom: Oxford University Press), p. 115.

um efeito de poupar glicogênio e intensificar o desempenho de resistência. É possível também que as elevações nos hormônios esteroides (estrogênio e progesterona) afetem a força muscular de uma maneira análoga aos esteroides usados ilegalmente por alguns atletas.

Exercício e o ciclo menstrual

Em muitas culturas, tabus têm sido atribuídos ao ciclo menstrual, em particular, à menstruação. No contexto esportivo, as mulheres que menstruam foram tradicionalmente desestimuladas a nadar, em virtude das razões de higiene e, durante muito tempo, imaginou-se que elas não deveriam participar de nenhum exercício extenuante durante a menstruação. Imaginou-se também que a participação em corridas de resistência e em certas provas de salto e arremesso prejudicava as funções reprodutivas. O programa de atletismo olímpico foi estendido para os 800 m apenas nos jogos de Tóquio, em 1964. A primeira maratona olímpica para mulheres ocorreu nos jogos de Los Angeles, em 1984, e o primeiro ouro olímpico em 10K foi conquistado por corredoras nos jogos de Seul, em 1988. Hoje em dia, a participação feminina no esporte é socialmente aceitável em muitos países e a menstruação não é uma barreira ao treinamento ou à competição.

Ouros olímpicos foram conquistados e recordes mundiais estabelecidos em todos os estágios do ciclo menstrual, e, assim, o desempenho do exercício não é necessariamente prejudicado durante o ciclo menstrual. Respostas ao exercício submáximo podem estar sujeitas a mudanças; por exemplo, um aumento na ventilação a uma determinada intensidade de exercício foi reportado durante a fase lútea (O'Reilly e Reilly, 1990). Esse aumento estava associado ao aumento repentino na progesterona observado ao mesmo tempo. Essa elevação na ventilação poderia aumentar a produção de CO_2, mas não parece afetar o consumo máximo de oxigênio ($\dot{V}O_2$máx), como determinado por um teste de exercício de incremento até a exaustão.

O combustível usado para o metabolismo oxidativo pode ter uma influência significativa sobre o desempenho no exercício sustentado prolongado. Em eventos atléticos de resistência que duram 90 min ou mais, o nível de desempenho pode ser determinado pelos estoques pré-iniciais de glicogênio no fígado e no músculo. Os mecanismos que aumentam esses depósitos ou poupam os depósitos existentes pelo aumento da oxidação de gordura podem melhorar o desempenho global. Os níveis elevados de progesterona e estrogênio durante a fase lútea do ciclo menstrual podem beneficiar o exercício submáximo de longa duração pela diminuição do uso de glicogênio. Essa visão é corroborada pelo achado de aumento nos ácidos graxos livres durante o exercício na fase lútea (De Mensoza et al., 1979) e níveis diminuídos de lactato sanguíneo (Jurowski-Hall et al., 1981). Atletas eumenorreicas apresentam uma razão de troca respiratória (RTR) mais baixa na fase mesolútea comparada com a fase mesofolicular do ciclo menstrual durante o exercício em 35% e 60% do $\dot{V}O_2$máx (Hackney et al., 1994). O mecanismo para alteração do uso de combustível parece ser uma lipase hormonossensível que estimula a lipólise e é ativada pelas mudanças hormonais na fase lútea. A fase de tempo durante a qual o desempenho pode ser melhorado ocorre em cerca de três a quatro dias, após a qual a progesterona diminui a níveis pré-menstruação. Essa possível melhora pode ser contrabalançada em um contexto competitivo em outras fases do ciclo menstrual, quando a secreção de catecolamina, que leva a efeitos similares, é aumentada no curso do estresse competitivo.

Níveis baixos de estrogênio podem afetar adversamente a força humana. O efeito foi demonstrado em camundongos ovariotomizados, cuja produção de força foi prejudicada após a cirurgia. O efeito ergogênico de estrogênio foi também demonstrado em mulheres na pós-menopausa, quando o músculo adutor do polegar (que coloca o polegar sobre a palma da mão) foi isolado para medida de força isométrica sob condições experimentais (Phillips et al., 1993). A força de alongamento ativa – a tensão dentro do músculo em resposta ao que está sendo alongado – não é prejudicada e a fraqueza pode ser compensada pela terapia de reposição hormonal. Essa perda de força muscular nas mulheres que envelhecem pode acentuar a perda de força óssea atribuível à desmineralização. Uma variação cíclica da força muscular com mudanças nos níveis de estrogênio durante o ciclo menstrual normal é difícil de ser demonstrada. Isso acontece porque o desempenho na função muscular bruta é influenciado por uma variedade de fatores além daqueles referentes à circulação dos hormônios reprodutivos.

A qualidade do desempenho esportivo depende de fatores psicológicos, como atitude, motivação e boa vontade para trabalhar intensamente. Os efeitos mais drásticos do ciclo menstrual podem ser observados nos fatores do humor: humor positivo tende a ser mais evidente durante as fases foliculares e ovulatórias; humores negativos são proeminentes antes e durante a menstruação (O'Reilly e Reilly, 1990). Essas variações devem ser levadas em conta pelos treinadores esportivos quando estruturam os programas de treinamento das atletas.

As variações no humor são mais proeminentes naquelas que sofrem de tensão pré-menstrual (TPM). Em sua forma extrema, a TPM é caracterizada pela irritabilidade, agressão, comportamento anormal e confusão. Ataques de irritação podem ser afetados pela hora do dia, relacionados às flutuações na glicose no sangue, com o pico da irritabilidade podendo ocorrer no final da manhã, se a mulher não tomar o desjejum (Dalton, 1978). Nas formas menos extremas, as mulheres podem se sentir ansiosas e cansadas, mas incapazes de relaxar. Embora a incidência de TPM seja provavelmente menos comum em atletas que nas pessoas que não praticam esportes, as mulheres em geral parecem ficar mais suscetíveis que o normal à lesão durante os dias pré-menstruais. Jogadoras de futebol suecas foram consideradas com mais probabilidade de sofrer lesões imediatamente antes da menstruação (Möller-Nielsen e Hammar, 1989). O mecanismo para essa suscetibilidade aumentada ainda não foi totalmente resolvido.

Amenorreia atlética

As atletas que realizam programas de treinamento extenuantes podem sentir uma interrupção no ciclo menstrual normal (**amenorreia atlética**). Uma irregularidade é a fase lútea mais curta (Bonen et al., 1981). A amenorreia secundária, ou ausência de menstruação por um período prolongado, também foi relatada. A chamada amenorreia atlética está ligada a níveis baixos de gordura corporal, baixo peso corporal e altas cargas de treinamento, e o estresse psicológico está envolvido também por causa da influência das catecolaminas sobre o eixo hipotálamo-hipófise-ovário.

Embora a amenorreia esteja associada a valores baixos de gordura corporal, o mecanismo responsável não foi claramente estabelecido. O treinamento de resistência diminui a gordura corporal, que, por sua vez, leva a uma produção periférica reduzida de estrogênios por meio da aromatização de androgênios, catalisados pela aromatase nas células gordurosas. A produção periférica de estrogênios é tida como importante na estimulação do eixo hipotálamo-hipófise-ovário. O exercício intenso ou a redução extrema de peso diminuirão a secreção de FSH hipofisário, prevenindo o desenvolvimento folicular e a secreção de estrogênio ovariano, e diminuindo a secreção de progesterona.

A amenorreia induzida pelo exercício ocorre em 20% das atletas, comparada com uma prevalência de 5% na população geral. Nas corredoras, a prevalência aumenta linearmente com a quilometragem do treinamento para aproximadamente 50% de todas as atletas que realizam 130 km (80 milhas) por semana. Esse aumento linear não é encontrado nas nadadoras ou ciclistas (Drinkwater, 1986), porque essas atletas não precisam sustentar o peso do corpo durante o exercício e seus ossos não estão sujeitos às mesmas cargas repetitivas que as corredoras.

O estresse psicológico tem sido envolvido na ocorrência de amenorreia (Reilly e Rothwell, 1988). Uma amostra de fundistas britânicas internacionais de clube e recreativas foi dividida naquelas com ciclos menstruais amenorreicos, oligomenorreicos (irregulares) ou regulares (normais). As atletas amenorreicas eram mais jovens e mais leves, tinham menos gordura corporal, sofriam de menos estresse na vida, tinham uma alta quilometragem de treinamento e treinavam a uma velocidade maior que os outros grupos. Uma alta frequência de competição foi o discriminador mais poderoso das atletas amenorreicas de outros grupos. Esse achado sustenta a possibilidade de que os débitos aumentados de catecolamina, cortisol e endorfinas interferem com o ciclo menstrual normal, afetando o eixo hipotálamo-hipófise-ovário. A amenorreia induzida pelo treinamento não significa necessariamente que a atleta seja infértil, porque a ovulação pode ocorrer espontaneamente e a fertilidade pode ser restaurada após uma longa ausência de menstruação. Quando as cargas de treinamento são reduzidas, os distúrbios menstruais relacionados ao exercício são rapidamente revertidos e há um aumento marginal na gordura corporal.

Os problemas associados com o treinamento atlético severo incluem um equilíbrio energético negativo. Esse problema pode surgir em esportes que têm um componente estético em que a perda de massa corporal é indiretamente estimulada. Um desequilíbrio hormonal persistente pode levar à perda de conteúdo mineral ósseo. As atletas com massa corporal baixa parecem ser mais vulneráveis que as corredoras mais pesadas. Embora um nível moderado de exercício estimule o crescimento ósseo e reverta a perda óssea nas mulheres mais velhas, o *overtraining*, nas mulheres mais jovens, leva a uma diminuição na densidade óssea e ao risco de fraturas por estresse. A redução da carga de treinamento e a diminuição da frequência da corrida competitiva ajudam a restaurar o ciclo menstrual normal. Contudo, as interações entre parâmetros competitivos e o risco de osteoporose têm ainda de ser explorados mais a fundo.

Uso de contraceptivo oral

O processo reprodutivo pode ser prevenido por contraceptivos orais. Esses contraceptivos trabalham bloqueando os mecanismos de *feedback* hormonais normais e inibindo a ovulação. A contracepção oral é também usada para tratar o desconforto menstrual e para estabilizar o ciclo menstrual. As atletas podem usar contraceptivos orais para garantir que importantes competições não coincidam com a menstruação.

A administração de estrogênio ou progesterona, nas quantidades apropriadas na fase folicular, previne o aparecimento repentino pré-ovulatório de secreção de LH que desencadeia a ovulação. Pílulas contraceptivas contêm combinações de estrogênio em pequenas quantidades e progestinas (substâncias que imitam as ações da progesterona), porque o excesso de cada um desses tipos de hormônio pode causar sangramento excessivo. A medicação é iniciada cedo no ciclo e continua além da ocasião que a ovulação normalmente ocorreria. A administração pode ser interrompida para permitir que o fluxo menstrual ocorra normalmente e um novo ciclo se inicie. O uso de pílulas contraceptivas demonstra que o ciclo menstrual é produzido por uma série de circuitos de *feedback*, em vez de originar-se de algum relógio corporal maior interno.

Ainda é inconclusivo dizer se o uso de contraceptivos orais afeta o desempenho do exercício. Os efeitos adversos relatados de retenção de líquido no corpo podem ser atribuídos à combinação particular de hormônios usados nas primeiras pílulas contraceptivas. Se o uso de pílulas previne os efeitos menstruais adversos, o resultado é claramente benéfico. Sua principal influência tem mais probabilidade de ser um desempenho mais consistente que o normal, porque elas estabilizam a flutuação nas concentrações de peptídeo e hormônio esteroide ligado ao ciclo menstrual.

As antiprogesteronas oferecem controle sobre a menstruação sem os riscos da exposição em longo prazo ao estrogênio e à progestina. Esses agentes sintéticos bloqueiam a secreção de progesterona, o hormônio responsável pela formação de vasos sanguíneos no útero, à medida que o ciclo menstrual avança. Esse efeito previne o crescimento do revestimento uterino, de modo que não há nada para ser eliminado no final do ciclo. As antiprogesteronas inibem também a ovulação, tornando-as adequadas para propósitos de contracepção. Visto que poucas substâncias antiprogesterona foram testadas adequadamente em seres humanos, seu papel na Medicina Reprodutiva ainda tem de ser esclarecido.

Menopausa

O final do ciclo reprodutivo feminino se manifesta na menopausa, quando cessa a secreção endógena de estrogênio e progesterona. O período de perimenopausa é caracterizado por ondas de calor, atribuídas às pulsações periódicas de LH, causando dilatação das arteríolas da pele e uma sensação de calor intenso. A menopausa ocorre por volta dos 50 anos, à medida que a função ovariana cessa.

Na ausência dos hormônios reprodutivos, a força muscular é perdida, mas pode ser mantida por terapia de reposição hormonal. Greeves et al. (1999) relataram diminuições de 10,3% e 9,3% na força isométrica e dinâmica da perna de mulheres que estavam na menopausa, comparadas com um grupo de terapia de reposição hormonal que mantinha seus níveis de desempenho (Figura 9.4). O achado sustenta a visão de que há um papel para esses hormônios na determinação da força muscular.

Outra consequência da menopausa é a diminuição na densidade mineral óssea e um risco resultante de osteoporose. A massa óssea vertebral pode decair a uma taxa de 6% ao ano, comparada com a perda anual de 1% nos homens como um efeito de envelhecimento. A perda acentuada é atribuída à falta de estrogênios, que agem como receptores nas células ósseas e estimulam a glândula tireoide a secretar calcitonina. Esse hormônio mantém a integridade óssea, movendo o cálcio do sangue para o osso e bloqueia também a ação do hormônio paratireóideo. Essas substâncias regulam a homeostase óssea, equilibrando a formação e a reabsorção de osso. Depois de cerca de 40 anos de idade, a reabsorção óssea tende a exceder a formação óssea e, assim, há um declínio gradual no conteúdo mineral ósseo com a idade, o que é acentuado na menopausa nas mulheres.

A perda óssea acentuada na menopausa aumenta o risco de fratura em quedas e impactos. Winner et al. (1989) relataram uma incidência mais alta de quedas em mulheres na menopausa. Embora a terapia de reposição hormonal possa corrigir a perda óssea, o seu uso é controverso. Esse debate surge de um risco aumentado de câncer de mama e endometrial que pode estar associado a esse tratamento, mas a incorporação de progesterona é tida como redutora do risco.

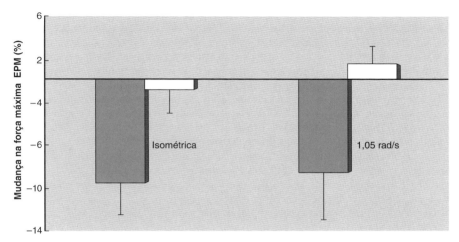

Figura 9.4 Mudanças na força dinâmica (a 1,05 rad/s) e isométrica máxima no início e após 39 semanas em mulheres na pós-menopausa com (barras vazias) e sem (barras sombreadas) terapia de reposição hormonal.
Reimpressa, com permissão, de J.P. Greeves, N.T. Cable, T. Reilly e C. Kingsland, 1999, "Changes in muscle strength in women following the menopause: A longitudinal assessment of hormone replacement therapy", *Clinical Science* 97: 79-84.

Exercício durante a gravidez

As mudanças fisiológicas que ocorrem durante a gravidez pesam sobre o desempenho do exercício ou a continuidade do treinamento. Essas mudanças incluem concentrações hormonais, em particular, progesterona e gonadotropina coriônica humana (hCG); volume aumentado de plasma e hemácias; resposta ventilatória aumentada e mudanças associadas na PCO_2, a pressão parcial de dióxido de carbono no sangue. O peso do corpo aumenta durante a gravidez, alterando o centro de gravidade da mulher. O ganho de peso médio durante a gravidez é de cerca de 10 kg; o ganho é mais lento no primeiro trimestre.

A própria gravidez não proíbe o desempenho no exercício. Atletas de elite têm competido em maratonas enquanto grávidas, e as atletas grávidas conquistaram medalhas na Olimpíada de Melbourne, em 1956. É provável que as atletas treinem e desempenhem inconscientemente no primeiro trimestre antes da gravidez ser detectada.

As mulheres são aconselhadas a não começar programas de exercício durante a gravidez, à parte de regimes específicos que ajudam no parto. O mesmo cuidado não se aplica às mulheres grávidas que fazem exercício físico antes da gravidez. Muitas atletas desejam continuar com seu treinamento físico durante a gravidez, ainda que em num nível reduzido. Parece não haver uma razão mais forte para que elas não façam isso. Na verdade, o equilíbrio da evidência é em favor do exercício em gestações sem complicações, com benefícios para a mãe e o feto. A evidência é fornecida em estudos nos quais as medidas fisiológicas foram registradas em repouso e durante o exercício durante todo o curso da gravidez normal.

As mulheres podem ser forçadas durante a gravidez a manter atividades de manuseio e carregamento de peso na vida doméstica ou profissional. As mudanças que ocorrem durante a gravidez incluem ganho de peso, alterações no centro da massa e no formato do corpo e adaptações na marcha. Mudanças fisiológicas e anatômicas que ocorrem durante a gravidez não são necessariamente nocivas ao desempenho físico. Sinnerton et al. (1994)

relataram que o desempenho no levantamento (levantamento de resistência isométrico; levantamentos vertical e assimétrico) não foi prejudicado durante a gravidez até a aproximação do parto. Reilly e Cartwright (1998) relataram que a resistência isométrica, em particular, foi melhorada após o parto e que o desempenho no levantamento não foi seriamente comprometido durante toda a gravidez quando a carga foi autodeterminada.

As respostas fisiológicas ao exercício foram examinadas por Williams et al. (1988) em intensidades de exercício baixa, moderada e alta em dez mulheres grávidas em cada trimestre. A frequência cardíaca e as respostas metabólicas (consumo de oxigênio, ventilação) foram comparadas com as das mulheres do grupo controle. O exercício consistiu em subir em um banco durante 5 min. A cada nível de exercício; a intensidade foi incrementada, aumentando-se a velocidade da subida. Na intensidade de exercício mais alta, as mulheres grávidas eram capazes de sustentar frequências cardíacas por volta de 155 a 160 bpm sem desconforto, com exceção de uma fadiga muscular localizada no terceiro trimestre. Em frequências cardíacas equiparáveis, as mulheres do grupo controle eram capazes de realizar mais trabalho, mas nenhuma deterioração ficou aparente no condicionamento das mulheres do grupo experimental, à medida que a gravidez se desenvolvia. As respostas metabólicas mais altas comparadas com as mulheres do grupo controle foram, em grande parte, responsáveis pelo peso corporal aumentado e os ajustes fisiológicos à gravidez encontrados em repouso.

O estado mental de uma mulher também pode variar durante a gravidez, podendo ser monitorado por meio de um inventário-padrão de adjetivos relacionados ao estado de humor. Há uma tendência geral para o aumento da fadiga e da amabilidade, mas, também, uma diminuição no vigor e na atividade à medida que a gravidez se desenvolve. Quando revisadas com as respostas fisiológicas, essas observações sugerem que não há uma razão fisiológica convincente para a inatividade durante a gravidez e os fatores psicológicos podem ser mais responsáveis pelo declínio na atividade habitual geralmente associada com esse período.

O exercício deve ser promovido em mulheres saudáveis com gestações sem complicações. Claramente, algumas atividades são inadequadas e o exercício em condições quentes deve ser evitado, porque as altas temperaturas podem prejudicar o feto. Corredoras profissionais precisarão reduzir o treinamento somente se houver desconforto atribuído às alterações na marcha e na massa corporal extra a ser carregada contra a gravidade. Sinais de alerta incluem dor, sangramento, ruptura das membranas e ausência de movimentos fetais.

Embora seja difícil fazer prescrições individuais, muitas mulheres restauram seu treinamento para níveis moderados logo após o parto. É difícil retornar ao treinamento atlético intenso logo após o parto, dado aos padrões de sono interrompidos e às necessidades de hidratação para a lactação. Todavia, muitas mulheres têm retornado à competição em seis meses após o parto, e algumas atletas produzem seus melhores resultados depois de constituírem uma família. Liz McColgan (em 1991) e Jana Rawlinson (em 2007) ganharam campeonatos mundiais em corridas de 10.000 m e 400 m com barreiras, respectivamente, oito meses após darem à luz ao seu primeiro filho. Na verdade, pode ter havido um efeito residual do hCG, um hormônio secretado em profusão durante a gravidez, que beneficia o desempenho esportivo após o nascimento do bebê.

Idosos

O **envelhecimento** é uma parte inevitável do ciclo da vida. O desempenho físico tem um pico em uma determinada idade, dependendo da capacidade, período além do qual a deterioração começa a ocorrer. O prejuízo é reduzido pelo treinamento físico até que alguns processos se tornam irreversíveis, como a morte das células. Esse processo ocorre, geralmente, por volta dos 55 anos, mas o indivíduo pode compensar isso parcialmente usando sua experiência. A idade da aposentadoria se dá normalmente por volta do 65 anos, mas em muitos países a aposentadoria não é obrigatória. Critérios de faixa etária podem não ser aplicados por si só em uma seleção de funcionários, mas o impacto do envelhecimento sobre a capacidade de desempenho é relevante. Essa seção fornece a base para o entendimento do processo de envelhecimento, demonstrando a complexidade do declínio nos idosos. À medida que as capacidades funcionais diminuem com a idade, as demandas relativas de determinadas tarefas aumentam, uma mudança que tem consequências em contextos esportivos e ergonômicos. As categorias de competição esportiva são baseadas em grupos de idade em muitos esportes e acomodam todas as categorias de **veteranos** (geralmente 35 ou 40 anos) até os participantes mais velhos. Esse foco na competição entre pares de idade igual reconhece o decréscimo na capacidade de desempenho com o envelhecimento, uma correção que não tem paralelo estrito nos ambientes ocupacionais. Qualquer avaliação das capacidades físicas para o trabalho deve ser feita considerando-se os efeitos da idade, bem como o sexo. A força e a resistência musculares tendem a atingir um valor de pico nos adultos antes de decaírem na meia-idade e diminuírem progressivamente com o envelhecimento posterior. O início do declínio pode ser atribuído em parte ao desuso, de modo que a perda na capacidade de desempenho possa ser contida ou compensada pelo treinamento físico. A perda de força está associada com uma redução de cerca de 30% na massa muscular total entre as idades de 30 e 75 anos. Há uma diminuição aproximadamente similar na potência aeróbia, de modo que, na idade típica da aposentadoria, um homem de 65 anos de idade deva ter um valor de 70% do VO_2máx em relação ao que apresentava aos 25 anos.

O adulto que envelhece perde células contráteis que não podem ser compensadas pelos sistemas de renovação celular ou pela hipertrofia reativa do miócito. Um equilíbrio negativo entre síntese e ruptura de proteína leva o músculo esquelético a atrofiar. Sinais químicos dos hormônios, fatores de crescimento e fatores mecânicos, como alongamento ou padrões diferentes de atividade, estão associados com o exercício e podem influenciar o *turnover* de proteína independentemente da idade. À medida que a reserva funcional do coração e do músculo esquelético diminui com a idade, esse declínio pode ser atenuado pela atividade física. Para o exercício ser efetivo nesse contexto, a intervenção deve ocorrer antes que haja uma perda irreversível de unidades motoras ou cardiomiócitos. A velocidade diminui antes da resistência muscular, porque a perda de fibras de contração rápida precede a perda irreversível de fibras de contração lenta. Há, também, poucas unidades motoras pequenas nos músculos senescentes, levando a uma perda de prontidão muscular e de controle dos movimentos. Esses fatores são prejudicados por uma capacidade mais lenta de recuperação quando há perda da base de suporte, aumentando a probabilidade de quedas após um tropeço (Goldspink, 2005).

O efeito do envelhecimento é evidente em todos os tecidos associados ao sistema de transporte de oxigênio. O músculo cardíaco, em particular o nodo sinoatrial, perde muitos de seus miócitos. A calcificação e o acúmulo de depósitos de gordura ocorrem no sistema de condução nervosa do coração e em suas paredes ventriculares. A frequência cardíaca máxima declina com a idade; a fórmula 220 menos a idade fornece uma estimativa da frequência cardíaca máxima em qualquer idade. A complacência do músculo liso nos vasos sanguíneos diminui, levando a uma rigidez aumentada nas artérias e nas veias (Goldspink, 2005). Há uma redução gradual na pressão sanguínea sistólica e diastólica e uma diminuição no fluxo sanguíneo periférico. A hemoglobina total do corpo diminui, causando uma redução no suprimento de oxigênio para os músculos ativos. O efeito global é uma redução na capacidade de reserva funcional. Esse declínio se torna problemático quando sua margem acima dos valores de repouso deixa pouco espaço para a atividade física.

Atletas com deficiência

Deficiências físicas ou intelectuais não implicam ausência do esporte ou do treinamento físico. O crescimento do esporte para pessoas com deficiência é sublinhado pela importância agora dada por muitos países para o triunfo nessas modalidades. As categorias de competição dos **paradesportos** estão baseadas na avaliação das capacidades que estão prejudicadas, o grau da deficiência e a modificação das regras do jogo. Como exemplos, esportes em cadeiras de rodas e futebol para amputados recebem atenção especial. O uso de próteses modificadas para o esporte pode fornecer uma vantagem competitiva e, de acordo com uma avaliação biomecânica apropriada, permite que atletas individuais (como o corredor de 400 m sul-africano, Oscar Pistorius, em 2008) possam competir em corridas para pessoas sem deficiências.

Atletas em cadeiras de rodas

Os Jogos Paralímpicos são o ponto alto da competição esportiva para atletas com deficiências. Os Jogos acontecem a cada quatro anos nos mesmos locais que os Jogos Olímpicos e nas semanas imediatamente seguintes a eles. Além dos Jogos Paralímpicos, as competições esportivas para atletas com deficiências são organizadas em clubes, além dos níveis regionais, nacionais e internacionais em uma variedade de esportes. Esse reconhecimento dos esportes para pessoas com deficiência espelha o reconhecimento das necessidades dos participantes em geral dentro da comunidade para o acesso a prédios, instalações e comodidades em geral.

Uma ampla variedade de incapacidades é reconhecida nas categorias competitivas dos eventos Paralímpicos. Os padrões para cada esporte são funcionais e refletem uma tentativa de se estabelecer uma competição justa entre os participantes. O nível de incapacidade é uma função da lesão na medula espinal, em que uma lesão na C6, por exemplo, causa tetraplegia (isto é, afeta todos os quatro membros). O basquete em cadeira de rodas, por exemplo, pode acomodar jogadores com diferentes graus de incapacidade, classificados como 1, para a incapacidade mais séria; até 4,5 para a menos séria. Com cinco jogadores na quadra, a contagem total não deve exceder um grau conjunto de 14.

Os padrões de composição corporal diferem entre os atletas em cadeira de rodas e seus parceiros sem deficiências. O aumento da massa magra e do conteúdo mineral ósseo é evidente nos membros superiores dos atletas em cadeira de rodas, em contraste com a atrofia e a desmineralização nos membros inferiores (Sutton et al., 2009). As forças associadas à propulsão da cadeira de rodas parecem fornecer um estímulo ao treinamento do osso, bem como para os músculos esqueléticos empenhados nas ações.

O sucesso nos esportes de cadeira de rodas depende não apenas da capacidade de desempenho dos atletas, mas, também, do *design* da cadeira de rodas. Não é surpresa, portanto, que consideráveis esforços de engenharia tenham sido feitos para melhorar a mecânica da cadeira de rodas e a interface cadeira de rodas-usuário (Van der Woude et al., 1995). Essas melhorias têm incluído a incorporação de material leve para a construção do veículo, melhor distribuição de peso, alinhamento apropriado e reduções na resistência à rolagem e na aerodinâmica. Aperfeiçoamentos na propulsão têm incluído melhorias nos mecanismos de propulsão do aro da mão, relação de transmissão e diâmetros dos aros, além de melhorias que permitem um movimento contínuo da mão ao redor da roda de uma cadeira de rodas de pista ou de corrida.

Populações especiais

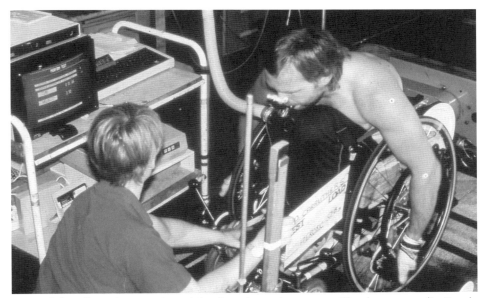

Figura 9.5 Os ergômetros de cadeira de rodas podem ser modificados para avaliações de potência aeróbia ou anaeróbia.

A ergometria convencional deve ser modificada para adequar as necessidades de atletas em cadeira de rodas quando seu condicionamento está sendo avaliado (Figura 9.5). Goosey et al. (1995) desenvolveram um teste de esteira para examinar as respostas fisiológicas de atletas em cadeira de rodas a um exercício submáximo. Os pesquisadores sugeriram que um gradiente de esteira de 0,7% era suficiente para estimular uma demanda fisiológica aumentada sem afetar o padrão de movimento da propulsão da cadeira de rodas. Os atletas podiam ser avaliados usando esse protocolo em suas próprias cadeiras de rodas de corrida em velocidades reais de corrida. De maneira similar, Lees e Arthur (1988) descreveram a validação de um teste de capacidade aeróbia para um ergômetro de cadeira de rodas. O teste foi modelado com base no teste anaeróbio de Wingate, de Dotan e Bar-Or (1983), e a produção de potência média e máxima estavam proximamente correlacionadas com os tempos de desempenho da corrida.

Futebol para amputados

O futebol para amputados envolve jogadores que têm classes A2/A4 e A6/A8 de amputação. Uma amputação A2 é acima do joelho e A4 é abaixo do joelho de uma perna. Inversamente, A6 denota que um braço é amputado acima ou na articulação do cotovelo e um A8 indica que um braço é amputado abaixo do cotovelo, mas na articulação do punho ou acima dela. As classes A2 e A4 compõem os jogadores de linha e jogadores A6/A8 podem jogar apenas no gol. Durante a partida, os jogadores não podem usar próteses e todos os jogadores de linha devem usar muletas. Além disso, o jogo inclui jogadores Les Autres, atletas com danos congênitos nos membros, seja uma perna ou um braço simples. Para garantir o equilíbrio entre os vários tipos de incapacidade, os jogadores de linha e os goleiros não podem controlar ou tocar a bola com os membros residuais. Além disso, as muletas não podem ser usadas para avançar a bola. Bloquear, agarrar ou tocar a bola com a muleta e qualquer contato intencional entre o membro que não for do jogo e a bola são considerados como a situação de "mão na bola" no futebol normal.

O jogo consiste de dois tempos de 25 min com intervalo de 10 min. O piso de jogo inclui grama sintética, grama e revestimentos específicos (quadra esportiva). As regras da FIFA se aplicam com pequenas alterações para acomodar a incapacidade dos jogadores. A mediação é feita por dois juízes, cada um responsável por metade do campo. A regra do impedimento não se aplica e os arremessos laterais são feitos com os pés em vez das mãos. Os goleiros não podem sair da área do goleiro e o carrinho é proibido. As substituições são ilimitadas e qualquer jogador pode entrar e sair várias vezes durante uma partida. Por fim, as duas equipes podem pedir um tempo em cada tempo de jogo com a duração de 1 min (igual ao basquete).

Wilson et al. (2005) descreveram as respostas fisiológicas da seleção da Inglaterra, que jogou sete partidas consecutivas na Copa do Mundo. A frequência cardíaca média foi de 182 bpm para os três primeiros jogos antes de decair para uma média de 169 bpm no último jogo. Ficou evidente que o futebol para amputados é uma atividade intensa e a fadiga pode surgir durante o curso de um torneio.

Avanços da bioengenharia

Corredores profissionais com amputação do membro inferior têm se beneficiado dos avanços no *design* das próteses. Os atletas com amputação bilateral correm com pernas artificiais que devolvem ao corredor a energia que fica armazenada quando o pé protético toca o solo, de uma maneira similar à forma como os tendões trabalham no tornozelo natural. O dispositivo não tem a capacidade dos músculos esqueléticos de gerar sua própria potência e, portanto, fornecem menos energia global que as pernas humanas. Implantar motores à bateria nas pernas protéticas ajuda a retornar mais energia a cada passada, o que representa uma área de trabalho atual da Bioengenharia. As inovações tecnológicas também incluem o uso de sinais cerebrais para manipular os braços protéticos que os capturam e os transmitem por meio de eletrodos implantados. Esses membros protéticos podem ser alterados para fornecer uma vantagem ergonômica, como ajudar um atleta a correr mais rápido ou um trabalhador a fazer melhor seu trabalho.

O *design* de próteses usadas pelos atletas nas Paralimpíadas tem se beneficiado dos avanços na ciência de materiais e de projetos tecnológicos. Os atletas atraem também apoio científico para a análise de suas técnicas. Nolan e Lees (2007) descreveram os ajustes na postura, na cinemática e nas características temporais do desempenho feito por atletas com amputações do membro inferior durante as primeiras passadas antes da decolagem no salto em distância. Os atletas com amputações transtibiais pareciam adotar uma técnica que se assemelhava em muito àquela dos saltadores normais, embora os primeiros fossem menos capazes de controlar sua velocidade descendente na decolagem. Atletas com amputações transfemorais mostraram uma grande velocidade descendente na decolagem atribuída a uma incapacidade de flexionar o joelho protético de modo significativo. Esse ajuste, combinado com uma velocidade de aproximação relativamente lenta, foi considerado uma restrição ao seu desempenho.

Árbitros

Uma proposta para ser utilizada com árbitros é baseada na equiparação dos trabalhadores (árbitros) com as tarefas físicas do trabalho. Os requerimentos do trabalho foram documentados com uma análise de tarefa – a documentação das distâncias cobertas, índice do exercício, quantidade de esforços de alta intensidade e o tempo disponível para recuperação dele. Dessa maneira, o esforço sobre os árbitros e outros juízes das partidas pode ser visto como uma aplicação alternativa de uma abordagem ergonômica clássica. As pessoas nesses postos tendem a ser negligenciadas, porque o foco do espectador é geralmente sobre os atletas nas competições. A responsabilidade pela aplicação da regra do esporte e a garantia da obediência dos atletas para com as regras é reservada aos juízes ou aos árbitros. Esses árbitros podem trabalhar individualmente, em equipe ou com árbitros assistentes. Na maioria dos esportes, os árbitros são ativos, precisando mudar de posição constantemente, de modo a acompanhar o jogo. Em esportes como o tênis, o boxe e a ginástica os árbitros são sedentários, mas vigilantes e atentos na mediação do confronto.

Os árbitros originam-se tipicamente da população de ex-atletas profissionais, trazendo consigo sua experiência nas competições. Consequentemente, eles tendem a ser mais velhos e menos treinados que os atletas. Todavia, as demandas físicas e fisiológicas sobre os árbitros, notavelmente em jogos de campo em que distâncias maiores podem ser cobertas, podem se igualar àquelas impostas sobre os atletas. Os árbitros devem se submeter a programas de treinamento para satisfazer essas demandas e, em muitos casos, as associações estabelecem padrões de condicionamento como objetivos que devem ser atingidos. O advento de árbitros profissionais na maioria dos esportes em nível de competição de elite tem promovido uma abordagem mais científica ao preparo dos árbitros para seus papéis em campo.

Árbitros de futebol correm cerca de 10 km em uma partida de futebol profissional, com frequências cardíacas médias de 160 a 165 bpm e $\dot{V}O_2$ próximo de 80% do $\dot{V}O_2$máx. Árbitros assistentes correm cerca de 7,5 km no mesmo período de tempo, com frequências cardíacas médias de 140 bpm e captação de oxigênio correspondente de 65% do $\dot{V}O_2$máx. O esforço relativo sobre o árbitro é similar àquele sofrido pelos jogadores que são tipicamente 15 anos mais jovens (Reilly e Gregson, 2006). Para os principais torneios e para trabalhar em um nível de elite, os árbitros profissionais são obrigados a ultrapassar os níveis limiares de condicionamento físico a cada ano. Programas de treinamento específico permitem que eles satisfaçam esses objetivos de condicionamento. A principal ênfase é sobre o treinamento aeróbio, mas elementos anaeróbios, agilidade e movimentos para trás e para os lados devem também ser incluídos.

Os árbitros se tornam o foco da atenção dos espectadores quando suas decisões são contestadas. À parte dessas fontes de estresse psicológico, os árbitros devem tomar decisões com rapidez – visíveis e invisíveis para os espectadores – para reter o comando sobre os atletas. Esses profissionais podem sentir a pressão que vem da torcida do time da casa ou pelo conhecimento prévio da fama de comportamento agressivo de uma equipe (Jones et al., 2002). Apenas em determinados esportes o trabalho do árbitro é facilitado pelo uso da tecnologia do vídeo. Decisões sobre bolas na linha no tênis são auxiliadas por sensores ópticos, e o árbitro na Rugby Union pode pedir a repetição de um lance no vídeo quando não tem certeza da validação de um *try*. Em categorias inferiores no esporte, os árbitros têm o recurso de programas de desenvolvimento pessoal do seu esporte, combinado com o seu programa educacional individual relacionado com o esporte.

Visão geral e resumo

As diferenças entre os grupos são refletidas nas regras e na organização dos esportes de competição. Competições de menores de idade são conduzidas em diferentes faixas etárias e não levam necessariamente à igualdade entre os participantes. De maneira similar, homens e mulheres têm categorias competitivas separadas, ainda que possam participar juntos em atividades recreativas. Os veteranos competem também em categorias distintas de idade, o que representa um reconhecimento dos efeitos do envelhecimento sobre as capacidades físicas. As pessoas com deficiências são atraídas para esportes em um nível em que elas podem testar suas capacidades e habilidades contra seus pares. Árbitros não são competitivos em seus papéis, mas sofrem um considerável estresse fisiológico e psicológico. Os árbitros profissionais precisam, portanto, de programas de treinamento que os ajudem a lidar com essas demandas.

Técnicos e treinadores que preparam atletas para a competição esportiva devem levar em conta suas necessidades e suas características. Essa consideração se aplica aos seus programas de condicionamento físico e à necessidade da ergometria e protocolos de teste apropriados. Os princípios da ergonomia aplicam-se à escolha dos calçados e das roupas, aparato de treinamento e equipamento específico do esporte. Esse *design* intencional deve apoiar as aspirações individuais e melhorar a satisfação com a participação.

10

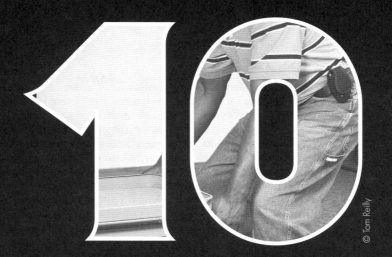

Aspectos clínicos

DEFINIÇÕES

banho de contraste – Terapia com água que implica variar tratamentos com calor e frio de uma maneira sistemática.

crioterapia – Qualquer tratamento com frio, como banho de contraste ou imersão na água.

dor muscular de início tardio – Sintomas subjetivos e marcadores biológicos de microtrauma ao músculo que atingem o auge dois a três dias após o exercício que contém componentes excêntricos ou de alongamento.

lesão por esforço repetitivo – Lesão causada por movimentos finos em uma alta frequência, geralmente associada com os tendões dos pequenos músculos na mão.

pé de Morton – Condição caracterizada pelo segundo dedo do pé mais longo não usual, associada com a pronação excessiva.

predisposições – Imperfeições nas características demográficas e físicas que, se não são resolvidas, aumentam o risco de trauma.

profiláctico – Abordagens preventivas para reduzir o risco de lesão.

propriocepção – O sistema sensorial envolvido com a manutenção do equilíbrio em posturas estáticas e em movimentos dinâmicos.

resfriamento – Atividade leve empregada após o exercício antes de terminar a sessão.

A ERGONOMIA tem muitas aplicações em um contexto clínico e como ferramenta de prevenção. Medidas de segurança e de prevenção são mais efetivas que o tratamento. Tais medidas de prevenção enfatizam a correção dos pontos fracos pela implementação de programas de treinamento feitos sob medida ou usando dispositivos ortopédicos, projetando equipamento adequado para se ajustar ao indivíduo, ou melhorando a tolerância aos fatores que contribuem para o estresse. À medida que os atletas se esforçam por melhorias cada vez maiores no desempenho em sua procura pela excelência, a sobrecarga é, em alguns casos, inevitável. Uma falha no ajuste da sobrecarga pode induzir a síndromes de má adaptação associadas ao *overtraining*, ao *overreaching* e às fadigas crônica e aguda.

Para o atleta profissional, é importante se recuperar entre as provas ou as sessões de treinamento rigoroso. Os atletas usam vários métodos para recuperar, regenerar e restaurar seu estado de hidratação. Esportes de contato físico podem levar a contusões e ferimentos nos atletas e microtrauma aos tecidos do corpo. A **dor muscular de início tardio** causada pelas contrações excêntricas ou ciclo de alongamento-encurtamento das ações musculares pode durar dias após o exercício. Métodos para aliviar essa forma de dor têm incluído resfriamento, várias formas de **crioterapia**, massagem e modalidades fisioterapêuticas.

Um papel importante do psicoterapeuta e do preparador físico é a restauração da função normal em atletas que se recuperam da lesão. Os estágios no processo de reabilitação dependerão da natureza e da gravidade da lesão. O monitoramento da restauração da função ajuda o treinador a avaliar quando o atleta está pronto para retornar ao treinamento e, subsequentemente, à competição. Sem essa orientação do fisioterapeuta, há o risco de uma nova lesão.

Um programa sistemático de treinamento físico melhora o resultado da cirurgia. O exercício após a cirurgia, tão logo seja possível, reduz os processos de atrofia e efeitos de destreinamento atribuídos à inatividade. O exercício é defendido para melhorar os efeitos dos processos de doença e reduzir o risco de problemas cardiovasculares recorrentes.

Predisposições à lesão podem ser identificadas em uma avaliação pormenorizada do atleta. Esses fatores incluem aspectos antropométricos, de condicionamento físico ou psicológicos, bem como uma história de lesões anteriores. O isolamento dos pontos fracos de cada indivíduo para a melhora durante o treinamento pode reduzir os índices de lesão, em especial entre os atletas de esportes coletivos.

Neste capítulo, as predisposições individuais à lesão são descritas primeiramente. A atenção é, então, direcionada para a sobrecarga musculoesquelética. O *overtraining* e suas consequências são considerados antes que as estratégias de recuperação após o exercício sejam abordadas. A seção final revisa as intervenções nutricionais que ajudam a retardar a fadiga, melhorar o desempenho e ajudar na recuperação.

Predisposições à lesão

Os atletas podem ter perfis antropométricos, fisiológicos ou psicológicos que os predispõem à lesão. Essas **predisposições** podem ser inatas ou adquiridas. Em muitos casos, a lesão pode não se manifestar até que o volume e a intensidade de treinamento sejam muito altos em relação à tolerância do atleta. Se a predisposição não é resolvida por meio de um treinamento corretivo ou pela fisioterapia, o atleta que apresenta qualquer ponto fraco para a competição está com um risco aumentado de sofrer um trauma.

Antropometria

Na maioria das vezes, presume-se que os indivíduos são simétricos em relação ao comprimento dos membros e na cinemática da marcha. Essa duplicação entre os lados esquerdo e direito nem sempre é observada, porque as pessoas tendem a ter um lado do corpo de sua preferência. Como os membros inferiores absorvem força no contato com o solo, enquanto os membros superiores são usados para manipular objetos, as anomalias anatômicas nas pernas têm recebido a atenção dos pesquisadores.

As discrepâncias no comprimento das pernas foram identificadas como uma causa de lesões em fundistas. A diferença é acentuada num atleta que corre por um longo período em uma superfície de rua em desnível. A perna mais longa tende a ser aquela mais pronada, com carga em excesso sobre o aspecto medial da articulação do joelho. Aumentar a perna mais curta com uma órtese de calçado pode prevenir a lesão. Mesmo quando não se encontra nenhuma discrepância no comprimento das pernas em corredores com pronação excessiva, o uso de órteses nos calçados pode reduzir o risco de lesão.

Os atletas com altas cargas de treinamento (em particular corredores) estão vulneráveis a lesões no metatarso se eles tiverem o **pé de Morton**. Essa característica anatômica é representada pelo segundo dedo do pé raramente mais longo. Cerca de 30% da população tem essa característica, que, muitas vezes, somente é percebida quando ocorre uma lesão. O risco é reduzido se o treinamento for conduzido com o uso de tênis com boas propriedades de absorção de choque e predominantemente em superfícies favoráveis, como a grama.

Força muscular

A diferença entre membros na força muscular pode ser um fator de lesão. Tipicamente, o membro mais fraco é mais vulnerável, em especial no caso de lesões nos isquiotibiais (Reilly, 2007). A avaliação regular da força muscular por meio de um dinamômetro isocinético realça tais fraquezas (Figura 10.1). Uma ação corretiva pode ser empregada visando aos grupos musculares mais fracos para um treinamento de força específica.

A assimetria pode ser manifestada como um desequilíbrio entre os flexores e os extensores de uma mesma articulação. Na articulação do joelho, por exemplo, o grupo muscular quadríceps é quase sempre enfatizado no treinamento de força e no treinamento com pesos para uma negligência relativa dos isquiotibiais. Os isquiotibiais precisam estar suficientemente fortes para suportar um rápido alongamento e, assim, uma alta relação de força entre eles e o quadríceps é importante.

Tradicionalmente, imaginou-se que uma razão isquiotibiais-quadríceps de menos de 0,6 deixava os isquiotibiais propensos à lesão. Essa proporção aplicava-se à respectiva força isométrica dos flexores e dos extensores do joelho. Com o uso de dinamometria isocinética, o índice foi expresso como a razão de controle dinâmico. Essa medida se refere ao torque máximo dos isquiotibiais no modo excêntrico dividido pelo torque máximo determinado concentricamente para o quadríceps. Uma razão de controle dinâmico de 1:0 é considerada aceitável, embora em velocidades angulares elevadas uma razão mais alta possa ser desejável (Fowler e Reilly, 1993).

A estabilidade do *core* (músculos que fazem parte da região central do corpo) é uma função da força isométrica dos estabilizadores do tronco, que trabalham de forma estática enquanto os membros movem o corpo ou mudam sua orientação no espaço. Músculos do *core* fortes ajudam a manter o equilíbrio e contrapõem a rotação de todo o corpo em muitos esportes de ação. A estabilidade do *core* também protege os participantes em esportes de contato, em que eles podem ser tocados lateralmente ou podem cair com o contato.

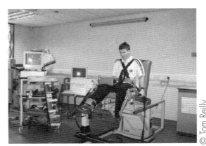

Figura 10.1 Dinamômetro isocinético usado para medir a força de extensão do joelho.

Condicionamento aeróbio

O condicionamento aeróbio é tipicamente determinado pela medida do $\dot{V}O_2$máx (potência aeróbia), a capacidade máxima de consumir oxigênio. Muitos esportes são praticados em intensidades submáximas e, assim, a pessoa capaz de se exercitar em uma alta porcentagem de $\dot{V}O_2$máx tem uma vantagem sobre outros competidores. Existem vários métodos para determinar esse nível de exercício, que está normalmente associado ao acúmulo de lactato no sangue. Foram desenvolvidos vários índices desse nível de limiar que permite a manutenção do exercício numa velocidade mais alta possível. Tais medidas são comumente referidas como limiar anaeróbio, limiar de lactato ou início do acúmulo de lactato no sangue (Jones e Doust, 2003).

Quanto maior o condicionamento aeróbio, mais apto estará o atleta a resistir à fadiga ou retardá-la. A fadiga se refere a uma diminuição no desempenho, apesar das tentativas de mantê-lo. Ela tem componentes periféricos e centrais que estão envolvidos na ocorrência de lesão. As lesões no futebol americano mostram uma incidência maior nos momentos finais do jogo (Hawkins et al., 2001). O padrão de locomoção interrompido nos corredores também está associado ao trauma nos tecidos moles sentido por atletas de resistência quando estão cansados.

Medidas repetidas de condicionamento aeróbio ajudam os treinadores a monitorar a recuperação dos atletas após a lesão. Comparando os valores atuais contra os dados de referência para o participante, o treinador pode efetivamente marcar o retorno do atleta à competição e evitar uma nova lesão.

Carga musculoesquelética

Os distúrbios musculoesqueléticos estão envolvidos em uma variedade de lesões ocupacionais, causando ausências no trabalho e problemas de saúde entre os funcionários. Levantar e manusear objetos, posturas de trabalho incorretas e técnicas operacionais defeituosas estiveram relacionadas com as lesões (Figura 10.2). Entre os distúrbios mais comuns estão a dor lombar, a **lesão por esforço repetitivo** e outros problemas dos membros superiores. Esses problemas têm sido uma fonte persistente de projetos de pesquisa nos Estados Unidos, na Europa e no mundo todo. Os distúrbios musculoesqueléticos ocorrem também entre os atletas.

A causa da dor lombar tem sido extensivamente estudada na ergonomia ocupacional. Ações envolvidas no nexo causal incluem o método de levantar e abaixar cargas pesadas, inclinar ou girar durante o carregamento da carga e períodos de recuperação inadequados entre esses esforços. Programas educacionais e promocionais foram lançados para estimular técnicas de levantamento corretas e para aliviar as cargas que estão sendo manuseadas. As intervenções mais efetivas foram a substituição do esforço humano com auxílios tecnológicos. Outra solução é encontrar uma maneira de aliviar a carga. O uso de elevadores no manuseio de pacientes confinados à cama, por exemplo, tem diminuído a sobrecarga musculoesquelética sobre os profissionais de saúde (Beynon e Reilly, 2002).

A dor lombar tem sido relatada entre praticantes de esporte. Os corredores podem correr um risco aumentado quando treinam em superfícies duras ou quando suplementam seu programa normal com exercícios de treinamento com pesos. A maioria das lesões nas costas durante o treinamento com peso ocorre em virtude de erros na técnica ou no levantamento de cargas que são muito pesadas. Ocasionalmente, a desatenção às características do piso e do calçado também apresenta relações. A dor nas costas entre golfistas e tenistas está associada às altas forças geradas nas tacadas e no serviço acompanhados pela rotação da coluna. A posição de bater na bola no críquete parece ser especialmente exigente para a região lombar quando a técnica escolhida causa alta torção (Elliot, 2006).

A lesão por esforço repetitivo está associada aos movimentos finos de manipulação a uma alta frequência usando os músculos da mão. A síndrome inclui dor forte no punho, atribuída ao dano no retináculo. A programação de escalas de trabalho-repouso pode ajudar a prevenir essa condição. Em contextos ocupacionais, a lesão por esforço repetitivo está relacionada a atividades como digitação, determinadas tarefas em fábricas e atividades que envolvem manipulações rápidas e frequentes de ferramentas de peso leve.

Cada esporte tem sua distribuição característica de lesões: lesões nos tornozelos, nos joelhos e nos membros inferiores tendem a predominar no futebol, ao passo que lesões nos membros superiores são mais comuns no rúgbi. As lesões em esportes de contato tendem a ocorrer com mais frequência durante a competição, se comparadas ao treinamento, e o contrário se aplica em esportes como a corrida. As lesões relacionadas ao treinamento são atribuídas a múltiplos fatores e modificações no programa de treinamento podem reduzir essas lesões.

Figura 10.2 A atividade manual intensa e o carregamento são comuns em muitos empregos.

As causas de lesão que são atribuídas pelo atleta podem não concordar com a avaliação de um observador avisado. Em um estudo de jogadores da liga sueca, menos da metade das lesões era atribuída a fatores relacionados com o jogador (Ekstrand, 1982). Em um estudo de um grupo misto de jogadores (futebol, hóquei de campo e rúgbi), quase a metade dos jogadores atribuía suas lesões ao acaso (Reilly e Stirling, 1993). Em ambos os casos, a infração da regra foi considerada causal na mesma proporção (Tabela 10.1).

As lesões por esforço repetitivo em diferentes esportes foram nomeadas de acordo com o esporte envolvido. O cotovelo de tenista se refere à epicondilite lateral (Hennig, 2007), ao passo que o cotovelo de golfista afeta a origem dos músculos flexores do cotovelo no lado medial do cotovelo. As lesões nos golfistas também incluem impacto posterolateral no cotovelo (Kim et al., 2006). Lesões nos ombros dos nadadores incluem lassidão capsular e tendinite (Weldon e Richardson, 2001). O joelho do saltador é atribuído à tendinite patelar, e a puxada na virilha do jogador de futebol tem sido relatada em uma variedade de códigos de futebol (Slavotinek et al., 2005). As equivalências no ambiente ocupacional incluem o joelho da empregada doméstica (inflamação da bursa pré-patelar), tornozelo do alfaiate (dor sobre o maléolo lateral ao sentar de pernas cruzadas) e cãibra do escritor (relacionada à síndrome do túnel do carpo).

Tabela 10.1 Mecanismos de lesões e sua atribuição nos Jogadores (% do total)

Liga sueca de futebol (Ekstrand, 1994)			Jogadores (Reilly e Stirling, 1993)	
Fatores do jogador		Fatores que não os dos jogadores		Causas atribuídas	
Reabilitação incompleta	17	Superfícies	24	Acaso	47
Instabilidade articular	12	Equipamento	17	Aquecimento inadequado	19
Rigidez muscular	11	Regras	12	Reabilitação inadequada	17
Falta de treinamento	2	Outros fatores	2	Desonestidade	17

O aconselhamento com uma equipe médica é, muitas vezes, necessário para a indicação de tratamentos apropriados e para modificar as práticas de treinamento.

Vários instrumentos foram projetados para avaliar a incidência de distúrbios musculoesqueléticos entre a força de trabalho. O questionário nórdico tem obtido uma ampla aceitação para uso dentro de estudos ergonômicos e tem sido validado contra exames clínicos. Descatha et al. (2007) concluíram que questionários no estilo nórdico que exploram os sintomas anteriores podem ser ferramentas úteis para monitoramento dos distúrbios musculoesqueléticos relacionados ao trabalho, em especial se os questionários incluírem classificações numéricas da gravidade do sintoma. Esses questionários são usados para mostrar as fontes de lesão, de modo que ações preventivas possam ser empregadas. Os métodos de avaliação do risco e análise postural (Capítulo 3) fornecem outra maneira de identificar mecanismos potenciais de lesão e desencadear ações preventivas. Em muitas ocasiões, a análise cinemática, eletromiografia e análise de comportamento são necessárias para fornecerem ideias sobre as causas de lesões em particular.

Overreaching

Em uma tentativa de atingir o auge do condicionamento, os atletas, muitas vezes, empregam cargas de treinamento que estão além de suas capacidades de adaptação. Nessas circunstâncias, o nível de desempenho diminui em vez de melhorar. Essa condição é amplamente referida como subdesempenho, *overreaching* ou síndrome do *overtraining*. O *overtraining* reflete a tentativa do atleta de compensar uma diminuição no desempenho. Esse declínio pode estar associado à recuperação incompleta da doença ou à falha em se recuperar do treinamento extenuante prévio. Algumas vezes, é resultado da nutrição inadequada durante períodos de treinamento extenuante quando o gasto de energia é alto. O esforço aumentado no treinamento se torna contraprodutivo e o atleta entra em uma espiral de subdesempenho.

Não há fórmula universal que prescreva o caminho perfeito para o auge do condicionamento. A teoria que sustenta o *design* de programas de treinamento para produzir níveis de condicionamento máximo é baseada mais nas observações empíricas que em evidência experimental, o que é amplamente atribuído aos muitos fatores envolvidos, difíceis de modelar por completo em investigações em laboratório.

Com respeito às lesões por esforço repetitivo, Dvorak et al. (2000) consideraram várias possibilidades para reduzir o índice de lesões no futebol, na perspectiva dos treinadores, equipe médica e jogadores. A perspectiva do treinador incluía sessões de treinamento estruturadas, aquecimento, razão apropriada entre treinamento e jogos e redução da sobrecarga física. A perspectiva médica incluía a reabilitação adequada, tempo de recuperação suficiente, atenção às queixas e bandagem das articulações enfraquecidas do tornozelo. A perspectiva dos jogadores abrangia o desempenho e os fatores de estilo de vida. A primeira incluía flexibilidade, habilidades, resistência e melhora das reações. A última incluía hábitos pessoais, como tabagismo e uso de álcool, alimentação e jogo limpo. Outros aspectos estavam relacionados com a implementação das regras, observando os regulamentos do jogo e os aperfeiçoando nos pontos necessários.

Aquecimento e resfriamento

O aquecimento é importante tanto para a redução do risco de lesão quanto para a preparação visando à competição que se aproxima. O aquecimento deve ser estruturado de modo que forneça especificidade para o esporte. Os exercícios de flexibilidade formam um componente relevante de qualquer prática de aquecimento. A atividade preexistente eleva a temperatura do músculo e de todo o corpo em preparação para o exercício mais exigente que segue. A prevenção de lesão é mais efetiva quando a rotina de aquecimento inclui exercícios específicos para o esporte em questão (Reilly e Stirling, 1993).

Há uma base fisiológica para a necessidade de resfriamento, ainda que raramente seja praticado. O seu principal benefício pode estar na aceleração dos processos de recuperação. A principal resistência à sua adoção universal é provavelmente o estado psicológico daqueles envolvidos no jogo, que pode ser emocionalmente afetado pelos eventos do jogo, ainda algumas horas depois de ele ter sido encerrado.

O **resfriamento** permite aos jogadores alguns momentos de reflexão após a competição ou o treinamento. Ele pode ser uma atividade de grupo após o treinamento ou uma atividade individual após um jogo. No último caso, o atleta pode refletir sobre o que fez de bom ou focar-se nos aspectos que não foram tão bem executados. As emoções podem ser colocadas à prova enquanto o autocontrole é readquirido se tiverem ocorrido quaisquer incidentes cruciais no jogo. Quando o atleta já trocou de roupa no vestiário, o nível de excitação é restaurado à normalidade e as atividades do dia podem ser avaliadas de uma maneira objetiva. Desse modo, o resfriamento pode trazer os aspectos profissionais do dia de trabalho mais para perto.

Em um estudo com jogadores, Reilly e Rigby (2002) demonstraram os benefícios do resfriamento ativo. Os benefícios ficaram evidentes em uma diminuição mais lenta no desempenho muscular durante dois dias após um jogo profissional e uma redução na percepção da dor muscular. A homeostase muscular foi restaurada com mais rapidez quando o resfriamento ativo foi realizado.

O resfriamento representa uma boa higiene e compensa parcialmente uma depressão temporária do sistema imune. A relação em forma de J entre o exercício e a resposta imune sugere que o exercício extenuante tem um efeito de depressão sobre a função do sistema imune, ao passo que o exercício leve tem uma influência benéfica. A teoria da janela aberta propõe que o corpo seja mais vulnerável que o normal à infecção, em particular a infecções do trato respiratório superior, por 4 a 6 h após o exercício. Terminar a sessão com um leve resfriamento pode compensar os efeitos nocivos do exercício intenso precedente sobre o sistema imune. Ele pode prevenir uma mudança súbita no estado térmico, que parece estar envolvida quando se apanha uma gripe corriqueira.

A ausência da infecção é necessária para os atletas de elite manterem sua forma e atingirem novas marcas. Malm (2006) modificou a curva em forma de J para sugerir uma relação em forma de S entre a carga de exercício e o risco de infecções. Quando toda a gama de participação esportiva é considerada, a relação pode assemelhar-se à forma de W (Figura 10.3). Um atleta de elite deve ter um sistema imune capaz de suportar as infecções, mesmo quando está lidando com o estresse fisiológico e psicológico agudos.

Processos de recuperação

O dano às capacidades de desempenho deve ocorrer temporariamente após o treinamento extenuante. A recuperação dos recursos fisiológicos e mentais varia de acordo com a função prejudicada e pode ocorrer entre 24 h a 3 semanas. Os atletas estão interessados em acelerar a recuperação, de modo que o treinamento possa prosseguir de acordo com o planejado. Não há uma resposta simples para esse problema, e as intervenções ergonômicas podem ser aplicadas como uma combinação das medidas. Essas medidas incluem a restauração da energia e dos níveis de hidratação, diminuição da dor muscular, modificação do treinamento, além de massagens esportivas.

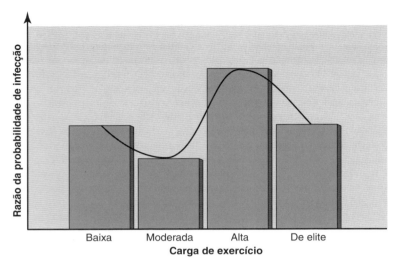

Figura 10.3 A curva em forma de S proposta para relacionar a carga de treinamento e o índice de infecção.
Adaptada de C. Malm, 2006, "Susceptibility to infections in elite athletes: The S-curve". *Scandinavian Journal of Medicine and Science in Sports* 16: 4-6.

Restauração do nível de energia

O esporte de competição pode reduzir os níveis de energia, em particular, destituindo os estoques de carboidrato. A nova síntese de glicogênio no músculo e no fígado é, portanto, uma prioridade logo após a competição ou ao final do treinamento extenuante.

O tempo ideal para o início da reposição de energia é nas primeiras 2 h após o final do exercício, porque as enzimas associadas com a síntese de glicogênio são mais ativas durante esse período. A sensibilidade à glicose e a expressão muscular GLUT4 aumentam no período inicial após o exercício (Dohm, 2002). As orientações nutricionais sugerem uma ingestão de carboidrato de 1,5 g/kg de massa corporal durante os primeiros 30 min de recuperação. Essa cifra poderia aumentar para 120 g de carboidrato para um indivíduo que pesa 80 kg. A razão da ressíntese de glicogênio é limitada (Coyle, 1991), sugerindo que uma ingestão que excede 50 g de bebida com carboidrato pode iniciar a recuperação de energia e compensar a supressão transitória de apetite atribuída ao exercício extenuante. Alimentos sólidos com um alto índice glicêmico podem ser fornecidos no vestiário para os atletas ingerirem após o banho. Alimentos com um alto índice glicêmico são listados no Quadro 10.1. A inclusão de aminoácidos essenciais com carboidrato fornece uma maneira adequada de melhorar a síntese de proteína, em especial se ingerido de 1 a 3 h após o exercício (Rasmussen et al., 2000). A degradação da proteína é, muitas vezes, aumentada após o exercício, assim, é importante estabelecer um ganho de proteína (Tipton e Wolfe, 2001). A restauração de energia deve ser continuada no dia seguinte para se tornar efetiva. O protocolo pode abranger a ingestão de 10 g/kg ou mais de carboidrato durante esse dia, representando uma ingestão de carboidrato proporcional de 60% da ingestão de energia diária.

Estado normal de hidratação

A deficiência de líquido que ocorre durante o treinamento ou a competição deve ser revertida tão logo seja possível. Beber água pura logo após o término do exercício intenso

Quadro 10.1 Classificação de alguns alimentos com base em seu índice glicêmico

Índice alto	Índice moderado	Índice baixo
Pão	Massa	Maçãs
Batata	Macarrão instantâneo	Feijões
Arroz	Salgadinhos ou batatas fritas	Lentilhas
Milho doce	Uvas	Leite
Passas	Laranjas	Sorvete
Banana	Mingau lácteo	Iogurte
Cereais	Pão de ló	Sopa
Glicose		Frutose

abaixa a osmolalidade plasmática e os níveis de sódio no plasma; isso reduz a sede e aumenta a produção de urina, o que tende a retardar a reidratação efetiva (Maughan, 1991). Bebidas que incluem eletrólitos, principalmente sódio, facilitam a absorção de água através da parede intestinal. O conteúdo de eletrólito do suor varia entre as pessoas; algumas podem ter uma necessidade particular de reposição de eletrólito, apesar do suor tender a ser hipotônico. Se o sódio e o cloreto não estão incluídos na bebida, uma parte do líquido ingerido é novamente perdida na urina. À medida que o conteúdo de água do corpo começa a diminuir, a secreção de vasopressina (um hormônio da hipofisária posterior) estimula a retenção renal de líquido, enquanto as glândulas adrenais secretam aldosterona, numa tentativa de preservar o sódio. Todavia, a reserva corporal total de eletrólito pode tolerar algumas perdas a curto prazo, sem qualquer efeito evidente sobre o desempenho físico. A maioria das refeições que cobrem o gasto de energia diário também inclui eletrólitos o suficiente para compensar por completo as perdas que ocorrem durante o treinamento. Como há uma variação acentuada entre pessoas a respeito do conteúdo de sódio no suor e na quantidade de suor perdido durante o exercício, um pouco de sal adicional (adicionado à comida ou às bebidas ingeridas) pode ser necessário para aqueles atletas que apresentam altas perdas de sal.

A perda de água do corpo durante o exercício (desidratação) pode prejudicar o desempenho no treinamento e na competição. Como a sede é satisfeita antes que a água corporal seja completamente reposta, os atletas precisam beber mais do que acreditam que precisam. A deficiência pode se estender até o dia seguinte e afetar o desempenho no treinamento, em especial quando as partidas ou os treinamentos são feitos em condições climáticas quentes. Monitorar a osmolalidade da urina ou sua gravidade específica ou condutância fornece uma boa indicação do estado de hidratação, embora uma osmolalidade de urina maior que cerca de 900 mOsm/kg tenha sido recomendada como uma indicação razoável de um estado de hipo-hidratação (Shirreffs, 2000). As medidas urinárias são consideradas mais apropriadas que os marcadores sanguíneos, e a osmolalidade da urina é o método preferido. Medidas simples incluem o monitoramento da massa corporal (pela manhã) ou avaliação da urina usando um gráfico colorido (Armstrong et al., 1998).

A regeneração das reservas metabólicas normais após o exercício é uma prioridade, e as práticas para promover a recuperação devem começar tão logo a competição seja terminada (ou treinamento formal). Os benefícios da fisioterapia são incertos, exceto onde traumas menores ao tecido mole tenham ocorrido. O programa de treinamento deve ser modificado levando-se em conta a redução transitória nas capacidades físicas, o que inclui a incorporação de sessões de recuperação no programa semanal. A menos que a recuperação completa seja atingida, o atleta entrará na competição seguinte em desvantagem. Para evitar essa possibilidade, estratégias de recuperação devem incorporar fatores de hidratação específica, nutricionais, psicológicos, de treinamento e de estilo de vida. Existem várias interações entre os fatores que influenciam a recuperação e, assim, o conhecimento dos princípios envolvidos é fundamental.

Massagem

A massagem tem um rico histórico de uso nos esportes, em particular, no ciclismo e nos jogos de futebol americano. Ela é tida como útil na preparação dos músculos para o exercício vigoroso e na aceleração da recuperação do microtrauma. Sabe-se também que os efeitos de relaxamento da massagem aliviam o estresse psicológico. Existem diferentes escolas de massagem, mas essa forma de fisioterapia pode ser aplicada em termos genéricos.

A massagem de superfície apresenta um efeito duplicado. Ela estimula o fluxo sanguíneo dentro do músculo subjacente e promove a reabsorção de qualquer hematoma que esteja presente. O alívio das dores atribuídas ao trauma menor ou microdano pode resultar dos efeitos relaxantes da massagem. Ela foi considerada responsável por aumentar a temperatura muscular com mais efetividade que o ultrassom, embora esses dois modelos terapêuticos tenham apenas efeitos limitados sobre a temperatura do músculo profundo (Drust et al., 2003).

Hilbert et al. (2003) relataram que a massagem ofereceu alívio subjetivo dos sintomas associados à dor muscular de início tardio, mas não teve nenhum efeito sobre a redução do dano muscular e a resposta inflamatória. Embora a massagem possa ter papel na fisioterapia, não há evidência de que ela facilite a recuperação de processos fisiológicos após a competição esportiva intensa.

Crioterapia

O exercício na água tem sido usado há muito tempo para o treinamento e a reabilitação. A resistência ao movimento fornecida pela água e a flutuação para reduzir a carga de impacto são as razões subjacentes para o treinamento na água. Piscinas de hidroterapia são comuns nas clínicas de Medicina Esportiva e *spas*. A corrida em água profunda alivia o desconforto muscular após o exercício que envolve ciclos de alongamento-encurtamento sem afetar a resposta da creatina quinase, que é indicativa de dano muscular (Reilly et al., 2002). Exercícios de corrida na água tendem a ser realizados em piscinas em que a temperatura da água é compatível com o conforto térmico. Crioterapia, banho de contraste e banho de gelo usam água em temperaturas muito mais baixas, em geral ao redor de 8 °C.

Eston e Peters (1999) relataram apenas benefícios limitados da imersão em água fria e nenhum efeito sobre a percepção da sensibilidade ou perda de força após o exercício excêntrico indutor de dano nos flexores do cotovelo. Sua técnica de crioterapia envolve submergir o braço que se exercita em um tubo plástico de água gelada durante 15 min. Howartson e Van Someren (2003) descobriram que, embora a massagem com gelo reduzisse a creatina quinase, ela não tinha outros efeitos sobre sinais e sintomas do dano muscular induzido por exercício. Bailey et al. (2007) relataram que a imersão por 10 min em uma água com temperatura de 10 °C imediatamente após o exercício prolongado intermitente reduzia alguns (mas nem todos) índices de dano muscular.

A imersão em água fria induz uma série de respostas fisiológicas que incluem hiperventilação, bradicardia e alterações na pressão arterial e fluxo sanguíneo (Reilly e Waterhouse, 2005). O calor é perdido com mais rapidez na água que no ar, assim, a imersão em água fria deve ser de curto prazo, uma questão de minutos. O uso de banhos gelados para promover a recuperação de exercícios musculares extenuante tem obtido crédito em esportes coletivos, notavelmente nas equipes da Rugby Union e de futebol. Outros preferem o **banho de contraste**, também uma prática convencional na fisioterapia, na qual períodos de imersão em água fria são intercalados com a exposição à água em uma temperatura próxima à temperatura média da pele.

Banho de contraste, alternando a imersão até o tronco em barris de água fria com água mais quente ou ar, é praticado pelos jogadores de futebol da Australian Rules, mas sem evidências convincentes de seus benefícios. Dawson (2005) usou um protocolo de alternância entre ficar em pé sob uma ducha quente ($\cong 45$ °C) por 2 min e ficar em pé com água gelada ($\cong 12$ °C) pela cintura por 1 min, o que foi repetido até que 5 sessões quentes e 4 sessões frias tivessem sido concluídas. A equipe da England Rugby Union usou primeiro a estratégia de imersão em água fria após suas partidas na Copa do Mundo de 2003 da International Rugby Union. Tipicamente, uma temperatura de água de 8 a 11 °C é usada nos banhos de água gelada para os jogadores, mas a duração e a frequência das imersões parecem ser mais determinadas pelas preferências locais e individuais ou pela tentativa e erro que pela evidência científica. Nos locais em que os banhos de contraste são usados em preferência aos banhos gelados, um protocolo de 1 a 2 min em cada um dos meios por 4 ou 5 imersões sucessivas é normal.

A crioterapia para o corpo todo é a prática de expor os indivíduos a temperaturas extremamente baixas por curtos períodos de tempo em uma câmara especial. Em uma sessão típica, o indivíduo é exposto a –60 °C por cerca de 30 s e, posteriormente, a –110 °C por 2 min. Apesar dessa exposição ao frio extremo, os indivíduos relatam melhoras no bem-estar geral e reduções na inflamação e na dor. A técnica tem sido usada para várias condições, em especial a doença reumatoide. Ela tem sido utilizada também por jogadores profissionais da Rugby Union e de futebol, aparentemente com respostas subjetivas positivas, mas ainda são aguardados estudos controlados para esclarecer esses efeitos. Em seu estudo com 10 jogadores da equipe nacional de rúgbi italiana, Banffi et al. (2008) concluíram que a crioterapia para o corpo todo não pode ser considerada uma maneira antiética de estímulo sanguíneo, porque eles descobriram que ela não altera quaisquer medidas hematológicas.

Roupas de compressão

As roupas de compressão foram promovidas como uma maneira de acelerar a recuperação após o exercício vigoroso. Elas são geralmente providas na forma de meias justas e firmes que cobrem a perna por inteiro e são usadas após o exercício e à noite. Elas são utilizadas por viajantes para proteção contra o desenvolvimento da trombose venosa profunda relacionada com o período de tempo prolongado a bordo de um voo em uma postura restrita.

Montgomery et al. (2008) estudaram a efetividade das roupas de compressão na aceleração da recuperação monitorando jogadores durante um minitorneio de basquete no qual três partidas eram disputadas em três dias consecutivos. As meias de compressão não forneceram redução na fadiga cumulativa que ocorreu durante o torneio. Em contraste, a diminuição no desempenho foi atenuada por um regime de imersão na água consistindo de exposições de 1 min até o nível do tórax numa água a 11 °C, com intervalos de 2 min entre as imersões. Os autores concluíram que a imersão em água fria restaurou o desempenho físico com mais efetividade do que fez o carboidrato com as sessões de alongamento ou as roupas de compressão.

Medidas profiláticas

É um clichê afirmar que é melhor prevenir que remediar. A eliminação dos pontos fracos identificados por antecipação proporciona ao indivíduo uma base fortalecida para lidar com as demandas do treinamento e as demandas competitivas. Muitas das medidas **profiláticas** usadas no esporte contemporâneo têm suas origens nos contextos clínicos. Entre elas, estão o treinamento ou o retreinamento de equilíbrio e o uso de plataformas de alta tecnologia, como aquelas utilizadas no sistema CAREN (sigla inglesa para ambiente de reabilitação assistida por computador). As próximas seções também falam do uso dos esquemas de referência de exercício na saúde pública, do potencial das redes neurais artificiais sobre um espectro de aplicações e do uso de suplementos selecionados como medidas preventivas.

Treinamento de equilíbrio

O equilíbrio é necessário de alguma maneira em todos os esportes; em atividades como ginástica, esqui, atletismo e jogos de campo e quadra, ser capaz de corrigir a orientação dos segmentos do corpo no espaço ou no aparato esportivo é fundamental para o sucesso. Essa facilidade em executar a tarefa decorre de uma função complexa da coordenação neuromuscular envolvendo os sistemas **proprioceptivo**, vestibular e visual do corpo.

O treinamento de equilíbrio é normalmente realizado por meio de manobras específicas do esporte. Uma forma controlada de treinar novamente o equilíbrio é necessária na reabilitação da lesão. De maneira tradicional, o restabelecimento do equilíbrio tem sido realizado com o uso de uma prancha de equilíbrio (*wooble board*), na qual o atleta tenta se recuperar à medida que uma perturbação leva a prancha a se mover. Recentemente, sistemas assistidos por computador foram considerados efetivos para o treinamento de equilíbrio, e esses sistemas permitem que o treinamento seja feito individualmente para o atleta.

O CAREN é um sistema controlado por computador, projetado para aplicações clínicas. Ele consiste de uma plataforma que pode ser movida em todos os seis graus de liberdade. Originalmente, esse dispositivo foi criado para pesquisa postural e de equilíbrio, mas ele tem muitas e variadas aplicações (Figura 10.4). Essas aplicações incluem o novo treinamento dos movimentos em pacientes com distúrbios neuromusculares, reabilitando pacientes após um AVC, estudando os efeitos do exercício no reaprendizado dos movimentos e treinamento para a marcha após lesões. O seu potencial para aplicações nas habilidades esportivas tem ainda de ser explorado (Lees et al., 2007).

As características de resposta cinemática do sistema CAREN para as funções de entrada de *ângulo e declive* foram descritas por Lees et al. (2007) para seus seis eixos de transição e rotação. Os pesquisadores concluíram que esse dispositivo de plataforma de movimento era apropriado para pesquisa postural e de equilíbrio e tinha algumas características únicas que poderiam ser usadas em pesquisa.

A combinação de plataformas de movimento controladas por computador com monitores visuais permite que ambientes de realidade virtual sejam apresentados a um indivíduo, um paciente ou um aprendiz. A ativação de grupos musculares específicos enquanto se equilibra em uma plataforma pode alterar certos aspectos do monitor. Esse princípio foi aplicado em investigações neurológicas com o objetivo de treinar músculos específicos. Ele deve ser aplicado no futuro a uma variedade de ações esportivas, bem como em condições clínicas.

Um aspecto negativo potencial da imersão no ambiente virtual é a produção de sintomas similares àqueles de enjoo provocado pelo movimento. A impressão tridimensional é obtida pelo uso de lentes esféricas apoiadas num capacete enquanto se observa o monitor. Com a repetição, os sintomas são geralmente reduzidos na prevalência e na

Aspectos clínicos

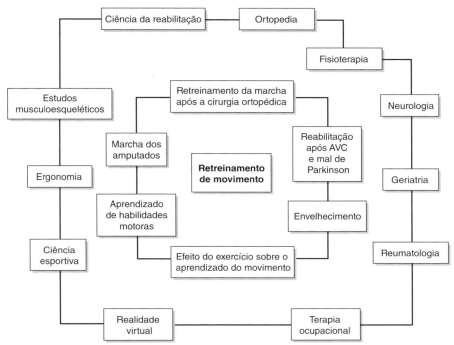

Figura 10.4 Aplicação dos dispositivos de plataforma móvel.

gravidade, e o início da náusea é retardado. Howarth e Hodder (2008) encontraram evidências em relação à habituação na participação de um jogo de corrida no computador, sendo o número de exposições mais importante que o intervalo entre elas. Houve pequenas melhorias na acuidade visual e algumas modificações de comportamento, embora os movimentos da cabeça sozinhos não parecessem suscitar um efeito universal no enjoo induzido pelo movimento visual. As escalas de tempo de habituação aos diferentes sintomas (desconforto geral, fadiga, cansaço, tontura, vertigem, memórias visuais passadas, debilidade, confusão e vômito) indicaram diferenças entre os enjoos provocados pelo estimulador e os provocados pelos movimentos reais (Howarth e Hodder, 2008).

Exercício para prevenção

As abordagens preventivas são preferíveis a tratamentos de cura, quando possível. O treinamento pode ser adequado para eliminar fatores que predispõem à lesão, focando em pontos fracos que devem ser melhorados e evitando erros no treinamento. Um programa sistemático de flexibilidade pode reduzir a rigidez muscular e a incidência de estiramentos musculares (Ekstrand, 1982). Atenção especial se faz necessária quando há aumento na carga de treinamento ou ciclos de alongamento-encurtamento são introduzidos no programa de condicionamento. Uma sólida base de condicionamento físico é necessária antes que o atleta empreenda o treinamento pliométrico e o dano muscular transitório é reduzido quando os ciclos de alongamento-encurtamento do exercício são repetidos. Essa melhora da tolerância ao treinamento é conhecida como o efeito das séries repetidas do exercício (Cleak e Eston, 1992).

O trabalho de força e condicionamento fornece a melhor maneira de reduzir o impacto da dor muscular de início tardio (veja o boxe abaixo). Esse tipo de dor ocorre se o participante se envolver em contusões e ferimentos por meio do contato físico. Maneiras farmacológicas (como drogas anti-inflamatórias não esteroidais) de tratar a dor muscular atribuída ao exercício excêntrico se provaram em sua maioria ineficazes (Gleeson et al., 1997). O ultrassom pode ser uma terapia efetiva para outras queixas musculares, mas ainda não se provou benéfico para a dor muscular de início tardio (DMIT).

Alívio da dor muscular de início tardio (DMIT)

- Alongamento
- Aplicação de gelo
- Ultrassom
- Estimulação nervosa elétrica transcutânea (TENS)
- Cremes anti-inflamatórios

- Agentes farmacológicos
- Exercício
- Massagem
- Treinamento

Observação: embora algum sucesso tenha sido encontrado por alguns autores usando alongamento, estimulação nervosa elétrica transcutânea (TENS) e cremes anti-inflamatórios locais no alívio da DMIT, a opinião da maioria foi que não houve sequer uma maneira efetiva de reduzir a dor, uma vez que ela tenha ocorrido. A prevenção é mais bem garantida pelo treinamento de acordo com o efeito das séries repetidas.
Revisado por Cleak e Eston (1992).

Esquemas de orientação de exercício

Os programas de exercício para prevenção de doenças cardiovasculares foram promovidos com orientações para intensidade, frequência e duração do treinamento. As recomendações do American College of Sports Medicine (1998) foram adotadas no mundo todo e usadas como um padrão para determinar a qualidade do treinamento. A atenção também tem sido direcionada para o uso do exercício durante a reabilitação da doença cardíaca coronariana. Os instrutores que inspecionam e supervisionam essas sessões de treinamento são especificamente qualificados para lidar com essa população.

O papel do exercício na prevenção de outras doenças e distúrbios é cada vez mais reconhecido. Essas doenças incluem diabetes, síndrome metabólica, uma série de cânceres, fibromialgia e dor nas costas. Os treinadores personalizados são aconselhados por seus órgãos diretivos sobre as necessidades únicas de pacientes com lesão na medula espinhal, esclerose múltipla, epilepsia e paralisia cerebral (La Fontaine, 2004). As mulheres grávidas e as pessoas que têm preocupações ortopédicas específicas devem obter aprovação de seu médico (com a orientação de um consultor, quando apropriado) antes da participação.

O esquema de orientação ao exercício no Reino Unido foi implementado para promover a atividade física entre pessoas que são suscetíveis, diminuindo problemas de saúde entre a população. O esquema refletiu sua estratégia global com base na Organização Mundial de Saúde, no intuito de expressar problemas de saúde associados com a inatividade física. A efetividade da iniciativa contou parcialmente com a fonte da orientação, e os participantes orientados das enfermarias cardíacas e enfermarias gerais apresentaram maior adesão que aqueles encaminhados de médicos clínicos gerais. Existem nítidos benefícios quando os participantes seguem os requisitos do programa: parece que o esquema nacional de orientação ao exercício tem valor para certos segmentos da população, mas não necessariamente todos (Dugdill et al., 2005).

Suplementos no contexto clínico

Entre as respostas psicológicas complexas à atividade física, o exercício extenuante está associado com a produção de radicais livres. Defesas antioxidantes localizadas nos agrupamentos de líquido corporal e nos estoques de lipídio são usados como "varredores" para prevenir o dano às células causado pelas espécies de radicais livres. Pode ser que os recursos antioxidantes sejam intensificados pelo uso de suplementos nutricionais. Contudo, Malm et al. (1997) descobriram que a suplementação com um antioxidante solúvel ao lipídio (coenzima Q10) tinha um efeito negativo inesperado sobre jovens jogadores de futebol durante um período de aumento na carga de treinamento. Parece que a suplementação com esse antioxidante em particular não é desejável.

    Acredita-se que outros antioxidantes podem beneficiar o processo de recuperação após a competição esportiva. Thompson et al. (2003) investigaram se a suplementação após o exercício com 200 mg de vitamina C influenciava a recuperação de 90 min de corrida de vai e vem projetada para corresponder à intensidade de exercício média de um jogo de futebol. Não foi encontrada nenhuma diferença entre o grupo que recebeu suplementação e um grupo placebo no índice de recuperação para três dias após o exercício. Atividades da creatina quinase sérica, concentrações de mioglobina, dor muscular e recuperação da função muscular nos extensores e flexores do joelho foram similares entre os dois grupos. As concentrações plasmáticas de malodialdeído (refletindo o estresse oxidativo) e interleucina-6 aumentaram igualmente após o exercício nos grupos placebo e de suplementação. Concluiu-se que tanto os radicais livres não estão envolvidos no atraso da recuperação de tais protocolos de exercício como o consumo de vitamina C imediatamente após o exercício é incapaz de liberar um efeito antioxidante nos locais apropriados com conveniência suficiente para melhorar a recuperação. Aparentemente, os benefícios da suplementação antioxidante podem ser de longo prazo em vez de curto prazo.

    A suplementação com carboidrato durante períodos de treinamento intenso é uma contramedida potencialmente efetiva à suscetibilidade à doença atribuída ao período de janela aberta. A suplementação com carboidrato se mostrou capaz de atenuar os aumentos na contagem de neutrófilos no sangue, nos hormônios de estresse e nas citocinas inflamatórias. Todavia, o carboidrato não transmite imunidade, porque ele é, em grande parte, ineficaz contra outros componentes imunes, incluindo a função da célula exterminadora natural e da célula T (Nieman e Bishop, 2006).

    Há, também, interesse no uso de relaxantes musculares que agem centralmente para o alívio do espasmo muscular doloroso. Bajaj et al. (2003) investigaram o papel do cloridrato de tolperisona formulando a hipótese de que seu uso como um agente profiláctico alivia a dor muscular, com base na teoria do espasmo da dor no exercício. Os pesquisadores não encontraram nenhuma diferença entre o tratamento e um placebo na dor percebida durante 48 h após o exercício excêntrico, mas a diminuição na força muscular isométrica foi acentuada. O uso profiláctico dos relaxantes musculares não pode, portanto, ser apoiado para uso em atletas.

Redes neurais artificiais

Com o desenvolvimento na Tecnologia da Bioinformação, as técnicas baseadas em computador são cada vez mais usadas em contextos clínicos. Redes neurais artificiais representam uma tentativa de simular como os neurônios do sistema nervoso central trabalham juntos para processar informação. As atividades de uma camada de entrada de dados determinada pela informação bruta alimentada nela, uma camada muscular interconectada escondida e as unidades de saída na rede correspondem aos dendritos, ao corpo celular e aos axônios da organização neuronal. Uma rede neural tende a ser configurada para uma aplicação específica, como o reconhecimento de padrões de classificação de dados. A rede aprende a reconhecer padrões entre seus elementos interconectados, como ajustes para conexões sinápticas que ocorrem com o aprendizado humano. Essa abordagem é uma extensão da Ciência da Computação e da Inteligência Artificial.

As redes neurais são usadas para modelar partes dos organismos vivos, como o sistema cardiovascular ou os mecanismos do cérebro. Essas redes têm, portanto, encontrado aplicações na Fisiologia, Psicologia, Neurociência e Ciência do Movimento. Elas são também adequadas para identificar tendências ou padrões nos dados e, assim, têm uso no tratamento de risco. O seu potencial para aplicação ao esporte tem sido percebido, mas as aplicações mais prováveis são na Medicina Esportiva e na Análise de Desempenho.

As redes neurais têm sido usadas como ferramentas para a tomada de decisão em uma variedade de contextos clínicos. Elas foram usadas para diagnóstico, prognóstico e análise de sobrevivência nos domínios médicos da oncologia, cuidados intensivos e medicina cardiovascular (Lisboa, 2002). As redes neurais aprendem de exemplos das variações de uma doença e, desse modo, são treinadas. O diagnóstico pode ser obtido pela formação de um modelo do sistema biológico relevante para um indivíduo e comparando-o com as medidas reais do paciente. Dessa maneira, condições potencialmente perigosas podem ser detectadas com antecipação.

Barton et al. (2006) usaram redes neurais auto-organizadas para reduzir a complexidade da cinemática articular e dados cinéticos na condução de uma avaliação da marcha. Dados tridimensionais para ângulos, momentos e valores de potência articulares foram projetados em um mapa neural topológico, e os pacientes foram posicionados no mapa um em relação aos outros. Essa maneira de comparação dos padrões da marcha foi considerada um passo em direção a um protocolo de análise objetivo para a tomada de decisão clínica.

Perez e Nussbaum (2008) forneceram um exemplo de como um modelo de rede neural pôde ser usado para prever posturas durante tarefas de manuseio de materiais. Eles desenvolveram um modelo para prever a postura de todo o corpo no início e no final de um levantamento em duas e três dimensões. Seus modelos forneceram o que eles consideraram predições razoavelmente acuradas, superando as abordagens computadorizadas previamente disponíveis. Um desafio para futuros desenvolvimentos é aplicar a informação gerada para criar estratégias que se adéquem às características antropométricas individuais e de força.

Como as redes neurais podem extrair significado de dados imprecisos, elas têm o potencial de esclarecer padrões não prontamente aparentes ao olho humano. Embora essas redes tenham encontrado aplicações na Biomecânica e na Medicina Esportiva, o seu potencial para analisar o desempenho esportivo não tem sido minuciosamente investigado. Passos et al. (2006) usaram redes neurais artificiais para reconstruir um espaço de desempenho tridimensional, focando-se nos confrontos individuais no rúgbi. Sua conclusão foi de que as redes neurais podem ser instrumentais na identificação da formação de padrão nos esportes coletivos em geral. Essas redes podem também ter valor na formulação de padrões nos dados antropométricos e de condicionamento físico que podem sugerir uma predisposição à lesão.

Visão geral e resumo

A participação no exercício tem numerosos benefícios na obtenção das adaptações fisiológicas e uma sensação conjunta de bem-estar. Ela também apresenta riscos concomitantes de distúrbios agudos e crônicos associados com a sobrecarga ou com fatores extrínsecos. Uma abordagem preventiva é efetiva na redução de lesões, mas é muitas vezes insuficiente em si própria.

Avaliações físicas e clínicas podem identificar pontos fracos individuais e fornecer orientações corretivas. A avaliação é especialmente relevante durante a reabilitação com uma perspectiva de evitar uma nova lesão. A curto prazo, vários métodos estão disponíveis para acelerar o processo de recuperação e para ajudar o atleta a retornar rapidamente ao treinamento. Essas medidas requerem uma abordagem sistemática na adoção das terapias de exercício que são mais efetivas que os meios farmacológicos. Os programas de exercício têm valor na melhoria dos distúrbios metabólicos e cardiovasculares e podem aliviar os sintomas de condições neurológicas. Em todas essas ocasiões, uma atenção especial deve ser dada para casos individuais, no planejamento de programas de exercício e no monitoramento de seus efeitos.

11

Uma perspectiva ergonômica holística e nutricional

DEFINIÇÕES

Agência Mundial Antidoping (WADA) – A agência estabelecida com a autoridade formal de policiar o abuso de drogas nas competições esportivas internacionais.

alcalinizadores – Substâncias usadas para tamponar os níveis de lactato acumulados do corpo durante o exercício de alta intensidade e, desse modo, retardar o início da fadiga.

anfetaminas – Drogas que aumentam a excitação pela estimulação do sistema nervoso central.

doping **sanguíneo** – Uso de meios artificiais para estimular o sistema de transporte de oxigênio corporal alterando a contagem de hemácias.

ergonomia de participação – Sistema pelo qual o indivíduo toma parte ativa nas decisões sobre os aspectos da ergonomia de *design* da tarefa, da disposição da estação de trabalho e de outros fatores.

estereótipos populacionais – A expectativa de que o movimento de um dispositivo de controle cause um movimento compatível ou uma mudança de direção denotada pelo *display*.

neuroergonomia – O estudo do cérebro e o comportamento no trabalho.

suplementos – Pílulas ou alimentos usados com a intenção de aumentar os estoques de energia corporal ou recuperar a homeostase normal.

tecnologias de aperfeiçoamento humano – Abordagens científicas para aumentar as capacidades humanas.

UMA perspectiva holística deve levar em consideração o bem-estar do indivíduo nos contextos ocupacional e de lazer. Esses domínios separados interagem, visto que as atividades de tempo de lazer agradáveis podem melhorar a motivação da pessoa para o trabalho e a satisfação com ele. De maneira ideal, o resultado da maior satisfação no trabalho é um aumento na produtividade. Na verdade, qualquer intervenção ergonômica no local de trabalho deve melhorar a produção. O sucesso de tal intervenção depende do envolvimento dos trabalhadores ou de seus representantes.

Os participantes esportivos treinam para elevar seus limites atuais e transcender suas capacidades avaliadas. A prática com base nos princípios científicos pode melhorar os aspectos físicos e cognitivos do desempenho. As inovações no ambiente do treinamento influenciam essas melhorias. Tais mudanças incluem um novo *design* das tarefas de treinamento ou o uso de estimuladores para enriquecer a experiência do treinamento.

O esforço humano sempre foi direcionado para superar desafios. Esse espírito levou à conquista do Monte Everest, em 1954; à chegada do homem à Lua, em 1969; e aoo voo por tração humana, em 1978. Seja na terra, no mar, no ar ou embaixo d'água, as conquistas têm superado o que era, até então, considerado improvável. Não obstante essas conquistas incríveis, a fragilidade dos seres humanos deve também ser colocada em cheque. Os indivíduos estão sujeitos a infecções virais e bacterianas que alteram a saúde e o comportamento. Eles precisam de sono e repouso adequados para ter um desempenho efetivo no trabalho e no esporte. Eles também precisam de nutrição adequada e de um balanço dos macronutrientes para seus esportes específicos. As práticas alimentares para uma vida saudável incluem ingestão de energia proporcional às demandas de energia habituais da atividade.

Os programas de treinamento são mais efetivos quando combinados com sólidos princípios nutricionais complementados por um estilo de vida adequado. O desempenho pode ser melhorado por meios nutricionais e agentes farmacológicos, tanto como nos postos militares ou nos esportes; muitas das drogas projetadas para propósitos clínicos foram usadas para melhorar os aspectos físicos, compensar a fadiga, aumentar o estímulo ao sistema nervoso e ajudar na recuperação. Tais usos são considerados prejudiciais aos princípios de equidade e são banidos na maioria dos esportes, nos Jogos Olímpicos e em provas de campeonatos. Todavia, algumas práticas alimentares e suplementos nutricionais têm uma base científica para seu uso no preparo de atletas e na promoção de estilos de vida saudáveis. Este capítulo concentra-se na ergonomia de participação e no aperfeiçoamento humano. O uso de drogas e de suplementos nutricionais é considerado com outras tecnologias de aperfeiçoamento.

Ergonomia de participação

Uma percepção negativa da ergonomia é que ela é uma ferramenta de gestão para a mudança das condições de trabalho. Essa impressão pode ser contrabalançada por meio do envolvimento dos trabalhadores na tomada de decisões sobre a melhoria das condições de trabalho ou da aceitação das práticas de trabalho inovadoras. Estimular a força de trabalho nas decisões que as afetam diretamente em uma base diária é um aspecto central da ergonomia de participação. Ela também é relevante no contexto de fortalecimento dos membros de equipes esportivas para efetivar as estratégias do jogo.

As abordagens da **ergonomia de participação** incluem intervenções em níveis macro (organizacional e sistemas), bem como em micro (individuais) em que os trabalhadores recebem a oportunidade e a força de usar seu conhecimento para tratar de problemas ergonômicos relacionados com suas próprias atividades de trabalho (Hignett et al., 2005). A compreensão é de que os usuários finais (os beneficiários da ergonomia) estão integralmente envolvidos no desenvolvimento e na implementação de qualquer nova tecnologia (Jensen, 1997). O custo-benefício é geralmente demonstrado nas ausências reduzidas do trabalho e em menores pedidos de compensação. Outros resultados das medidas incluem produtividade aumentada, comunicação melhor entre pessoal de trabalho e direção e desenvolvimento de novos processos e novos *designs* para ambientes e atividades de trabalho. Uma tipologia da ergonomia de participação é mostrada no boxe abaixo.

Nível e forma de participação

1. Informação da gerência para os trabalhadores sobre os planos de ação.
2. Recolhimento de informação e experiência por parte dos trabalhadores.
3. Consulta na qual os trabalhadores podem fazer sugestões e apresentação de pontos de vista.
4. Negociações em *workshops* formais e em encontros.
5. Tomada de decisão conjunta em concordância entre as partes envolvidas.

Uma tipologia da participação modificada de Jensen (1997).

Para essa abordagem ser efetiva, os dados dos participantes devem ser obtidos de uma maneira direcionada. Em um grupo de discussão, os membros são entrevistados juntos para uma discussão predeterminada dos assuntos. As informações obtidas da interação e da conversa são essencialmente qualitativas. Os tópicos são fornecidos por um facilitador, que garante que questões cruciais sejam tratadas. Os membros convocados para formar o grupo de discussão são convidados a tomar parte e estimulados a expressar suas visões por meio de comentários de experiências pessoais. O grupo de discussão desempenha um papel quando uma organização adota a ergonomia de participação e, em muitos casos, essa técnica é usada com os métodos quantitativos.

Vink et al. (2006) forneceram uma evidência de produtividade mais alta e maior conforto após permitir que os usuários finais participassem da organização em discussões sobre planos para melhorias. Os fatores-chave no sucesso foram um bom inventário dos problemas iniciais, uma abordagem estruturada, um grupo de direcionamento responsável pela orientação e pelo envolvimento dos usuários finais na testagem de ideias e protótipos. As chances de sucesso aumentam com o fortalecimento dos usuários, como no caso de dar a eles algumas responsabilidades para decisões na próxima etapa do processo.

A ergonomia de participação tem sido usada para lidar com os distúrbios musculoesqueléticos relacionados ao trabalho. Rivilis et al. (2006) usaram um *design* de pesquisa quase longitudinal em um grande depósito de agência de correios canadense. As mudanças nos fatores organizacionais do trabalho melhoraram os resultados em termos de saúde. As melhorias na comunicação estavam correlacionadas com a redução da dor musculoesquelética e com um aprimoramento no índice de trabalho. Os pesquisadores concluíram que a abordagem da ergonomia de participação pode reduzir os fatores de risco para os distúrbios musculoesqueléticos relacionados ao trabalho, e a participação significativa dos trabalhadores no processo é importante para o sucesso de tais intervenções.

Embora a ergonomia de participação não garanta a solução dos problemas, os benefícios da abordagem foram observados em uma variação de ambientes. Kogi (2006) revisou projetos de ergonomia de participação em pequenas empresas, com trabalhadores domésticos, trabalhadores da construção e fazendeiros asiáticos. Uma boa abordagem à prática produziu resultados positivos e melhorias de baixo custo quando áreas técnicas múltiplas foram tratadas juntas. As áreas típicas incluem manuseio de materiais, *design* do local de trabalho, ambiente físico e organização do trabalho.

A filosofia da ergonomia de participação foi primeiramente desenvolvida em uma reunião na montadora de carros Volvo, na Suécia, mas desde então tem sido adotada em muitas ocupações diferentes. Os princípios se aplicam igualmente ao esporte, em particular no que diz respeito a como treinadores e profissionais de apoio da Ciência Esportiva comunicam-se com os atletas de suas equipes profissionais. Os estilos de treinamento variam entre os indivíduos. O capitão da equipe pode ser usado como um filtro de comunicação entre jogadores e comando e pode assumir um papel de liderança no campo de jogo. Todavia, os jogadores individuais devem desempenhar algum papel na consulta sobre a escolha da tática, porque sua compreensão sobre a tática adotada é crucial para o sucesso.

A participação de treinadores e jogadores em um programa de intervenção para reduzir as lesões foi mostrada como um efeito benéfico em um estudo de Junge et al. (2002). Sete equipes juvenis de futebol tomaram parte em um programa de prevenção focado na educação e na supervisão de treinadores e jogadores; e mais sete equipes que treinavam e jogavam normalmente foram utilizadas como controle. O programa incluiu melhoria do aquecimento e do resfriamento, proteção dos tornozelos instáveis, reabilitação adequada e promoção do espírito do jogo limpo. Uma série de 10 exercícios projetada para melhorar a estabilidade das articulações dos tornozelos e dos joelhos e a flexibilidade e a força dos músculos do tronco, dos quadris e das pernas também foi incorporada. Durante o período de um ano, a intervenção levou a uma diminuição de 21% na incidência de lesão. Os maiores efeitos foram observados para lesões brandas, lesões por esforço repetitivo e lesões que ocorreram durante o treinamento. O programa de prevenção foi mais efetivo em equipes menos habilidosas que nas mais habilidosas. A conclusão foi de que os treinadores e os jogadores precisam ser mais bem instruídos sobre as estratégias de prevenção da lesão e devem incluir tal intervenção como parte de seu treinamento regular.

Ligada à ergonomia de participação está a noção da mudança individual e organizacional. Os estágios de mudança do modelo oferecem uma maneira de melhorar as intervenções. O modelo presume que uma mudança no comportamento abrange a movimentação sistemática por vários passos: (1) pré-contemplação, quando o indivíduo ou a organização pode resistir em reconhecer a necessidade de mudança; (2) contemplação, ou pensar sobre a mudança, mas não estar preparado para agir; (3) preparação, em que o indivíduo ou a organização pretende modificar o comportamento e planeja fazer isso nos próximos 30 dias; (4) ação, refletindo aquele comportamento que tinha sido alterado nos últimos 6 meses; e (5) manutenção, em que o comportamento foi alterado meses atrás e o indivíduo ou a organização está trabalhando para evitar uma recaída no comportamento-problema e para consolidar os ganhos obtidos.

O estágio atual do indivíduo ou da organização determina a receptividade à intervenção proposta e a efetividade dela. O modelo tem sido aplicado para comportamentos, como beber, fumar e exercitar-se, e aos distúrbios musculoesqueléticos relacionados com o trabalho (Whysall et al., 2007). Em sua revisão de como as intervenções de ergonomia podem ser mais bem desenvolvidas no local de trabalho, Haslam (2002) considerou que os ergonomistas podem proveitosamente se basear em um programa de estágios de mudança como aquele aplicado na promoção da saúde. As áreas recomendadas como apropriadas incluíram manuseio de equipamentos, distúrbios dos membros superiores, tropeçar e cair e segurança na fábrica. O modelo pode também ser adotado por preparadores físicos para tentar aumentar a adesão aos programas de exercícios.

Tecnologias de aperfeiçoamento humano

As **tecnologias de aperfeiçoamento humano** referem-se a uma série de maneiras para melhorar o desempenho humano. Elas variam desde métodos ideais de treinamento, de acordo com os princípios científicos, a elevações transitórias das capacidades. As abordagens científicas incluem o uso de estimuladores, de realidade virtual e de equipamento modificado. O aperfeiçoamento cognitivo é uma maneira de melhorar o desempenho mental. Algumas dessas tecnologias constituem meios ergogênicos legais de manter uma margem competitiva sobre os oponentes. Outras são agentes farmacológicos que foram banidos do esporte, mas têm ganhado uso em situações em que as forças armadas estão sendo preparadas para o combate e em uma variedade de contextos ocupacionais por trabalhadores individuais para superar a fadiga. Uma lista selecionada de auxílios ergogênicos é considerada aqui para ilustrar como os limites humanos podem ser estendidos além daqueles presumidos na ergonomia clássica.

Um conceito fundamental na ergonomia é que há um limite das capacidades humanas. Se os seres humanos forem forçados além dos seus limites, o resultado será a falha, sendo manifestada como fadiga, erro ou lesão. Esses limites se aplicam aos sistemas fisiológicos, bem como às funções cognitivas, e vários modelos ergonômicos foram projetados para estabelecer o ponto de queda no desempenho. Um exemplo é a tarefa secundária usada para avaliar a carga de trabalho mental ao mesmo tempo que se realiza a tarefa primária (Young e Stanton, 2007), um modelo aplicável a tarefas como dirigir e habilidades psicomotoras. Para que o auxílio da ergonomia seja considerado efetivo, o desempenho da tarefa primária deve melhorar.

As capacidades humanas são determinadas pela hereditariedade e pelas influências ambientais. Entre essas influências está o treinamento, que pode alterar os limites superiores dos determinantes fisiológicos do desempenho. A prática e o treinamento são essenciais para a aquisição das habilidades e a realização do potencial. O grau de melhoria que é possível representa a interação entre hereditariedade e ambiente, e constitui a capacidade de treinamento. Ele pode também ser dependente de fatores externos, como a qualidade do ensino e a tutela disponível. Consequentemente, a prática é a maneira mais efetiva, não apenas de adquirir habilidades esportivas, mas, também, de melhorar o desempenho. O desempenho humano pode ser melhorado por medidas outras que não a prática, mas uma base sólida de treinamento e condicionamento combinada com a excelência no esporte é imperativa antes de usar estratégias nutricionais.

Desempenho e melhoria cognitiva

Os componentes mentais (bem como os físicos) do desempenho são passíveis de aperfeiçoamento. Essa oportunidade para melhoria é aplicada em vários estágios de operações mentais, desde a percepção de estímulos até a tomada de decisões. Análogos às dimensões fisiológicas, tais capacidades mentais têm limites. Com estratégias, treinamento de habilidades apropriadas e tecnologia, esses limites podem ser estendidos.

Desempenho

Muitos programas de pesquisa sobre a melhoria das capacidades humanas têm se preocupado com a harmonização entre o equipamento esportivo, as características do participante e as capacidades que existem na estrutura ergonômica. Há também um esforço considerável feito para otimizar as práticas de treinamento e os procedimentos, com o objetivo de produzir o auge do desempenho. Os detalhes da intervenção são integrados em serviços de aconselhamento fornecidos para profissionais e em seus programas contínuos de desenvolvimento profissional. Os significados mais efetivos do aperfeiçoamento individual são observados com métodos de análise do desempenho, quando os resultados são apresentados como *feedback* ao indivíduo.

A **neuroergonomia** tem sido descrita como o estudo do cérebro e do comportamento no trabalho (Parasuraman e Rizzo, 2006). Ela combina as disciplinas da neurociência e de recursos humanos ao examinar como combinar tecnologia com as capacidades e as limitações das pessoas para promover a segurança e a efetividade no trabalho. Essa área emergente tem o foco sobre os fatores que limitam o desempenho mental no trabalho: tecnologias de melhoria cognitiva estão preocupadas com a elevação desses limites, por práticas de treinamento, mudanças comportamentais ou meios farmacológicos.

Melhoria cognitiva

A capacidade de tomar decisões corretas sob pressão é fundamental para o desempenho no esporte de elite. Há uma consciência crescente de que habilidades cognitivas de percepção, como antecipação, tomada de decisão e consciência situacional, são pré-requisitos para o desempenho habilidoso. Os atletas de elite desenvolvem estruturas sofisticadas, de conhecimento específico da tarefa como um resultado da prática extensiva que os capacita a lidar com situações de uma maneira mais efetiva e eficiente que suas partes contrárias, que não são de elite. Os participantes de elite procuram a cena visual de uma maneira seletiva, focando sua atenção sobre fontes de informação relevantes em vez de irrelevantes. Além disso, os especialistas estão mais cientes em relação aos novatos sobre os prováveis eventos que irão se desdobrar em uma determinada situação e descobrir de forma mais eficiente pistas conceituais-chaves (por exemplo, pistas posturais de um oponente), o que facilita a consciência situacional e a antecipação de eventos. Essas habilidades estão acopladas com um conhecimento extenso das estratégias e táticas disponíveis e como elas podem ser implementadas rapidamente em uma determinada situação. É também evidente que o desempenho bem-sucedido em um esporte de alto nível depende da capacidade do atleta em lidar efetivamente com o estresse. Embora os pesquisadores tenham mostrado que o estresse pode levar à deterioração no desempenho cognitivo, motor e da percepção, a evidência sugere que atletas de elite são menos inclinados a sofrer as consequências negativas associadas ao estresse pelo desenvolvimento de estratégias de controle emocional efetivas.

A abordagem experimental típica tem sido capturar o ambiente do desempenho usando simulações de filme ou de realidade virtual. Os atletas são solicitados a se imaginar em uma situação do mundo real e tomar a decisão correta pronta e precisamente. As medidas do desempenho são registradas durante o próprio desempenho, incluindo tempo de resposta e precisão, frequência cardíaca, condutância da pele, movimento dos olhos e relatos verbais simultâneos. Essas medidas indicam como os atletas treinados diferem daqueles menos treinados e fornece uma base importante para o *design* de programas de treinamento sistemáticos para melhorar essas habilidades. As simulações de treinamento com base em filmes e na realidade virtual, instrução e *feedback* permitem que o atleta sinta as demandas tipicamente encontradas na situação competitiva sob condições laboratoriais controladas. O nível de instrução pode variar (por exemplo, instrução explícita, aprendizado pela descoberta orientada, aprendizado pela descoberta) para criar condições ideais para aprendizado e transferência de habilidades.

Nem todas as técnicas defendidas para o aperfeiçoamento humano têm aprovação científica completa. A programação neurolinguística forneceu um modelo útil no campo do aconselhamento psicológico que ganhou aceitação na década de 1990, notavelmente nos Estados Unidos. A abordagem tem sido aplicada intermitentemente no contexto na aquisição de habilidades motoras, normalmente para motivação, orientação da tarefa e padrões de reconhecimento. Com o apoio científico limitado (Gallese et al., 1996), essa técnica não obteve aceitação como uma abordagem produtiva para a melhoria cognitiva.

Ambientes de realidade virtual são usados para melhorar as capacidades físicas e cognitivas. Os programas de treinamento que incorporam jogos de computador podem ser adaptados de contextos clínicos para o uso por atletas por meio do acréscimo de simulações sofisticadas. Tais sistemas computadorizados são usados com simuladores de treinamento para melhorar as capacidades de tomada de decisão nos esportes.

Assim como as drogas foram usadas para aumentar os aspectos físicos do desempenho, as tecnologias de melhoria cognitiva têm incluído elementos farmacológicos. Essas drogas incluem anfetaminas, modafinil e pemolina. As anfetaminas estavam envolvidas na morte de um ciclista britânico que competia na Tour de France, na década de 1960. O modafinil, uma droga administrada para tratar da narcolepsia, foi usado por uma finalista de prova de corridas no Campeonato Mundial de 2003. A pemolina tem sido usada no ambiente militar para eliminar a fadiga, mas seria inaceitável como uma maneira de apoiar o desempenho esportivo. Tais participantes e ginastas são bombardeados com promoções de fontes sem prescrição médica, da internet ou do "submundo" de suplementos, mas devem ter cuidado em suas compras, porque eles são responsáveis pelo que ingerem.

O desempenho humano pode ser melhorado de outras maneiras. Algumas substâncias nutricionais têm propriedades ergogênicas, em particular, com respeito à melhoria da força e da resistência. A manipulação farmacológica pode ter profundos efeitos sobre o desempenho imediato e sobre as adaptações causadas pelo treinamento. O reconhecimento da vantagem que diferentes tipos de drogas forneceram aos atletas levou as federações esportivas a banirem certas categorias de drogas. A principal iniciativa foi primeiramente feita pelo Comitê Olímpico Internacional, mas o abuso alastrado de drogas para propósitos ergogênicos levou ao estabelecimento da **Agência Mundial Antidoping (WADA, na sigla em inglês)**, que agora controla o teste de drogas em todos os esportes. Ainda que o abuso de drogas seja um fenômeno moderno, ele tem uma longa história no esporte e na sociedade em geral.

Perspectiva histórica sobre o uso de drogas

Os atletas têm utilizado todas as maneiras possíveis de melhorar suas possibilidades de sucesso no esporte. Essas maneiras abrangem uma variedade de formas de treinamento, massagem, nutrição e drogas. Os competidores nos primórdios dos Jogos Olímpicos levavam seu treinamento a sério, especialmente em face da adulação que os vitoriosos recebiam. Evidências mais substanciais sobre o uso de drogas e suplementos estão disponíveis desde que os Jogos Olímpicos foram reformulados em 1896, e as regras para os principais jogos foram formalizadas um pouco antes disso.

A noz-de-cola da África e a coca da América do Sul receberam atenção no final do século XVIII por suas propriedades de sustentação e conservação da força; a noz-de-cola foi produzida logo em seguida em bebidas comerciais (Dimeo, 2007). A estricnina foi usada na maratona dos Jogos Olímpicos de St. Louis, em 1904, pelo vencedor da prova, o norte-americano Thomas Hicks, cujos auxiliares administraram a droga com conhaque durante a corrida. Rivers (1908) considerou que a estricnina, com a cafeína, a coca e a cocaína, melhoravam o desempenho estimulando o sistema nervoso central, mas esse autor duvidava dos efeitos benéficos do álcool. Muitas dessas drogas foram usadas na sociedade em geral, embora narcóticos, como o ópio, fossem considerados a fonte de problemas sociais.

As drogas usadas para sustentar o estado de alerta de pilotos de caça durante a Segunda Guerra Mundial tinham propriedades que logo foram identificadas entre os atletas como ergogênicas. As anfetaminas foram adotadas por ciclistas, equipes de futebol americano e atletas como uma maneira de elevar seu nível de desempenho em provas simples. A benzedrina e a metedrina, usadas por pilotos de guerra alemães, foram identificadas como substâncias ergogênicas (Cuthbertson e Knox, 1947). À medida que os estimulantes encontraram seu espaço no uso recreativo, surgiu uma preocupação sobre seus efeitos de longo prazo. Em anos mais recentes, a modafinil – uma droga projetada para tratar da narcolepsia – foi usada por velocistas em campeonatos mundiais de atletismo.

Enquanto as **anfetaminas** são ergogênicas para algumas atividades de curto prazo, esteroides anabólicos têm propriedades que ajudam na preparação sustentada para provas de velocidade e de força. O primeiro teste laboratorial para anfetaminas foi conduzido nas Finais da Copa do Mundo de futebol de 1966, mas o teste para o uso de esteroides androgênicos anabólicos não estava disponível até os Jogos Olímpicos de 1976, em Montreal. Apenas mais tarde foi possível desenvolver testes para testosterona e hormônio de crescimento. O uso de novos métodos de dopagem não estava restrito às provas de velocidade e de força. O *doping* sanguíneo é usado de várias formas desde a década de 1980, inicialmente como transfusão autóloga e posteriormente pelo uso do hormônio eritropoetina. Apenas nos Jogos Olímpicos de 2000, em Sydney, foi possível testar o *doping* sanguíneo.

Classes de substâncias proibidas e métodos proibidos

I. Substâncias e métodos proibidos em todas as ocasiões
- S1 Agentes anaeróbios
    1. Esteroides anabólicos androgênicos
    2. Outros agentes anabólicos
- S2 Hormônios e substâncias relacionadas
    1. Eritropoetina
    2. Hormônio do crescimento, fator de crescimento semelhante à insulina, fator de crescimento mecânico
    3. Gonadotropinas
    4. Insulina
    5. Corticotropinas
- S3 Beta-agonistas
- S4 Agentes com atividade antiestrogênio
- S5 Diuréticos e outros agentes mascaradores
- M1 Melhoria da transferência de oxigênio
- M2 Manipulação química e física
- M3 Gene do *doping*

II. Substâncias e métodos proibidos na competição
- S6 Estimulantes
- S7 Narcóticos
- S8 Canabinoides
- S9 Glicocorticoides

III. Substâncias proibidas em determinados esportes
- P1 Álcool
- P2 Betabloqueadores

IV. Substâncias específicas

Com a sistematização do esporte e a ênfase implacável no sucesso, muitos dos princípios do esporte amador ficaram comprometidos, incluindo o princípio do jogo justo. O uso de drogas para melhorar o desempenho foi central para esse debate, que, por fim, levou à formalização de substâncias consideradas ilegais. As classes de substâncias atualmente banidas são mostradas no boxe da página 226. Os métodos de controle com testes fora da época da competição são mandatórios. O sistema tem apoio governamental por meio da WADA. Após seu estabelecimento em 1999, esse corpo antidopagem imediatamente montou um esquema de projetos educacionais e científicos.

Preocupações permanecem sobre o uso de substâncias sintéticas e novos produtos farmacêuticos que são desconhecidos dos laboratórios credenciados para o teste de drogas. Esse problema foi sublinhado com o uso de THG, um esteroide anabólico sintético que surgiu apenas após 2004, quando uma seringa com a substância foi dada anonimamente por treinadores internacionais para o diretor de um laboratório credenciado. O medo do "gene do *doping*" e as tecnologias de melhoria cognitiva sugeriram que o Comitê de Ciência e Tecnologia da Câmara dos Comuns (House of Commons Science and Technology Committee, 2007) revisasse a ética e a excelência nessas áreas. Entre suas preocupações estava a separação do que deveria ser considerado ilegal e o que era permitido.

Drogas são claramente usadas na sociedade, em alguns ambientes ocupacionais e no esporte para melhorar o senso de bem-estar do usuário e combater a fadiga. O vício em drogas se tornou um grande e dispendioso problema social. Nos ambientes de trabalho, a cafeína tem nítidos efeitos positivos na sustentação da atenção, enquanto o álcool (notavelmente no jantar) tem efeitos depressivos. Os atletas ingerem uma riqueza de substâncias, supostamente para melhorar seus desempenhos. Algumas das substâncias mais comuns que não estão entre as banidas são agora consideradas.

Da clínica para o ginásio

Os avanços farmacológicos para aliviar as doenças vêm sendo usados no esporte durante algumas décadas. Os efeitos anabólicos dos esteroides anabólicos androgênicos foram explorados na preparação para aqueles esportes nos quais a área transversal muscular e a geração de alta produção de força são relevantes. Estes incluem fisiculturismo, halterofilismo, arremesso de peso e corridas rápidas. Substâncias como dianabol, clenbuterol, estanozolol e testosterona se tornaram amplamente usadas e mostradas em testes com drogas positivas em uma base regular. Os esteroides anabólicos foram usados por outros atletas para acelerar sua recuperação após o treinamento intenso. Posteriormente, o hormônio de crescimento e o fator de crescimento semelhante à insulina foram adotados para propósitos ergonômicos, enquanto os testes para sua detecção não estavam disponíveis.

Os atletas de resistência se beneficiaram de maneira similar aos procedimentos originalmente projetados para melhorar o bem-estar de pacientes com doença renal. A eritropoetina, um hormônio produzido pelos rins, estimula a produção de hemácias e impulsiona a capacidade de transporte de oxigênio em uma variedade de condições, incluindo câncer e diálise renal. Sua versão sintética foi usada por atletas de resistência antes de um teste para sua detecção introduzido nos Jogos Olímpicos de Sydney, em 2000. Uma alternativa ilegal foi o ***doping*** **sanguíneo**, seja a reinfusão de sangue autólogo ou a infusão de sangue compatível de um doador. Esses procedimentos melhoraram o desempenho em provas de corrida, como as corridas de 1.500 m e 10.000 m (Brien e Simon, 1987). Ao longo dos anos, muitos atletas no ciclismo profissional, corrida de fundo e esqui *cross-country* têm admitido o uso ou tiveram resultado positivo para essas manipulações de capacidade de transporte de oxigênio por meio de maneiras artificiais.

Os avanços científicos na Genética e na Biologia Molecular têm levado a esperanças para a identificação precoce das principais doenças e medicação para elas. Conjectura-se que as tecnologias genéticas disponíveis para especialidades de saúde possam ser usadas para o esporte de elite. O medo do gene do *doping* incentivou o Comitê de Ciência e Tecnologia da Câmara dos Comuns (House of Commons Science and Technology Committee, 2007) a explorar os riscos da engenharia genética para o esporte, pois os membros têm consciência da natureza antiética dessa possível utilização.

Os atletas estão continuamente conectados com o potencial dos auxílios ergogênicos para ajudá-los a atingir seus objetivos. Os efeitos de saúde adversos das substâncias anabólicas podem classificar essas drogas como antiéticas, se não forem ilegais. Um problema similar surge com os estimulantes do sistema nervoso central, que têm propriedades viciantes; os competidores podem estar preparados para comprometer a saúde a longo prazo para a glória efêmera no esporte. Os atletas também oscilam quando usam drogas que não necessitam de prescrição médica, se os ingredientes estão incluídos na lista de dopagem. Tais atitudes instáveis se tornaram evidentes depois que a cafeína foi retirada da lista de substâncias proibidas no início do século XXI. O uso de creatinina é considerado ético pelos profissionais, com a análise racional de que a creatinina é naturalmente encontrada dentro do corpo e está disponível na alimentação de indivíduos carnívoros normais.

Suplementos nutricionais e drogas vendidas sem prescrição médica

O mercado de **suplementos** é altamente lucrativo para os fornecedores, em particular, na América do Norte, Europa e Ásia. A informação de mercado raramente é apoiada pela evidência científica, mas essa carência não inibe os atletas, os treinadores de levantamento de peso e os fisiculturistas de usar esses suplementos. Nesta seção, a atenção é voltada para os suplementos que funcionam: os atletas são considerados responsáveis pelo que ingerem, o que pode ser algo contaminado por substâncias banidas. Uma seleção de substâncias de uso comum é identificada para uma consideração mais detalhada; elas são ilustrativas em vez de serem abrangentes para a área.

Contexto do suplemento

A pesquisa por suplementos nutricionais para complementar o treinamento parece estar enraizada na mente dos profissionais. É inevitável que os atletas procurem substâncias que tenham propriedades ergogênicas, em especial quando se defrontam com o *marketing* agressivo, que faz fortes apelos para os produtos em questão. Um problema é que alguns dos suplementos defendidos para o uso por atletas estão contaminados por substâncias banidas pelo Comitê Olímpico Internacional (COI). Esse problema tem sido manifestado em uma série de testes positivos feitos por atletas que foram subsequentemente banidos do esporte em razão do uso dessas drogas proibidas. A contaminação dos suplementos estava envolvida no grande número de testes positivos para nandrolona entre corredores e jogadores de futebol americano no início do século.

O uso de estimulantes isentos de prescrição por atletas foi até recentemente proibido em competições esportivas. Em 2004, muitos desses estimulantes foram retirados da lista de proibições da Agência Mundial Antidoping (WADA). Estimulantes isentos de prescrição comuns, como pseudoefedrina, fenilefrina, fenilpropanolamina e cafeína, foram colocados em um programa de monitoramento, mas seu uso por atletas não era restrito. O objetivo do programa de monitoramento da WADA é observar o uso dessas substâncias por atletas por meio de testes para drogas durante a competição, feito por laboratórios credenciados pela WADA. Os dados apresentados para o Comitê de Ciência e Tecnologia da Câmara dos Comuns (House of Commons Science and Technology Committee, 2007) sugerem que 36,2% dos atletas acreditam que estimulantes isentos de prescrição têm propriedades de melhoria do desempenho e que a pseudoefedrina era o mais popular estimulante usado por atletas (23,3% dos atletas a usaram nos últimos 12 meses). Embora as propriedades ergogênicas dos estimulantes isentos de prescrição sejam duvidosas, a remoção de muitos desses estimulantes da lista proibida levou a um aumento agudo em seu uso por atletas, aparentemente para a melhoria do desempenho.

Embora os atletas e o público em geral possam procurar benefícios nas vitaminas, nos minerais e em outros suplementos que não são percebidos, as manipulações alimentares podem melhorar o desempenho, especialmente em provas de resistência. A ênfase sobre uma alimentação rica em carboidrato por dois a três dias antes da competição impulsiona o desempenho em provas de ciclismo e corridas de fundo. Os benefícios da carga de carboidrato se estendem para índices de trabalho que são sustentáveis em esportes que envolvem o exercício intermitente durante longos períodos, como o futebol. O nível dos estoques de glicogênio antes da competição também influencia o índice de trabalho durante tais jogos (Figura 11.1). A combinação de uma refeição rica em carboidrato, aproximadamente 3 h antes da prova, e uma bebida isotônica ingerida durante o exercício aumenta a capacidade do indivíduo mais que a refeição de carboidrato sozinha (Williams e Serratosa, 2006).

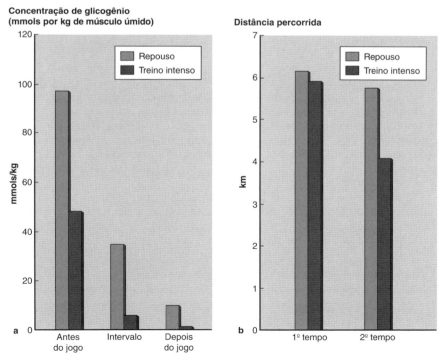

Figura 11.1 Estoques de glicogênio muscular (a) e o desempenho em jogadores (b) que descansaram ou treinaram intensamente nos dias que antecederam o jogo.

Cafeína

A cafeína é particularmente passível de um uso incorreto no esporte em razão das suas aparentes propriedades ergogênicas e após ela ter sido removida da lista de proibições da WADA. Na verdade, o aumento do mercado de bebidas energéticas nos últimos anos foi acompanhado por um crescimento concomitante na associação desses produtos com o esporte. Em um grupo específico de atletas (n = 83), 63% usaram cafeína para a melhora do desempenho e 17,5% tinham aumentado o consumo depois de 2004. Café, bebidas energéticas e tabletes de cafeína foram os produtos de cafeína mais usados (House of Commons Science and Technology Committee, 2007).

A cafeína e outras metilxantinas (teobromina e teofilina) são, há muito tempo, reconhecidas por suas propriedades ergogênicas. Mesmo que a cafeína seja amplamente consumida pela população em geral, pesquisas sugerem um aumento significativo em seu uso no esporte em todos os níveis após a sua remoção da lista de substâncias proibidas em 2004. Evidências de efeitos adversos da cafeína são limitadas. Dada a desregulamentação de outros estimulantes, é extremamente provável que os atletas combinarão estimulantes isentos de prescrição para melhorar o desempenho.

Como os estudos originais da cafeína mostraram que a corrida de resistência melhorou (Costill et al., 1978), o mecanismo foi pensado como sendo a promoção da lipólise e a economia do glicogênio muscular. Mais recentemente, a pesquisa se focou sobre os efeitos da cafeína no bloqueio de receptores no cérebro (Doherty e Smith, 2005). Esse mecanismo explicaria o efeito ergogênico persistente da cafeína na ausência de alterações metabólicas.

A dose de cafeína originalmente tida como sendo efetiva foi 5 mg por kg de massa corporal. Estudos recentes têm mostrado que metade dessa dose e um mínimo de 90 mg pode melhorar o desempenho em ciclistas bem preparados que se exercitam 2 h por dia (Cox et al., 2002). A cafeína pura parece ser mais efetiva que na forma de café e está disponível também como gel. Os seus efeitos estimulantes são reduzidos em consumidores de café descafeinado, que podem precisar de doses maiores para o efeito ergogênico. A ingestão de cafeína ajuda no desempenho de tarefas industriais, mantendo os níveis de excitação que podiam, entretanto, cair muito para suportar o desempenho contínuo.

Jogadores têm tarefas de tomada de decisões superimpostas sobre a carga fisiológica. Hespel et al. (2006) consideraram a evidência de que a dose de cafeína necessária para produzir um efeito favorável sobre o processo de informação visual é substancialmente menor que aquela indutora do desempenho de resistência ideal. Ambas as funções respondem de acordo com uma curva em U invertido (Figura 11.2). As doses ideais diferem entre os indivíduos, porque os usuários habituais de cafeína precisam de quantidades maiores que o normal.

A teobromina foi usada no início do século XX como estimulante para compensar a fadiga. A teofilina é outra metilxantina com propriedades que sugerem seu potencial benefício ergogênico. Uma pesquisa com seis indivíduos pedalando até a exaustão indicaram que a teofilina aumenta a excitação do sistema nervoso central e induz a uma elevação na frequência cardíaca. Seus efeitos metabólicos não são tão grandes quanto os da cafeína e sua alteração das respostas fisiológicas ao exercício é relativamente menor (Reilly, 1988).

Creatina

A fosfocreatina é uma fonte imediata de energia durante o exercício em uma intensidade extremamente alta. O substrato que é decomposto durante a atividade intensa breve é ressintetizado no período de recuperação seguinte, seja ele de repouso ou de atividade

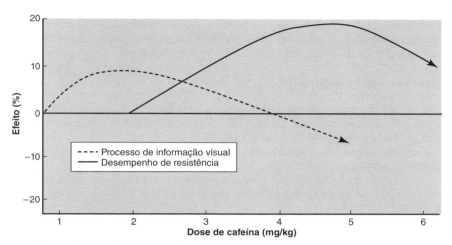

Figura 11.2 Curvas de resposta de dose indicativa para cafeína e seus efeitos sobre o processo de informação visual e desempenho de resistência.

de baixa intensidade. Quando quatro séries intensas de atividade são repetidas com intervalos bem curtos entre elas, os níveis de fosfocreatina podem cair para 30% dos estoques em repouso (Bangsbo, 1994). O desempenho anaeróbio é prejudicado até que a creatina seja ressintetizada. Esse tipo de fadiga que está associado com os estoques musculares reduzidos de fosfocreatina incentivou o uso de práticas de carga de creatina entre atletas que praticam esportes com altas demandas anaeróbias.

Suplementos de creatina sintética são fornecidos como creatina mono-hidratada e como vários sais de creatina, como a creatina piruvato ou a creatina citrato. A primeira vem, em geral, em pó; enquanto as fontes de creatina são incorporadas como bebidas esportivas ou géis esportivos. Há evidência experimental de que a carga de creatina melhora a produção de força durante arranques máximos curtos, em especial quando essas corridas rápidas são feitas em uma sucessão rápida (Greenhaff et al., 1993). A suplementação com creatina induz também a um aumento na massa corporal, às vezes, aproximando-se de 2 kg e, assim, pode se tornar contraprodutiva em esportes de campo, nos quais a massa corporal deve ser repetidamente elevada contra a resistência da gravidade. Os suplementos de creatina podem ser mais efetivos nos contextos de treinamento, em que um aumento na sobrecarga de trabalho estimula uma melhoria no efeito do treinamento.

Para melhor efeito, os usuários de suplementos de creatina devem consumir 20 g/dia para uma fase de carga inicial de cinco a sete dias (Terjung et al., 2000). Esse período é seguido de uma fase de manutenção pelas próximas três semanas. Tal ciclo pode ser repetido, porque os efeitos da suplementação de creatina podem sumir após dois meses (Derave et al., 2003). Muitos atletas que usam carga de creatina interrompem a suplementação com um período de eliminação de cerca de quatro semanas. Tal período de eliminação é usado uma vez a cada três meses. Os indivíduos que têm o maior benefício da carga de creatina tendem a ter estoques iniciais baixos, por exemplo, os vegetarianos, que perdem uma ingestão de creatina por meio da carne e do peixe.

Atletas e técnicos não têm preocupações éticas sobre o uso da suplementação de creatina como uma ajuda ergogênica. Inicialmente, preocupações sobre a sobrecarga da função renal pareciam ser infundadas. Em contrapartida, a suplementação de creatina pode acelerar a recuperação da atrofia muscular causada pela lesão e imobilização

(Hespel et al., 2001). Objeções sobre o uso da creatina em atletas jovens devem ser levadas a sério, porque os atletas menores de idade precisam vivenciar um desenvolvimento abrangente em vez de um desenvolvimento orientado apenas ao desempenho.

Suplementos combinados

Cafeína e creatina, separadas ou juntas, são usadas por muitos atletas de elite. O seu uso nem sempre coincide com os programas de carga cientificamente estabelecidos. A hora da ingestão de cafeína pode ser atrasada até 60-90 min da pré-competição, enquanto o uso da creatina requer um acúmulo demorado por uma a quatro semanas para receber os efeitos benéficos.

A creatina e o carboidrato foram usados juntos para um bom efeito. Ingerir 10 g de creatina com 200 g de carboidrato logo após 90 min de atividade de futebol simulada resultou em melhoras na tarefa de habilidade no futebol e no tempo para a fadiga 24 h mais tarde, comparado com somente 200 g de carboidrato (House of Commons Science and Technology Committee, 2007).

A coingestão de creatina com uma alimentação rica em carboidratos melhora a restauração de glicogênio após o exercício (Van Loon et al., 2004). Esse efeito facilita a recuperação após o exercício intenso e permite a reintrodução do treinamento de qualidade mais cedo.

A combinação de cafeína com cargas de carboidrato pode não ser tão produtiva. A ingestão de cafeína com carboidrato antes do exercício sustentado pode não trazer benefícios adicionais. Jacobson et al. (2001) descobriram que a ingestão de carboidratos 60 min antes de um teste de exercício contínuo melhorou o desempenho numa tentativa de tempo comparado com a ingestão de gordura, mas combinar cafeína (6 mg/kg) com carboidrato não produziu nenhum benefício adicional. Se os atletas já estão repletos de carboidrato, pode não haver benefícios metabólicos adicionais da cafeína, embora seu efeito sobre o sistema nervoso central possa ainda ser válido.

Alcalinizadores

O exercício anaeróbio intenso causa aumento na produção de ácido láctico dentro do músculo e um aumento subsequente na concentração de ácido láctico no sangue. O aumento resultante na acidez está associado com a fadiga muscular, um estado transitório que dura até que o ácido láctico seja tamponado ou oxidado ao entrar na circulação. Aumentar a capacidade de tamponamento do corpo deve melhorar também o desempenho para provas limitadas pela capacidade anaeróbia do atleta, não obstante outros fatores fisiológicos implicados na fadiga. Sais de alcalina, como bicarbonato de sódio e citrato de sódio, têm propriedades de tamponamento e, quando ingeridos, aumentam as reservas alcalinas do corpo. O aumento no estoque de bicarbonato no sangue pode facilitar a capacidade de lidar com o efluxo de íons de hidrogênio do músculo, mantendo, dessa forma, o estado do pH dentro do músculo (MacLaren, 1997). Sais alcalinos devem melhorar o desempenho em todos os esforços que maximizem o uso da via de glicólise anaeróbia. Os alcalinizadores devem também melhorar o desempenho no exercício intenso em que a remoção de ácido láctico é requerida durante a recuperação entre as séries de exercício.

Há evidência de um efeito ergogênico da ingestão de bicarbonato de sódio e citrato de sódio sobre o desempenho do exercício. Embora os efeitos sejam tipicamente limitados a esforços totais simples entre 30 e 90 segundos de duração, George e MacLaren (1988) relataram benefícios na duração do exercício mais longo em que, provavelmente, o excedente da intensidade do exercício foi associado ao estado estável de máximo lactato. Os **alcalinizadores** são atraentes em ajudar o corpo a tolerar o exercício quando a produção de lactato é alta; no entanto, o seu uso pode não ser adequado a todas as pessoas, porque a ingestão pode levar à náusea e à diarreia.

Apesar desses problemas potenciais, os efeitos positivos dos alcalinizadores parecem ser robustos. Uma dose de 0,5 g/kg de citrato de sódio melhorou significativamente o desempenho no remo de 5.000 m em seis experientes remadores. Em um grupo de corredores de elite de 400 e 800 m, uma dose de 0,3 g/kg de citrato de sódio ingerida 3 h antes de cinco tiros de 30 s em uma esteira não motorizada resultou em produção de força maior do terceiro ao quinto tiro. Além disso, uma dose de 0,3 g/kg de citrato de sódio ingerida 3 h antes de um teste de capacidade anaeróbia melhorou o tempo até a fadiga, isto é, voltas de 20 m a uma passada correspondente a 120% da $\dot{V}O_2$máx. O pH e o bicarbonato sanguíneo estavam elevados antes do teste com a ingestão de citrato (House of Commons Science and Technology Committee, 2007).

Outras substâncias

O número de suplementos comercialmente disponíveis com argumentos para efeitos positivos sobre a saúde ou sobre o desempenho é muito grande. Um suplemento deve ser recomendado aos atletas apenas se ele funciona no contexto desejado, se não causa nenhum efeito adverso sobre a saúde e se é legal. A literatura de pesquisa está repleta de relatos de substâncias que são efetivas em certas situações de exercício, suplementos que podem funcionar em determinadas situações de exercício, substâncias cuja efetividade não é conclusiva e suplementos que não funcionam.

Os suprimentos projetados para promover a saúde incluem aqueles com um efeito sobre o controle de peso. Um exemplo é a éfedra, que intensifica o gasto de energia em repouso e facilita a perda de peso em curto prazo. Outras substâncias, como a vitamina C, são ingeridas para estimular o sistema imune e proteger contra infecções do trato respiratório superior. Os antioxidantes são promovidos para prevenir o dano muscular, aumentando as defesas do corpo contra a formação de espécies de oxigênio reativas, conhecidas como radicais livres. A glicosamina estimula a formação de cartilagem óssea, com promessas de aliviar a dor articular. O equilíbrio da evidência para esses e outros suplementos no contexto da saúde foi considerado por Hespel et al. (2006).

Alguns atletas usam suplementos com afirmativas de que melhoram a saúde, mas a maioria está focada nos produtos que melhoram o desempenho. O propósito pode ser melhorar os efeitos do treinamento, acelerar a recuperação ou impulsionar o desempenho competitivo. Produtos individuais incluem metabólitos de aminoácidos essenciais (por exemplo, beta-hidroxi-betametilbutirato, ou HMB) para aumentar a massa magra do corpo, a força muscular e elementos essenciais, como o boro, que influencia o metabolismo de cálcio e magnésio. Entre a lista detalhada de produtos considerados por Jeukendrup e Gleeson (2004), que estão disponíveis nas lojas de alimentação, estão pólen de abelhas, carnitina, ginseng, glutamina, vitamina B15, óleo de peixe e óleo de grão de trigo. Na maioria dos casos, os dados da pesquisa não sustentam as afirmações do fabricante. Alguns suplementos são ineficazes, caros e devem ser substituídos com aconselhamento de um nutricionista esportivo.

Álcool

O álcool é usado socialmente em muitas culturas, e o seu uso pode afetar o desempenho no trabalho e no esporte. O álcool é uma droga e um combustível para dar energia. Enquanto droga, ele se torna viciante, e vários jogadores de futebol de elite desenvolveram uma dependência alcoólica. Ele pode ter efeitos adversos sobre a saúde, afetando o músculo cardíaco, o músculo esquelético e o fígado, em particular. O alcoolismo tem sido envolvido no encurtamento de carreiras de vários jogadores profissionais.

Enquanto fonte de energia, o álcool contém 7 kcal/g (29,3 kJ/g), comparado com 4 kcal/g para proteína e para carboidrato, e 9 kcal/g para gordura. Tipicamente, o vinho contém cerca de 12% de álcool, e, assim, uma garrafa de 1 L tem um conteúdo de energia de 840 kcal (3,516 kJ). A concentração de álcool na cerveja ($\cong$ 5%) e no uísque ($\cong$ 40%) representa variações na carga calórica atribuída à bebida. Essas ingestões de energia podem ter um grande efeito sobre os programas de controle de peso.

A energia no álcool não pode ser usada pelo músculo esquelético, assim, o exercício não acelera a eliminação de álcool do sangue. As concentrações de álcool no sangue tendem a atingir o auge 45 min após a ingestão e os efeitos são mais evidentes se o estômago estiver vazio quando da ingestão. O desempenho no esporte é adversamente afetado quando as concentrações de álcool no sangue excedem 0,05% (mg/100 ml), um valor abaixo do limite legal para dirigir no Reino Unido (Reilly, 2005). Muitos acidentes automobilísticos estão ligados à má direção causada pelo elevado nível de álcool no sangue, e dirigir com álcool no sangue acima do permitido é crime. O álcool tem alguns benefícios em alguns esportes específicos como arco e flecha, dardos e bilhar, dada sua redução nos tremores espontâneos dos membros, embora os efeitos positivos estejam restritos a concentrações relativamente baixas de álcool no sangue (Reilly, 2005).

Os efeitos agudos do álcool dependem da concentração de álcool que é induzida no sangue (Tabela 11.1). Os efeitos adversos sobre o desempenho aplicam-se a contextos de treinamento como o treinamento com peso, sessões de resistência e práticas de habilidades. Os efeitos diretos sobre os processos metabólicos prejudicam, provavelmente, o desempenho de resistência. O álcool abaixa o glicogênio muscular em repouso e pode reduzir a saída de glicose do baço, diminuir a potencial contribuição de energia da gliconeogênese do fígado e levar a um declínio na glicose sanguínea. O seu efeito diurético compromete a termorregulação, por exemplo, quando um atleta joga em um clima quente após beber muito. O álcool inibe a ressíntese de glicogênio se ingerido após um treinamento intenso ou um jogo, e a ingestão de comida é atrasada.

A ingestão moderada de álcool na noite anterior a uma competição pode prejudicar o desempenho em virtude do efeito da ressaca (O'Brien e Lyons, 2000). O álcool tem seu espaço nos ambientes sociais, adequadamente controlado de modo a não interferir na competição ou no treinamento. Todavia, a ingestão de álcool não é essencial e é evitada em muitas culturas. Em especial nos atletas jovens, são defendidas práticas alimentares sólidas e uma abordagem equilibrada com relação ao consumo de álcool.

Tabela 11.1 Demonstração dos efeitos do álcool em diferentes concentrações no sangue

Nível de concentração (mg/100 ml de sangue)	Efeitos
30	Melhora a sensação de bem-estar; tempo de reação simples retardado. Prejudica a coordenação oculomanual.
60	Perda moderada da inibição social; julgamento prejudicado.
90	Perda acentuada da inibição social; coordenação reduzida; efeitos visíveis sob a influência do álcool.
120	Aparente desequilíbrio; perda de controle físico; tendência a respostas extremas; embriaguez definitiva.
150	Comportamento instável; fala arrastada; marcha cambaleante.
180	Perda de controle da atividade voluntária; visão prejudicada.

Adaptada de T. Reilly, 2005, Alcohol, anti-anxiety drugs and alcohol. In *Drugs in sports*, 4. ed., edited by D. R. Motttram (London: Routledge), p. 258-87.

Ergonomia global

A ergonomia permanece uma área fértil da ciência humana sempre que há interesse em entender como os seres humanos estão integrados nos procedimentos, nos padrões e nos processos de trabalho. O foco pode variar de sistemas em grande escala a práticas rotineiras, de processos complexos de várias camadas até o *design* de produtos de consumo básicos. A falibilidade humana nunca pode ser erradicada por completo, mas os aspectos de *design* criativos podem parcialmente compensar, acomodando mecanismos de segurança contra falhas na ocorrência do erro. O interesse comercial, uma preocupação humanista, e a procura pela qualidade de vida promovem os conceitos da eficiência, do bem-estar e da redução de estresse, respectivamente. Esses temas merecem atenção nos ambientes de trabalho, esporte e lazer.

A natureza da ergonomia depende, em grande parte, do grau no qual a indústria está desenvolvida e a gestão industrial é esclarecida. À medida que o crescimento econômico ocorre nos países, há mudanças posteriores de empregos fisicamente exigentes para postos mais sedentários, de processamento de energia para processamento de informação. Intervenções ergonômicas em ambientes rurais e de agricultura provavelmente diferem dos projetos em ambientes urbanos e fábricas químicas em escala, bem como em tipo. Todavia, os princípios para identificar questões relacionadas aos recursos humanos e as abordagens para sua solução podem ser comuns.

No campo da ergonomia, há uma necessidade contínua de estabelecer ou revisitar padrões nacionais e internacionais para produtos e procedimentos. A globalização dos desenvolvimentos precisa de padrões que transitem entre as fronteiras nacionais. As práticas e os símbolos para segurança são destacados, em especial onde os trabalhadores emigrantes estão envolvidos. Os sistemas de comunicação humana são também relevantes, em particular onde as trocas são breves e os erros têm consequências adversas. **Estereótipos populacionais** elevam os problemas sobre expectativas da relação entre mostradores e dispositivos de controle. Essa noção se refere à pressuposição de que mover um dispositivo de controle em uma direção causa um movimento compatível em outro lugar. De maneira similar, o movimento de um indicador em um mostrador para aumento ou diminuição deve estar de acordo com as expectativas, por exemplo, para um movimento de giro para direita ou esquerda. Não há concordância universal com respeito aos estereótipos populacionais, mas sua existência deve ser considerada no *design* de sistemas ser humano-máquina.

O aumento da preocupação com a saúde da população garante que a ergonomia tenha relevância futura no contexto recreativo. Programas de exercício, adequadamente projetados e implementados, são uma arma essencial nas tentativas de combater muitas morbidades que incluem obesidade, síndrome metabólica e doença cardiovascular. O exercício pode ser efetivo na promoção da saúde no local de trabalho e na prevenção dos distúrbios musculoesqueléticos associados com posturas de trabalho insatisfatórias.

As reduções na mortalidade infantil, melhorias nos sistemas de cuidado com a saúde e com a eliminação de doenças infecciosas têm contribuído para uma maior longevidade na sociedade contemporânea. Estilos de vida saudáveis também aumentaram a expectativa de vida. Uma consequência demográfica é um aumento na proporção de idosos na população. Esse aumento faz surgir questões sobre seu suporte durante os anos de aposentadoria e sua participação em programas de exercício e recreação para manter sua mobilidade.

O deserto atrai visitantes para desfrutar a qualidade de seus cenários e para superar, em algumas ocasiões, os seus formidáveis desafios. Os riscos envolvidos devem ser observados para esses desafios serem desfrutados com segurança e satisfação. A proteção a ser usada abrange a escolha da roupa, da assistência portátil, do equipamento correto e da estratégia de comportamento. Considerações sobre os recursos humanos não podem compensar todos os aspectos do perigo, à medida que as pessoas procuram desafios que lhes levem a seus limites físicos e psicológicos.

O aumento na profissionalização do esporte competitivo implica em uma procura contínua dos participantes que lutam para atingir seu potencial. Recordes nacionais e internacionais permanecem alvos a serem batidos. Vitórias em torneios e campeonatos são objetivos de equipes aspirantes e geram os motivos para a participação em programas de treinamento vigorosos. Os atletas individuais continuarão a negociar a tênue linha que divide os benefícios dos estímulos do treinamento e o dano causado pela sobrecarga perigosa. A aquisição de uma margem competitiva por táticas, treinamento e nutrição provavelmente permanecerá importante para eles.

Uma variedade de fatores determina a extensão na qual os ergonomistas continuarão engajados nos ambientes ocupacionais, esportivos e de lazer. Esses fatores incluem a expansão da base de conhecimento existente, a aplicação adicional da tecnologia no *design* e a geração de soluções criativas para novos projetos. As equipes de ergonomistas tentam refinar seus modelos e abordagens e melhorar suas técnicas para quantificar e interpretar os problemas que encontram. O controle da qualidade nos procedimentos de medida se aplica à medição do estresse ambiental, operações dos sistemas e produção do sistema. É importante que a medida do erro seja minimizada quando as capacidades humanas são avaliadas e as ferramentas e os protocolos de avaliação sejam relacionados à preocupação individual. A equipe de ergonomia pode, então, aplicar as observações para combinar a tarefa e o indivíduo com confiança.

Visão geral e resumo

A probabilidade de sucesso em uma abordagem ergonômica aumenta quando as pessoas interessadas estão envolvidas de algum modo antes de sua implementação. Esse esquema de trabalho de consulta é um componente essencial da ergonomia de participação, sendo aceito como uma boa prática de delegar poder aos atletas nas equipes esportivas. Estratégias para melhoria do desempenho devem adequar-se às regras da competição que se aplicam a cada esporte. Essas regras não se aplicam apenas às regulações para equipamento e comportamento pelas federações, mas também àquelas das agências internacionais que delineiam os agentes farmacológicos e nutricionais que são aceitos para o uso. A utilização de práticas alimentares para uma vida saudável pode se estender ao domínio do desempenho. A preparação nutricional para o treinamento e a competição contribui para melhorias no desempenho, embora muitos suplementos fortemente anunciados sejam ineficazes. Há uma necessidade dos atletas estarem afinados com a cultura do esporte e seu ambiente de trabalho para continuarem numa função segura, confortável e agradável. Os critérios da ergonomia não limitam o indivíduo em uma camisa de força dentro de um sistema mecanicista, mas mantêm a pessoa como uma entidade única e verdadeiramente valiosa. Uma perspectiva holística considera a pessoa, a amplitude das necessidades individuais e o desempenho juntos.

posfácio

OS capítulos precedentes enfatizam a colocação do ser humano no centro de toda avaliação ergonômica. Essa prioridade foi aplicada independentemente da natureza da tarefa, das condições ambientais e dos objetivos globais. Modelos para o entendimento das interfaces tecnológicas com os operadores humanos foram considerados, variando em contexto e complexidade. Tais modelos são tipicamente montados para propósitos ocupacionais, mas suas vastas aplicações são aparentes para o esporte e o exercício.

Um molde para intervenção ergonômica é dado na Figura P.1. Implícitas na ilustração estão as questões que a equipe de pesquisa deve formular e os passos que ela deve dar para completar suas investigações. A figura realça a natureza da solução do problema da ergonomia e a necessidade de achar soluções para os problemas identificados. O programa mostrado é útil na compreensão dos processos envolvidos. Ele ilustra que vários projetos não iniciam necessariamente do esboço, mas constituem a ergonomia regenerativa.

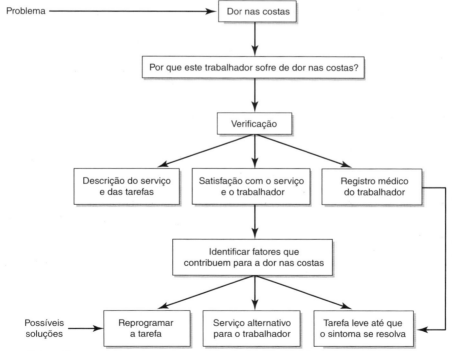

Figura P.1 Os processos pelos quais o ergonomista extrai soluções para os problemas são ilustrados pelo exame das prováveis causas de dor nas costas.

Um exército de técnicas pode ser colocado à disposição em uma investigação ergonômica. Aquelas escolhidas podem vir de qualquer disciplina nas Ciências Humanas, mas, geralmente, vários métodos analíticos são adotados. Quando as ciências são integradas desse modo e centradas em uma perspectiva holística, a ergonomia pode ser considerada como sendo verdadeiramente uma abordagem interdisciplinar.

Uma busca central no campo da ergonomia é achar o melhor modo de combinar o indivíduo e a tarefa ou o esporte. A análise de tarefa é um pré-requisito no estabelecimento de aspectos críticos da atividade e do meio ambiente no qual a atividade ocorre. Uma pressuposição é que o desempenho seja limitado pelas capacidades físicas e mentais, e que no esporte competitivo essas capacidades possam ser estendidas aos seus limites. Programas de treinamento para o esporte refletem a luta dos atletas para superar esses limites e atingir seus objetivos nas provas ou torneios. No final do espectro do alto desempenho, os participantes se beneficiam da disponibilidade dos profissionais de suporte científico no esporte, que podem auxiliar os participantes a adquirirem margem competitiva sobre seus oponentes.

Os critérios principais aos quais o ergonomista deve aderir estão relacionados com aspectos como segurança, eficiência, conforto, redução do risco de lesão ou perigo, formas de evitar a sobrecarga danosa, uso prudente da energia, redução da fadiga e tolerância ao estresse. A diferença na aplicação desses princípios entre os ambientes ocupacionais e esportivos permeia os primeiros capítulos do livro. Está claro que não há uma igualdade completa entre os domínios, visto que o atleta antecipa um nível de desconforto, até mesmo dor, na competição e no treinamento intenso que pode ser inaceitável na indústria. De maneira similar, a sobrecarga é aceita como um elemento essencial do treinamento físico, de modo que o atleta trilha continuamente uma tênue linha entre carga produtiva e sobrecarga prejudicial.

O estresse imposto sobre as pessoas pode ser atribuído a fatores ambientais, às vezes constituindo condições hostis e extremas. A razão pela qual as pessoas se sujeitam voluntariamente aos desafios ambientais, como escalar montanhas, velejar mar adentro sozinho ou participar de corridas de resistência no deserto, ainda não é completamente conhecida. Os estressores ambientais encontrados nessas atividades incluem calor, frio, pressão em atividades submarinas, hipóxia na altitude, terreno inóspito e clima impiedoso. Fatores de estilo de vida que impõem estresse sobre as pessoas incluem interrupções no relógio corporal causando dessincronia circadiana, falta de sono, trabalho noturno e jejum em certas religiões. O ergonomista pode usar vários índices para avaliar o estresse por calor ou frio, embora o efeito sobre o indivíduo dependa das provas em questão. Elevações de altitude moderada beneficiam o desempenho em provas de curta duração em virtude da redução na densidade do ar, mas as condições hipóxicas prevalentes prejudicam o transporte de oxigênio quando a atividade de resistência deve ser sustentada. Existem também diferenças na efetividade da aclimatização, e adaptações fisiológicas ao treinamento ocorrem com mais rapidez em resposta ao calor que ao frio ou à altitude. A qualidade do ar é também relevante, mas há evidência limitada da adaptação benéfica à poluição do ar, sendo o ar impuro geralmente prejudicial, em especial em indivíduos vulneráveis.

O condicionamento físico implica em lidar com a tarefa que se tem à mão, um conceito que se aplica aos ambientes ocupacionais bem como aos esportivos. Muitos empregos abrigam ainda um apreciável componente físico, seja por um grande gasto de energia ou pela geração de altas forças em uma base intermitente. O trabalho em ocupações como as forças armadas pode ser moderado na severidade, mas contínuo e por uma longa duração em condições por vezes árduas. Outras ocupações com carga física apreciável são consideradas, já que são os requisitos únicos das populações especiais associadas com idade, sexo e incapacidade. Na avaliação do condicionamento para o trabalho, o estabelecimento e a validação de uma bateria de testes que sejam neutras em relação à idade e ao sexo colocam um desafio para os ergonomistas. Um pré-requisito é uma análise de tarefa das operações envolvidas no trabalho para fornecer uma base para a escolha dos testes.

A segunda parte do livro concentra-se na ergonomia em contextos esportivos. Métodos de análise de tarefa são cobertos em detalhes; alguns foram emprestados de ergonomistas clássicos, enquanto outros foram desenvolvidos mais recentemente, principalmente quando sistemas complexos estão envolvidos. Sistemas de ser humano-máquina podem ser altamente sofisticados ou podem se referir a combinações mais simples do atleta e do artefato, como ocorre na canoagem, no ciclismo, no motociclismo, no remo e na vela. A tecnologia e a ciência de materiais são cruciais no *design* do equipamento esportivo contemporâneo; túneis de vento são usados para projetar capacetes e guidões são projetados para acomodar a melhor postura de corrida para o ciclismo. De maneira similar, o uso de corredeiras d'água para experimentos hidrodinâmicos tem contribuído para o projeto de modificações nas roupas de nadadores e na montagem de barcos de canoagem.

A ergonomia é relevante em contextos clínicos do ponto de vista do cuidado com a saúde de trabalhadores e pacientes. Muitas das práticas originárias da Fisioterapia têm obtido aceitação no treinamento de atletas, notavelmente nos programas de reabilitação usados para acelerar a recuperação após a lesão. Os princípios que se aplicam às avaliações musculoesqueléticas são igualmente válidos para atletas e pacientes em muitos aspectos. Uma diferença essencial entre os dois domínios envolve os agentes farmacológicos usados para melhorar as capacidades físicas. Embora tais manipulações sejam aceitas na saúde pública para restaurar a função normal quando prescritas para propósitos terapêuticos, muitas das drogas com propriedades ergogênicas são proibidas no esporte.

O capítulo final do livro enfatiza o foco central sobre a pessoa. A consequência inevitável é uma perspectiva holística na qual o indivíduo é reconhecido como entidade única, em vez de ser engajado em um sistema mecanicista. Essa visão pode se estender para abranger a força de trabalho ou toda uma equipe esportiva na solução de importantes aspectos. Projetar ou reprojetar tarefas aumenta as chances de sucesso.

Com a perspectiva holística, está o reconhecimento de que o indivíduo é influenciado pelo que come ou bebe. O desempenho atlético pode ser adversamente afetado por uma alimentação incorreta ou uma hidratação inadequada. O desempenho competitivo e a recuperação do treinamento intenso podem ser auxiliados pela manipulação apropriada dos macronutrientes na alimentação. Os componentes e os suplementos nutricionais podem ser usados para elevar as capacidades fisiológicas, embora a eficácia de muitos suplementos ainda não tenha sido provada. Uma gama de agentes farmacológicos é usada em ambientes ocupacionais e esportivos, beneficiando o desempenho, seja em provas de força e potência, exercício de resistência ou na função cognitiva. Aqueles agentes que constituem meios antiéticos são listados com as substâncias banidas pela Agência Mundial Antidopagem, a instituição internacional encarregada da política dessa área. Todavia, algumas dessas substâncias são usadas para melhora cognitiva em contextos recreativos para combater a fadiga, manter a excitação em tarefas ocupacionais e promover o relaxamento durante o lazer. Drogas como esteroides anabólicos são nocivas à saúde nas doses usadas por fisiculturistas, e o álcool – que é uma droga e um gênero alimentício – tem efeitos nocivos à saúde, quando usado em excesso, além de poder ser viciante.

Os ergonomistas podem ser criticados por sua insistência em achar soluções que funcionem em vez de determinar os mecanismos pelos quais as soluções funcionam. Outro comentário crítico é que os ergonomistas estão preparados para aceitar pequenas mudanças ou tendências que têm significado prático em vez do significado estatístico requerido nos *designs* experimentais. A diferença na filosofia reflete o fato de que as provas esportivas são, muitas vezes, determinadas por margens muito estreitas em um grupo que é homogêneo em capacidade e que aqueles que operam em nível de elite já passaram por um processo altamente seletivo.

O treinamento dos ergonomistas é principalmente focado no domínio ocupacional, embora o esporte e o lazer sejam considerados áreas válidas de aplicação. Os cientistas com experiência ergonômica são, muitas vezes, chamados a resolver problemas nos esportes, particularmente naqueles relacionados com tecnologias complexas. Os grupos de apoio à Ciência Esportiva podem ser formados por especialistas, mas uma mentalidade interdisciplinar é essencial para produzir o melhor trabalho.

referências

Introdução

Atha, J. (1984). Current techniques for measuring motion. *Applied Ergonomics*, 15, 245-257.

Atkinson, G., Davison, R., Jeukendrup, A., and Passfield, L. (2003). Science and cycling: current knowledge and future directions for research. *Journal of Sports Sciences*, 21, 767-787.

Atkinson, G., and Reilly, T. (1995). *Sport, Leisure and Ergonomics*. London: Spon.

Bartlett, F.C. (1943). Fatigue following highly skilled work. *Proceedings of the Royal Society B*, 131, 247-254.

Buskirk, B.R., and Tipton, C.M. (1997). Exercise physiology. In: *The History of Exercise and Sport Science* (edited by J.D. Massengale and R.A. Swanson), pp. 367-368. Champaign, IL: Human Kinetics.

Chaffin, D. (1975). Ergonomics guide to assessment of static strength. *American Industrial Hygiene Association Journal*, 36, 505-511.

Clarys, J. (1985). Hydrodynamics and electromyography: ergonomics aspects in aquatics. *Applied Ergonomics*, 16, 11-24.

Coombes, K. (1983). *Proceedings of the Ergonomics Society*: Annual Conference. London and New York: Taylor & Francis.

Corlett, E.N., and Bishop, R.P. (1976). A technique for assessing postural discomfort. *Ergonomics*, 19, 175-182.

Costill, D.L. (1972). The physiology of marathon running. *Journal of the American Medical Association*, 22, 1024-1029.

Davison, R.C.R., Jobson, S., de Koning, J., and Balmer, J. (2008). The science of time-trial cycling. In: *Science and Sports* (edited by T. Reilly), pp. 77-93. Maastricht, The Netherlands: Shaker.

Davids, K., Smith, L., and Martin, R. (1991). Controlling systems uncertainty in sport and work. *Applied Ergonomics*, 22, 312-315.

Floyd, W.F., and Welford, A.T. (eds) (1953). *Symposium of Fatigue*. London: Taylor & Francis.

Grandjean, E. (1969). *Fitting the Task to the Man*. London: Taylor & Francis.

Hawley, J.R., Tipton, K.D., and Millard-Stafford, M.L. (2006). Promoting training adaptations through nutritional strategies. *Journal of Sports Sciences*, 24, 709-721.

Horvath, S.M., and Horvath, E.C. (1973). The Harvard Fatigue Laboratory: Its History and Contributions. Englewood Cliffs, NJ: Prentice Hall.

Impellizzeri, F.M., Marcora, S.M., Castagna, C., Reilly, T., Sassi, A., Iaia, F.M., and Rampinini, E. (2006). Physiological and performance effects of generic versus specific aerobic training in soccer players. *International Journal of Sports Medicine*, 27, 483-492.

Karhu, O., Harknnen, R., Sorvali, P., and Vepsalainen, P. (1981). Observing working postures in industry: examples of OWAS application. *Applied Ergonomics*, 12, 13-17.

Keller, J.B. (1976). A theory of competitive running. *Physics Today*, September, 43-67.

Klissouras, V. (1971). Heritability of adaptive variation. *Journal of Applied Physiology*, 31, 338-344.

Klissouras, V. (1976). Prediction of athletic performance: genetic considerations. *Canadian Journal of Applied Sport Sciences*, 1, 195-200.

Lees, A. (1985). Computers in sport. *Applied Ergonomics*, 16, 3-10.

Lees, A., Vanrenterghem, J., Barton, G., and Lake, M. (2007). Kinematic response characteristics of the CAREN moving platform system for use in positive and balance research. *Medical Engineering & Physics*, 29, 629-635.

Magnusson, P., and Renstrom, P. (2006). The European College of Sports Sciences Position Statement: the role of stretching exercises in sports. *European Journal of Sport Sciences*, 6, 87-91.

Mattila, M.K. (2001). OWAS: A method for analysis of working postures. In: *International Encyclopedias of Ergonomics and Human Factors*, Vol. III (edited by H. Karwowski), pp. 1880-1883. London: Taylor & Francis.

McAtamney, L., and Corlett, E.N. (1993). RULA: a survey method for the investigation of work- related upper-limb disorders. *Applied Ergonomics*, 24, 91-99.

McCormick, E.J. (1976). *Human Factors Engineering and Design*. New York: McGraw-Hill.

Meeusen, R., Duclos, M., Gleeson, M., Rietjiens, G., Steinacker, J. and Urhausen, A. (2006). Prevention, diagnosis and treatment of the overtraining syndrome. *European Journal of Sport Science*, 6, 1-14.

Morgan, W.P., and Pollock, M.L. (1977). Psychological characteristics of the elite distance runner. In: *The Marathon: Physiological, Medical, Epidemiological and Psychological Studies* (edited by P. Milvy), pp. 382-403. New York: New York Academy of Sciences.

NIOSH. (1977). *Preemployment Strength Testing*. Washington, DC: U.S. Department of Health and Human Services.

Ortega, C., and Ferrara, M.S. (2008). Athletic training and therapy. In: *Directory of Sport Science*, 5th edition (edited by J. Borms), pp. 369-381. Berlin: International Council of Sport Science and Physical Education.

Pheasant, S.T. (1986). *Bodyspace: Anthropometry, Ergonomics and Design*. London: Taylor & Francis.

Pheasant, S.T. (1991). *Ergonomics, Work and Health*. Basingstoke, UK: Macmillan.

Reilly, T. (1984). Ergonomics in sport: An overview. *Applied Ergonomics*, 15, 243-244.

Reilly, T. (1991a). Physical fitness: For whom and for what? In: *Sport for All* (edited by P. Oja and R. Telama), pp. 81-88. Amsterdam: Elsevier.

Reilly, T. (1991b). Ergonomics and sport. *Applied Ergonomics*, 22, 290.

Reilly, T. (1992). *Strategic Directions for Sports Science Research in the United Kingdom*. London: Sports Council.

Reilly, T. (2007). *The Science of Training*: Soccer. London: Routledge.

Reilly, T., and Atkinson, G. (2009). *Contemporary Sport, Leisure and Ergonomics*. London: Routledge.

Reilly, T., Atkinson, G., Edwards, B., Waterhouse, J., Akerstedt, T., Davenne, D., Lemmer, B., and Wirz-Justice, A. (2007). Coping with jet-lag: A position statement for the European College of Sport Science. *European Journal of Sport Science*, 7, 1-7.

Reilly, T., and Greeves, J. (2002). *Advances in Sport, Leisure and Ergonomics*. London: Taylor & Francis.

Reilly, T., and Lees, A. (2009). Sports ergonomics. In: *Encyclopaedia of Sports Medicine: The Olympic Textbook of Science in Sport* (edited by R.J. Maughan), pp. 230-247. Oxford, UK: Blackwell.

Snook, S.H., and Ciriello, B.M. (1974). Maximum weights and work loads acceptable to female workers. *Journal of Occupational Medicine*, 16, 527-534.

Snook, S.H., Irvine, C.H., and Bass, S.F. (1970). Maximum weights and work loads acceptable to male industrial workers. *American Industrial Hygiene Association Journal*, 31, 579-586.

Capítulo 1

Baltzopoulos, V., and Gleeson, N.P. (2001). Skeletal muscle function. In: *Kinanthropometry and Exercise Physiology Laboratory Manual: Tests, Procedures and Data*, Vol. 2, 2nd edition (edited by R. Eston and T. Reilly), pp. 7-35. London: Routledge.

Bangsbo, J. (1994). The physiology of soccer—with special reference to intense intermittent exercise. *Acta Physiologica Scandinavica*, 151 (Suppl. 619), 1-155.

Bar-Or, O. (1987). The Wingate anaerobic test: An update on methodology, reliability and validity. *Sports Medicine*, 4, 381-394.

Boocock, M.G., Jackson, J.A., Burton, A.K., and Tillotson, K.M. (1994). Continuous measurement of lumbar posture using flexible electrogoniometers. *Ergonomics*, 37, 175-185.

Buzeck, F.L., and Cavanagh, P.R. (1990). Stance phase knee and ankle kinematics and kinetics during level and downhill running. *Medicine and Science in Sports and Exercise*, 22, 669-677.

Cavanagh, P.R., and Lafortune, M.A. (1980). Ground reaction forces in distance running. *Journal of Biomechanics*, 13, 397-406.

Chaffin, D.B. (1975). Ergonomics guide for the assessment of human static strength. *American Industrial Hygiene Association Journal*, 36, 505-511.

Christensen, E.H. (1953). Physiological valuation of work in the Nykroppa Iron Works. In: Symposium on Fatigue (edited by W.F. Floyd and A.T. Welford), pp. 93-108. London: H.K. Lewis.

Clarke, H.H. (1967). *Application of Measurement to Health and Physical Education*. Englewood Cliffs, NJ: Prentice Hall.

Clarys, J.P., and Cabri, J. (1993). Electromyography and the study of sports movements: A review. *Journal of Sports Sciences*, 11, 379-448.

Clarys, J.P., Martin, A.D., and Drinkwater, D.T. (1987). The skinfold: Myth and reality. *Journal of Sports Sciences*, 5, 3-33.

Coldwells, A., Atkinson, G., and Reilly, T. (1994). Sources of variation in back and leg dynamometry. *Ergonomics*, 37, 79-86.

Duquet, W., and Carter, J.E.L. (2001). Somatotyping. In: *Kinanthropometry and Exercise Physiology Laboratory Manual: Tests, Procedures and Data, Vol. 1: Anthropometry*, 2nd edition (edited by R. Eston and T. Reilly), pp. 47-64. London: Routledge.

Durnin, J.V.G.A., and Womersley, J. (1974). Body fat assessed from total body density and its estimation from skinfold thickness: Measurements on 481 men and women aged from 16 to 72 years. *British Journal of Nutrition*, 32, 77-97.

Egan, E., Reilly, T., Chantler, P., and Lawlor, J. (2006). Body composition before and after six weeks pre-season training in professional football players. In: *Kinanthropometry IX: Proceedings of the 9th International Conference of the International Society for Advancement of Kinanthropometry* (edited by M. Marfell-Jones, A. Stewart, and T. Olds), pp. 123-130. London: Routledge.

Ekstrand, J. (1982). Soccer injuries and their prevention. *Medical dissertation no. 130*, Linköping University, Linköping, Sweden.

Eston, R., and Reilly, T. (2001). *Kinanthropometry and Exercise Physiology Laboratory Manual: Tests, Procedures and Data, Vol. 1: Anthropometry*, 2nd edition. London: Routledge.

Eysenck, M.W., and Keane M.T. (2001). *Cognitive Psychology: A Students' Handbook*, 4th edition. Hove, UK: Psychology Press.

Geil, M.D. (2002). The role of footwear on kinematics and plantar foot pressure in fencing. *Journal of Applied Biomechanics*, 18, 155-162.

Gleeson, M. (2006). Immune system adaptation in elite athletes. *Current Opinion in Clinical Nutrition and Metabolic Care*, 9, 659-665.

Gleeson, M., Blannin, A., and Walsh, N.P. (1997) Overtraining, immunosuppression, exercise-induced muscle damage and anti-inflammatory drugs. In: *The Clinical Pharmacology of Sport and Exercise* (edited by T. Reilly and M. Orme), pp 47-57. Amsterdam, Elsevier.

Hay, J.G. (1992). The biomechanics of the triple jump: A review. *Journal of Sports Sciences*, 10, 343-378.

Heymsfield, S.B., Lohnman, T.G., Wang, Z., and Going, S.B. (2005). *Human Body Composition*, 2nd edition. Champaign, IL: Human Kinetics.

Horita, T., Komi, P.V., Nicol, C., and Kyrolainen, H. (2002). Interaction between pre-landing activities and stiffness regulation of the knee joint musculoskeletal system in the drop jump: Implications to performance. *European Journal of Applied Physiology*, 88, 76-84.

Hughes, M., Doherty, M., Jones, R., Reilly, T., Cable, N.T., and Tong, R. (2006). Reliability of repeated sprint exercise in non-motorised treadmill ergometry. *International Journal of Sports Medicine*, 27, 900-904.

Iga, J., Reilly, T., Lees, A., and George, K. (2005). Bilateral isokinetic knee strength profiles in trained junior soccer players and untrained individuals. In: *Science and Football V* (edited by T. Reilly, J. Cabri, and D. Araujo), pp. 442-447. London: Routledge.

Jacobs, I. (1986). Blood lactate: implications for training and performance. *Sports Medicine*, 3, 10-25.

Kawakami, Y., Nozaki, D., Matsuo, A., and Fukunaga, T. (1992). Reliability of measurement of oxygen uptake by a portable telemetric system. *European Journal of Applied Physiology*, 65, 409-414.

Kyrolainen, H., Avela, J., and Komi, P. (2005). Changes in muscle activity with increasing running speed. *Journal of Sports Sciences*, 23, 1101-1109.

Lake, M. (2000). Determining the protective function of sports footwear. *Ergonomics*, 43, 1610-1621.

Lees, A., Vanrenterghem, J., and de Clercq, D. (2004). Understanding how an arm swing enhances performance in the vertical jump. *Journal of Biomechanics*, 37,1929-1940.

Leger, L.A., and Lambert, J. (1982). A maximal multi-stage 20 m shuttle run test to predict $\dot{V}O_2$max. *European Journal of Applied Physiology*, 49, 1-5.

Margaria, R., Aghemo, P., and Rovelli, E. (1966). Measurement of muscular power (anaerobic) in man. *Journal of Applied Physiology*, 21, 1661-1664.

Martin, A.D., Spenst, L.F., Drinkwater, D.T., and Clarys, J.P. (1990). Anthropometric estimation of muscle mass in men. *Medicine and Science in Sports and Exercise*, 22, 729-733.

Matiegka, J. (1921). The testing of physical efficiency. *American Journal of Physical Anthropometry*, 4, 223-230.

McArdle, W.D., Katch, F.I., and Katch, V.L. (1991). *Exercise Physiology: Energy, Nutrition and Human Performance*. Malvern, PA: Lea & Febiger.

Morris, A.D., Kemp, G.J., Lees, A., and Frostick, S.P. (1998). A study of the reproducibility of three different normalisation methods in intra-muscular dual fine wire electromyography of the shoulder. *Journal of Electromyography and Kinesiology*, 8, 317-322.

NIOSH. (1977). *Preemployment Strength Testing*. Washington, DC: U.S. Department of Health and Human Services.

Rahnama, N., Lees, A., and Reilly, T. (2006). Electromyography of selected lower-limb muscles fatigued by exercise at the intensity of soccer match-play. *Journal of Electromyography and Kinesiology*, 11, 257-263.

Rahnama, N., Reilly, T., Lees, A., and Graham-Smith, P. (2003). A comparison of musculoskeletal function in elite and sub-elite English soccer players. In: *Kinanthropometry VIII* (edited by T. Reilly and M. Marfell-Jones), pp. 155-164. London: Routledge.

Reilly, T. (1981). *Sports Fitness and Sports Injuries*. London: Faber & Faber.

Reilly, T. (1983). The energy cost and mechanical efficiency of circuit weight-training. *Journal of Human Movement Studies*, 9, 39-45.

Reilly, T. (1991). Physical fitness—for when and for what? In: *Sport for All* (edited by P. Oja and R. Telama), pp. 81-88. Amsterdam: Elsevier.

Reilly, T. (2001). Assessment of performance in team sports. In: *Kinanthropometry and Exercise Physiology Laboratory Manual: Tests, Procedures and Data* (edited by R. Eston and T. Reilly), Vol. 1, pp. 171-182. London: Routledge.

Reilly, T. (2002). Introduction to musculoskeletal diseases: The Biomed IV Project. In: *Musculoskeletal Disorders in Health-Related Occupations* (edited by T. Reilly), pp. 1-6. Amsterdam: IOS Press.

Reilly, T. (2003). Science and football: A history and an update. In: *Science and Football V* (edited by T. Reilly, J. Cabri, and D. Araújo), pp. 3-12. London: Routledge.

Reilly, T. (2007). *The Science of Training—Soccer: A Scientific Approach to Developing Strength, Speed and Endurance.* London: Routledge.

Reilly, T., and Doran, D. (2003). Fitness assessment. In: *Science and Football*, 2nd edition (edited by T. Reilly and A.M. Williams), pp. 21-46. London: Routledge.

Reilly, T., and Smith, D. (1986). Effect of work intensity on performance in a psychomotor task during exercise. *Ergonomics*, 29, 601-606.

Reilly, T., Secher, N., Snell, P., and Williams, C. (1990). *Physiology of Sports*. London: E. & F.N. Spon.

Reilly, T., Maughan, R.J., and Hardy, L. (1998). Body fat consensus statement of the Steering Groups of the British Olympic Association. *Sports, Exercise and Injury*, 2, 46-49.

Reilly, T., Williams, A.M., Nevill, A., and Franks, A. (2000). A multidisciplinary approach to talent identification in soccer. *Journal of Sports Sciences*, 18, 695-702.

Robinson, M., Lees, A., and Barton, G. (2005). An electromyographic investigation of abdominal exercises and the effects of fatigue. *Ergonomics*, 48, 1604-1612.

Sassi, R., Reilly, T., and Impellizeri, F. (2005). A comparison of small-sided games and interval training in elite professional soccer players. In: *Science and Football V* (edited by T. Reilly, J. Cabri, and D. Araujo), pp. 341-343. London: Routledge.

Togari, H., and Takahashi, K. (1977). Study of "whole-body reaction" in soccer players. *Proceedings of the Department of Physical Education* (College of General Education, University of Tokyo), 6, 33-38.

Wheeler, J.B., Gregor, R.J., and Broker, J.P. (1992). A duel piezoelectric bicycle pedal with multipleshoe/pedal interface capability. *International Journal of Sport Biomechanics*, 8, 251-258.

Williams, A.M., and Reilly, T. (2000). Talent identification and development in soccer. *Journal of Sports Sciences*, 18, 657-667.

Winter, E.M., Jones, A.M., Davison, R., Bromley, P.D., and Mercer, T. (2006). *Sport and Exercise Physiology Testing Guidelines*. London: Routledge.

Capítulo 2

ACSM. (1978). Position statement on the recommended quantity and quality of exercise for developing and maintaining fitness in healthy adults. *Medicine and Science in Sports and Exercise*, 10, vii.

ACSM. (1990). The recommended quantity and quality of exercise for developing and maintaining cardiorespiratory and muscular fitness in healthy adults. *Medicine and Science in Sports and Exercise*, 22, 265-274.

ACSM. (1998). The recommended quantity and quality of exercise for developing and maintaining cardiorespiratory and muscular fitness, and flexibility in healthy adults. *Medicine and Science in Sports and Exercise*, 30, 975-991.

Corrigan, B., and Maitland, G.D. (1994). *Musculoskeletal and Sports Injuries*. Oxford, UK: Butterworth-Heinemann.

Dimitrou, L., Sharp, N.C.C., and Doherty, M. (2002). Circadian effects on the immune responses of salivary cortisol and IgA in well trained swimmers. *British Journal of Sports Medicine*, 36, 260-264.

Dunbar, M.J., Stanish, W.D., and Vincent, N.E. (1998). Chronic exertional compartment syndrome. In: *Oxford Textbook of Sports Medicine*, 2nd edition (edited by M. Harries, C. Williams, W.D. Stanish, and L.J. Micheli), pp. 670-678. Oxford, UK: Oxford University Press.

Dunning, E., Murphy, P., and Williams, J. (1988). Why "core" soccer hooligans fight: Aspects of a sociological diagnosis. In: *Science and Football* (edited by T. Reilly, A. Lees, K. Davids, and W.J. Murphy), pp. 561-571. London: Spon.

Dvorak, J., Junge, A., Chomiak, J., Graf-Baumann, T., Peterson, L., Rösch, D., and Hodgson, R. (2000). Risk factor analysis for injuries in football players: possibilities for a prevention programme. *American Journal of Sports Medicine*, 28, 69-74.

Edwards, M. (1991). Airshow disaster plans. *Aviation, Space and Environmental Medicine*, 62, 1192-1195.

Ekstrand, J. (1982). Soccer injuries and their prevention. *Medical dissertation no. 130*, Linköping University, Linköping, Sweden.

Ekstrand, J., and Gillqvist, J. (1982). The frequency of muscle tightness and injuries in soccer players. *American Journal of Sports Medicine*, 10, 75-78.

Fuller, C.W. (2007). Managing the risk of injury in sport. *Clinical Journal of Sports Medicine*, 17, 182-187.

Fuller, C.W., Ekstrand, J., Junge, A., Anderson, T.E., Dvorak, J., Hagglund, M., McCrory, P., and Meeuwisse, W.H. (2006). Consensus sealement on injury definitions and data collection procedures in studies of football (soccer) injuries. *British Journal of Sports Medicine*, 40, 193-201.

Garbutt, G., Boocock, M.G., and Reilly, T. (1988). Injuries and training patters in recreational marathon runners. In: *Proceedings of the Eighth Middle East Sport Science Symposium* (edited by A. Brien), pp. 56-62. Bahrain: The General Organisation for Youth and Sport.

Gleeson, M. (2006). Immune system adaptation in elite athletes. *Current Opinions in Clinical Nutrition and Metabolic Care*, 9, 659-665.

Hawkins, R.D., Hulse, M.A., Wilkinson, C., Hobson, A. and Gibson, M. (2001). The association football medical research programme: an audit of injuries in professional football. *British Journal of Sports Medicine*, 35, 43-47.

Kordich, J.A. (2004). Client consultation and health approval. In: *NSCA's Essentials of Personal Training* (edited by R.W. Earle and T.R. Baechle), pp. 161-192. Champaign, IL: Human Kinetics.

Leighton, D. and Beynon, C. (2002). The identification and measurement of risk. In: *Musculoskeletal Disorders in Health Realted Occupations* (edited by T. Reilly), pp. 7-24. Amsterdam: IOS Press.

Lysens, R.J., Ostyn, M.S., Vanden Auweele, Y., Lefevre, J., Vuylsteke, M., and Renson, L. (1989). The accident-prone and overuse-prone profiles of the young athlete. *American Journal of Sports Medicine*, 17, 612-619.

Mansfield, M.J., and Maeda, S. (2007). The apparent mass of the seated human exposed to single-axis and multi-axis whole-body vibration. *Journal of Biomechanics*, 40, 2543-2551.

Nieman, D., and Bishop, N.C. (2006). Nutritional strategies to counter stress in the immune system in athletes, with special reference to football. *Journal of Sports Sciences*, 24, 763-772.

NIOSH. (1977). *Preemployment Strength Testing*. Washington. DC: U.S. Department of Health and Human Services.

NIOSH. (1981). *Work Practices Guide for Manual Lifting*. Washington. DC: U.S. Department of Health and Human Services.

NIOSH. (1994). *Applications Manual for the Revised NIOSH Lifting Equation*. Washington DC: Department of Health and Human Services.

Perrin, D.H. (1993). Isokinetic Exercise and Assessment. Champaign, IL: Human Kinetics.

Pheasant, S. (1991). *Ergonomics, Work and Health*. London: Macmillan.

Pollock, M.L., and Wilmore, J.H. (1990). *Exercise in Health and Disease*. Philadelphia: Saunders.

Pollock, M.L., Carroll, J.F., Graves, J.E., Leggett, S.H., Braith, R.W., Limacher, M., and Hagberg, J.M. (1991). Injuries and adherence to walking and resistance programs in the elderly. *Medicine and Science in Sports and Exercise*, 23, 1194-1200.

Rahnama, N., Reilly, T., and Lees, A. (2002). Injury risk associated with playing actions during competitive soccer. *British Journal of Sports Medicine*, 36, 354-359.

Reilly, T. (1981). *Sports Fitness and Sports Injuries*. London: Faber & Faber.

Reilly, T. (2005). Alcohol, anti-anxiety drugs and sport. In: *Drugs in Sport* (edited by D.R. Mottram), pp. 258-287. London: Routledge.

Reilly, T., and Ekblom, B. (2005). The use of recovery methods post-exercise. *Journal of Sports Sciences*, 23, 617-627

Reilly, T., and Stirling, A. (1993). Flexibility, warm-up and injuries in mature games players. In: *Kinanthropometry IV* (edited by W. Duquet and J.A.P. Day), pp. 119-123. London: Spon.

Reilly, T., Lees, A., MacLaren, D., and Sanderson, F.H. (1985). Thrill and anxiety in adventure leisure parks. In: *Contemporary Ergonomics 1985* (edited by D.J. Oborne), pp. 210-214. London: Taylor & Francis.

Sanderson, F. (2003). Psychology and injury in soccer. In: *Science and Soccer* (edited by T. Reilly and A.M. Williams), pp. 148-164. London: Routledge.

Sari-Sarraf, V., Reilly, T., and Doran, D.A. (2006). Salivary IgA responses to intermittent and continuous exercise. *International Journal of Sports Medicine*, 27, 845-855.

Thomas, P. (1992). Questionnaire development: an examination of the Nordic Musculoskeletal Questionnaire. *Applied Ergonomics*, 23, 197-201.

Wichmann, S., and Martin, D.R. (1992). Exercise excess: Treating patients addicted to fitness. *Physician and Sportsmedicine*, 20, 193-200.

Capítulo 3

Almond, C.S., Shin, A.Y., Fortescue, E.B., et al. (2005). Hyponatremia among runners in the Boston Marathon. *New England Journal of Medicine*, 352, 1550-1556.

Anderson, M.J., Cotter, J.D., Garnham, A.P., Casley, D.J., and Febbraio, M.A. (2001). Effect of glycerol-induced hyperhydration on thermoregulation and metabolism during exercise in heat. *International Journal of Sport Nutrition and Exercise Metabolism*, 11, 315-333.

Armstrong, L.E. (2006). Nutritional strategies for football: counteracting heat, cold, high altitude and jet lag. *Journal of Sports Sciences*, 24, 723-740.

Arngrimsson, S.A., Pettit, D.S., Stuceck, M.G., et al. (2004). Cooling vest worn during active warm-up improves 5-km run performance in the heat. *Journal of Applied Physiology*, 96, 1867-1874.

Bangsbo, J., Klausen, K., Bro-Rasmusen, T., and Larson, J., (1988). Physiological responses to acute moderate hypoxia in elite soccer players. In: *Science and Football* (edited by T. Reilly, A. Lees, K. Davids, and W.J. Murphy), pp. 257-264. London: Spon.

Bergh, U., and Ekblom, B. (1979). Effect of muscle temperature on maximal muscle strength and power in human skeletal muscles. *Acta Physiologica Scandinavica*, 107, 33-37.

Castle, P.C., Macdonald, A.L., Philip, A., Webborn, A., Watt, P.W., and Maxwell, N.S. (2006). Precooling leg muscle improves intermittent sprint exercise performance in hot, humid conditions. *Journal of Applied Physiology*, 100, 1377-1384.

Cheung, S.S., and Sleivert, G.G. (2004). Multiple triggers for hyperthermic fatigue and exhaustion. *Exercise and Sport Sciences Reviews*, 32, 100-106.

Cheuvront, S.N., Carter, R., III, Kolka, M.A., et al. (2004). Branched-chain amino acid supplementation and human performance when hypohydrated in the heat. *Journal of Applied Physiology*, 97, 1275-1282.

Coghlan, A. (2007). Dying for some peace and quiet. *New Scientist*, August 25, 6-9.

Drust, B., Cable, N.T., and Reilly, T. (2000). Investigation of the effects of precooling on the physiological responses to soccer-specific intermittent exercise. *European Journal of Applied Physiology*, 81, 11-17.

Drust, B., Rasmussen, P., Mohr, M., Nielsen, B., and Nybo, L. (2005). Elevations in core and muscle temperature impairs repeated sprint performance. *Acta Physiologica Scandinavica*, 183, 181-190.

Ekblom, B. (1986). Applied physiology of soccer. *Sports Medicine*, 3, 50-60.

Febbraio, M. (2001). Alterations in energy metabolism during exercise and heat stress. *Sports Medicine*, 31, 47-59.

Florida-James, G., Donaldson, K., and Stone, V. (2004). Athens 2004: The pollution climate and athletic performance. *Journal of Sports Sciences*, 22, 967-980.

Grahn, D.A., Cao, V.H., and Heller C. (2005). Heat extraction through the palm of one hand improves aerobic exercise endurance in a hot environment. *Journal of Applied Physiology*, 99, 972-978.

Harries, M. (1998). The lung in sport. In: *Oxford Textbook of Sports Medicine* (edited by M. Harries, C. Williams, W.D. Stanish, and L.J. Micheli), pp. 321-326. Oxford, UK: Oxford University Press.

Hasegawa, H., Takatori, T., Komura, T., and Yamasaki, M. (2006a). Combined effects of pre-cooling and water ingestion on thermoregulation and physical capacity during exercise in a hot environment. *Journal of Sports Sciences*, 24, 3-9.

Hasegawa, H., Takatori T., Komura, T., and Yamasaki, M. (2006b). Wearing a cooling jacket during exercise reduces thermal strain and improves endurance exercise performance in a warm environment. *Journal of Strength and Conditioning Research*, 19, 122-128.

Hawkins, L.H., and Barker, T. (1978). Air ions and human performance. *Ergonomics*, 21, 273-278.

Houston, C.S. (1982). Oxygen lack at high altitude: Mountaineering problem. In: *Hypoxia: Man at Altitude* (edited by J.R. Sutton, N.L. Jones, and C.S. Houston), pp. 156-159. New York: Thame Stratton.

Hsu, A.R., Hagobian, T.A., Jacobs, K.A. et al. (2005). Effects of heat removal through the hand on metabolism and performance during cycling exercise in the heat. *Canadian Journal of Applied Physiology*, 30, 87-104.

Inbar, O., Roistein, A., Dlin, R., et al. (1982). The effects of negative air ions on various physiological functions during work in hot environments. *International Journal of Biometerology*, 26, 153-156.

Ingjer, F., and Myhre, K. (1992). Physiological effects of altitude training on elite male cross-country skiers. *Journal of Sports Sciences*, 10, 37-47.

Kirk, P. (1993). Earmuff effectiveness against chainsaw noise over a 12-month period. *Applied Ergonomics*, 24, 279-283.

Krueger, A.P., and Reed, E.J. (1976). Biological impact of small air ions. *Science*, 193, 1209-1213.

Laursen, P.B., Suriano, R., Quod, M.J., et al. (2006). Core temperature and hydration status during an Ironman triathlon. *British Journal of Sports Medicine*, 40, 320-325.

Levine, B. (1997). Training and exercise at high altitudes. In: *Sport, Leisure and Ergonomics* (edited by G. Atkinson and T. Reilly), pp. 74-92. London: Spon.

Low, D., Cable, T., and Purvis, A. (2005a). Exercise thermoregulation and hyperprolactinaemia. *Ergonomics*, 48, 1547-1557.

Low, D., Purvis, A., Reilly, T., and Cable, N.T. (2005b). Prolactin responses to active and passive heating in man. *Experimental Physiology*, 90, 909-917.

MacNee, W., and Donaldson, K., (1999). Particulate air pollution: Injurious and protective mechanisms in the lungs. In: *Air Pollution and Health* (edited by T. Holgate, J. Samet, H. Koren, and R. Maynard), pp. 653-672. London: Academic Press.

Marino, F.E. (2004). Anticipatory regulation and avoidance of catastrophe during exercise-induced hyperthermia. *Comparative Biochemistry and Physiology*, Part B, 139, 561-569.

Martin, P.G., Marino, F.E., Rattey, J., et al. (2004). Reduced voluntary activation of human skeletal muscle during shortening and lengthening contractions in whole body hyperthermia. *Experimental Physiology*, 90, 225-236.

Maruyama, M., Hara, T., Hashimoto, M., et al. (2006). Alterations of calf venous and arterial compliance following acclimation to heat administered at a fixed daily time in humans. *International Journal of Biometeorology*, 50, 269-274.

McCombe, A.W., and Binnington, J. (1994). Hearing loss in Grand Prix motorists: Occupational hazard or sports injury. *British Journal of Sport Medicine*, 28, 35-37.

Mohr, M., Rasmussen, P., Drust, B., Nielsen, B., and Nybo, L. (2006). Environmental heat stress, hyperammonemia and nucleotide metabolism during intermittent exercise. *European Journal of Applied Physiology*, 97, 89-95.

Montain, S.J., Cheuvront, S.N., and Sawka, M.N. (2005). Exercise associated hyponatraemia: quantitative analysis to understand the aetiology. *British Journal of Sports Medicine*, 40, 98-106.

Morrison, S., Sleivert, G.G., and Cheung, S.S. (2004). Passive hyperthermia reduces voluntary activation and isometric force production. *European Journal of Applied Physiology*, 91, 729-736.

Mustafa, K.Y., and Mahmoud, E.D.A., (1979). Evaporative water loss in African soccer players. *Journal of Sports Medicine and Physical Fitness*, 19, 181-183.

Nielsen, B. (1994). Heat stress and acclimation. *Ergonomics*, 37, 49-58.

Nybo, L., and Secher, N.H. (2004). Cerebral perturbations provoked by prolonged exercise. *Progress in Neurobiology*, 72, 223-261.

Pollock, N.W., Godfrey, R.J., and Reilly, T. (1997). Evaluation of field measures of urine concentration. *Medicine and Science in Sports and Exercise*, 29 (Suppl. 5), S261.

Prasher, D. (2000). Noise pollution health effects reduction (NOPHER): A European Commission concerted action workplan. *Noise & Health*, 2, 79-84.

Quod, M.J., Martin, D.S., Laursen, P.B., Gardner, A.S., Halson, S.L., Marino, F.E., Tate, M.P., Mainwaring, D.E., Gore, C.J., and Hahn, A.G. (2008). Practical precooling: effect on cycling time trial performance in warm conditions. *Journal of Sports Sciences*, 26, 1477-1487.

Reilly, T. (2000). Temperature and performance: Heat. In: *ABC of Sports Medicine* (edited by M. Harries, G. McLatchie, C. Williams, and J. King), pp. 68-71. London: BMJ Brooks.

Reilly, T. (2003). Environmental stress. In: *Science and Soccer*, 2nd edition (edited by T. Reilly and A.M. Williams), pp. 165-184. London: Routledge.

Reilly, T., Drust, B., and Gregson, W. (2006). Thermoregulation in elite athletes. *Current Opinion in Clinical Nutrition and Metabolic Care*, 9, 666-671.

Reilly, T., and Lewis, W. (1985). Effects of carbohydrate feeding on mental functions during sustained physical work. In: *Ergonomics International 85* (edited by I.D. Brown, R. Goldsmith, K. Coombes, and M.A. Sinclair), pp. 700-702. London: Taylor & Francis.

Reilly, T., Maughan, R.J., Budgett, R., and Davies, B. (1997). The acclimatisation of international athletes, In: *Contemporary Ergonomics 1997* (edited by S.A. Robertson), pp. 136-140. London: Taylor & Francis.

Reilly, T., and Stevenson, C. (1993). An investigation of the effects of negative air ions on responses to submaximal exercise at different times of day. *Journal of Human Ergology*, 22, 1-9.

Reilly, T., and Waterhouse, J. (2005). *Sport, Exercise and Environmental Physiology*. Edinburgh, UK: Elsevier.

Shirreffs, S.M., Aragon-Vargas, L.F., Chamorro, M., Maughan, R.J., Serratosa, L., and Zachwieja, J.J. (2005). The sweating response of elite professional soccer players to training in the heat. *International Journal of Sports Medicine*, 26, 90-95.

Sovijärvi, A.R.A., Rossel, S., Hyvarin, J., et al. (1979). Effect of air ionization on heart rate and perceived exertion during a bicycle exercise test: A double-blind cross-over study. *European Journal of Applied Physiology*, 41, 285-291.

Todd, G., Butler, J.E., Taylor, J.L., and Gandevia, S.C. (2005). Hyperthermia: A failure of the motor cortex and the muscle. *Journal of Physiology*, 563, 621-631.

Waterhouse, J., Drust, B., Weinert, D., Edwards, B., Gregson, W., Atkinson, G., Kao, S., Aizawa, S. and Reilly, T. (2005). The circadian rhythm of core temperature: Origin and some implications for exercise performance. *Chronobiology International*, 22, 207-225.

Watson, P., Hasegawa, H., Roelands, B., et al. (2005a). Acute dopamine/noradrenaline reuptake inhibition enhances human exercise performance in warm, but not temperate conditions. *Journal of Physiology*, 565, 873-883.

Watson, P., Shirreffs, S.M., and Maughan, R.J. (2005b). Blood-brain barrier integrity may be threatened by exercise in a warm environment. *American Journal of Physiology*, 288, R1689-R1694.

Webster, J., Holland, E.J., Sleivert, G., Laing, R.M., and Niven, B.E. (2005). A light-weight cooling vest enhances performance of athletes in the heat. *Ergonomics*, 48, 821-837.

Capítulo 4

Akerstedt, T. (2006). Searching for the countermeasure of night-shift sleepiness. *Sleep*, 29, 19-20.

Bambaeichi, E., Reilly, T., Cable, N.T., and Giacomoni, M. (2005). The influence of time of day and partial sleep loss on muscle strength in eumenorrheic females. *Ergonomics*, 48, 1499-1511.

Bennet, G. (1973). Medical and psychological problems in the 1972 singlehanded transatlantic yacht race. *Lancet*, 2, 747-754.

Bohle, P., and Tilley, A. (1993). Predicting mood change on night shift. *Ergonomics*, 36, 125-134.

Bonnet, M.H. (2006). Acute sleep deprivation. In: *Principles and Practices of Sleep Medicine*, 4th edition (edited by M.H. Kryger, T. Roth, and W.C. Dement), pp. 51-66. New York: Elsevier.

Cajochen, C, Wyatt, J.K., Czeisler, C.A., and Dijk, D.J. (2002). Separation of circadian and wake duration-dependent modulation of EEG activation during wakefulness. *Neuroscience*, 114, 1047-1060.

Carling, C., Williams, A.M., and Reilly, T. (2005). *A Manual of Soccer Match Analysis*. London: Routledge.

Chen, H.I. (1991). Effects of 30-h sleep loss on cardiorespiratory functions at rest and in exercise. *Medicine and Science in Sports and Exercise*, 23, 193-198.

Cirelli, C. (2002). Functional genomic of sleep and circadian rhythm, invited review: How sleep deprivation affects gene expression in the brain–A review of recent findings. *Journal of Applied Physiology*, 9, 394-400.

Drust, B., Waterhouse, J., Atkinson, G., Edwards, B., and Reilly, T. (2005). Circadian rhythms in sports performance–An update. *Chronobiology International*, 22, 21-44.

Edwards, B.J., Atkinson, G., Waterhouse, J., Reilly, T., Godfrey, R., and Budgett, R. (2000). Use of melatonin in recovery from jet-lag following an eastward flight across 10 timezones. *Ergonomics*, 43, 1501-1513.

Fisher, F.M., de Moreno, C., de Fernandez, L., Berwerth, A., dos Santos, A.M., and Bruni Ade, C. (1993). Day- and shiftworkers' leisure time. *Ergonomics*, 3, 43-49.

Froberg, J.C., Karlsson, C.G., Levi, L., and Lidberg, L. (1975). Circadian rhythms of catecholamine excretion, shooting range performance and self-ratings of fatigue during sleep deprivation. *Biological Psychology*, 2, 175-188.

Guezennec, C.Y., Sabatin, P., Legrand, H., and Bigard, A.X. (1994). Physical performance and metabolic changes induced by combined prolonged exercise and different energy intake in humans. *European Journal of Applied Physiology*, 68, 525-530.

Horne, J.A. (1988). *Why We Sleep*. Oxford, UK: Oxford University Press.

Horne, J.A., and Pettit, A.N. (1984). Sleep deprivation and the physiological response to exercise under steady state conditions in untrained subjects. *Sleep*, 7, 168-179.

How, J.M., Foo, S.C., Low, E., Wong, T.M., Vijayan, A., Siew, M.G., and Kanapathy, R. (1994). Effect of sleep deprivation on performance of Naval seamen: I. Total sleep deprivation on performance. *Annuals of the Academy of Medicine*, 23, 669-675.

Jehue, R., Street, D., and Huizenga, R., (1993). Effect of time zone and game time on team performance: National Football League. *Medicine and Science in Sports and Exercise*, 25, 127-131.

Koslowsky, M., and Babkoff, H. (1992). Meta-analysis of the relationship between total sleep deprivation and performance. *Chronobiology International*, 9, 132-136.

Lemmer, B. (2007). The sleep-wake cycle and sleeping pills. *Physiology & Behavior*, 90, 285-293.

Martin, B.J., and Gaddis, G.M. (1981). Exercise after sleep deprivation. *Medicine Science in Sports and Exercise*, 13, 220-223.

Meney, I., Waterhouse, J., Atkinson, G., Reilly, T., and Davenne, D. (1998). The effect of one night's sleep deprivation in temperature, mood and physical performance in subjects with different amounts of habitual activity. *Chronobiology International*, 15, 349-363.

Monk, T.H., and Folkard, S. (1992). *Making Shiftwork Tolerable*. Basingstoke, UK: Taylor & Francis.

Petrilli, R.M., Jay, S.M., Dawson, D., and Lamond, N. (2005). The impact of sustained wakefulness and time of day on OSPAT performance. *Industrial Health*, 43, 86-92.

Pilcher, J.J., and Huffcutt, A.I. (1996). Effects of sleep deprivation on performance a meta-analysis. *Sleep*, 19, 318-326.

Plyley, M.J., Shephard, R.J., Davis, G.M., and Goode, R.C. (1987). Sleep deprivation and cardiorespiratory function-influence of intermittent submaximal exercise. *European Journal of Applied Physiology*, 56, 338-344.

Reilly, T. (1993). Science and football: an introduction. In: *Science and Football II* (edited by T. Reilly, J. Clarys, and A. Stibbe), pp. 3-11. London: Spon.

Reilly, T. (2003). Environmental stress. In: *Science and Soccer*, 2nd edition (edited by T. Reilly and A.M. Williams), pp. 165-184. London: Routledge.

Reilly, T. (2007). *Science of Training—Soccer: A Scientific Approach to Developing Strength, Speed and Endurance*. London: Routledge.

Reilly, T. (2009). The body clock and athletic performance. *Biological Rhythm Research*, 40,37-44.

Reilly, T., Atkinson, G., and Budgett, R. (2001). Effect of low-dose temazepam on physiological variables and performance tests following a westerly flight across five time zones. *International Journal of Sports Medicine*, 22, 166-74.

Reilly, T., Atkinson, G., Edwards, B., Waterhouse, J., Farrelly, K., and Fairhurst, E. (2007a). Diurnal variation in temperature, mental and physical performance, and tasks specifically related to football (soccer). *Chronobiological International*, 24, 507-519.

Reilly, T., Atkinson, G., and Waterhouse, J. (1997a). *Biological Rhythms and Exercise*. Oxford, UK: Oxford University Press.

Reilly, T., and Deykin, T. (1983). Effects of partial sleep loss on subjective states, psychomotor and physical performance tests. *Journal of Human Movement Studies*, 9, 157-170.

Reilly, T., and Edwards, B. (2007). Altered sleep-wake cycles and physical performance in athletes. *Physiology and Behavior*, 90, 274-284.

Reilly, T., and Garrett, R. (1995). Effects of time of day on self-paced performance of prolonged exercise. *Journal of Sports Medicine and Physical Fitness*, 35, 99-102.

Reilly, T., and George, A. (1983). Urinary phenylethamine levels during three days of indoor soccer play. *Journal of Sports Sciences*, 1, 70.

Reilly, T., and Hales, A. (1988). Effects of partial sleep deprivation on performance measures in females. In: *Contemporary Ergonomics* (edited by E.D. McGraw), pp. 509-513. London: Taylor & Francis.

Reilly, T., and Piercy, M. (1994). The effect of partial sleep deprivation on weight-lifting performance. *Ergonomics*, 37, 107-115.

Reilly, T.. and Walsh, T.J. (1981). Physiological, psychological and performance measures during an endurance record for 5-a-side soccer play. *British Journal of Sports Medicine*, 15, 122-128.

Reilly, T., and Waterhouse, J. (2005). *Sport, Exercise and Environmental Physiology*. Edinburgh, UK: Elsevier.

Reilly, T., and Waterhouse, J. (2007). Altered sleep-wake cycles and food intake: The Ramadan model. *Physiology and Behavior*, 90, 219-228.

Reilly, T., Waterhouse, J., and Atkinson, G. (1997b). Ageing, rhythms of physical performance, and adjustment to changes in the sleep-activity cycle. *Occupational and Environmental Medicine*, 54, 812-816.

Reilly, T., Waterhouse, J., Burke, L., and Alonso, J.M. (2007b). Nutrition for travel. *Journal of Sports Sciences*, 25, Suppl. 1, S125-S134.

Reilly, T., Waterhouse, J., and Edwards, B. (2005). Jet lag and air travel: Implications for performance. *Clinics in Sports Medicine*, 24, 367-380.

Rognum, T.O., Vartdal, F., Rodahl, K., Opstad, P.K., Knudsen-Baas, O., Kindt, E., and Withey, W.R. (1986). Physical and mental performance of soldiers on high-and low-energy diets during prolonged heavy exercise combined with sleep deprivation. *Ergonomics*, 29, 859-867.

Sinnerton, S.A., and Reilly, T. (1992). Effects of sleep loss and time of day in swimmers. In: Biomechanics and Medicine in Swimming: *Swimming Science V* (edited by D. MacLaren, T. Reilly, and A. Lees), pp. 399-405. London: Spon.

Smith, R.S., and Reilly, T. (2005). Athletic performance. In: Sleep Deprivation: Clinical Issues. *Pharmacology and Sleep Loss Effects* (edited by C. Kushida), pp. 313-334, New York: Marcel Dekker.

Smith, R.S., Walsh, J., and Dement, W.C. (1998). Sleep deprivation and the Race Across America. *Sleep*, 22, 303.

Stampi, C., Mullington, J., Rivers, M., Campos, J. and Broughton, R. (1990). Ultrashort sleep schedules: sleep architecture and recuperative value of 80-, 50- and 20-min naps. In: *Why We Sleep*. (edited by J. Horne), pp. 71-74. Bochum: Pontinagel.

Thomas, V., and Reilly, T. (1975). Circulatory, psychological and performance variables during 100 hours of continuous exercise under conditions of controlled energy intake and work output. *Journal of Human Movement Studies*, 1, 149-155.

Waterhouse, J., Edwards, B., Nevill, A., Carvalho, S., Atkinson, G., Buckley, P., Reilly, T., Godfrey, R., and Ramsay, R. (2002). Identifying some determinants of "jet-lag" and its symptoms: A study of athletes and other travellers. *British Journal of Sports Medicine*, 36, 54-60.

Waterhouse, J., Minors, D., Folkard, S., Owens, D., Atkinson, G., Macdonald, I., Reilly, T., Sytnik, N., and Tucker, P. (1998). Light of domestic intensity produces phase shifts of the circadian oscillator in humans. *Neuroscience Letters*, 245, 97-100.

Waterhouse, J., Reilly, T., Atkinson, G., and Edwards, B. (2007). Jet lag: Trends and coping strategies. *Lancet*, 369, 1117-1129.

Capítulo 5

Atha, J. (1984). Current techniques for measuring motion. *Applied Ergonomics*, 15, 245-257.

Ball, L.T., Lucas, E.T., Miles, J.N., and Gale, A.G. (2003). Inspection times and the selection task: what do eye movements reveal about relevance effects? *Quarterly Journal of Experimental Psychology*, 56, 1053-1077.

Barton, J.G. (1999). Interpretation of gait data using Kohonen neural networks. *Gait and Posture*, 10, 85-86.

Boocock, M.G., Garbutt, G., Linge, K., Reilly, T., and Troup, J.D.G. (1990). Changes in stature following drop jumping and post exercise gravity inversion. *Medicine and Science in Sports and Exercise*, 22, 385-390.

Bosco, C. (1985). Adaptive response of human skeletal muscle to simulated hypergravity. *Acta Physiologica Scandinavica*, 124, 507-513.

Bosco, C., Cardinale, M., and Tsarpela, O. (1999). Influence of vibration on mechanical power and electromyogram activity in human arm flexor muscles. *European Journal of Applied Physiology*, 79, 306-311.

Brown, S., Haslam, R.A., and Budworth, N. (2001). Participative quality techniques for back pain management. In: *Contemporary Ergonomics 2001* (edited by M. Hanson), pp. 133-138. London: Taylor & Francis.

Cardinale, M., and Wakeling, J. (2005). Whole body vibration exercise: Are vibrations good for you? *British Journal of Sports Medicine*, 39, 585-589.

Carling, C., Williams, A.M., and Reilly, T. (2005). *Handbook of Soccer Match Analysis: A Systematic Approach to Improving Performance*. London: Routledge.

Cochrane, D.J., and Stannard, S.R. (2005). Acute whole body vibration training increases vertical jump and flexibility performance in elite female field hockey players. *British Journal of Sports Medicine*, 39, 860-865.

Davids, K., Araujo, D., and Shuttleworth, R. (2005). Application of dynamic systems theory to football. In: *Science and Football V* (edited by T. Reilly, J. Cabri, and D. Araujo), pp. 537-550. London: Routledge.

Dowzer, C.N., Reilly, T., and Cable, N.T., 1998, Effects of deep and shallow water running on spinal shrinkage. *British Journal of Sports Medicine*, 32, 44-48.

Ekblom, B. (1986). Applied physiology of soccer. *Sports Medicine*, 3, 50-60.

Fitts, P.M. (1951). *Human Engineering for an Effective Air-Navigation and Traffic-Control System*. Washington, DC: National Research Council Committee on Aviation Psychology.

Fowler, N.E., Lees, A., and Reilly, T. (1997). Changes in stature following plyometric deep jump and pendulum exercise. *Ergonomics*, 40, 1279-1286.

Graham-Smith, P., Fell, N., Gilbert, G., Burke, J., and Reilly, T. (2001). Ergonomic evaluation of a weighted vest for power training. In: *Contemporary Ergonomics 2001* (edited by M.A. Hanson), pp. 493-497. London: Taylor & Francis.

Hughes, M. (2003). Notation analysis. In: *Science and Soccer* (edited by T. Reilly and A.M. Williams), pp. 245-264. London: Routledge.

Issurin, V.B. (2005). Vibrations and their application in sport: A review. *Journal of Sports Medicine and Physical Fitness*, 45, 324-336.

Lees, A., Burton, G., and Kershaw, L. (2003). The use of Kohonen neural network analysis to qualitatively analyse technique in soccer kicking. *Journal of Sports Sciences*, 21, 243-244.

McGarry, T., Anderson, D.I., Wallace, S.A., Hughes, M.D., and Franks, I.M. (2002). Sport com- petition as a dynamical self-organising system. *Journal of Sports Sciences*, 20, 771, 781.

McGarry, T., and Franks, I.M. (1994). A stochastic approach to predicting competitive squash match-play. *Journal of Sports Sciences*, 12, 573-584.

Memmert, D. and Perl, J. (2009). Game creativity analysis using neural networks. *Journal of Sports Sciences*, 27, 139-149.

Mohr, M., Krustrup, P., and Bangsbo, J. (2003). Match performance of high-standard soccer players with special reference to development of fatigue. *Journal of Sports Sciences*, 21, 519-528.

Murray, A., Aitchison, T.C., Ross, G., Sutherland, K., Watt, I., McLean, D. and Grant, S. (2005). The effect of towing a range of relative resistances on sprint performance. *Journal of Sports Sciences*, 23, 927-935.

Reilly, T. (1981). *Sports Fitness and Sports Injuries*. London: Faber & Faber.

Reilly, T. (1991). Physical fitness-for whom and for what? In: *Sport for All* (edited by P. Oja and R. Telama), pp. 81-88. Amsterdam: Elsevier.

Reilly, T. (2007). *The Science of Training-Soccer: A Scientific Approach to Developing Strength, Speed and Endurance*. London: Routledge.

Reilly, T., Cable, N.T. and Dowzer C. (2001). Does deep-water running aid recovery from stretch-shortening cycle exercise? In: *Perspectives and Profiles: 8th Annual Congress of the European College of Sports Science* (edited by J. Mester, G. King, H. Struder, E. Tsolaridis and A. Osterbury) p. 752. Cologne: Sport und Buch Strauss Gmbh.

Reilly, T., Cable, N.L., and Dowzer, C.N. (2002). The effect of a 6-week land- and water-running training programme on aerobic, anaerobic and muscle strength measures. *Journal of Sports Sciences*, 21, 333-334.

Reilly, T., Dowzer, C.N., and Cable, N.T. (2003). The physiology of deep-water running. *Journal of Sports Sciences*, 21, 959-962.

Reilly, T., and Gregson, W. (2006). Special populations: the referee and assistant referee. *Journal of Sports Sciences*, 24, 795-801.

Reilly, T., and Lees, A. (2008). Sports ergonomics. In: *Encyclopaedia of Sports Science and Medicine* (edited by R. Maughan). Oxford, UK: Blackwell.

Reilly, T., and Thomas, V. (1976). A motion analysis of work-rate in different positional roles in professional match-play. *Journal of Human Movement Studies*, 2, 87-97.

Reilly, T., and Thomas, V. (1978). Multi-station equipment for physical training: design and validation of a prototype. *Applied Ergonomics*, 9, 201-206.

Rush, D.G., Edwards, P.A.M., Pountney, D.C., Shelton, J.A., and Williams, D. (1990). The design and development of an AI-assisted interactive video system for the teaching of psychomotor skills. In: *Contemporary Ergonomics 1990* (edited by E.J. Lovesy), pp. 142-148. London: Taylor & Francis.

Saltin, B. (1973). Metabolic fundamentals in exercise. *Medicine and Science in Sport*, 5, 137-146.

Stanton, N.A., Salmon, P.M., Walker, G.H., Baber, C., and Jenkins, D.P. (2005). *Human Factors Methods: A Practical Guide for Engineering and Design*. Aldershot, UK: Ashgate.

Togari, H. and Asami, T. (1972). A study of throw-in training in soccer. *Proceedings of the Department of Physical Education, College of General Education, University of Tokyo*, 6, 33-38.

Verhoshanski, V. (1969). Perspectives in the improvement of speed-strength for jumpers. *Review of Soviet Physical Education and Sports*, 4, 28-29.

Waterson, P.E., Older Gray, M.T., and Clegg, C.W. (2002). A sociotechnical method for designing work systems. *Human Factors*, 44, 376-391.

Wooding, D.S., Mugglestone, M.D., Purdy, K.J., and Gale, A.G. (2002). Eye movements of large populations: Implementation and performance of an autonomous public eye tracker. *Behavioural Revised Methods, Instruments and Computers*, 34, 509-517.

Capítulo 6

Althoff, I., Brinkman, P., Forbin, W., Sandover, J., and Burton, K. (1992). An improved method of stature measurement for quantitative determination of spinal loading. *Spine*, 17, 682-693.

Au, G., Cook, J., and McGill, S.M. (2001). Spinal shrinkage during repetitive controlled torsion, flexion and lateral bend motion. *Ergonomics*, 44, 373-381.

Bangsbo, J. (1994). The physiology of soccer with special reference to intense intermittent exercise. *Acta Physiologica Scandinavica*, 151, Suppl.619,

Boocock, M.G., Garbutt, G., Linge, K., Reilly, T., and Troup, J.D.G. (1990). Changes in stature following drop-jumping and post exercise gravity inversion. *Medicine and Science in Sports and Exercise*, 22, 385-390.

Boocock, M.G., Garbutt, G., Reilly, T., Linge, K., and Troup, J.D.G. (1988). The effects of gravity inversion on exercise-induced spinal loading. *Ergonomics*, 31, 1631-1637.

Borg, G. (1982). Psychophysical basis of perceived exertion. *Medicine and Science in Sports and Exercise*, 14, 377-381

Bourne, N.D., and Reilly, T. (1991). Effect of a weightlifting belt on spinal shrinkage. *British Journal of Sports Medicine*, 25, 209-212.

Cannon, S.R., and James, S.E. (1984). Back pain in athletes. *British Journal of Sports Medicine*, 18, 159-164.

Clarys, J.P., Cabri, J., De Witte, B., Toussaint, H., De Groot, G., Huying, P., and Hollander, P. (1988). Electromyography applied to sport ergonomics. *Ergonomics*, 31, 1605-20.

Colombini, D., Occhipinti, E., Grieco, A., and Faccini, M. (1989). Estimation of lumbar disc area by means of anthropometric parameters. *Spine*, 14, 51-55.

Cooke, C. (2001). Metabolic rate and energy balance In: *Kinanthropometry and Exercise Physiology Laboratory Manual: Tests, Procedures and Data*, 2nd edition (edited by R. Eston and T. Reilly), pp. 137-160. London: Routledge.

Corlett, E.N., Eklund, J.A.E., Reilly, T., and Troup, J.D.G. (1987). Assessment of workload from measurement of stature. *Applied Ergonomics*, 18, 65-71.

Creagh, U., Reilly, T., and Lees, A. (1998). Kinematics of running on off-road terrain, *Ergonomics*, 41, 1029-1033.

Dowzer, C.N., Reilly, T., and Cable, N.T. (1998). Effect of deep and shallow water running on spinal shrinkage. *British Journal of Sports Medicine*, 32, 44-48.

Durnin, J.V.G.A. and Passmore, R. (1970). *Energy, Work and Leisure*. London: Heinemann.

Ekblom, B. (1986). Applied physiology of soccer. *Sports Medicine*, 3, 50-60.

Florida-James, G., and Reilly, T. (1995). The physiological demands of Gaelic football. *British Journal of Sports Medicine*, 29, 41-45.

Fowler, N.E., Lees, A., and Reilly, T. (1994). Spinal shrinkage in unloaded and loaded drop-jumping. *Ergonomics*, 37, 133-139

Fowler, N.E., Trzaskoma, Z., Wit, A., Iskra, L., and Lees, A. (1995). The effectiveness of a pendulum swing for the development of leg strength and counter-movement jump performance. *Journal of Sports Sciences*, 13, 101-108.

Garbutt, G., Boocock, M.G., Reilly, T., and Troup, J.D.G. (1989). The effect of running speed on spinal shrinkage. *Journal of Sports Sciences*, 7, 77.

Garbutt, G., Boocock, M.G., Reilly, T., and Troup, J.D.G. (1990). Running speed and spinal shrinkage in runners with and without low back pain. *Medicine and Science in Sports and Exercise*, 22, 769-772.

Gerisch, G., Rutemoller, E., and Weber, K. (1988). Sports medical measurements of performance in soccer. In: *Sciences and Football* (edited by T. Reilly, A. Lees, K. Davids, and W. Murphy), pp. 60-67. London: Spon.

Hall, C.J., and Lane, A.M. (2001). Effects of rapid weight loss on mood and performance among amateur boxers. *British Journal of Sports Medicine*, 35, 350-395.

Helsòn, W., and Bultynck, J.B. (2004). Physical and cognitive demands on top-class refereeing in association football. *Journal of Sports Sciences*, 22, 179-189.

Hulton, A., Ford, T. and Reilly, T. (2009). The energy cost of soloing a Gaelic football. In: *Science and Football VI* (edited by T. Reilly and F. Korkusuz), pp. 307-313. London: Routledge.

Impellizzeri, F.M., Marcora, S.M., Castagna, C., Reilly, T., and Sassi, A. (2006). Physiological and performance effects of generic versus specific aerobic training in soccer players. *International Journal of Sports Medicine*, 27, 483-492.

Kawakami, Y., Nozaki, D., Matsuo, A., and Fukunaga, T. (1992). Reliability of measurement of oxygen uptake by a portable telemetric system. *European Journal of Applied Physiology*, 65, 409-414.

Kazarian, L.E. (1975). Creep characteristics of the human spinal column. *Orthopaedic Clinics of North America*, 6, 3-18.

Koeller, W., Funke, F., and Hartman, F. (1984). Biomechanical behaviour of human invertebrae discs subjected to long lasting axial loadings. *Biorheology*, 21, 175-186.

Leatt, P., Reilly, T., and Troup, J.D.G. (1985). Unloading the spine. In: *Contemporary Ergonomics 1985* (edited by D. Oborne), pp. 227-232. London: Taylor & Francis.

Leatt, P., Reilly, T., and Troup, J.D.G. (1986). Spinal loading during circuit weight-training and running. *British Journal of Sports Medicine*, 20, 119-124.

Marras, W.S., Lavender, S.A., Leurgens, S.E., Rajulu, S.L., Allread, W.G., and Fathallah, F.A. (1993). The role of dynamic three-dimensional trunk motion in occupationally-related low-back disorders: the effects of workplace factors, trunk position and trunk motion characteristics on risk of injury. *Spine*, 18, 617-628.

Martens, R., and Simon, J.A. (1976). Comparisons of three predictors of state anxiety in competitive situations. *Research Quarterly*, 47, 381-387.

McCrudden, M., and Reilly, T. (1993). A comparison of the punt and the drop-kick. In: *Science and Football* (edited by T. Reilly, J. Clarys, and A. Stibbe), pp. 362-366. London: Spon.

McNair, D., Lorr, M., and Droppleman, L.F. (1992). *Profile of Mood States Manual*, 2nd edition. San Diego, CA: Educational and Industrial Testing Services.

NIOSH. (1994). *Workplace Use of Back Belts: Review and Recommendations*. Washington, DC: National Institute for Occupational Safety and Health.

Parsons, C.A., Atkinson, G., Doggart, L., Lees, A. and Reilly, T. (1994). Evaluation of new mail delivery bag designs. In : *Contemporary Ergonomics 1994* (edited by S.R. Robertson). pp 236-240. London: Taylor and Francis.

Reilly, T. (1979). *What Research Tells the Coach About Soccer*. Reston, VA: American Alliance for Health, Physical Education, Recreation and Dance.

Reilly, T. (2007). *The Science of Training-Soccer: A Scientific Approach to Developing Strength, Speed and Endurance*. London: Routledge. Now cited in the text.

Reilly, T., and Ball, D. (1984). The net physiological cost of dribbling a soccer ball. *Research Quarterly for Exercise and Sport*, 55, 267-71.

Reilly, T., and Bowen, T. (1984). Exertional cost of changes in directional modes of running. *Perceptual and Motor Skills*, 58, 49-50.

Reilly, T., and Chana, D. (1994). Spinal shrinkage in fast bowling. *Ergonomics*, 37, 127-132.

Reilly, T., and Davies, S. (1995). Effects of a weightlifting belt on spinal loading during performance of a dead-lift. In: *Sport, Leisure and Ergonomics* (edited by G. Atkinson and T. Reilly), pp. 136-139. London: Taylor & Francis.

Reilly, T., and Freeman, K.A. (2006). Effects of loading on spinal shrinkage in males of different age groups. *Applied Ergonomics*, 37, 305-310.

Reilly, T., Grant, R., Linge, K., and Troup, J.D.G. (1988). Spinal shrinkage during treadmill running [abstract]. In: *New Horizons in Human Movement*, Vol. III, p. 142. Cheonan, South Korea: Seoul Olympic Scientific Congress Organizing Committee.

Reilly, T., Lees, A., MacLaren, D., and Sandersen, F.H. (1985). Thrill and anxiety in adventure leisure park rides. In: *Contemporary Ergonomics* (edited by D.J. Oborne), pp. 210-214. London: Taylor & Francis.

Reilly, T., and Peden, F. (1989). Investigation of external weight loading in females. *Journal of Human Movement Studies*, 17, 165-172.

Reilly, T., and Seaton, A. (1990). Physiological strain unique to field hockey. *Journal of Sports Medicine and Physical Fitness*, 30, 142-146.

Reilly, T., and Temple, J. (1993). Some ergonomic consequences of playing field hockey. In: *Contemporary Ergonomics* (edited by E.J. Lovesey), pp. 441-444. London: Taylor & Francis.

Reilly, T., Tyrrell, A., and Troup, J.D.G. (1984). Circadian variation in human stature. *Chronobiology International*, 1, 121-126.

Rhode, H.C., and Espersen, T. (1988). Work intensity during soccer training and match-play. In: *Science and Football* (edited by T. Reilly, A. Lees, K. Davids, and W. Murphy), pp. 68-75. London: Spon.

Sanderson, F.H., and Reilly, T. (1983). Trait and state anxiety in male and female cross-country runners. *British Journal of Sports Medicine*, 17, 24-26.

Sassi, R., Reilly, T., and Impellizzeri, F.M. (2005). A comparison of small-sided games and internal training in elite professional soccer players. In: *Science and Football V* (edited by T. Reilly, J. Cabri, and D. Araujo), pp. 341-343. London: Routledge.

Spielberger, C.D., Gorsuch, R.L., and Lushene, R.E. (1970). *Manual for the State-Trait Anxiety Inventory*. Palo Alto, CA: Consulting Psychological Press.

Tyrrell, A.R., Reilly, T., and Troup, J.D.G. (1985). Circadian variation in stature and the effects of spinal loading. *Spine*, 10, 161-164.

Wallace, P., and Reilly, T. (1993). Spinal and metabolic loading during simulations of golf play. *Journal of Sports Sciences*, 11, 511-515.

Wilby, J., Linge, K., Reilly, T., and Troup, J.D.G. (1987). Spinal shrinkage in females: Circadian variation and the effects of circuit weight-training. *Ergonomics*, 30, 47-54.

Capítulo 7

Bowles, K-A., Steele, J.R., and Chauncharyakul, R. (2005). Do current sports brassiere designs impede respiratory function? *Medicine and Science in Sports and Exercise*, 37, 1633-1640.

Caplan, N., and Gardner, T. (2007). A mathematical model of the oar blade-water interaction in rowing. *Journal of Sports Sciences*, 25, 1025-10344.

Chatard, J.C., and Wilson, B. (2008). Effect of fastskin suits on performance, drag and energy cost of swimming. *Medicine and Science in Sports and Exercise*, 40, 1148-1154.

Easterling, K.E. (1993). *Advanced Materials for Sports Equipment*. London: Chapman & Hall.

Ekstrand, J., Timpka, T., and Hagglund, M. (2006). Risk of injury in elite football played on artificial turf versus natural grass: a prospective two-cohort study. *British Journal of Sports Medicine*, 40, 975-980.

Habberl, P., and Prokop, L. (1974). Aspects of synthetic tracks. *Biotelemetry*, 1, 171.

Hawes, M.R., Sovak, D., Miyashita, M., Kanq, S-J., Yoshihuku, Y., and Tanaka, S. (1994). Ethnic differences in forefoot shape and the determination of shoe comfort. *Ergonomics*, 37, 187-206.

Hennig, E.M. (2007). Influence of racket properties on injuries and performance in tennis. *Exercise and Sport Sciences Reviews*, 35, 62-62.

Holmer, I., and Elnas, S. (1981). Physiological evaluation of the resistance to evaporation heat transfer by clothing. *Ergonomics*, 24, 63-74.

Lees, A., and Lake, M. (2003). The biomechanics of soccer surfaces and equipment. In: *Science and Soccer* (edited by T. Reilly and A.M. Williams), pp. 120-153. London: Routledge.

Marshall, S.W., Loomis, D.P., Waller, A.E., Chalmers, D.J., Bird, Y.N., Quarrie, K.L., and Feehan, M (2005). Evaluation of protective equipment for prevention of injuries in rugby union. *International Journal of Epidemiology*, 34, 113-118.

McMahon, T.A., and Greene, P.R. (1978). Fast running tracks. *Scientific American*, 239, 112-121.

Mollendorf, J.C., Termin, A.C., Oppenheim, E., and Pendergast, D.R. (2004). Effect of swim suit design on passive drag. *Medicine and Science in Sports and Exercise*, 36, 1029-1035.

Nirschl, R.P. (1974). The etiology and treatment of tennis elbow. *Journal of Sports Medicine*, 2, 308-323

Nolte, V. (2009). Shorter oars are more effective. *Journal of Applied Biomechanics*, 25, 1-8.

O'Donoghue, P., and Liddle, D. (1998). A match analysis of elite tennis strategy for ladies' singles on clay and grass surfaces. In: *Science and Racket Sports II* (edited by A. Lees, I. Maynard, M. Hughes, and T. Reilly), pp. 247-253. London: Spon.

Reilly, T., and Gregson, W. (2006). Special populations: The referee and assistant referee. *Journal of Sports Sciences*, 24, 795-801.

Reilly, T., and Halliday, F. (1985). Influence of alcohol ingestion on tasks related to archery. *Journal of Human Ergology*, 14, 99-104.

Reilly, T., and Waterhouse, J. (2005). *Sport, Exercise and Environmental Physiology*. Amsterdam, The Netherlands: Elsevier.

Richards, C.E., Magin, P.J. and Callister, R. (2009). Is your prescription of distance running shoes evidence based? *British Journal of Sports Medicine*, 43, 159-162.

Sanderson, F. (1981). Injuries in racket sports. In: *Sports Fitness and Sports Injuries* (edited by T. Reilly), pp. 175-182. London: Faber & Faber.

Virmavirta, M., and Komi, P.V. (2001). Ski jumping boots limit effective take-off in ski jumping. *Journal of Sports Sciences*, 19, 961-968.

Wallace, E., Kingston, K., Strangwood, M., and Kenny, I. (2008). Golf science. In: *Science and Sports: Bridging the Gap* (edited by T. Reilly), pp. 94-106. Maastricht, The Netherlands: Shaker.

White, J.L., Scurr, J.C. and Smith, N.A. (2009). The effect of breast support on kinetics during overground running performance. In: *Contemporary Research in Sport, Leisure and Ergonomics* (edited by T. Reilly and G. Atkinson), pp. 201-211. London: Taylor & Francis.

Capítulo 8

Aasa, U., Angquist, K.A., and Barnekow-Bergkvist, M. (2008). The effects of a 1-year physical exercise programme on development of fatigue during a simulated ambulance work task. *Ergonomics*, 51, 1179-1194.

Baker, S.J., Grice, J., Roby, L., and Matthews, C. (2000). Cardiorespiratory and thermoregulatory response of working fire-fighter protective clothing in a temperature environment. *Ergonomics*, 43, 1350-1358

Beck, T.J., Ruff, C.B., Schaffer, R.A., Betsinger, K., Trone, D.W., and Brodine, S.K. (2000). *Bone*, 27, 437-444.

Ben-Ezra, V., and Verstraete, R. (1988). Stair climbing: An alternative exercise modality for fire fighters. *Journal of Occupational Medicine*, 30, 103-105.

Bilzon, J.L.J., Scarpello, E.G., Smith, C.V., Ravenhill, N.A., and Rayson, M.R. (2001). Characterisation of the metabolic demands of simulated shipboard Royal Navy firefighting taks. *Ergonomics*, 44, 766-780.

Bruce-Low, S.S., Cotterrell, D., and Jones, G.E. (2007). Effect of wearing personal protective clothing and self-contained breathing apparatus on heart rate, temperature and oxygen consumption during stepping exercise and live fire training exercises. *Ergonomics*, 50, 80-98.

Carter, J.M., Rayson, M.P., Wilkinson, D.M., and Blacker, S. (2007). Strategies to combat heat stress during and after firefighting. *Journal of Thermal Biology*, 32, 109-116.

Cline, A.D., Jensen, G.R., and Melby, C.L. (1998). Stress fractures in female army recruits: Implications of bone density, calcium intake and exercise. *Journal of American College of Nutrition*, 17, 128-135.

Cooper, K.H. (1968). A means of assessing maximal oxygen uptake. *Journal of the American Medical Association*, 203, 201-204.

Davis, P., Dotson, C., and Santa Maria, D. (1982). Relationships between simulated fire fighting tasks and physical performance measures. *Medicine and Science in Sports and Exercise*, 14, 67-71.

Dreger, R.W., Jones, R.L., and Petersen, S.R. (2006). Effects of the self-contained breathing apparatus and fire protective clothing on maximal oxygen uptake. *Ergonomics*, 49, 911-920.

Durnin, J.V.G.A., and Passmore, R. (1967). *Energy, Work and Leisure*. London: Henemann.

Elsner, K.L., and Kolkhorst, F.W. (2008). Metabolic demands of simulated firefighting tasks. *Ergonomics*, 51, 1418-1425.

Fothergill, D.M., and Sims, J.R (2002). Aerobic performance of Special Operations Forces personnel after a prolonged submarine deployment. *Ergonomics*, 43, 1489-1500.

Hoffman, R., and Collingwood, T.R. (2005). *Fit for Duty: An Officer's Guide to Total Fitness*, 2nd edition. Champaign, IL: Human Kinetics.

Karvonen, M.J., and Turpeinen, O. (1954). Consumption and selection of food in competitive lumber work. *Journal of Applied Physiology*, 6, 603-612.

Knapik, J.J., Hauret, K.G., and Lange, J.L. (2003). Retention in service of recruits assigned to the army physical fitness test enhancement program in basic combat training. *Military Medicine*, 168, 490-492.

Knapik, J.J., Sharp, M.A., and Canham-Chervak, M. (2001). Risk factors for training-related injuries among men and women in basic combat training. *Medicine and Science in Sports and Exercise*, 33, 946-954.

Knapik, J.J., Sharp, M.A., Darakjy, S., Jones, S.B., Hauret, K.G., and Jones, B.J. (2006). Temporal changes in the physical fitness of US Army recruits. *Sports Medicine*, 36, 613-634.

Lappe, J.M., Stegman, M.R., and Recker, R.R. (2001). The impact of lifestyle factors on stress fractures in female army recruits. *Osteoporosis International*, 12, 35-42.

Lemon, P., and Hermiston, R. (1977a). Physiological profile of professional fire fighters. *Journal of Occupational Medicine*, 19, 337-340.

Lemon, P., and Hermiston, R. (1977b). The human energy cost of fire fighting. *Journal of Occupational Medicine*, 19, 558-562.

Love, R., Johnstone, J., Crawford, J., Tesh, K., Richie, P., Hutchinson, P., and Wetherill, G. (1996). Study of the physiological effects of wearing breathing apparatus. *FRDG Report*, 13.96.

Lundgren, N.P.V (1946). Physiological effects of time schedule on lumber-workers. *Acta Physiologica Scandinavica*, 13 (Suppl. 41),

Morris, J.N., Heady, J., Raffle, P., Roukes, G., and Parks, J. (1953). Coronary heart disease and physical activity at work. *Lancet*, 2, 1053-1057.

O'Connell, E., Thomas, P., Cady, L., and Karwasky. (1986). Energy costs of simulated stair climbing as a job related task in fire fighting. *Journal of Occupational Medicine*, 28, 282-284.

Parsons, C., Atkinson, G., Doggart, L., Lees, A., and Reilly, T. (1994). Evaluation of new mail delivery bag design. In: *Contemporary Ergonomics 1994* (edited by S.A. Robertson), pp. 236-240. London: Taylor & Francis.

Patton, J.F., Bidwell, T.E., Murphy, M.M., Mello, R.P., and Harp, M.E., (1995). Energy cost of wearing chemical protective clothing during progressive treadmill walking. *Aviation, Space and Environmental Medicine*, 66, 238-242.

Porter, J.M., and Gye, D.E. (2002). The prevalence of musculoskeletal troubles among car drivers. *Occupational Medicine*, 52, 4-12.

Puterbaugh, J.S., and Lawyer, C.H. (1983). Cardiovascular effects of an exercise program: a controlled study among firemen. *Journal of Occupational Medicine*, 25, 581-586.

Ramsbottom, R., Brewer, J., and Williams, C. (1998). A progressive shuttle run test to estimate maximal oxygen uptake. *British Journal and Sports Medicine*, 22, 141-144.

Rayson, M., Holliman, D., and Belyavin, A. (2000). Development of physical selection procedures for the British Army. Phase 2: Relationship between physical performance tests and criterion tasks. *Ergonomics*, 43, 73-105.

Reilly, T. (2005). Alcohol, anti-anxiety drugs and sport. In: *Drugs in Sport*, 4th edition (edited by D.R. Mottram), pp. 258-287. London: Routledge.

Reilly, T., Gregson, W., and Barr, D. (2007). Evaluation of an Ergonomic Intervention to Reduce the Physiological Stress in Fire Fighters. *Quarterly Report to the Merseyside Fire Service*. Liverpool, UK: Liverpool John Moores University.

Reilly, T., Igleden, C., Gennser, M., and Tipton, M. (2006b). Occupational fitness standards for beach lifeguards. Phase 2: The development of an easily administered fitness test. *Occupational Medicine*, 56, 12-17.

Reilly, T., and Waterhouse, J. (2005). *Sport, Exercise and Environmental Physiology*. Edinburgh, UK: Elsevier.

Reilly, T., Wooler, A., and Tipton, M. (2006a). Occupational fitness standards for beach life-guards. Phase 1: The physiological demands of a beach lifeguard. *Occupational Medicine*, 56, 6-11.

Robb, M.J.M., and Mansfields, N.J. (2007). Self-reported musculoskeletal problems amongst professional truck drivers. *Ergonomics*, 50, 814-827.

Scott, A., and Hallas, K. (2006). Slips and trips in the prison service. In: *Contemporary Ergonomics 2006* (edited by P.D. Bust), pp. 531-535. London: Taylor & Francis.

Scott, G.E. (1988). *The Physical Fitness of Firemen, Vol. 2: Research Report Number 33*. London: Home Office Scientific and Development Research Branch.

Shephard, R.J. (1988). Sport, leisure and well-being- an ergonomics perspective. *Ergonomics*, 31, 1501-1517.

Sothmann, M., Saupe, K., and Jasnof, D. (1990). Advancing age and the cardio respiratory stress of fire suppression: determining the minimum standard for aerobic fitness. *Human Performance*, 3, 217-236.

Thomas, V. and Reilly, T. (1974). Effects of compression on human performance and affective states. *British Journal of Sports Medicine*, 8, 188-190.

Capítulo 9

Bell, J.F., and Daniels, S. (1990). Are summer born children disadvantaged? *Oxford Review of Education*, 16, 67-80.

Bonen, A., Belcastro, A.N., Ling, W.Y., and Simpson, A.A. (1981). Profiles of selected hormones during menstrual cycles of teenage athletes. *Journal of Applied Physiology*, 50, 545-551.

Dalton, K. (1978). *Once a Month*. London: Fontana.

De Mendoza, S.G., Nuceta, H.J., Salazar, E., Zerpa, A., and Kashyap, M.L. (1979). Plasma lipids and lipoprotein lipase activator property during the menstrual cycle. *Hormone and Metabolic Research*, 11, 696-697.

Dotan, R., and Bar-Or, O. (1983). Load optimisation for the Wingate Anaerobic Test. *European Journal of Applied Physiology*, 51, 407-417.

Drinkwater, B. (1986). *Female Endurance Athletes*. Champaign, IL: Human Kinetics.

Elferink-Gemser, M.T., Visscher, C., Lemmink, K.A.P.M., and Mulder, T.W. (2004). Relation between multidimensional performance characteristics and level of performance in talented youth field hockey players. *Journal of Sports Sciences*, 22, 1053-1063.

Goldspink, D. (2005). Ageing and activity: Their effects on the functional reserve capacities of the heart and vascular smooth and skeletal muscles. *Ergonomics*, 48, 1334-1351.

Goosey, V.L., Campbell, I.G., and Fowler, N.E. (1995). Development of a treadmill test to examine the physiological responses of wheelchair athletes to submaximal exercise. In: *Sport, Leisure and Ergonomics* (edited by G. Atkinson and T. Reilly), pp. 13-18. London: Spon.

Greeves, J.P., Cable, N.T., Reilly, T., and Kingsland, C. (1999). Changes in muscle strength in women following the menopause: A longitudinal assessment of hormone replacement therapy. *Clinical Science*, 97, 79-84.

Hackney, A.C., McClacken-Compton, M.A., and Ainsworth, B. (1994). Substrate responses to submaximal evidence in the midfollicular and midluteal phases of the menstrual cycle. *International Journal of Sport Nutrition*, 4, 299-308.

Helsen, W.F., Van Winckel, J., and Williams, A.M. (2005). The relative age effect in youth soccer across Europe. *Journal of Sports Sciences*, 23, 629-636.

Jones, M.V., Paull, G.C., and Erskine, J. (2002). The impact of a team's aggressive reputation on the decisions of association football referees. *Journal of Sports Sciences*, 20, 991-1000.

Jurowski-Hall, J.E., Jones, M.L, Trews, C.J., and Sutton, J.R. (1981). Effects of menstrual cycle on blood lactate, oxygen delivery and performance during exercise. *Journal of Applied Physiology*, 51, 1493-1499.

Lees, A., and Arthur, S. (1988). An investigation into anaerobic performance of wheelchair athletes. *Ergonomics*, 31, 1529-1537.

Malina, R.M., Bouchard, C., and Bar-Or, O. (2003). *Growth, Maturation and Physical Activity*. Champaign, IL: Human Kinetics.

Matsudo, V.K.R., Rivet, R.E., and Pereira, M.H. (1987). Standard score assessment on physique and performance of Brazilian athletes in a six tiered competitive sports model. *Journal of Sports Sciences*, 5, 49-53.

Möller-Nielsen, J., and Hammar, M. (1989). Women's soccer injuries in relation to the menstrual cycle and oral contraceptive use. *Medicine and Science in Sports and Exercise*, 21, 126-129.

Musch, J., and Grondin, S. (2001). Unequal competition as an impediment to personal development: A review of the relative age effect in sport. *Developmental Reviews*, 21, 147-167.

Nolan, L., and Lees, A. (2007). The influence of lower limb amputation level on the approach in the amputee long jump. *Journal of Sports Sciences*, 25, 393-401.

O'Reilly, A., and Reilly, T. (1990). Effects of the menstrual cycle and response to exercise. In: *Contemporary Ergonomics 90* (edited by E.J. Lovesey), pp. 149-143. London: Taylor & Francis.

Phillips, S.K., Rook, K.M., Siddle, N.C., Bruce, S.A., and Woledge, R.C. (1993). Muscle weak-ness in women occurs at an earlier age than in men, but strength is preserved by hormonal replacement therapy. *Clinical Science*, 84, 95-98.

Pienaaer, A.E., Spamer, M.J., and Steyner, H.S. (1998). Identifying and developing rugby talent among 10-year old boys: A practical model. *Journal of Sports Sciences*, 16, 691-699.

Reilly, T., and Cartwright, S.A. (1998). Manual handling and lifting during the late stages of pregnancy. In: *Contemporary Ergonomics 1998* (edited by M.A. Hanson), pp. 96-100. London: Taylor & Francis.

Reilly, T., and Gregson, W. (2006). Special populations: The referee and assistant referee. *Journal of Sports Sciences*, 24, 795-801.

Reilly, T., and Rothwell, J. (1988). Adverse effects of overtraining in females. In: *Contemporary Ergonomics 88* (edited by E.D. Megaw), pp. 316-321. Taylor & Francis, London.

Reilly, T., Bangsbo, J., and Franks, A. (2000a). Anthropometric and physiological predispositions for elite soccer. *Journal of Sports Sciences*, 18, 669-683.

Reilly, T., Williams, A.M., Nevill, A., and Franks, A. (2000b). A multidisciplinary approach to talent identification in soccer. *Journal of Sports Sciences*, 18, 695-702.

Reilly, T., Atkinson, G., and Waterhouse, J. (1997). *Biological Rhythms and Exercise*. Oxford, UK: Oxford University Press.

Sherar, L.B., Baxter-Jones, A.D.G., Faulkner, R.A., and Russell, K.W. (2007). Do physical maturity and birth date predict talent in male youth ice hockey players? *Journal of Sports Sciences*, 25, 879-886.

Sinnerton, S., Birch, K., Reilly, T., and McFadyen, I.M (1994). Lifting tasks, perceived exertion and physical activity levels: Their relationship during pregnancy. In: *Contemporary Ergonomics* (edited by S.A. Robertson), pp. 101-105. London: Taylor & Francis.

Sutton, L., Tolfrey, V., Scott, M., Wallace, J., and Reilly, T. (2009). Body composition of female wheelchair athletes. *International Journal of Sports Medicine*.

Tanner, J.M., and Whitehouse, R.H. (1976). Clinical longitudinal standards for height, weight, height velocity, weight velocity, and stages of puberty. *Archives of Disease in Childhood*, 51, 170-181.

Van der Woude, L.H.V., Veeger, H.E.J., and Dallmeijer, A.J. (1995). The ergonomics of wheelchair sports. In: *Sport, Leisure and Ergnomics* (edited by G. Atkinson and T. Reilly), pp. 3-12. London: Spon.

Vincent, J., and Glamser, F.D. (2006). Gender differences in the relative age effect among US Olympic Development Program youth soccer players. *Journal of Sports Sciences*, 24, 423-432.

Williams, A.M., and Reilly, T. (2000). Talent identification and development in soccer. *Journal of Sports Sciences*, 18, 657-667.

Williams, A., Reilly, T., Campbell, I., and Sutherst, J. (1988). Investigation of changes in response to exercise and in mood during pregnancy. *Ergonomics*, 31, 1539-1549.

Wilson, D., Riley, P., and Reilly, T. (2005). Sports science support for the England amputee soccer team. In: *Science and Football V* (edited by T. Reilly, J. Cabri, and D. Araujo), pp. 287-291. London: Routledge.

Winner, S.J., Morgan, C.A., and Evans, J.G. (1989). Perimenopausal risk of falling and incidence of distal forearm fracture. *British Medical Journal*, 298, 1486-1488.

Capítulo 10

American College of Sports Medicine. (1998). Position stand: The recommended quantity of exercise for developing and maintaining cardiorespiratory and muscular fitness, and flexibility in healthy adults. *Medicine and Science in Sports and Exercise*, 30, 975-991.

Armstrong, L.E., Herrera-Soto, J.A., Hacker, F.T., Casa, D.J., Kavouras, S.A., and Maresh, C.M. (1998). Urinary indices during dehydration, exercise and rehydration. *International Journal of Sport Nutrition*, 8, 345-355.

Bailey, O.M., Erith, S.J., Griffin, P.J., Dowson, A., Brewer, B.S., Gant, N., and Williams, C. (2007). Influence of cold-water immersion on indices of muscle damage following prolonged intermittent shuttle running. *Journal of Sports Sciences*, 25, 1163-1170.

Bajaj, P., Arendt-Nielsen, L., Madelaine, P., and Svensson, P. (2003). Prophylactic tolperisone for post-exercise muscle soreness causes reduced isometric force-A double-blind randomized crossover control study. *European Journal of Pain*, 7, 407-418.

Banffi, G., Krajewska, M., Melegati, G., and Pettachini, M. (2008). Effects of whole-body cryotherapy on haematological values in athletes. *British Journal of Sports Medicine*, 42, 558.

Barton, G., Lees, A., Lisboa, P., and Attfield, S. (2006). Visualisation of gait data with Kohonen self-organising neural maps. *Gait and Posture*, 24, 46-53.

Beynon, C., and Reilly, T. (2002). Epidemiology of musculoskeletal diseases in a sample of British nurses and physiotherapists. In: *Musculoskeletal Disorders in Health Related Occupations* (edited by T. Reilly), pp. 63-84. Amsterdam: 10S Press.

Cleak, M.J., and Eston, R.E. (1992). Delayed onset muscle soreness: mechanisms and management. *Journal of Sports Sciences*, 10, 325-341.

Coyle, E. F. (1991). Timing and method of increased carbohydrate intake to cope with heavy training, competition and recovery. *Journal of Sports Sciences*, 9, S28-52.

Dawson, B., Cow, S., Modra, S., Bishop, D,M and Stewart, G. (2005). Effect of immediate post-game recovery procedures on muscle soreness, power and flexibility levels over the next 48 hours. *Journal of Science and Medicine in Sport*, 8, 210-221.

Descatha, A., Roquelaure, Y., Chaston, J.F., Evanoff, B., Melchiot, M., Mariot, C., Ha, C., Imbernon, E., Goldberg, M., and Leclerc, A. (2007). Validity of Nordic-style questionnaires in the surveillance of upper-limb work-related musculoskeletal disorders. *Scandinavian Journal of Work and Environmental Health*, 33, 58-65.

Dohm, G.L. (2002). Regulation of skeletal muscle GLUT-4 by exercise. *Journal of Applied Physiology*, 93, 782-787.

Drust, B., Atkinson, G., Gregson, W., French, D., and Binningsley, D. (2003). The effects of massage on intra-muscular temperature in the vastus lateralis in humans. *International Journal of Sports Medicine*, 24, 395-399.

Dugdill, L., Graham, R.C., and McNair, F. (2005). Exercise referral: The public health panacea. A critical perspective of exercise referral schemes: Their development and evaluation. *Ergonomics*, 48, 1390-1410.

Dvorak, J., Junge, A., Chomiak, J., Graf-Braumann, T., Peterson, L., Rosch, D., and Hodgson, R. (2000). Risk factor analysis for injuries in soccer players: possibilities for a prevention programmes. *American Journal of Sports Medicine*, 28, 569-574.

Elliott, B., (2006). Biomechanics and tennis. *British Journal of Sports Medicine*, 40, 392-396.

Ekstrand, J. (1982). Soccer injuries and their prevention. *Medical dissertation no. 130*, Linköping University, Linköping, Sweden.

Ekstrand, J. (1994). Injury prevention. In: *Football (Soccer)* (edited by B. Ekblom), pp. 209-214, Oxford: Blackwell Scientific.

Eston, R., and Peters, D. (1999). Effects of cold water immersion on the symptoms of exercise- induced muscle damage. *Journal of Sports Sciences*, 17, 231-238.

Fowler, N., and Reilly, T. (1993). Assessment of muscle strength asymmetry in soccer players. In: *Contemporary Ergonomics* (edited by E.J. Lovesey), pp. 327-332. London: Taylor & Francis.

Gleeson, M., Blannen, A.K., and Walsh, W.P. (1997). Overtraining, immunosuppression, exercise-induced muscle damage and anti-inflammatory drugs. In: *The Clinical Pharmacology of Sport and Exercise* (edited by T. Reilly and M. Orme), pp. 47-57. Amsterdam: Excerpts Medicine.

Hawkins, R.D., Hulse, M.A., Wilkinson, C., Hodson, A., and Gibson, M. (2001). The association football medical research programme: An audit of injuries in professional football. *British Journal of Sports Medicine*, 35, 43-47.

Hennig, E., (2007). Influence of racket properties on injuries and performance in tennis. *Exercise and Sport Sciences Reviews*, 35, 62-66.

Hilbert, J.E., Sforzo, G.A., and Svenssen, T. (2003). The effects of massage on delayed-onset muscle soreness. *British Journal of Sports Medicine*, 37, 72-75.

Howarth, P.A., and Hodder, S.G. (2008). Characteristics of habituation to motion in a virtual environment. *Displays*, 29, 117-123.

Howartson, G., and Van Someren, K.A. (2003). Ice massage: Effects on exercise-induced muscle damage. *Journal of Sports Medicine and Physical Fitness*, 43, 500-505.

Jones, A.M., and Doust, J. (2001). Limitations to submaximal exercise performance. In: *Kinanthropometry and Exercise Physiology Laboratory Manual: Test Procedures and Data, Vol. 2: Exercise Physiology* (edited by R. Eston and T. Reilly), pp. 235-262. London: Routledge.

Kim, D.H., Gambardella, R.A., Elattrache, N.S., Yocum, L.A., and Jobe, F.W. (2006). Anthroscopic treatment of posterolateral elbow impingement from lateral synovial plicat in throwing athletes and golfers. *American Journal of Sports Medicine*, 34, 438-444.

La Fontaine, T. (2004). Clients with spinal cord injury, multiple sclerosis, epilepsy and cerebral palsy. In: *NSCA: Essentials of Personal Training* (edited by R.W. Earle and T.R. Baechle), pp. 557-578. Champaign; IL: Human Kinetics.

Lees, A., Vanrenterghem, J., Barton, G., and Lake, M. (2007). Kinematic response characteristics of the CAREN moving platform system for use in posture and balance research. *Medicine and Biology in Engineering and Physics*, 29, 629-635.

Lisboa, P.J.G. (2002). A review of evidence of health benefit from artificial neural networks in medical intervention. *Neural Networks*, 15, 11-39.

Malm, C. (2006). Susceptibility to infections in elite athletes: The S-curve. *Scandinavian Journal of Medicine and Science in Sports*, 16, 4-6.

Malm, C., Svensson, M., Ekbolm, B., and Sjodin, B. (1997). Effect of ubiquinone-10 supplementation and high intensity training on physical performance in humans. *Acta Physiologica Scandinavica*, 161, 379-384.

Maughan, R.J. (1991). Fluid and electrolyte loss and replacement in exercise. *Journal of Sports Sciences*, 9 (Special issue), 117-142.

Montgomery, P.G., Pyne, D.B., Hopkins, W.G., Dorman, J.C., Cook, K., and Minahan, C.L. (2008). The effect of recovery strategies on physical performance and cumulative fatigue in competitive basketball. *Journal of Sports Sciences*, 26, 1135-1145.

Nieman, D., and Bishop, N.C. (2006). Nutritional strategies to counter stress to the immune system in athletes, with special reference to football. *Journal of Sports Sciences*, 24, 763-772.

Passos, P., Araujo, D., Davids, K., and Serpa, S. (2006). Interpersonal dynamics in sport: The role of artificial neural networks and 3-D analysis. *Behavior Research Methods*, 38, 683-691.

Perez, M.A., and Nussbaum, M.A. (2008). A neural network model for predicting postures during non-repetitive manual materials handling. *Ergonomics*, 51, 1545-1564.

Pollock, N.W., Godfrey, R., and Reilly, T. (1997). Evaluation of field measures of urine concentration. *Medicine and Science in Sports and Exercise*, 29 (Suppl. 5), S261.

Rasmussen, B.B., Tipton, K.D., Miller, S.L., Wolfe, S.E., and Wolfe, R.R. (2000). An oral essential amino acid-carbohydrate supplement enhances muscle protein anabolism after resistance exercise. *Journal of Applied Physiology*, 88, 386-392.

Reilly, T. (2007). *The Science of Training-Soccer: A Scientific Approach to Developing Strength, Speed and Endurance*. London: Routledge.

Reilly, T., Cable, N.T., and Dowzer, C.N. (2002). The efficacy of deep-water running. In: *Contemporary Ergonomics*, 2002 (edited by P.T. McCabe), pp. 162-166. London: Taylor & Francis.

Reilly, T., and Rigby, M. (2002). Effect of an active warm-down following competitive soccer. In: *Science and Football IV* (edited by W. Spinks, T. Reilly, and A. Murphy), pp. 226-229. London: Routledge.

Reilly, T., and Stirling, A. (1993). Flexibility, warm-up and injuries in mature games players. In: *Kinanthropemetry IV* (edited by W. Duquet and J.A.P. Day), pp. 119-123. London: ESpon.

Reilly, T., and Waterhouse, J. (2005). *Sport, Exercise and Environmental Physiology*. Edinburgh, UK: Elsevier.

Shirreffs, S.M. (2000). Markers of hydration status. *Journal of Sports Medicine and Physical Fitness*, 40, 80-84.

Slavotinek, J.P., Vervall, G.M., Fon, G.T., and Sage, M.R. (2005). Groin pain in footballers: The association between preseason clinical and pubic bone magnetic resonance imaging findings and athlete outcome. *American Journal of Sports Medicine*, 33, 844-899.

Thompson, D., Williams, C., Garcia-Rovers, P., McGregson, S.J., McAdle, F., and Jackson, M.J. (2003). Post-exercise vitamin C supplementation and recovery from demanding exercise. *European Journal of Applied Physiology*, 89, 393-400.

Tipton, K.D., and Wolfe, R.R. (2001). Exercise, protein metabolism and muscle growth. *International Journal of Sport Nutrition and Exercise Metabolism*, 11, 109-132.

Weldon, E.J., and Richardson, A.B. (2001). Upper extremity exercise injuries in swimming: A discussion of swimmers shoulder. *Clinics in Sports Medicine*, 20, 423-438.

Capítulo 11

Bangsbo, J. (1994). The physiology of soccer-with special reference to intense intermittent exercise. *Acta Physiologica Scandinavica*, 151 (Suppl. 619), 1-155.

Brien, T., and Simon, T.H. (1987). The effects of red blood cell infusion on 10 km race time. *Journal of the American Medical Association*, 257, 2761-2765.

Costill, D.L., Dalsky, G.P., and Fink, W.J. (1978). Effect of caffeine ingestion and metabolism and exercise performance. *Medicine and Science in Sports*, 10, 155-158.

Cox, G.R., Desbrow, B., Montgomery, P.G., Anderson, M.E., Bruce, C.R., Mercedes, T.A., et al. (2002). Effect of different protocols of caffeine intake on metabolism and endurance performance. *Journal of Applied Psychology*, 93, 990-999.

Cuthbertson, D.P., and Knox, J.A.C. (1947). The effect of analeptics on the fatigued subject. *Journal of Physiology*, 106, 42-58.

Derave, W., Eijnde, B.V., and Hespel, P. (2003). Creatine supplementation in health and disease: What is the evidence for long term efficacy. *Molecular and Cellular Biochemistry*, 244, 49-55.

Dimeo, P. (2007). *A History of Drug Use in Sport 1886-1976: Beyond Good and Evil*. London: Routledge.

Doherty, M., and Smith, P.M. (2005). Effects of caffeine ingestion on ratings of perceived exertion during and after exercise: A meta-analysis. *Scandinavian Journal of Medicine and Science in Sports*, 15, 69-78.

Gallese, V., Faliga, L., Fogassi, L., and Rizzolati, G. (1996). Action recognition in the premotor cortex. *Brain*, 119, 593-609.

George, K.P., and MacLaren, D.P. (1988). The effect of induced alkalosis and acidosis on endurance running at an intensity corresponding to 4 mM blood lactate. *Ergonomics*, 31, 1639-1645.

Greenhaff, P.L., Casey, A., Short, A.H., Harris, R., and Soderland, K. (1993). Influence of oral creatine supplementation on muscle torque during repeated bouts of maximal voluntary exercise in man. *Clinical Science*, 84, 565-571.

Haslam, R.A. (2002). Targeting ergonomics interventions—learning from health promotion. *Applied Ergonomics*, 33, 241-249.

Hespel, P., Maughan, R.J., and Greenhaff, P.L. (2006). Dietary supplements for football. *Journal of Sports Sciences*, 24, 749-761.

Hespel, P., Op't Einde, B., Van Leemputte, M., Urso, B., Greenhaff, P., Labarque, V., et al. (2001). Oral creatine supplementation facilitates the rehabilitation of disuse and alters the expression of ergogenic factors in humans. *Journal of Physiology*, 92, 513-518.

Hignett, S., Wilson, J.R., and Morris, W. (2005). Finding ergonomic solutions-participatory approaches. *Occupational Medicine*, 55, 200-207.

House of Commons Science and Technology Committee. (2007). *Human Enhancement Technologies in Sport*. London: The Stationary Office.

Jacobson, T.L., Febbraio, M.A., Arkinstall, M.J., and Hawley, J.A. (2001). Effect of caffeine coingested with carbohydrates or fat on metabolism and performance in endurance trained men. *Experimental Physiology*, 86, 137-144.

Jensen, P.L. (1997). Can participatory ergonomics become "the way we do things in this firm": The Scandinavian approach to participatory ergonomics. *Ergonomics*, 40, 1078-1087.

Jeukendrup, A., and Gleeson, M. (2004). *Sport Nutrition: An Introduction to Energy Production and Performance*. Champaign, IL: Human Kinetics.

Junge, A., Rosch, D., Peterson, L., Graf-Bauman, T., and Dvorak, J. (2002). Prevention of soccer injuries: A prospective intervention study in youth amateur players. *American Journal of Sports Medicine*, 30, 652-659

Kogi, K. (2006). Participatory methods effective for ergonomic workplace improvement. *Applied Ergonomics*, 37, 547-554.

MacLaren, D.P.M. (1997). Influence of blood acid-base status on performance. In: *The Clinical Pharmacology of Sport and Exercise* (edited by T. Reilly and M. Orme), pp. 157-165. Amster- dam: Elsevier.

O'Brien, C.P., and Lyons, F. (2000). Alcohol and the athlete. Sports Medicine, 29, 295-300.

Parasuraman, R., and Rizzo, M. (2006). *Neuroergonomics: The Brain at Work*. Oxford, UK: Oxford University Press.

Reilly, T. (1988). The marathon: An ergonomics introduction. In: *Proceedings of the Eighth Middle East Sport Science Symposium* (edited by A. Brien), pp. 1-7. Bahrain: The Bahrain Sports Institute.

Reilly, T. (2005). Alcohol, anti-anxiety drugs and alcohol. In: *Drugs in Sport*, 4th edition (edited by D.R. Mottram), pp. 258-287. London: Routledge.

Rivers, W.H.R. (1908). *The Influence of Alcohol and Other Drugs on Fatigue: The Crown Lectures Delivered at the Royal College of Physicians in 1906*. London: Edward Arnold.

Rivilis, I., Cole, D.C., Frazer, M.B., Kerr, M.S., Wells, R.P., and Ibrahim, S. (2006). Evaluation of a participatory ergonomic intervention aimed at improving musculoskeletal health. *American Journal of Industrial Medicine*, 49, 801-810.

Saltin, B. (1973). Metabolic fundamentals in exercise. *Medicine and Science in Sports*, 5, 137-146.

Terjung, R.L., Clarkson, P.M., Eichnel, E.R., Greenhaff, P.L., Hespel, P., Israel, R.G., Kraemer, W.T., Meyer, R.A., Spriett, L.L., Tarnopolsky, M.A., Wagenmakers, A.J., and Williams, M.H. (2000). American College of Sports Medicine Round table. The physiological effects of oral creatine supplementation. *Medicine and Science in Sports and Exercise*, 32, 706-717.

Van Loon, L.J., Murphy, R., Oosterlaarh, A.M., Cameron-Smith, D., Hargreaves, M., Wagen-makers, A.J., Snow, R. (2004). Creatine supplementation increases glycogen storage but not GLUT-4 expression in human skeletal muscle. Clinical Science (London), 106, 99-106.

Vink, P., Koningsveld, E.A., and Molenbroek, J.R. (2006). Positive outcomes of participatory ergonomics in terms of greater control and higher productivity. Applied Ergonomics, 37, 537-546.

Whysall, Z.J., Haslam, C., and Haslam, R. (2007). Developing the stage of change approach for the reduction of work-related musculoskeletal disorders. *Journal of Health Psychology*, 12, 184-197.

Williams, C., and Serratosa, L. (2006). Nutrition on match day. *Journal of Sports Sciences*, 24, 687-697.

Young, M.S. and Stanton, N.A., (2007). What's skill got to do with it? Vehicle automation and driver mental workload. *Ergonomics*, 50, 1324-1339.

índice

A
Aasa, U, 176
absorciometria de raios X de dupla energia (DXA) 11, 12f, 12t
aclimatização 45
 calor, 53-55
 mudanças fisiológicas atribuíveis à 54
 visão geral 46
aclimatização ao calor 53-55
ACSM. Ver American College of Sports Medicine
adequando a pessoa à tarefa 114
adequando a tarefa à pessoa 100-102, 101f
adolescentes. Ver jovens
Agência Mundial Antidoping (WADA) 219, 225, 227
agentes penitenciários 170-171
agilidade 19
água
 corrida em água profunda 99, 122-123, 123f
 exercício na 139, 210-211
 imersão em água fria 53
ajustes fisiológicos à altitude 59-61
alcalinizadores 219, 232-233
aldosterona 209
alérgenos 66
Althoff I, 137
altitude
 ajustes fisiológicos 59-61
 exercício na 61-62
 extrema 63-64
 preparo para 62-63
altitude extrema 63-64
altura 67
ambiente virtual, imersão no 212-213
ambientes de realidade virtual 225
amenorreia 190-191
amenorreia atlética 181, 190-191
amenorreia induzida pelo exercício 191
amenorreia secundária 190-191
American College of Sports Medicine (ACSM) 28, 214, xxix
amplitude de movimento 19
amputação do membro inferior 198
amputação, membro inferior 198
analisadores metabólicos 129
análise da estação de trabalho 99, 112-113, 113f
análise da marcha 7
análise da moção 105-106, 107f
análise da notação 99, 103-104, 104f--105f
análise de incidente crítico 38
análise de protocolo verbal 103
análise de sistemas 109-112
análise de tarefa 99, 238
 crítica do caminho 102
 hierárquica 102
 seleção de técnicas reconhecidas 103t
análise de tarefa hierárquica 102
análise do índice de trabalho 106
análise do movimento 106-108
análise do movimento humano 105-106
anfetaminas 219, 225-226
ansiedade 144, 151
antígenos 66
antioxidantes 215
antiprogesteronas 192
antropometria 9-10, 202-203
aparato de respiração de duração estendida (ARDE) 172
aparato de respiração de duração padrão (ARDP) 171
aparelhos isocinéticos 6, 117-118
aquecimento e resfriamento 206-207
árbitro 181
árbitros 198
arco e flecha 125, 234
aplicações ergonômicas
aplicações no ambiente de trabalho xxiv-xxv
aplicações no esporte e na atividade física xxv-xxvi
aplicações no ambiente de trabalho xxiv-xxv
ARDE. Ver aparato de respiração de duração estendida
ARDP. Ver aparato para respiração de duração padrão
armazenagem de memória 21
armazenagem sensorial 21
armazenagem sensorial de curto prazo 21
armazenagem sensorial de longo prazo 21
Armstrong L.E., 55
arreios de corrida 122
Arthur S., 197
asma 66
assimetria 29, 203
atenção 3, 21
Atkinson, G., xiv
"atleta artificial" 154-155
atletas em cadeiras de rodas 196-197
atletas eumenorreicas 189-190
atrofiar 195
Au G., 141-142
audição, dormência da 68
auxílios de treinamento. Ver auxílios tecnológicos de treinamento
auxílios tecnológicos de treinamento
 corrida em água profunda 122-123, 123q
 dispositivos mecânicos 119-120
 ergômetros 101f, 123-126
 placas de vibração 120-121
 sobrecarga funcional 121-122
avaliação da carga mental
 capacidades mentais 20-21
 contexto ocupacional 23
 tarefas duplas 21-22
avaliação da marcha 216
avaliações de condicionamento em agências de aplicação da lei 171
avanços da bioengenharia 198
avaliação do risco 25
 análise crítica do incidente 38
 formal 36-38
 pesquisas e listas de checagem 38
avaliação rápida do membro superior (RULA) xxvi-xxvii, xxvii

B
Bailey, O.M. 210
Bajaj, P. 215
Ball, L.T. 108
 limiar de inflexão de lactato 131
Bambaeichi, ER. 90
Banffi, G. 211
banho de contraste 201, 211
Bar-Or O. 197
Bartlett, Frederick xix
Barton G. 216
basquete, cadeira de rodas 196
basquete em cadeira de rodas 196
Beck, T.J. 168
Bennet G. 87-88
Benzedrina 225
benzodiazepinas 82
Beynon C. 36
bicicleta ergométrica 17, 124
Bilzon, J.L.J. 172
Bishop, D.M. xxvii
bola Suíça 8
bolas de golfe 152
bombeiros 171-174, 174t
Borg, G. 145
Bosco C. 121
botas de esqui 111
Bourne, N.D. 138
British Association of Sport and Exercise Sciences 42, xxix
Bruce-Low, S.S. 173
Bultynck, J.B. 145
Buskirk, B.R. xxii

C
cafeína 227, 230, 231f
câibras por calor 56
caixas de luz 83
calçado esportivo 111, 157-159, 158f
calçados. Ver calçados esportivos
calor e respostas do exercício 48-50, 51f
câmaras hipóxicas normobáricas 63, 63f
cambalear 179
cambaleios 179
caminhoneiros 175
caminhoneiros comerciais 176
campo de treinamento na altitude 62
cânceres de pele 55
canelite 33

Cannon, S.R. 141
capacetes 72, 112, 160-161, 160f
capacidade individual xix
capacidade máxima de oxigênio ($\dot{V}O_2$max) 15-17, xvii-xviii
capacidades anaeróbias nos jovens 183
capacidades mentais 20-21
Caplan, N. 149
captação de oxigênio 4-5
características do ser humano *versus* máquina 110q
carboidrato, creatina e o 232
carga de carboidrato 229, 232
carga de trabalho 21-22, 22f
carga física 142-144
carga mental. Ver avaliação da carga mental
carga musculoesquelética 204-206
carga psicológica 144-145
cargas estáticas no ombro 135-136
cargas no ombro, estáticas 135-136
carregamento espinal
 base teórica 134-135
 descompressão pós-exercício 140
 exercícios de corrida 138-139
 exercícios de salto 139-140
 outras aplicações à atividade física 140-142
 posição de Fowler 136f
 posição para medida da redução da estatura 136f
 resultante dos exercícios de salto 139-140
 treinamento com peso 135-138, 137t
carteiros 175, 176f
Cartwright, S.A. 194
cenários de realidade virtual xxv-xxvi
Chana, D. 141
Chatard, J.C. 156
Christensen, E.H. 5
chuteiras 159
ciclo de sono-vigília 75, 76-79
ciclo menstrual 181, 187-190
cintos de levantamento de peso 138
Clarys, J. 143
classes de substâncias proibidas e métodos proibidos 226
classificação da percepção do esforço 127, 145
cloridrato de tolperisona 215
código de conduta 42
coeficiente de atrito 7
coeficiente de hereditariedade 184
coluna vertebral 135
Comitê de Ciência e Tecnologia da Câmara dos Comuns 227-229
comitês de ética de pesquisa 42-43
composição corporal 11-13, 12f, 12t
concentrações de álcool no sangue 234, 234t
condicionamento aeróbio 58, 203-204
Conferência Internacional sobre Esporte, Lazer e Ergonomia xii, xiv
conforto térmico 56
conforto xxiii-xxiv
confronto 100-101
consumo de oxigênio 128-129
contexto ocupacional 23
contração voluntária máxima (CVM) 8
controle da multidão 40
Controle de Substâncias Nocivas à Saúde (CSNC) 36
Corlett, E.N. xxvii
corredores
 com amputação do membro inferior 198
 dor lombar 204
 lesões em 27
correr o risco e diversão 39-40

corrida
 água profunda 122-123, 123q, 210
 efeito da cafeína sobre 230
 redução da estatura 139
 qualidade dos calçados de corrida 159
 temperatura ambiente favorável para 49
corrida de vai e vem de 20 m 15, 165, 169
corrida de motocicleta 69
corrida de *snowmobile* (moto de neve) 70
corrida em água profunda 99, 122-123, 123f, 210
Costill, D.L. xvi
cotovelo de golfista 205
cotovelo de tenista 205
creatina 230-232
creatina e o carboidrato 232
creatina mono-hidratada 231
crianças. Ver jovens
crioterapia 201, 210-211
crioterapia para o corpo todo 211
critérios de faixa etária 195
critérios ergonômicos
 conforto xxiii-xxiv
 eficiência xxiii
 estresse xxii-xxiii
 fadiga xxi-xxii
 segurança xxi
 visão geral xxxi
CSNC. Ver Controle de Substâncias Nocivas à Saúde
curva de dissociação de oxigênio da hemoglobina 60
curvas de crescimento 183
custo de oxigênio 127
CVM. Ver contração voluntária máxima

D
dardo aerodinâmico 147, 150
dardo, aerodinâmico 150
Davies, 138
Dawson, D. 211
decibel 67
degradação da proteína 208
degraus de escada 125
demandas da atividade. Ver monitoramento das demandas da atividade
densidade do ar na altitude 61-62
densidade mineral óssea 192
Departamento de Defesa dos EUA 143
Departamento de Defesa, EUA 143
desastre do estádio de Heysel 41
desastre no estádio de Hillsborough 41
desastres em estádios esportivos 40-41
Descatha A. 206
descompressão 178-179, 178f, 179tf
descompressão de superfície 165, 179-180
descompressão pós-exercício 140
descondicionamento aeróbio 165
desconforto postural xxvii-xxviiii
desconforto, postural xxvii-xxviiii
desempenho, consequências do Ramadã 90-94
desidratação 50, 133
deslocamento de ar 11
detecção de sinal e rastreamento do movimento do olho 108
detecção de sinal, rastreamento do movimento do olho e 108
deterioração, grandes altitudes 64q
Deykin T. 89
diagrama do desconforto xxviii
Dimitrou L. 35
dinamômetro 3, 6, 117f
dinamômetro isocinético 17-18, 18f, 203
dinamômetro isocinético (aparelho) 3, 18f, 117
disacusia de condução 68

discrepâncias no comprimento das pernas 203
dismenorreia 188
dispositivo ortótico para calçados esportivos 158, 158f
dispositivo sensor de pressão 7
distúrbios musculoesqueléticos 221
doping sanguíneo 219, 226-227
dor lombar 204
dor muscular de início tardio, 114, 201, 214, ix
dormência da audição 68
Dotan, R. 197
Dowzer, C.N. 122, 139
Dreger, R.W. 173
Dunning E. 40
Durnin J.V.G.A. 13, 129, 175, 177
Dvorak J. 206
DXA. Ver absorciometria de raios X de dupla energia

E
EAV. Ver etileno-acetato de vinila
edema cerebral, grande altitude 64t
edema pulmonar, grande altitude 64t
Edwards, B. 41, 90
EEG. Ver eletroencefalografia
éfedra 223
efeito das séries repetidas do exercício 213
efeito relativo da idade 186-187
efeitos musculoesqueléticos do envelhecimento 142
eficiência xxiii
eficiência mecânica xxiii
eixo hipotálamo-hipófise-ovário 188, 188f
Ekblom, B. 130
Ekstrand, J. 154
eletroencefalografia (EEG) 75, 79-80
eletrogoniometria 19
eletromiografia (EMG) 3, 7-9, 142-143
Elferink-Gemser M.T. 185
Elsner, K.L. 172
envelhecimento 142, 181, 182, 194-195
epicondilite lateral 205
equação de equilíbrio de calor 46
equilíbrio energético negativo 91, 191
equilíbrio térmico 46-47
equipamento. Ver equipamento esportivo
equipamento de multiestação 118-119, 119f
equipamento de proteção 147
equipamento esportivo
 abordagem antropométrica 111-112
 calçados 157-159
 desenvolvimentos na ciência dos materiais 148
 esteiras para corredores lesionados 124-125
 funções de proteção do 159-161, 160f
 golfe, 151-152
 propriedades importantes no 149, 149t
 proteção pessoal 161
 salto com vara 152
 uso de EMG para avaliar 8
 varas de pescar 152, 153f
ergômetro 101f, 123-126, 197, ix
ergômetro de cadeira de rodas 197, 197f
ergonomia ix, x
 capacidade fisiológica xv-xvi
 capacidade limitada xviii-xx
 conceitos básicos xiv-xv
 desenvolvimento histórico xi-xii
 escopo da xiv
 fatores psicológicos xvi-xvii
 molde para intervenção 237

Índice

publicações xii, xiiit
visão geral x-xi
Ergonomia x
Ergonomia aplicada xiv
ergonomia de participação 219, 220-222
ergonomia global 235-236
ergonomia, global 235-236
Ergonomics Research Society xii, xxii
eritropoetina 60, 226-227
erro humano 25, 26
escala de Borg modificada (CR 10) 146
especificidade 3, 13, 25
espectro eletromagnético 55
Espersen, T. 130
esportes complementares 126
esquema de orientação ao exercício 214-215
estabilidade do *core* 203
estado de hidratação 127, 133-134
estado normal de hidratação 208-210
estatura, medida das mudanças na 135
esteiras 17, 124
esteiras programáveis 124
estereótipos populacionais 219, 235
esteroides anabólicos 226
esteroides, anabólicos 226
esteroides anabólicos androgênicos 227
estimulantes isentos de prescrição (SRM) 228-229
estimulantes, sem receita médica 228-229
Eston, R. 210
estresse ix
estresse por calor 48
estresse postural xxvi-xxviii
estresse psicológico 145
estresse, psicológico 145, 191
estressores ambientais 238
estricnina 225
estrogênio 188, 190-192
ética 25, 42-43
ética humana e riscos 41-43
etilenoacetato de vinila (EAV) 157
European College of Sport Science xxix
European Journal of Sport Science xxix
evento de *Eco-Challenge* 87
exaustão por calor 55
exercício aeróbio, risco de lesão 28
exercício. Ver também nomes de exercícios específicos
amenorreia induzida pelo exercício 191
custo de oxigênio do 128
durante a gravidez 193
efeito sobre a função imune 34
efeito sobre as respostas imunes 35
equipamento de multiestação 118-119, 119f
glicogênio muscular 50
na água 122-123, 139, 210-211
na altitude 61-62
para prevenção 213-214
perda de líquido durante 49-50
pliométrico 140
poluentes que afetam 65
respostas ao calor 48-50
respostas ao frio 56-59
ritmos circadianos 83-84
uso de contraceptivo oral 191
exercícios de corrida 138-139
exercícios de salto 139-140
exercícios pliométricos 140

F

fadiga ix
como princípio da ergonomia xxi
condicionamento aeróbio e 204
efeito da carga de creatina sobre 231
efeito de estimulantes sobre 230
entre os profissionais de ambulância 176
início da, nos músculos ativos 9
fadiga de viagem e síndrome da mudança de fuso horário (*jet lag*) 80-84
fadiga muscular 232
fatores exógenos 75, 78
Fatores Humanos xii
febre do feno 66
feedback
através da análise de notação 103, 104f
obtendo o 112
FIFA (Federação Internacional de Futebol) 154
Fitts, P.M. 109
flexibilidade 3, 18-19
flexômetros 19
Floyd, W.F. xxii
forças
dispositivos para medida de 6-7
força de articulações múltiplas 6
força isométrica de uma articulação 6
medida de 5-6
forças de fricção horizontais 7
forças de reação do solo 142
força isométrica 3, 6
força muscular 203
e privação do sono 90
forma do corpo 10
fosfagenios 17
Fothergill, D.M. 170
Fowler, N.E. 115, 140
Franks, A. 103
fraturas por estresse 33, 168
Freeman, Cathy 155
frequência 67
frequência cardíaca 4-5, 129-130, 130t
FSH. Ver hormônio folículo-estimulante
Fuller, C.W. 26-27
funções de proteção do equipamento esportivo 159-161, 160f
futebol
amputados 197-198
análise de incidente crítico 38
análise do movimento 106, 107f
árbitros 198
avaliação dos jogadores jovens 185, 185f
disputado em altitudes elevadas 61
efeito relativo da idade 186
esteiras para corredores lesionados 124-125
fatores que contribuem para a lesão 29
frequências cardíacas 145
lesões por esforço repetitivo 205
risco de lesão no 26, 154
ritmo circadiano durante a resistência extrema 85-86, 85f
superfícies artificiais para 154-155
tempo de reação 19
uso de álcool pelos jogadores 233
valores médios para a frequência cardíaca 130t
variações circadianas nas habilidades relacionadas ao 79
futebol para amputados 197-198

G

gangrena da marcha 33
Garbutt, G. 139
Gardner, A.S. 149
Garrett, R. 79
George, A. 232
Gerisch, G. 130
Glamser, F.D. 187
glândulas sudoríparas 49
Gleeson, M. 35, 233
glicerol 54
glicogênio muscular 17, 45, 50, 229f
glicosamina 233
golfe 141, 151-152
goniômetros 19
Goosey, V.L. 197
GPS. Ver sistema de posicionamento global
Graham-Smith, P. 121
gramado de terceira geração 154-155
gravidez, exercício durante 193
Greeves 192
Gregson, W. 107

H

Hales, A. 89
Harvard Step Test 125
Haslam, R.A. 222
Hawes, M.R. 158
Health and Safety at Work Act (1989) 69
Helsen, W.F. 186
Helsinki Convention for the Use of Human Subjects 42
Helson, W. 145
hemácias 60
hemoglobina, curva de dissociação de oxigênio da 59-60
Hennig, E.M. 151
Hermiston, R. 172
Hespel, P. 230
Hicks, Thomas 225
hidrodensitometria 3, 11
Hilbert, J.E. 210
hipertermia 45, 48, 55-56
hipertrofia reativa do miócito 195
hipo-hidratação 45
hiponatremia 50-51
hipotálamo 45, 47-48
hipóxia 45, 59-60, 62-63, 64q
Hodder, S.G. 213
Home office (Scott) 173
hooligans no futebol 40
hóquei no gelo 186-187
Horita, T. 8
hormônio folículo-estimulante (FSH) 187
Horne, J.A. 89
Horvath, E.C. xxii
Horvath, S.M. xxii
Howarth, P.A. 213
Howartson, G. 210
Hughes, M. 103
Human Factors Society xii
Hulton, A. 129

I

IBUTG (Índice de Bulbo Úmido Termômetro de Globo) 155
idade biológica 183
idade cronológica 183
idade esquelética 183
identificação e desenvolvimento do talento 183-184, 183f
idosos 194-195
IMC. Ver índice de massa corporal
imersão em água fria 53, 210-211
Impellizzeri, F.M. xx
imperfeições biomecânicas 30
implementos esportivos 150-153
imunoglobulina E (IgE) 66
imunossupressão 25, 34-35
Inbar, O. 65
Índice de Bulbo Úmido Termômetro de Globo (IBUTG) 56, 155
índice de estresse por calor 56
índice de massa corporal (IMC) 9, 165, 175
índice de sensação térmica 59
índice de trabalho 99
índice glicêmico 208, 209t

índice NASA- TLX 20
ingestão de bicarbonato de sódio 232
ingestão de carboidrato 208
inibidores de prostaglandina 188
instalações isocinéticas 118
Institute of Ergonomics and Human Factors x
intensidade do exercício, manutenção 16
International Ergonomics Association x, xii
International Journal of Man-Machine Studies xiii
íons do ar 45, 65-66
íons negativos no ar 65-66
ISAK. Ver Sociedade Internacional para o Avanço da Cineantropometria
isocinética 116-118, 117f
isolamento do ruído 71

J
Jacobson, T.L. 232
James, S.E. 141
jejum 90-94
jet lag 80-84, 82f
Jeukendrup, A. 233
joelho do saltador 33, 205
jogos de campo
  demandas sobre os jogadores 141
  equipamento de proteção 160-161
Jogos Paralímpicos 196, 198
Journal of Human Ergology xiii
jovens
  crescimento e desenvolvimento 182-183
  efeito relativo da idade 186-187
  identificação e desenvolvimento do talento 183-185, 183f
Junge, A. 222
juramento dos médicos 42

K
Karhu, O. xxvi
Keller, J.B. xvi
Kirk, P. 72
Klissouras, V. xviii
Knapik, J.J. 168
Kogi, K. 221
Kolkhorst, F.W. 172

L
lactato sanguíneo 4, 130-132
  como informação fisiológica 5
Lambert, J. 15
Lappe, J.M. 168
Lawyer, C.H. 173
Leatt, P. 138-139
Lees, A. 197-198, 212
Leger, L.A. 15
Leighton, D. 36
Lemon, P. 172
lesões
  associadas com a descompressão imperfeita 179
  calor 55-56
  e condicionamento de militares 168
  em condições frias 57-58
  em corredores 27
  em pessoas que gostam de correr risco 40
  e o equipamento esportivo 150-151
  esteiras para corredores lesionados 124-125
  identificando precursores de 26
  mecanismos das 205t
  no ambiente da prisão 170
  por esforço repetitivo 205-206
  por sobrecarga 32-34
  predisposições às 28-29, 202-203
  predisposições físicas 29-30, 30f
  predisposições psicológicas às 30-31, 31q

teoria da homeostase de risco 27
lesão por calor 55-56
lesões por esforço repetitivo 33, 205-206
lesão por esforço repetitivo 201, 204, ix, xxiv
levantamento NIOSH 27-28
levantamento terra 92f-93f
Lewis, W. 50
Liddle, D. 155
limiar de lactato 16, 99, 101
Lista de proibições da Agência Mundial *Antidoping* 228
lista de verificação adjetiva de humor 144
Livro dos recordes do Guinness World Records 85
luz artificial 83
Lysens, R.J. 31

M
macacões de pilotos de corrida 156
Maclaren, D. 232
Maeda, S. 34
mal da montanha 62, 64t
mal do mergulhador 179
mal-estar na altitude 63, 64q
Malm, C. 207, 215
Mansfield, M.J. 34, 175
manuseio de cargas/pesos vii, xiv
mapa de auto-organização de Kohonen, 104, 104f
máquina Galileo *Sport* 120
máquinas de exercício 120
maquinistas 175
Margaria, R. 17
Marinheiros 169-170
Marshall, S.W. 161
Martens, R. 144
Martin, A.D. 13
massagem 210
massagem de superfície 210
material de fibra composta 149
Matiegka, J. 13
Matsudo, V.K.R. 184
McArthur, Ellen 88
McAtamney, L. xxvii
McColgan, Liz 194
McGarry, T. 103
McNair, D. 144
mecanismos de controle de termorregulação 47
medicine ball 122
medidas físicas 9
medidas fisiológicas
  força muscular 17-18, 18f
  mobilidade e agilidade 18-19
  potência e capacidade aeróbia 15-16, 16f
  potência e capacidade anaeróbia 17
medo 39
melanoma 55
melatonina 79, 82-83
melhoria cognitiva 224-225
Memmert, D. 104
memória de curto prazo 21
memória de trabalho 21
Meney, I. 90
menopausa 192, 193f
mergulhadores profissionais 177-180, 178f
mesomorfia 10f
metedrina 225
metilxantinas 230
método antropométrico 111-112, 151
método OWAS (Oslo Working Postural Analyzing System) xxvi, xxviiq
militares 167-170
mobilidade 18-19
modafinil 225-226
modelo "viva no alto, treine no baixo" 62
modelagem matemática 147, 149-150

modelos de treinamento alternativos
  isocinética 116-118, 117f
  salto em profundidade 115, 116f
  treinamento do pêndulo 115, 116f
Mollendorf, J.C. 156
monitoramento da frequência cardíaca 130, 131f
monitoramento das demandas da atividade
  eletromiografia 7-9
  esforço fisiológico 4-5
  medida da força 5-7
  níveis de gasto de energia 5t
Montain, S.J. 50-51
Montgomery, P.G. 211
moral 42
Morgan, W.P. xvi
Morris, A.D. 174
motociclismo 69
motoristas 174-175
motoristas de ônibus 174-175
movimento rápido do olho (REM) 79
movimento, resistência funcional ao 122
mulheres
  amenorreia atlética 190-191
  ciclo menstrual 187-189, 188f
  exercício durante a gravidez 193-194
  exercício e o ciclo menstrual 189-190
  menopausa 192, 193f
  uso de contraceptivo oral 191-192
  mulheres atletas. Ver mulheres
multiestação 118-119, 119f
Murray, A. 122
músculos
  atrofia dos 195
  dor de início tardio 114
  fontes de combustível usadas como substrato para 129
  início da fadiga nos 8
  medindo as contrações 8
  prevenção de lesão 27
música alta 70
música, alta 70

N
Nadadores
  lesões nos ombros 205
  privação do sono 79
narcose por nitrogênio 165, 178
natação em piscina fechada 69
natação, piscina coberta 69
National Football Centre of Excellence 184-185
National Institute for Occupational Safety and Health (NIOSH) 6, xiv, xix
neurobiologia e termorregulação 47-48, 47f
neuroergonomia 219, 224
neurotransmissão catecolaminérgica 48
NIOSH. Ver National Institute for Occupational Safety and Health
Nirschl, R.P. 151
níveis de gasto de energia 5t
nível e forma de participação 221
Noise Advisory Council 70
Nolan, L. 198
noz-de-cola 225
Nussbaum, M.A. 216

O
O'Donoghue, P. 155
Organização Mundial de Saúde 65, 214
organizações profissionais e sistemas de aprovação xxviii-xxxi, xxviiq
orientações para levantamento 141-142
osmolalidade da urina 133, 134t, 209
osteoporose 192
overreaching 206
ozônio 65

P

paradesporto 181
Parsons, C.A. 175
Passmore, R. 129, 175, 177
Passos, P. 216
Patton, J.F. 167
pé de Morton 30, 201, 203
Peden, F. 137
POMS. Ver Perfil dos Estados de Humor
percepção do esforço 145
perda neurossensorial 68
Perez, M.A. 216
Perfil dos Estados de Humor (POMS) 144
perfis de ângulos de força 29
perfis de índice de trabalho 143-144
Perl, J. 104
perspectiva histórica sobre o uso de drogas 225-227
pescaria esportiva 152
pesquisas e listas de checagem 38
Peters, D. 210
Petrilli, R.M. 95
Pienaar, A.E. 184
Piercy, M. 90
pílulas anticoncepcionais 188
pisos sintéticos 147, 154
pisos. Ver superfícies esportivas
pista de corrida coberta 154
planos de desastre 41
planos de desastre para shows ao ar livre 41
plataforma de força 3, 6-7
plataformas de vibração 120
pliometria 140
pólen da ambrósia americana 66
pólen de grama 66
policiais 171
Pollock, M.I. 28 xiv
poluentes 65
poluentes secundários 65
poluição do ar 64-65
ponto doce da raquete 147, 151
potência aeróbia máxima 15
potência e capacidade aeróbia 15,17, 16f, ix, xvii
potência e capacidade anaeróbia 17
pré-competição 144-145
predisposições 201, 202
predisposições à lesão 28-30
predisposições físicas à lesão 29-30, 30f
predisposições psicológicas à lesão 30-31, 31q
Prêmio Jovem Pesquisador xxix
preparo para altitude 62-63
pré-resfriamento 45, 52-53
presbiacusia 45, 68
pressão de oxigênio na altitude 59
pressão do dióxido de carbono (PCO$_2$) 60
pressão sonora 67
princípios do projeto 10-11
privação do sono
 mudanças da expressão dos genes 88-89
 parcial 89-90
 perda de sono crônica 87-89
 privação parcial do sono 89-90
 privação total do sono 84-87, 86f
 Ramadã 90-94
 taxonomia dos esportes afetados pela 94t
 trabalho noturno 94-95
Proceedings of the Annual Conference of the Ergonomics Society xiii
processos de recuperação 207
profiláctico 201
profissionais de ambulância 176
progestinas 191-192
programação neurolinguística 224
programas de condicionamento no local de trabalho 180

Projeto de Análise de Cadáver de Bruxelas 13
propriedades do equipamento esportivo 149, 149q
propriocepção 201
proteção para a cabeça 111-112. Ver também capacetes
proteção para o ouvido 71
proteômica ix, xix
protetor solar 55
protetores auriculares 71
protetores auriculares descartáveis 71
protetores auriculares individualmente moldados 71-72
protetores auriculares maleáveis 71
protetores auriculares moldados 71
protetores auriculares pré-fabricados 71
protetores bucais 161
protetores de orelha 72
pseudoefedrina 229
Puterbaugh, J.S. 173

Q

queimadura de sol 55
Questionário Musculoesquelético Nórdico 38
questionário nórdico 206
Quod, M.J. 53

R

Race Across America 87
Rahnama, N. 9, 38
Ramadã 75, 78, 90-94
raquetes de tênis 150-151
Rayson, M.R. 169
razão da cintura-quadril 9
razão do controle dinâmico 25, 29
razão isquiotibiais-quadríceps 203
redesenho do trabalho 27-28
redes neurais 104, 216
redes neurais artificiais 104, 216
redução da estatura 127, 135, 136f, 141-142
redução de força 155
Reilly, T
 análise do gás metabólico 129
 análise do índice de trabalho 107
 ansiedade 144
 atividades exigidas dos salva-vidas de praia 177
 benefícios do resfriamento 207
 consequência sobre o desempenho no jejum do Ramadã 91
 correr risco e diversão 39
 corrida em água profunda 122-123
 desempenho de resistência 79
 determinação do sucesso no futebol 184
 efeitos das condições de carregamento de peso sobre a redução da estatura 137
 efeitos dos cintos de levantamento de peso sobre a redução da estatura 138
 efeitos dos íons no ar 66
 frequências cardíacas dos bombeiros 172
 função cognitiva 50
 limiar de inflexão de lactato 131
 narcose por nitrogênio 178
 perda de sono 94
 privação do sono 84, 89-90
redução da estatura em golfistas 141
redução da estatura em jogadores de hóquei 141
resistência isométrica 194
 testes de campo 15
 tarefas duplas 21
relaxantes musculares 215
REM. Ver Movimento rápido dos olhos
remo. Ver remos

ergômetros 124
 modelagem matemática 149-150
remos, formas de lâminas eficientes 149-150
reposição de eletrólito 209
requerimentos de energia de esportes selecionados e atividades recreativas 125f
resfriamento 201, 207
resistência ao movimento, funcional 122
resistência funcional ao movimento 122
respirômetros 129
resposta de hiperventilação à hipóxia 62
resposta inflamatória 66
retenção de líquido no corpo 192
Rhode, H.C. 130
Richards, C.E. 159
Rigby, M. 207
risco de lesão 25, 154
risco, ética humana e 41-43
ritmos circadianos 75. Ver também privação do sono
 ciclo de sono-vigília 79-80
 durante o Ramadã 90-91
 fadiga de viagem e fadiga de voo 80-84, 82f
 fase de atraso dos 83
 fatores que influenciam 78
 treinamento e hora do dia 78-79
 visão geral 76, 76f-77f
Rivers, W.H.R. 225
Rivilis, I. 221
Robb, M.J.M. 175
Robinson, M. 8-9
Rognum, T.O. 88
rosca bíceps 91f-92f
roupa de natação 156
roupas de compressão 157, 211
roupas de lã merino 156
roupas de proteção química 167
roupas de resfriamento 52-53
roupas esportivas
 design das 155-157
 de proteção química 167
 para condições frias 57, 58f
 pré-resfriamento e 52-53
roupas secas, 156
roupas úmidas 156
roupa. Ver roupa esportiva
ruído
 atividades recreativas e esportes que envolvem perigos 68-70
 como poluente 67-68
 controle na origem 71
 efeitos agradáveis do som 72-73
 isolamento 71
 pressão do som 67
 proteção para o ouvido 71-72
 tipos de surdez 68
 visão geral 66-67
ruído ambiental 67
ruído do vento 69

S

sacos de Douglas 129
sais alcalinos 232
salto com vara 152
salto em profundidade 115, 116f, 127
salva-vidas 177
salva-vidas de praia 177
Sanderson, E.H. 144
Sanderson, F. 31
Sassi, R. 5
SEALs. Ver U.S. Sea, Air and Land Special Operation Forces Personnel
sedativos não benzodiazepínicos 82
sede 133
segurança 27

espectador 40-41
  como componente da ergonomia xxi
  projeto de engenharia para 40
segurança do espectador 40-41
sessão de escala de percepção do esforço 146
Shephard. R.J. 180
Sherar, L.B. 186
silvicultores 177
Simon, J.A. 144
Sims, J.R. 170
simulação ix
simuladores portáteis 62-63
sinais de EMG de superfície 8
síndrome compartimental 33
síndrome compartimental crônica do esforço 33
síndrome da tensão no pescoço xxvii
síndrome do *overtraining* 206
Sinnerton, S. 89, 193
sistema CAREN 212, 213f
sistemas com polia 120
sistema de Kofranyi-Michaelis 129
sistema de posicionamento global (GPS) 143-144
sistema imune inato 34
sistema nervoso central (SNC)
  efeito do estresse por calor sobre 48
sistema proprioceptivo 212
sistema reprodutivo, desenvolvimento do 182-183
sistemas com polia 120
sistemas de aprovação xxviii-xxxi
sistemas de *bungee* 120
sistemas de renovação celular 195
sistemas dinâmicos 99
sistemas dinâmicos não lineares 110
Smith, D. 22
Smith, P.M. 87
sobrecarga 25, 31-34, 121-122
Sociedade Internacional para o Avanço da Cineantropometria (ISAK) xxx
soldados 167-169
somatotipia 3, 10, 10f
soporíferos 82
Spielberger, C.D. 144
Stampi, C. 88
Stanton. N.A. 102
Steering Groups of the British Olympic Association 13
Stevenson, C. 66
subdesempenho 206
substâncias ergogênicas 225
suor 57, 133-134, 209
superfícies esportivas 153-155
suplementação com carboidrato 215
suplementos 215, 219, 232. Ver também nomes específicos dos suplementos
suplementos de creatina sintética 231
suplementos no contexto clínico 215
suplementos nutricionais. Ver suplementos
surdez nervosa 68
surdez, tipos de 68
sutiã para corrida 157
sutiãs de compressão 157
sutiãs, esportes 157
sutiãs esportivos 157

T
Tanner, J.M. 183
tapete de pressão 7
taquicardia 56
tarefas duplas 21-22
técnica de *cluster-napping* 88
técnicas de formação de gráficos 102
tecnologias de aperfeiçoamento humano 219, 222-223
tecnologias de melhoria cognitiva 225
telemetria por rádio 127, 130
temperatura cerebral 132
temperatura corporal 132-133, 174
temperatura corporal central 51
temperatura corporal central alta 51
temperatura do corpo 51, 132-133, 174
temperatura do intestino 132
temperatura do membro, diminuição na 56
temperatura esofágica 132
temperatura intestinal 132-133
temperatura retal 132
tempo de reação 19
tempo de reação complexo 19
tempo de reação do corpo todo 19, 20f
tendas hipóxicas 63
tendinite ix
tendinite do calcâneo 33
tendinite do ombro xxvii
tensão alveolar na altitude 59
tensão de oxigênio alveolar (P_AO_2) 59
tensão pré-menstrual (TPM) 190
tensiômetro por cabo 6, 17
teobromina 230
teofilina 230
teoria da detecção de sinais 20
teoria da janela aberta 34-35, 35f, 207
teoria da homeostase do risco 27
termômetro 56
termômetro do globo 56
termorregulação
  calor e respostas do exercício 48-50, 51f
  durante o exercício 50-52
  equação de equilíbrio de calor 46
  equilíbrio térmico 46-47
  estresse por calor 48
  neurobiologia e 47-48, 47f
teste anaeróbio de Wingate 17, 197
teste de condicionamento 101
teste de corrida em escada 17
testes de campo 15
tetraplegia 196
THG 227
Thomas, P. 85, 178
Thompson, D. 215
tinido 70
Tipton, K.D. xxii
tiro ao alvo 69
torque articular 6-7
torque de fricção 7
TPM. Ver tensão pré-menstrual
trabalho noturno 94-95
transições de zona de tempo 83-84
transpiração evaporativa 49
Treinadores personalizados 214
treinamento aeróbio intervalado 127
treinamento com peso 127, 135-138
treinamento com peso em circuito 127, 137

treinamento complexo 116
treinamento de equilíbrio 212-213, 213f
treinamento de pêndulo 115, 116f
treinamento e hora do dia 78-79
treinamento no futebol
  efeito da fadiga muscular 9
  registro de captação de oxigênio durante 4-5
treinamento pliométrico 114
tremor 57
tremor do membro 151-152
Tyrrell, A. 134, 137

U
União Europeia de Futebol Associado (UEFA) 186
unidades de Royal Marines Commando 169
Universidade de Harvard 154
uso de álcool 55, 233-234, 234t
uso de contraceptivo oral 191-192
uso de drogas, perspectiva histórica na 225-227
U.S. Sea, Air, and Land Special Operation Forces Personnel (SEALs) 170

V
validade do teste 165
Van Someren, K.A. 210
vara de pescar 152, 153f
variáveis de força 7
vasodilatação 49
vasopressina 50, 209
veículos a motor 175-176
Vendee Globe Race 88
veteranos 181, 195
vibração 34
vibração do corpo todo 34
Vincent, J. 187
Vink, P. 221
vitamina C 215, 233
$\dot{V}O_2$máx. Ver captação máxima de oxigênio
volume de plasma 49-50
volume de urina 55

W
WADA. Ver Agência Mundial *Antidoping*
Wallace, D.I. 141, 151
Waterhouse, J. 94
Welford, A.T. xxii
White, J.L. 157
Whitehouse, R.H. 183
Wilby, J. 137
Williams, A.M. 194
Wilson, B. 198
Winner, S.J. 192
Womersley, J. 13
Wooding, D.S. 108
World Federation of Athletic Training and Therapy xxx

Z
zero arbitrário 67
zolpidem 82
zopiclone 82

sobre o autor

Thomas Reilly recebeu sua educação universitária na University College Dublin e, posteriormente, obteve qualificações de pós-graduação em Educação Física (St. Mary's College, Strawberry Hill) e Ergonomia (Royak Free Hospital School of Medicine, London University). Ele lecionou por dois anos na República dos Camarões, posteriormente, por um ano, na Southall College of Technology, antes de trabalhar como técnico em pesquisa no National Institute for Medical Research, e, então, tornou-se ph.D. em Fisiologia do Exercício na Liverpool Polytechnic. Ele estava entre a equipe que montou o primeiro grau (honorário) em bacharelado de Ciência Esportiva na Liverpool Polytechnic e, depois, o primeiro programa de graduação em Ciência e Futebol Americano. Ele foi professor visitante na University of Tsukuba no Japão, em 1977; e, três anos mais tarde, pesquisador honorário associado na University of California, em Berkeley. Como sua instituição natal mudou de nome, ele se tornou diretor da School of Human Sciences, em 1992, e, em 1995, diretor da escola de graduação da Liverpool John Moores University. Reilly se tornou diretor do Research Institute of Sport and Exercise Sciences, em 1997, uma posição que manteve até sua aposentadoria, em 2009. Ele foi agraciado com o grau de doutor em Ciências por seu trabalho em Cronobiologia e Exercício, em 1998.

Paralelo à sua carreira acadêmica ativa em pesquisa, Reilly conquistou medalhas em atletismo, corrida *cross-country*, handebol e futebol gaélico. Ele também competiu em orientação e em futebol. O autor treinou atletas de elite, incluindo medalhistas olímpicos em vários países. Ele foi presidente do Exercise Physiology Steering Committee of the British Olympic Association de 1992 a 2005, e estava na equipe de apoio de Ciência Esportiva da equipe da Grã-Bretanha nos Jogos Olímpicos de Verão de 1996 e 2000. Ele trabalhou como presidente do International Steering Group for Science and Football de 1987 até 2009, e foi presidente da Comissão Mundial para Ciência e Esporte de 1999 a 2009. Foi o membro fundador da European College of Sport Science, em 1996. Ele foi membro da European College of Sport Science e da British Association of Sport and Exercise Sciences; foi membro da Ergonomics Society e do Institute of Biology.

Reilly foi o primeiro editor do *Journal of Sports Sciences*, em 1983, permanecendo como editor geral até 1996. Ele realizou conferências sobre Ciência Esportiva e Ergonomia em mais de 40 países e proferiu a segunda conferência pública da Ergonomics Society, em 2006. Reilly manteve um ocupado programa de consultoria, especialmente com equipes de futebol profissionais. Ele estava presente na equipe de pesquisa que foi agraciada com a President's Medal of the Ergonomics Society, em 2008, por seu trabalho em Cronobiologia e Ergonomia.

Thomas Reilly faleceu em 11 de junho de 2009.

Sobre o livro
Formato: 17 x 24 cm
Mancha: 12 x 20 cm
Papel: Offset 90 g
nº páginas: 280
1ª edição: 2015

Equipe de realização
Assistência editorial
Liris Tribuzzi

Assessoria editorial
Maria Apparecida F. M. Bussolotti

Edição de texto
Gerson Silva (Supervisão de revisão)
Fernanda Fonseca (Preparação do original e copidesque)
Roberta Heringer de Souza Villar e Gabriela Teixeira (Revisão)

Editoração eletrônica
Nancy Rasmus (Projeto gráfico)
Mike Meyer (Ilustração)
Évelin Kovaliauskas Custódia (Diagramação de miolo e capa)

Fotografia
Thomas Reilly (Miolo)

Impressão
Edelbra Gráfica